Christian Linder

Der Bahnhof von Finnentrop

Eine Reise ins Carl Schmitt Land

Christian Linder

Der Bahnhof von Finnentrop

Eine Reise ins Carl Schmitt Land

Matthes & Seitz Berlin

Für Marc Andrej; für später.

Die frühen Gräber

Willkommen, o silberner Mond,
Schöner, stiller Gefährt der Nacht!
Du entfliehst? Eile nicht, bleib, Gedankenfreund!
Sehet, er bleibt, das Gewölk wallte nur hin.

Des Mayes Erwachen ist nur
Schöner noch, wie die Sommernacht,
Wenn ihm Thau, hell wie Licht, aus der Locke träuft,
Und zu dem Hügel heraus röthlich er kömt.

Ihr Edleren, ach es bewächst
Eure Maale schon ernstes Moos!
O wie war glücklich ich, als ich noch mit Euch
Sahe sich röthen den Tag, schimmern die Nacht.

Friedrich Gottlieb Klopstock

Das »Ungeheuer«

Das »Ungeheuer« setzte sich gerne ans Klavier und spielte Mozart, Beethoven, Weber, vor allem aber Gluck. An Geburtstagen war es Tradition, dass das befreundete Ehepaar Ruth und Hans de Vries zu Besuch kam und die Frau mit ihrer schönen Sopranstimme Klopstocks Ode »Die frühen Gräber« sang, natürlich in der Vertonung von Christoph Willibald Gluck; ohne diesen Gesang wäre der Tag kein besonderer gewesen. Das »Ungeheuer« war ein kleiner, gerade 1,59 Meter großer Mann mit dem Allerweltsnamen Carl Schmitt, geboren am 11. Juli 1888 in Plettenberg im Sauerland, wohin er sich nach Ende des Zweiten Weltkriegs wieder zurückzog und sein Haus »San Casciano« nannte, nach dem Ort, wohin sich Niccolò Machiavelli begeben hatte, als die Republik Florenz für ihn keine Verwendung mehr fand. Auch Schmitt galt, in der Nachfolge Machiavellis, als Philosoph der Macht und war als Erfinder der Freund–Feind-Theorie der berühmteste Theoretiker des Politischen im 20. Jahrhundert. Aber da war, wegen seiner zeitweisen Nähe zu den Nationalsozialisten, ein Schatten auf sein Leben und sein intellektuelles Ansehen gefallen, und den Ruf, »Kronjurist des Dritten Reiches« und »nationalsozialistische Hure« gewesen zu sein, wurde er nie wieder los. Das hat ihn erbost, weil er ansehen musste, wie anderen, die zeitweise auch mit nationalsozialistischen Ideen sympathisiert hatten, wie Martin Heidegger, Gottfried Benn oder Ernst Jünger, nach 1945 schnell ein Comeback gelang. Carl Schmitt aber blieb das »Ungeheuer«, dessen Bücher viele als

Geheimtipp gleichwohl weiter lasen und zunächst hinter vorgehaltener Hand, später auch wieder offen zitierten, ein schließlich zum Mythos gewordener Mann mit einem angeblichen Geheimwissen, »a sole retriever of an ancient prudence« (James Harrington), der auch diejenigen faszinierte, die seine Ansichten nicht teilen konnten und sie heftig bekämpften; seinen Ruhm verdankte er nicht zuletzt der Anzahl und Macht seiner Feinde. Ein Mythos auch deshalb, weil er seine Ideen zwar immer in radikalem Klartext vorgetragen hat, aber den persönlichen Hintergrund seines Blicks auf die Welt, das Geheimnis seiner eigenen Person und vor allem seine Motive zu Beginn des »Dritten Reiches« immer verschwiegen hat. So wurde er zu einem der größten Rätsel der europäischen Geistesgeschichte.

Abb. Das Sauerland.

Rauchzeichen

Zum Lokaltermin fährt man am besten mit der Regionalbahn vom Hauptbahnhof in Hagen in Westfalen, Gleis 1, denn ein Brief Carl Schmitts vom 7. Juni 1947 an Ernst Jünger verspricht eine der aufregendsten Zugfahrten in Deutschland. Nur auf dieser Bahnstrecke, teilte Schmitt Jünger mit, habe er die weltgeschichtliche Betrachtung seines 1942 erschienenen Buches »Land und Meer« konzipieren können. Hohenlimburg – Letmathe – Altena – Werdohl. Fahrt durch enge Täler mit viel Kleineisenindustrie, mehrmals ein Tunnel, gelegentlich Ausblicke auf den schmalen Fluss Lenne, aber eine Ahnung, dass das Meer nahe sein könnte, bekommt man nicht. Wie mag Carl Schmitt darauf gekommen sein, ausgerechnet auf dieser Bahnstrecke durchs märkische Sauerland plötzlich das Meer zu schauen und, »meiner Tochter Anima erzählt«, von Korsaren und Piraten, »Landtretern« und »Kindern der See«, Walfischen und Landtieren, also vom Leviathan und vom Behemoth zu fantasieren, um am Ende den Traum von einer »planetarischen Raumrevolution« zu entwickeln? Er hoffe, Jünger »dieses Stück Lenne-Tal einmal vorführen zu können«, schrieb Schmitt: »Es gibt wenige Punkte der Erde (ich wüsste nur noch die West-Pyrenäen der Biskaya), wo sich eine derartige Überschneidung elementarischer Strahlungen zusammenfindet. Hier ist die klimatische Grenzzone der maritim-atlantischen und der terran-mitteleuropäischen Atmosphäre; der Treffpunkt von Nordwesten und Südosten, ein Schauplatz fortwährender atmosphärischer Schlachten, in denen sich alle Elemente, Erde, Wasser, Luft und Feuer, begegnen und zu erd- und welturanischen Wirkungen verschmelzen. Das ist schon keine Landschaft mehr, sondern nur noch nebenbei Land und Landschaft.«[1]

Man schaut, mit diesem Bild im Kopf, verwundert aus dem Zugfenster und denkt daran, wie Carl Schmitt manchmal seinen Schülern vorgekommen ist: als Indianer, der den Horizont nach Rauchzeichen absuchte. Schon der junge Schmitt versuchte im Himmel zu lesen. »Warum ergreift einen der weite, blaue Himmel«, fragte sich der 24jährige 1912 in seinem Tagebuch und vermutete: »Weil er die Einheit am reinsten darstellt; weil er alle Zufälligkeiten ausschließt. [...] Die Einheit des Himmels besteht [...] darin, dass nichts die Leere unterbricht.«[2]

Blau, wenn auch wegen vieler bizarrer Wolkenbildungen nicht leer und weit, ist zwar der Himmel an diesem Tag über dem Sauerland, aber als Ort atmosphärischer Schlachten »mit erd- und welturanischen Wirkungen« ist er nicht zu deuten. Hatte Schmitt da nur wieder einen Mythos erfunden, um eine Vorstellung zu gewinnen, wie man mit dem Blick des Weltgeistes Raum und Zeit und den Verlauf der Geschichte betrachten und herausbekommen könnte, wohin die Reise vielleicht geht?

Eine Reise ins Sauerland kann keine Reise in die Provinz als Versteck mehr sein. In einer Welt vollgestopft mit all den piepsenden und summenden Maschinen wie Handys und Notebooks, mit denen die Leute ständig mit der Welt korrespondieren und viele ihren Verkehr mit ihr durch diese Maschinen auch beaufsichtigen lassen, sind die Menschen heute in jedem Dorf an die öffentlich zugänglichen und herumgereichten Bilder der Wirklichkeit angeschlossen. Natürlich, wer ins Carl Schmitt Land reist, hervorgebracht und gestaltet durch den heute altmodisch erscheinenden Wunsch, die Dinge der Welt und das eigene Leben in Schrift zu verwandeln, mag sich im ersten Augenblick in einer versunkenen Welt vorkommen, in der einem die eigene Einsamkeit deutlich vor Augen tritt. Im »Café Einstein« in Berlin oder in der Bar des Hotels »Marriot Marquis« in New York wird man durch das ständige Kommen und

Gehen der Leute sicher mehr abgelenkt von der Wahrnehmung, dass man mit sich selber herumsitzt und wartet auf eine erlösende Begegnung, die einem vielleicht sogar das größte Rauschmittel zur Verfügung stellt, das es gibt: Sinn. Auf einer einsamen Bank an einem Feld-, Wiesen- und Waldweg in den sauerländischen Bergen wird man diese Ablenkung durch ein komfortables äußeres Environment nicht genießen können. Obwohl nach einer alten Idee gerade und nur ein solcher Feldweg und »die gewachsenen Dinge, die um den Feldweg verweilen, Welt spendet«[3]. »Der Mensch versucht vergeblich, durch sein Planen den Erdball in eine Ordnung zu bringen, wenn er nicht dem Zuspruch des Feldweges eingeordnet ist. Die Gefahr droht, dass die Heutigen schwerhörig für seine Sprache bleiben. Ihnen fällt nur noch der Lärm der Apparate, die sie fast für die Stimme Gottes halten, ins Ohr. So wird der Mensch zerstreut und weglos. Den Zerstreuten erscheint das Einfache einförmig. Das Einförmige macht überdrüssig. Die Verdrießlichen finden nur noch das Einerlei. Das Einfache ist entflohen. Seine stille Kraft versiegt.«[4]

Abb. Das Sauerland bei Pasel.

Man merkt diesen Sätzen, die nicht von Carl Schmitt, sondern von Martin Heidegger stammen, die Schmitt aber ebenso gut hätte schreiben können, ihre Herkunft aus einer alten Zeit an. Sie sind gerichtet gegen ein »rechnendes Denken«, das die Natur nur als eine »einzige riesenhafte Tankstelle«[5] begreift, als Energiequelle für die moderne Technik und Industrie. Das Eigenartige solchen Denkens besteht darin, »dass wir, wenn wir planen, forschen und einen Betrieb einrichten, stets mit gegebenen Umständen rechnen. Wir stellen sie in Rechnung aus der berechneten Absicht auf bestimmte Zwecke. Wir rechnen im voraus auf bestimmte Erfolge. Dieses Rechnen kennzeichnet alles planende und forschende Denken. Solches Denken bleibt auch dann ein Rechnen, wenn es nicht mit Zahlen operiert und nicht die Zählmaschine und keine Großrechenanlage in Gang setzt. Das rechnende Denken kalkuliert. Es kalkuliert mit fortgesetzt neuen, mit immer aussichtsreicheren und zugleich billigeren Möglichkeiten. Das rechnende Denken hetzt von einer Chance zur nächsten. Das rechnende Denken hält nie still, kommt nicht zur Besinnung. Das rechnende Denken ist kein besinnliches Denken, kein Denken, das dem Sinn nachdenkt, der in allem waltet, was ist.«[6] Das besinnliche Denken aber stellt vor uns hin diese alte Idee von der »freien Luft des hohen Himmels« und dem »offenen Bereich des Geistes«[7]. In dieser Offenheit verbirgt sich »das Geheimnis«[8]. »Die Gelassenheit zu den Dingen und die Offenheit für das Geheimnis gehören zusammen. Sie gewähren uns die Möglichkeit, uns auf eine ganz andere Weise in der Welt aufzuhalten. Sie versprechen uns einen neuen Grund und Boden, auf dem wir innerhalb der technischen Welt, und ungefährdet durch sie, stehen und bestehen können.«[9]

Martin Heideggers Sätze eröffnen auch Carl Schmitts Zugang zum Denken und den Versuch der Beschreibung, wie Menschen, auf der Suche nach einem sicheren Ort, sich durch die Welt bewegen und allen Zufälligkeiten ausgeliefert sind; und welchen geheimen Botschaften sie auf ihrer Lebensreise begegnen können. Sogar mehr noch als Heidegger war Schmitt in seinen manchmal als

»scholastische Erwägungen« ausgegebenen Überlegungen ein wahrer Geheimniskrämer. Zwar entzifferte er in überraschenden intellektuellen Manövern manche geheime Botschaft, so wenn er Mozarts »Zauberflöte« – »ist sie heute etwas anderes als gemütliche deutsche Musik, eine Idylle und ein Vorläufer der Wiener Operette?«[10] – in die Nähe von Shakespeares »Sturm« rückte und darauf hinwies, dass es nichts Furchtbareres gibt als diese beliebte Oper – sicher ein Lied der Aufklärung, des Kampfes der Sonne gegen die Nacht, des Lichtes gegen die Finsternis, und bis dahin wäre natürlich auch für das Empfinden eines demokratischen Zeitalters alles in bester Ordnung, befand Schmitt; doch »bedenklicher könnte es schon sein, dass die Königin der Nacht, gegen welche der freimaurische Priester kämpft, im besonderen Sinne die Mutter ist«[11]; und schließlich: »welche für den Menschen des 19. und 20. Jahrhunderts erschreckende Männlichkeit des Selbstbewusstseins und autoritärer Selbstsicherheit herrscht bei diesen Priestern, und welche diabolische Ironie gegen den Durchschnittsmenschen, den auf die Befriedigung seiner ökonomischen Bedürfnisse bedachten Familienvater Papageno, der dadurch erledigt wird, dass man ihm seine Wünsche erfüllt und seine Bedürfnisse befriedigt. [...] Das 18. Jahrhundert wagte noch so viel Selbstsicherheit und den aristokratischen Begriff des Geheimen. In einer Gesellschaft, die nicht mehr solchen Mut hat, wird es keine ›Arcana‹ mehr geben, keine Hierarchie, keine Geheimdiplomatie und überhaupt keine Politik mehr, denn zu jeder großen Politik gehört das ›Arcanum‹. Alles wird sich vor den Kulissen abspielen (vor einem Parkett von Papagenos).«[12] Dieses Arcanum, das Geheime hat Schmitt, bei aller Lust, den Code der Geheimnisse zu entziffern, hochgehalten und verteidigt. So gehörte für ihn zur Idee der Humanität auch der Mut, sie »mit inhumaner Größe«[13] durchzusetzen, und seine Gewährsleute waren humanitäre Philosophen des 18. Jahrhunderts mit ihrer Predigt eines aufgeklärten Despotismus und einer Diktatur der Vernunft. Zu Schmitts alten Gewissheiten und Heiligtümern des Denkens gehörte ferner die Einsicht, dass die ganze Welt mit all ihren

Menschen im Nichts versinkt, wenn der Mensch vor Gott hintritt. Vor Gott könne niemand Arm in Arm mit seinem Freund oder seiner Freundin erscheinen. Im Reiche Gottes treffe man keine Bekannten, es werde nicht gefreit und kein Vertrag abgeschlossen. Man könne auch über das Reich Gottes keine Bücher schreiben und alle noch so ergreifenden Worte, die je darüber gefunden wurden, rührten von einem Menschen her, der im Augenblick, da er sie fand oder sprach, nicht im Reiche Gottes war. »Das Letzte hat noch niemand ausgesprochen, auch kein Genie, und auch das Wort Gottes vermag nur zu sagen, dass kein Ohr es gehört hat. Denn wer spricht, ist nicht mehr allein in der Welt.«[14] Aber es wäre ein falscher Gegensatz, zu sagen, dass der Mensch infolgedessen in seinem Verhältnis zu Gott allein in der Welt sei. Der Mensch, folgerte Schmitt in seiner scholastischen Grunderwägung, sei entweder allein oder in der Welt, denn solange er in Wahrheit allein sei, sei er nicht in der Welt, also gar nicht mehr Mensch, und solange er Mensch und in dieser Welt sei, sei er nicht allein. »Nur Gott ist allein.«[15] Schmitt schließt diese Feststellung an die Empfindung, die jeder kennt, die Empfindung »unbeschreiblicher, unüberbrückbarer Einsamkeit, die kein wertvoller Mensch jemals verliert, die Gewissheit, in den wichtigsten Dingen nie auf die Hilfe eines anderen Menschen rechnen zu können, die Erkenntnis, dass kein Mensch einen andern trösten kann und aller aus der Zustimmung andrer Menschen oder irgendeiner Berührung mit ihnen geschöpfte Trost nur eine irdische Stärkung und eine gefährliche Illusion ist, alle diese Dinge beweisen nicht, dass der Mensch in Wahrheit allein in der Welt ist; sie beweisen, dass die Welt in Sünde ist und sind die Zeichen der Sehnsucht nach Gott, der einsam ist. [...] Gott ist einsam und doch überall, er ist auch in der Welt. Zu Gott fliehn, heißt nicht, aus der Welt fliehn oder gar die Welt in reinem Spiritualismus als religiös inkommensurabeln Gegenstand sich selbst überlassen und ihre Gesetzmäßigkeiten aus ihr selbst zu gewinnen (dann wäre allerdings das Beste in der Welt ein Befehl), statt sie aus dem Munde Gottes hervorgehn zu lassen. Die Sekunden, in denen die Sehnsucht des Menschen nach Einsamkeit in Gott sich schon in diesem Leben erfüllt, sind wenigen Auserwählten als Lohn und Trost für ein langes, werktätiges Bemühn gewährt.«[16]

Diese innere Programmschrift lässt keinen Zweifel zu, dass Carl Schmitt selber zu den Auserwählten gehören wollte. Doch die alten Gewissheiten und Heiligtümer, erkannte er zugleich, »verblassten zu philosophischen oder historischen Schmuckstücken«[17] und fanden nur noch antiquarisches oder dekoratives Interesse, bis das »konsequente technische Zeitalter«[18] mit ihnen aufräumte und die restlose Profanierung vollendete. »Die traditionellen Heiligtümer werden jetzt unsachlich und altmodisch. Statt eines komfortablen Hotels öffnen sich die Bunker und Baracken des technischen Zeitalters.«[19] Eine altdeutsche Lebensphilosophie leuchtet hier noch einmal auf, die Schmitts Denken – wie das Denken Heideggers – mit Energien versorgte. Auch im äußeren Lebenslauf der beiden sind die Parallelen offenkundig, so dass nicht nur Jürgen Habermas die Wirkungsgeschichte Schmitts und Heideggers zusammendenken konnte: »Was beide Geister verbindet, ist die frühe, modernitätskritische Prägung durchs katholische Milieu [...], der trotzige Provinzialismus und eine gewisse Unsicherheit gegenüber allem Urbanen, das aus der Etappe mitvollzogene Generationserlebnis des Ersten Weltkriegs und der Versailles-Komplex, dazu der existentialistische Aufbruch ›von Goethe zu Hölderlin‹, überhaupt die Wendung gegen den Humanismus, eine lateinisch-katholische beziehungsweise griechisch-neuheidnische Kritik an Aufklärungstraditionen, [...] die geisteselitäre Abneigung gegen Parteienstaat, Demokratie, Öffentlichkeit, Diskussion, die Verachtung alles Egalitären, die geradezu panische Furcht vor Emanzipation und die Suche nach intakter geistiger Autorität — und dann natürlich der Führer, der ihnen zum gemeinsamen Schicksal wurde.«[20]

Aber was heißt hier Provinzialismus? Macht nicht gerade dieser äußerliche Provinzialismus die Attraktion eines Schmitt oder Heidegger aus – das ist das Bild von Schmitt in dem sauerländischen Dorf Pasel, von Heidegger in seiner Schwarzwaldhütte in Todtnauberg. Wer in die sauerländischen Berge, ins Carl Schmitt Land reist, wird gerade angelockt und ist fasziniert vom Strahlen der alten Geschichte, dass da jemand vor hundert Jahren aus der hintersten Provinz in die Welt hinausging, um große Beute zu machen und tatsächlich zu einem Weltdenken kam, um anschließend, als Weltphänomen misstrauisch bestaunt und angefeindet, aus der Einzelhaft des Nürnberger Kriegsverbrechergefängnisses aufs Dorf zurückkehren zu müssen, mit dem Gefühl der Vergeblichkeit, als sei ihm alles aus der Hand geschlagen worden und als habe er von dem, was er am Anfang seines Projekts anvisiert hatte, nichts mehr oder nur noch die Lumpen davon. Aber unterwegs im real-geographischen Carl Schmitt Land, um zwanzig Jahre nach dem Tod des »Ungeheuers« einige biographische Spuren, Bilder, Zeugnisse und Erinnerungen zu bergen und in Sicherheit zu bringen, signalisieren die Rauchzeichen am Himmel zugleich, dass man sich in der aktuellsten Gegenwart bewegt. Denn kein Denker ist zur Zeit so sehr Mann der Stunde, zitiert in Berlin wie in Zürich, in Peking wie in Paris, in Venedig wie in London, in Jerusalem wie in Moskau, in Bagdad wie, vor allem dort, in Washington: Amerika betreibt im Sinne der Freund–Feind-Theorie gegenwärtig reinste Carl Schmitt-Politik. Dabei hatte Schmitt vor sechzig Jahren gehofft, »dass die Erde immer größer bleiben wird als die Vereinigten Staaten von Amerika und dass sie auch heute noch groß genug ist für mehrere Großräume, in denen freiheitsliebende Menschen ihre geschichtliche, wirtschaftliche und geistige Substanz und Eigenart zu wahren und zu verteidigen wissen.«[21] Woher rührt diese fortwährende Aktualität Carl Schmitts? »Ich sterbe nicht«, wird mir der alte Herr am Ende eines langen Gesprächs auf dem Gipfel des Schwarzenbergs bei Plettenberg sagen, »denn mein Feind lebt noch.«[22]

Nürnberg, Kriegsverbrechergefängnis, 3. April 1947

»Office of U.S. Chief of counsel for war crimes, Nürnberg, 3. April 1947, nachmittags. Vernehmung des Prof. Dr. Carl Schmitt durch Robert Kempner, stellvertretender US-Chefankläger. Present Miss Jane Lester. Stenografin: Irmtrud Maurer. Es erscheint aus der Haft vorgeführt Herr Carl Schmitt, geboren 11. Juli 1888 in Plettenberg, bis zur Entlassung Professor für Öffentliches Recht an der Universität Berlin. 1932 und Anfang 1933 Berater von Reichspräsident Hindenburg und Reichskanzler Schleicher. Nach gescheiterten Versuchen, mittels eines Notstandsplans eine ›Diktatur des Reichspräsidenten‹ zu installieren und so Kommunisten und Nationalsozialisten von der Macht fernzuhalten, im März 1933 geistig-ideologischer Übertritt zu den Nationalsozialisten und Eintritt in die NSDAP, Mitgliedsnummer 2098860. Am 1. August 1934 Rechtfertigung in der DEUTSCHEN JURISTEN-ZEITUNG der von Adolf Hitler befehlten Morde an Ernst Röhm und anderen SA-Führern, im Rahmen des Röhm-Putsches, als ›echte Gerichtsbarkeit durch den Führer‹. 1936 Entlassung aus allen nationalsozialistischen Ämtern nach einem Angriff in der SS-Zeitschrift DAS SCHWARZE KORPS, die Schmitt ›katholisches Denken‹, Opportunismus und zahlreiche jüdische Verbindungen vorwarf. Am 26. September 1945 Verhaftung in Berlin durch amerikanische Truppen und Verhöre im Interrogation Center in Berlin-Wannsee. Anschließend Internierung in den Lagern Berlin Lichterfelde-Süd und Berlin-Wannsee. Freilassung am 10. Oktober 1946. Am 19. März 1947 erneute Verhaftung und Überstellung als ›possible defendant‹ zum Internationalen Militärtribunal nach Nürnberg am 29. März. Verheiratet, eine Tochter. Wohnhaft in Berlin-Schlachtensee.«

»Sie brauchen nicht auszusagen, Herr Professor Schmitt, wenn Sie nicht wollen und wenn Sie denken, dass Sie sich belasten«, begann Kempner das Verhör. »Aber wenn Sie aussagen, dann wäre ich Ihnen dankbar, wenn Sie die reinste Wahrheit sagen, nichts verschweigen und nichts hinzusetzen werden. Wollen Sie das?«

»Ja, selbstverständlich.«

»Und wenn ich auf etwas komme, durch das Sie sich belasten könnten, so können Sie einfach sagen, ich möchte darüber nicht sprechen.«

»Ich bin im US Interrogation Center und im Internierungslager schon vernommen worden. Ich würde mich freuen, wenn ich alles sagen kann, was ich weiß. Ich möchte aber wissen, was mir zum Vorwurf gemacht wird. Alle bisherigen Vernehmungen endeten schließlich in wissenschaftlichen Erörterungen.«

Abb. Nürnberg, Justizpalast. Sitz des Internationalen Militärtribunals.

»Ich weiß nicht, wonach andere Herren gefragt haben. Ich sage Ihnen ganz offen, woran ich interessiert bin: an Ihrer Mitwirkung direkt und indirekt der Planung von Angriffskriegen, von Kriegsverbrechen und von Verbrechen gegen die Menschlichkeit.«

»Planung von Angriffskriegen ist ein neuer Tatbestand, der sehr weit ist.«

»Ich nehme an, dass Sie als Professor des öffentlichen Rechts genau wissen, was ein Angriffskrieg ist. Stimmen Sie mit mir darüber überein, dass Polen, Norwegen, Frankreich, Russland, Dänemark, Holland überfallen worden sind? Ja oder nein?«

»Selbstverständlich, selbstverständlich.«

»Haben Sie nicht die ideologischen Grundlagen für derartige Dinge geschaffen?«

»Nein.«

»Können nicht Ihre Schriften den Eindruck erwecken, als ob Sie das getan haben?«

»Das glaube ich nicht; für den, der sie gelesen hat.«

Abb. Robert Kempner und seine Mitarbeiterin Jane Lester in Nürnberg.

»Haben Sie eine neue Völkerrechtsordnung erstrebt im Sinne der Hitlerschen Ideen?«

»Nicht im Sinne der Hitlerschen Ideen und nicht erstrebt, sondern eine Diagnose gestellt.«

»Dem Beschuldigten wird seine Schrift ›Völkerrechtliche Großraumordnung‹, 4. Auflage, vorgehalten und folgender Satz auf Seite 63 vorgelesen: ›Diese jüdischen Autoren haben natürlich die bisherige Raumtheorie so wenig geschaffen, wie sie irgendetwas anderes geschaffen haben. Sie waren doch auch hier ein wichtiges Ferment der Auflösung konkreter raumhaft bestimmter Ordnungen.‹ Wollen Sie bestreiten, dass das der reinste Goebbelsstil ist? Ja oder nein?«

»Ich bestreite, dass das Goebbelsstil ist nach Inhalt und Form. Ich möchte betonen, den hochwissenschaftlichen Zusammenhang der Stelle zu beachten. Der Intention, der Methode und der Formulierung nach eine reine Diagnose... Ich bin hier als was? Als Angeklagter?«

»Das wird sich noch herausstellen.«[23]

Fünf Wochen saß Carl Schmitt in Nürnberg in Einzelhaft, wurde dreimal von Kempner verhört und durfte sich schriftlich verteidigen, am Ende nicht mehr »possible defendant«, potentieller Angeklagter, sondern Gutachter, der zum Beispiel eine Expertise über die Stellung der Reichsminister und des Chefs der Reichskanzlei schrieb. Schmitt mag sich vielleicht durch Einzelhaft und Verhör gedemütigt gefühlt haben, gebrochen war er nicht. Bei der Verhaftung in Berlin mit der Ankündigung, nach Nürnberg überstellt zu werden, klemmte er die Daumen hinter die Hosenträger und sagte: »Nun kann ich der Welt endlich klarmachen, was ich über sie denke.«[24] Wenn man ihn für Hitler verantwortlich mache, belehrte Schmitt Kempner, müsse man Rousseau für die Jakobiner verantwortlich machen. Unter Hinweis auf seinen »großen Namen« stellte er sich in eine Reihe auch mit Jean Bodin und Thomas Hobbes als den Begründern seines Faches, des Völkerrechts, Verfassungsrechts und der politischen Theorien. Diesen Hinweis auf seinen »großen Namen« hätte Schmitt sich sparen können. Kempner, der Schmitt in amerikanischer Militäruniform gegenübertrat, wusste als gebürtiger Deutscher – 1899 als Sohn eines Berliner Ärzteehepaares geboren – und gelernter Jurist – bis zur Amtsenthebung und Ausbürgerung 1935 Justitiar der preußischen Polizei – genau, dass er mit Schmitt einen der einflussreichsten und mächtigsten Intellektuellen Europas verhörte. Seit 1921 Professor in Greifswald, Bonn, Berlin, Köln und, von 1933 bis zur Entlassung 1945, wieder in Berlin, hatten die Bücher »Politische Romantik« (1919), »Die Diktatur. Von den Anfängen des modernen Souveränitätsgedankens bis zum proletarischen Klassenkampf« (1921), »Politische Theologie. Vier Kapitel zur Lehre von der Souveränität« (1922), »Römischer Katholizismus und politische Form« (1923), »Die geistesgeschichtliche Lage des heutigen Parlamentarismus« (1923), »Verfassungslehre« (1928), »Der Begriff des Politischen« (1932) und »Legalität und Legitimität« (1932) Schmitt wegen der Brillanz seines kalten Denkens berühmt und berüchtigt gemacht, jede Veröffentlichung war ein spektakulärer Auftritt. In diesen Büchern, manche nicht länger als fünfzig, sechzig Druckseiten, Kampfschriften, geschrieben nach der Devise Ernst Jüngers »Wir gleichen Seeleuten auf ununterbrochener Fahrt und jedes Buch kann nicht mehr als ein Logbuch sein«[25], fanden sich folgenreiche Sätze wie: »Die spezifische politische Unterscheidung, auf welche sich die politischen Handlungen und Motive zurückführen lassen, ist die Unterscheidung von Freund und Feind.«[26] »Politisches Denken und politischer Instinkt bewähren sich theoretisch und praktisch an der Fähigkeit, Freund und Feind zu unterscheiden. Die Höhepunkte der großen Politik sind zugleich die Augenblicke, in denen der Feind in konkreter Deutlichkeit als Feind erkannt wird.«[27] Oder: »Souverän ist, wer über den Ausnahmezustand entscheidet.«[28] Oder: »Die souveräne Entscheidung ist der absolute Anfang, und der Anfang ist nichts als souveräne Entscheidung.«[29]

Dass Carl Schmitts politische Ideen einen autobiographischen Gehalt hatten, war jedem Leser immer klar. Schmitt wusste zwar, dass nur »aus der Kraft eines integren Wissens die Ordnung der menschlichen Dinge entsteht«, »ab integro nascitur ordo«[30], aber so integer kam sein Wissen nie daher, sondern es war stets bestimmt von Ein- und Ausgrenzungen, extremen Willensbekundungen und Entscheidungen, auch von lancierten Mythen, die zur Verteidigung und zum Schutz seiner Ideen aufgebaut und aus dem großen Reservoir einer Privatmythologie gespeist wurden. Insofern war Carl Schmitt als politischer Philosoph und Theoretiker immer auch ein Schriftsteller, der das Schreiben als imaginäres Handeln verstanden und praktiziert hat. Zum Beispiel sein Buch über die »Politische Romantik«; es beginnt mit den Worten:

»Den Deutschen fehlt die Leichtigkeit, die aus einem Wort eine handliche, einfache Bezeichnung macht, wegen der man sich ohne große Umstände einigt. Zwar wird bei uns ein Ausdruck schnell banal, aber nicht in einem praktischen und verständigen Sinne konventionell. Was über den Tag hinaus als sachliche Benennung bleibt und deshalb eine gründlichere Bestimmung verlangt, schleppt sich in Vieldeutigkeiten und Wortstreitigkeiten fort, und wer in dem Wirrwarr eine sachliche Klarlegung sucht, bemerkt bald, dass er in ein ewiges Gespräch und ein aussichtsloses Gerede verwickelt ist.«[31]

Man merkt sofort die Leichtigkeit und Klarheit dieser Sätze, hier schreibt kein üblicher Jurist, kein gewöhnlicher Staatsrechtler, sondern jemand, der seine Texte poetisch-dramatisch inszenieren und ebenso logisch denken wie mythische Bilder anbieten konnte, ein »Eingeweihter«, wie er sich selber sah. Die Wahrheit sei etwas, was man nie aussprechen könne und dürfe, erzählte Schmitt Ende der dreißiger, Anfang der vierziger Jahre auf Spaziergängen in Berlin dem jungen Nicolaus Sombart, Sohn des Soziologen Werner Sombart, die Wahrheit sei ihrer Natur nach geheim, und man erschließe sie sich nicht durch logisch-diskursives Denken, sondern »erschaue« sie, wobei das Medium der Verständigung darüber das mythische Bild sei — so hat sich Schmitt immer verhalten und in sein Werk schneidende, gleichwohl etwas geheimnisvoll leuchtende Formeln gestreut, hinter denen sich der ungeheure Machtwunsch verbirgt, die Welt und die Dinge in ihr durch Begriffe in eine sprachliche Ordnung zu zwingen und sie aber gleichzeitig in der

Schwebe zu halten und zum Tanzen zu bringen. Magischer Begriffsrealismus, der einen »mit heftigster Intensität des Schauens erlebten Vorgang im Augenblick des Erlebens«[32] zum Zeitgemälde umschaffen möchte, Gedanken als Bilder, »pictura poesis«. Dann taucht zum anderen in den ersten Sätzen der »Politischen Romantik« bereits ein zentrales Thema der Lebensarbeit Carl Schmitts auf: Er suchte in dem Wirrwarr seiner Zeit kein ewiges Gespräch und kein aussichtsloses Gerede, sondern eine sachliche Klarlegung. Es sei eben »die Aufgabe«, Klarheit zu gewinnen, sei es auch nur die Klarheit darüber, warum eine Bewegung wie die Romantik objektiv unklar erscheine und aus der Unklarheit ein Prinzip zu machen suche. »Dass die Romantik vielleicht den Anspruch erhebt, unfassbar und mehr zu sein, als Menschenworte anzudeuten vermögen, gehört auch zu ihr und braucht einen nicht zu beirren. Denn meistens ist die logische Taktik ihres Anspruchs allzu armselig.«[33] Die Romantiker suchten nämlich alles nur durch sich selbst zu definieren und jede Definition ihrer selbst durch anderes und andere zu vermeiden. »Es ist romantisch, sich mit allem zu identifizieren, doch niemandem zu erlauben, sich mit dem Romantischen zu identifizieren«,[34] konstatierte Schmitt. »Es ist romantisch, zu sagen, die neuplatonische Bewegung ist Romantik, [...] mystische, pietistische, spiritualistische und irrationale Bewegungen aller Art sind Romantik, nur nicht umgekehrt [...]; denn damit wäre die Romantik selbst in ihrer zentralen Undefinierbarkeit berührt. Grammatisch-logisch gesprochen: diese Art Literatur macht die Romantik immer nur zum Prädikat, niemals zum Subjekt eines definierenden Satzes. Das ist der einfache Handgriff, mit dem sie ihr geistesgeschichtliches Labyrinth ins Dasein zaubert.«[35] Dabei verschwende sie zwar einen oft erstaunlichen Reichtum differenzierten Geschmacks und subtiler Analyse, nur bleibe das alles im Bereich eines bloß ästhetischen Feingefühls und dringe niemals zu einem Begriffe vor. Die allgemeine Ästhetisierung diene nur dazu, auf dem Weg über das Ästhetische auch alle anderen Gebiete des geistigen Lebens zu privatisieren. Wenn die Hierarchie der geistigen Sphäre sich jedoch auflöse, befand Schmitt, könne alles zum Zentrum des geistigen Lebens werden. »Aber alles Geistige, auch die Kunst selbst, wird in seinem Wesen verändert und sogar gefälscht, wenn das Ästhetische verabsolutiert und zum Mittelpunkt erhoben wird. Darin liegt die erste und einfachste Erklärung der scheinbar so verwickelten Widerspruchsfülle des Romantischen. Religiöse, moralische, politische und wissenschaftliche Angelegenheiten erscheinen in fantastischen Drapierungen, in seltsamen Farben und Tönen, weil sie von den Romantikern, bewusst oder unbewusst, als Thema künstlerischer oder kunstkritischer Produktivität behandelt werden. Weder religiöse noch moralische, noch politische Entscheidungen, noch wissenschaftliche Begriffe sind im Bereich des Nur-Ästhetischen möglich.«[36] Die romantische Haltung, führte Schmitt am Beispiel Adam Müllers, aber auch von Autoren wie Novalis und Friedrich Schlegel aus, werde am klarsten durch den Begriff der »occasio«[37] bezeichnet. Man könne ihn mit Vorstellungen wie »Anlass, Gelegenheit, vielleicht auch Zufall«[38] umschreiben. Aber seine eigentliche Bedeutung erhalte er durch einen Gegensatz: er verneine den Begriff »causa«, das heiße, »den Zwang einer berechenbaren Ursächlichkeit, dann aber auch jede Bindung an eine Norm. Es ist ein auflösender Begriff, denn alles, was dem Leben und dem Geschehen Konsequenz und Ordnung gibt – sei es die mechanische Berechenbarkeit des ursächlichen, sei es ein zweckhafter oder ein normativer Zusammenhang –, ist mit der Vorstellung des bloß Occasionellen unvereinbar.«[39] Romantik, schlug Schmitt vor, sei »subjektivierter Occasionalismus«[40], und von hier aus führte er seine heftige Volte gegen jede politische Romantik: »Aus immer neuen Gelegenheiten entsteht eine immer neue, aber immer nur occasionelle Welt, eine Welt ohne Substanz und ohne funktionelle Bindung, ohne feste Führung, ohne Konklusion und ohne Definition, ohne Entscheidung, ohne letztes Gericht, unendlich weitergehend, geführt nur von der magischen Hand des Zufalls, the magic hand of chance. In ihr kann der Romantiker alles zum Vehikel seines romantischen Interesses machen und [...] die Illusion haben, dass die Welt nur ein Anlass ist. In jeder anderen geistigen Sphäre, auch in der alltäglichen Wirklichkeit, würde diese Haltung sofort lächerlich und unmöglich. Im Romantischen dagegen kommt es zu einer besonderen Leistung: zwischen dem als gelegentlichen Anlass dienenden Punkt der konkreten Wirklichkeit und dem schöpferischen Romantiker entsteht eine interessante, bunte Welt von einem oft wunderbaren, ästhetischen Reiz. Man kann ihr ästhetisch zustimmen, aber es würde eine ironische Behandlung verdienen, wollte man sie moralisch oder sachlich ernst nehmen. Diese romantische Produktivität behandelt auch alle überlieferten Kunstformen als bloßen Anlass. Sie muss sich deshalb von jeder Form ebenso entfernen wie von der konkreten Wirklichkeit, obwohl sie immer wieder einen konkreten Anhaltspunkt sucht. Was man psychologisch als romantische Formlosigkeit und als romantische Flucht ins Vergangene oder ins Ferne bezeichnet hat, die romantische Verklärung weit abwesender Dinge, ist nur die Folge dieser Haltung.«[41] Der Romantiker, lautete Schmitts Hauptvorwurf, weiche der Wirklichkeit aus, aber ironisch und mit der Gesinnung der Intrige. Jede Beziehung zu einem rechtlichen oder moralischen Urteil »wäre hier disparat, und jede Norm erschiene als antiromantische Tyrannei. Eine rechtliche oder moralische Entscheidung wäre sinnlos und müsste die Romantik vernichten.«[42] Der Romantiker, folgerte Schmitt, sei deshalb nicht in der Lage, aus bewusstem Entschluss Partei zu ergreifen und sich zu entscheiden. »Nicht einmal die Staatstheorie, die von dem ›von Natur bösen‹ Menschen ausgeht, kann er mit romantischen Mitteln entschieden ablehnen, denn wenn sie auch vielen Romantikern unsympathisch ist, so besteht doch die Möglichkeit, auch diesen ›bösen‹ Menschen, die ›Bestie‹, zu romantisieren. Die selbstbewusste Frühromantik, die sich von dem Schwung der anderen irrationalen Bewegungen ihrer Zeit tragen ließ und zudem das absolute, weltschöpferische Ich spielte, empfand das als Überlegenheit. Als sich dann aber einige typische Romantiker wie Friedrich Schlegel und Adam Müller trotzdem theoretisch und praktisch mit den politischen Problemen, wie sie die Zeit damals stellte, beschäftigten, ergab sich, dass sie Burke, Bonald, Maistre, Haller wiederholten, mit andern Worten, dass es eine politische Produktivität im Romantischen nicht gibt. Jetzt predigen sie völlige Passivität, benutzen mystische, theologische und traditionalistische Vorstellungen wie Gelassenheit, Demut, Dauer, um die Polizei Metternichs zum würdigen Objekt eines liebenden Attachements zu machen und die vorgesetzte Behörde mit dem höheren Dritten romantisch zu verschmelzen. Das ist also der Kern aller politischen Romantik: der Staat ist ein Kunstwerk, der Staat der historisch-politischen Wirklichkeit ist occasio zu der das Kunstwerk produzierenden schöpferischen Leistung des romantischen Subjekts, Anlass zur Poesie und zum Roman, oder auch zu einer bloßen romantischen Stimmung.«[43]

Solche romantische Stimmung und Haltung, wenn Carl Schmitt in seiner Jugend auch mit ihr sympathisiert hat – noch als 28jähriger verteidigte er die Romantik, »von der es neulich hieß, sie müsse überwunden werden«, als geistig »unermessliches Reservoir«[44] zur Erkenntnis von Charakter, Periodizität und Rhythmus des organischen Lebens –, sollte seine Sache nicht mehr sein, denn hinter der Romantik lauerte für ihn nun vor allem privates Priestertum und tiefste Verzweiflung. Man dürfe nicht immer nur die »guten Idylliker« im Auge haben, sondern müsse auch diese Verzweiflung sehen, »ob sie sich nun in einer süßen Mondnacht an Gott und der Welt lyrisch berauscht, ob sie als Weltschmerz und Krankheit des Jahrhunderts klagt, sich pessimistisch zerreißt oder frenetisch in den Abgrund von Instinkt und Leben stürzt«[45]. Mit Blick auf Lord Byron, Charles Baudelaire und Friedrich Nietzsche, den »drei Hohenpriestern und zugleich Schlachtopfern dieses privaten Priestertums«, diesen »eigenen Dombaumeistern an der Kathedrale ihrer Persönlichkeit«, deren »entstelltes Antlitz«[46] Schmitt durch den bunten romantischen Schleier hindurchstarren sah, wollte Carl Schmitt fortan Entscheidungen treffen und meinte, dass der Mensch sein Leben von den Entscheidungen her aufzieht — dieses Motiv durchzieht sein ganzes Werk, findet sich gerade dort, wo er sein Misstrauen gegen die parlamentarische Demokratie formulierte und ihr den berühmt-berüchtigten Totenschein ausstellte. Parlamentarismus — eine »verschimmelte«[47] Sache, so Schmitt. Regierung durch Diskussion — eine Illusion. Liberalismus — das sei »abwartende Halbheit, mit der Hoffnung, die definitive Auseinandersetzung, die blutige Entscheidungsschlacht könnte in eine parlamentarische Debatte verwandelt werden und ließe sich durch ewige Diskussion ewig suspendieren.«[48]

Da hatte Carl Schmitt sich in seinem 1921, während seiner ersten Professur im ungeliebten, protestantisch-pommerschen, winterlichen Greifswald geschriebenen und 1922 erschienenen Buch »Politische Theologie« auf Juan Donoso Cortés berufen, den er neben Louis-Gabriel-Ambroise, Vicomte de Bonald und Joseph de Maistre als »Staatsphilosophen der Gegenrevolution« feierte. Im Jahr 1922 waren die drei Philosophen, die, teilweise noch im 18. Jahrhundert aufgewachsen, schon im 19. Jahrhundert skurrile Außenseiterpositionen vertraten, natürlich längst vergessen. Carl Schmitt ernannte sie nun aber zu europäischen Geistesgrößen, ihr Werk gehöre zu den »Uranbergwerken« der Geistesgeschichte. Alle drei Autoren seien »Dezisionisten«, verkündete Schmitt — ein Zauberwort, gebraucht, als habe er da eine Waffe in der Hand. Vicomte de Bonald: »Die Tradition ist für ihn die einzige Möglichkeit, den Inhalt zu gewinnen, den der metaphysische Glaube des Menschen akzeptieren kann, weil der Verstand des Einzelnen zu schwach und elend ist, um von sich aus die Wahrheit zu erkennen. [...] Ein furchtbares Bild, das den Weg der Menschheit durch die Geschichte darstellen soll: eine Herde von Blinden, geführt von einem Blinden, der sich an einem Stock weitertastet.«[49] Joseph de Maistre: »De Maistre spricht mit besonderer Vorliebe von der Souveränität, die bei ihm wesentlich Entscheidung bedeutet. [...] Jede Souveränität handelt, als wäre sie unfehlbar, jede Regierung ist absolut — ein Satz, den ein Anarchist, wenn auch aus ganz anderer Absicht, wörtlich ebenso hätte aussprechen können. Die klarste Antithese, die in der ganzen Geschichte der politischen Idee überhaupt auftritt, liegt in einem solchen Satz. Alle anarchistischen Lehren, von

Babeuf bis Bakunin, Kropotkin und Otto Gross, drehen sich um das eine Axiom: le peuple est bon et le magistrat corruptible.«[50]

Im staatsphilosophischen Denken der Gegenrevolution habe sich die Intensität der Entscheidung gesteigert, befand Schmitt und machte die radikale Steigerung an der steigenden Bedeutung der axiomatischen Thesen über die Natur des Menschen fest: »Jede politische Idee nimmt irgendwie Stellung zur ›Natur‹ des Menschen und setzt voraus, dass er entweder ›von Natur gut‹ oder ›von Natur böse‹ ist.«[51] Und welche Stellung bezog Schmitt zu dieser Entweder–Oder-Frage? In dem Moment führte er Donoso Cortés auf die Bühne, die heimliche Hauptfigur des Drei-Personen-Stücks, und kündigte ihn an mit den Worten: »Seine Verachtung der Menschen kennt keine Grenzen mehr; ihr blinder Verstand, ihr schwächlicher Wille, der lächerliche Elan ihrer fleischlichen Begierden scheinen ihm so erbärmlich, dass alle Worte aller menschlichen Sprachen nicht ausreichen, um die ganze Niedrigkeit dieser Kreatur auszudrücken. Wäre Gott nicht Mensch geworden — das Reptil, das meinen Fuß zertritt, wäre weniger verächtlich als ein Mensch. [...] Die Stupidität der Massen ist ihm ebenso erstaunlich wie die dumme Eitelkeit ihrer Führer. Sein Sündenbewusstsein ist universal, furchtbarer als das eines Puritaners. Kein russischer Anarchist hat seine Behauptung, ›der Mensch ist gut‹, mit solcher elementaren Überzeugung ausgesprochen wie der spanische Katholik die Antwort: Woher weiß er, dass er gut ist, wenn Gott es ihm nicht gesagt hat? [...] Die Verzweiflung dieses Mannes [...] ist oft dem Wahnsinn nahe; nach seiner Geschichtsphilosophie ist der Sieg des Bösen selbstverständlich und nur ein Wunder Gottes wendet ihn ab; die Bilder, in denen sich sein Eindruck von der menschlichen Geschichte objektiviert, sind voll Grauen und Entsetzen; die Menschheit taumelt blind durch ein Labyrinth, dessen Eingang, Ausgang und Struktur keiner kennt, und das nennen wir Geschichte; die Menschheit ist ein Schiff, das ziellos auf dem Meer umhergeworfen wird, bepackt mit einer aufrührerischen, ordinären, zwangsweise rekrutierten Mannschaft, die grölt und tanzt, bis Gottes Zorn das rebellische Gesindel ins Meer stößt, damit wieder Schweigen herrsche. [...] Donoso war überzeugt, dass der Augenblick des letzten Kampfes gekommen war; angesichts des radikal Bösen gibt es nur eine Diktatur, und der legitimistische Gedanke der Erbfolge wird in einem solchen Augenblick leere Rechthaberei.«[52] »Es handelt sich nicht um die Wahl zwischen Freiheit und Diktatur«, hatte Donoso Cortés erklärt. »Würde sich die Frage darum drehen, dann würde ich genau wie Sie alle für die Freiheit stimmen. Es handelt sich um die Wahl zwischen der Diktatur der Empörung und der Diktatur der Regierung, weil sie nicht so drückend und nicht so schimpflich ist. Ich wähle die Diktatur von oben, weil sie aus reineren und lichteren Regionen kommt. Es handelt sich endlich um die Wahl zwischen der Diktatur des Dolches und der Diktatur des Säbels. Ich wähle die Diktatur des Säbels, weil sie ehrenvoller ist.«[53] Solche Sätze gefielen natürlich dem Sprachmachtmenschen Professor Dr. Carl Schmitt.

Abb. Carl Schmitt, 1933.

Solche Sätze gefielen natürlich dem amerikanischen Stellvertretenden Chefankläger bei den Kriegsverbrecherprozessen in Nürnberg nicht. Hatten solche Sätze direkt zu Schmitts »souveräner Entscheidung« geführt, sich 1933 auf Seiten der Nationalsozialisten zu engagieren? Bevor Schmitt aber in seiner Antwort in die Höhen der politischen Philosophie davonfliegen konnte, versuchte Kempner ihn auf dem Boden der Tatsachen des Verhörzimmers im Nürnberger Kriegsverbrechergefängnis festzuhalten. »Welche Rolle haben Sie im 3. Reich gespielt?«, fragte er Schmitt. »Haben Sie nicht gesagt, die deutsche Gesetzgebung und die deutsche Rechtsprechung haben vom nationalsozialistischen Geist erfüllt zu werden? Ja oder nein? Haben Sie das gesagt zwischen 1933 und 1936?«

»Ja. Ich war von 1933 bis 1936 Leiter der Reichsfachgruppe Hochschullehrer des Bundes nationalsozialistischer Juristen und Herausgeber der Deutschen Juristen-Zeitung. Ich fühlte mich damals überlegen. Ich wollte dem Wort Nationalsozialismus von mir einen Sinn geben.«

»Hitler hatte einen Nationalsozialismus, und Sie hatten einen Nationalsozialismus?«

»Ich fühlte mich überlegen.«

»Sie fühlten sich Adolf Hitler überlegen?«

»Geistig unendlich. Er war mir so uninteressant, dass ich gar nicht darüber sprechen will.«[54]

Kempner stockte einen Moment angesichts dieser Prahlerei. Denn dieser körperlich klein gewachsene Mann vor ihm auf dem Verhörstuhl im Nürnberger Kriegsverbrechergefängnis war natürlich intellektuell so klein nicht, dass er meinte, sich so groß machen zu müssen. Hatte Schmitt in dem Moment begriffen, dass sein Hochmut, der Einzige gewesen zu sein, den Nationalsozialisten ein intellektuell anspruchsvolles staatspolitisches Konzept liefern zu können, ihn in die größte Niederlage seines Lebens getrieben hatte? Meinte er deshalb, in dieser Niederlage sich trotzig noch einmal groß machen zu müssen?

Im Niemandsland

Natürlich hatte Carl Schmitt sich Adolf Hitler überlegen gefühlt, denn alle Welt hatte ihm ja seit Anfang der zwanziger Jahre bescheinigt, einer der klügsten und originellsten Köpfe Deutschlands und Europas zu sein. Für den Historiker Friedrich Meinecke gehörte die »Politische Romantik« zum »Bedeutendsten, was im letzten Jahrzehnt über die Romantik geschrieben ist«[55], Georg Lukács sprach in seiner Rezension der 1925 erschienenen zweiten Auflage des Buches von einem »sehr bekannten, ja fast berühmten« Werk, das »mit Recht starken Widerhall«[56] hervorgerufen habe. Dass Carl Schmitt auch Mut auszeichnete, bewies er 1923 mit »Römischer Katholizismus und politische Form«, denn in einer Zeit, in der der »Kulturkampf« als Synonym für die Auseinandersetzungen zwischen dem 1871 gegründeten Deutschen Reich und der katholischen Kirche um die (Neu-)Bestimmung des Verhältnisses von Staat und Kirche und den kirchlichen Einfluss auf das Bildungswesen sowie die Ehe- und Schulgesetzgebung noch in allen Köpfen steckte, gehörte einiges dazu, sich zu seinem Katholizismus zu bekennen. Mit diesem Großessay, geschrieben auch als Gegenstück zu Max Webers »Protestantische Ethik und der Geist des Kapitalismus«, stellte sich damals »der akademische Außenseiter« vor, der – so Schmitts Juristenkollege Josef Isensee – sein »Anderssein« nicht verleugne und seinen »Makel« nicht verstecke. »Er bekennt sich zu seinem Stigma, und er zeigt, dass dieses Stigma brillant ist — voll des intellektuellen, des ästhetischen, des künstlerischen Glanzes, und darin den herrschenden Gruppen überlegen, die zum ›Kulturkampf‹ gegen den

Katholizismus geblasen hatten.«[57] In diesem Essay hatte Schmitt seinen Stil zum ersten Mal zur Vollendung gebracht — der Glanz des architektonisch kunstvoll gebauten Textes beruht auf Schmitts Bemühen, eine »innere Ausgewachsenheit der einzelnen Sätze und Abschnitte« derart herzustellen, dass man Sätze und Kapitel »ähnlich wie die Worte eines lateinischen Satzes in weitem Umfang herausnehmen und umstellen kann«[58]. Solchen Stil empfand Schmitt selber als das Gegenteil von »Mosaik«; ein derartiges Schreibverfahren ziele vielmehr auf »Begriffs-Realismus«[59]. Nach Lektüre von »Römischer Katholizismus und politische Form« – in der zweiten Auflage von 1925 mit bischöflichem Imprimatur versehen – bekannte der Bonner Kirchenhistoriker Hans Barion, ihm habe sich mit einem Schlag der Ausblick auf das, was er selber im Sinn hatte, auf seine Ziele geändert. »Da habe ich zum ersten Mal und für immer, auf einmal erfasst und erkannt, was wirklich Wissenschaft als Stil, als Form ist.«[60] Damals setzte auch eine private Korrespondenz mit Schmitt ein, die bis zu seinem Tod nicht mehr abriss — in seinem Nachlass fanden sich insgesamt gut 17500 Briefe. Einer der ersten Briefeschreiber war der damals schon berühmte Romanist Ernst Robert Curtius. Er habe ihn mit seinen Büchern in einen »Efferveszenzzustand«[61] versetzt, »den nur eine res magni momenti«[62] erzeugen könne, schrieb Curtius an Schmitt. »So kommt es, dass ich Ihr Buch [›Politische Romantik‹] mit stärkster innerer Beteiligung gelesen habe — also in einer Verfassung analog der, in der es offenbar geschrieben wurde.«[63] Curtius vermochte zwar nicht alle Ansichten Schmitts zu teilen – »Sie werfen den Romantikern vor, dass ihre Taten Zeitschriften waren. Aber man kann auch positiv sagen: Ihre Zeitschriften waren Taten«[64] –, doch bei allen inneren Vorbehalten zeigte Curtius sich überwältigt von der Herausforderung: »Im Grunde steht hinter Ihrer ganzen historischen Arbeit und Wertung ein Metaphysisches. Das gibt die Spannung, die Verve und die Leidenschaft. Sie bekämpfen einen Ihnen gegensätzlichen geistigen Typus. Sie mobilisieren das Rechtliche, Politische, Moralische gegen das Poetische. Aber die Romantiker würden antworten, dass das Poetische eine Urpotenz von unangreifbarer Dignität ist. Im Grund ist der Streit nicht zu schlichten.«[65]

Es war die Magie hinter Schmitts Schreiben, die damals fast jeden, der mit seinem Werk in Berührung kam, faszinierte und manchen auch blendete. Als habe jemand ein Fenster geöffnet, um Luft in ein verstícktes Studierzimmer zu lassen. Hugo Ball ernannte Schmitt 1924 in der Zeitschrift HOCHLAND denn auch zum »Typus des neuen deutschen Gelehrten«[66] und erkannte als Erster hinter Schmitts Texten eine Ideologie, die in einem persönlichen, »fast privaten« Schreib- und Denksystem entwickelt werde: »Er gruppiert alle Lebenstatsachen, gruppiert seine ganze Erfahrung um die eine Grundüberzeugung, dass Ideen das Leben beherrschen; dass das Leben niemals nach seinen Bedingungen, sondern nur nach freien unbedingten, ja bedingenden Einsichten, eben nach Ideen, geordnet und aufgebaut werden kann. Die Exaltierung und Hartnäckigkeit dieser seiner Überzeugung macht die Größe des Ideologen aus. [...] Wenn die Schriften dieses merkwürdigen Professors (um nicht Konfessors zu sagen) nur dazu dienten, die katholische (universale) Physiognomie ihres Verfassers erkennen und studieren zu lassen, es würde vollauf genügen, ihnen einen überragenden Rang zu sichern. Chesterton sagte einmal in einem schönen Essay ›Von den Idealen‹, dass unserer verworrenen und argen Zeit zu ihrer Sanierung keineswegs der große Praktiker nottut, nach dem alle Welt verlangt, sondern der große Ideologe. ›Ein Praktiker, das ist ein Mensch, eingewohnt in die Alltagspraxis, in die Art, wie die Dinge gemeinhin funktionieren. Wenn aber die Dinge nicht arbeiten, dann braucht man den Denker, den Mann, der so etwas wie eine Doktrin hat, warum die Dinge überhaupt funktionieren. Es ist unrecht zu geigen, während Rom brennt, aber es ist ganz in der Ordnung, die Theorie der Hydraulik zu studieren, während Rom brennt.‹ Carl Schmitt gehört zu denen, die ›die Theorie der Hydraulik studieren‹; er ist mit seltener Überzeugung Ideologe; ja man kann sagen, dass er diesem Wort, das seit Bismarck eine üble Bedeutung hat, wieder zu Ansehen verhelfen wird.«[67]

»Der Todfeind der Romantik, als der Schmitt sich gelegentlich erweist, bekämpft in ihr die irrationale Gefahr seines eigenen schöpferischen Fonds, dessen Klärung seine Schriften sämtlich gewidmet scheinen«[68], konstatierte Hugo Ball hellsichtig mit Hinweis auf den Charakter des Persönlichen, den Schmitts Schriften zeigten. Dieses Problem des Persönlichen sei bei dem »Ideologen« Schmitt aufs engste mit dem wissenschaftlichen Problem verknüpft. Auf dem Erlebnis des Zusammentreffens beider Probleme baue er sogar bewusst sein Werk in allen Bezügen und Folgen. Daher rühre die seltene Konsistenz und die »universale Geschlossenheit« dieses Werks, eine »Verflochtenheit der Rechtsfrage mit allen soziologischen und ideologischen Instanzen«.[69] Schmitt, so Hugo Balls Eindruck, wolle die Rechtsidee nicht nur erkennen, sondern sie »womöglich repräsentieren, selbst sein. Das ist katholisch, eschatologisch gedacht«[70]. Diese Tendenz zum Absoluten, die Schmitt charakterisiere, sei jedoch keineswegs auf Abstrakta gerichtet, wie bei den großen Systembaumeistern des Barock und der Aufklärung, sondern konkret eingestellt. Sie führe auch in ihrer letzten Konsequenz nicht zu einer alles bedingenden Abstraktion, heiße sie Gott, Form, Autorität oder sonst wie, sondern zum Papst als der absoluten Person, der eine abermals konkrete Welt irrationaler, der logischen Erfassung weiter nicht zugänglicher Personen und Werte repräsentiere. Hugo Balls Beweisführung lag auf der Hand: Die katholische Kirche, hatte Schmitt in »Römischer Katholizismus und politische Form« geschrieben, könne sich rühmen, alle Staats- und Regierungsformen in sich zu vereinigen, regiert von einem ungeheuren hierarchischen Verwaltungsapparat, der das religiöse Leben kontrollieren wolle und von Menschen dirigiert werde, die es prinzipiell ablehnten, eine Familie zu haben, »also eine zölibatäre Bürokratie«[71]; zugleich eine autokratische Monarchie, deren Haupt von der Aristokratie der Kardinäle gewählt werde und in der doch so viel Demokratie sei, dass ohne Rücksicht auf Stand und Herkunft der letzte Abruzzenhirt, wie Schmitt Félix Dupanloup zitierte, die Möglichkeit habe, dieser autokratische Souverän zu werden. Die politische

Idee des Katholizismus grenzte Schmitt deutlich ab vom Weltbild sowohl des modernen industriellen Unternehmers wie dem des Industrieproletariats, wobei das Weltbild der Letzteren wie ein Zwillingsbruder dem anderen gliche. Denn der Unternehmer habe kein anderes Ideal als Lenin, nämlich eine »elektrifizierte Erde«[72]. Beide stritten nur um die richtige Methode der Elektrifizierung. Amerikanische Finanzleute und russische Bolschewisten fänden sich zusammen im Kampf für das ökonomische Denken. Dem gegenüber erfasse der Rationalismus der römischen Kirche die psychologische und soziologische Natur des Menschen und betreffe nicht, wie Industrie und Technik, die Beherrschung und Nutzbarmachung der Materie. »Die Kirche hat ihre besondere Rationalität«, befand Schmitt. »Dieser Rationalismus liegt im Institutionellen und ist wesentlich juristisch; seine große Leistung besteht darin, dass er das Priestertum zu einem Amte macht, aber auch das wieder in einer besonderen Art. Der Papst ist nicht der Prophet, sondern der Stellvertreter Christi. Alle fanatische Wildheit eines zügellosen Prophetentums wird durch eine solche Formierung ferngehalten. [...] In solchen Distinktionen liegt die rationale Schöpferkraft und zugleich die Humanität des Katholizismus. Sie bleibt im Menschlich-Geistigen; ohne das irrationale Dunkel der menschlichen Seele ans Licht zu zerren, gibt sie ihm eine Richtung. Sie gibt nicht, wie der ökonomisch-technische Rationalismus, Rezepte zur Manipulation der Materie.«[73]

Für Hugo Ball ging Schmitt in seinen Grundpositionen wie nur irgendein Kantianer von apriorischen Begriffen und damit von seiner Rechtsideologie aus. Nur begnüge er sich nicht, seine Begriffe um ihrer selbst willen zu definieren und miteinander in Beziehung zu setzen. Er suche vielmehr seine Rechtsbegriffe im gegebenen Staate und ferner in der Tradition nach ihren letzten Zusammenhängen, nach ihrer Vergesellschaftung mit allen anderen höheren Kategorien wie Philosophie, Kunst und Theologie progressiv zu ermitteln. »Als Soziologe, dem kein irgendwie belangvolles Detail des näheren oder entfernteren Leben entgeht«, resümierte Hugo Ball,

»fragt Schmitt überall nach der wirklichen Anwendung des Rechts, um so, den Tatsachen folgend, zu ihrer letzten bestimmenden Form zu gelangen. Er stellt keinen Idealstaat, keine Utopie auf; er läutet kein vorher zurechtgeklüngeltes systematisches Glockenspiel. Das Gefüge der letzten Instanzen, das sich ihm schließlich enthüllt, ist ein Organismus, keine Maschine; ein freischwebendes Planetarium, nicht eine oktroyierte Konstruktion. Die völlige Unsentimentalität dieses Werkes erweist sich darin, dass keinerlei Gefühlswerte, nicht einmal die höchsten, als Ausgangspunkt gelten. Die Moral beginnt mit gesicherten Rechtsbegriffen; diese freilich umschließen in ihrer Vernunft alle höheren irrationalen Werte. Die Juristik, wie Schmitt sie interpretiert, ist die rationale Präsenzform der Ideen.«[74]

Hugo Ball nahm Carl Schmitts Bücher als Partituren und spielte Schmitts Lebensmelodie, indem er die Bücher, so wissenschaftlich sie daherkamen, als einen Beitrag zum Leben las und die alten Fragen stellte: Worum geht es, was wird erhellt, was erfahren wir in diesen Büchern über uns selbst und unseren Umgang mit der Welt und den Dingen darin und inwiefern erweitern und ergänzen diese Bücher als Literatur das Gedächtnis der Menschheit, das, was sie eines Tages von sich selber hinterlässt? Solche Lesart und Verfahrensweise ermöglichte es Hugo Ball, den geheimen unterirdischen Bauplan des bis 1924 vorliegenden Schmittschen Werkes von der »Politischen Romantik« über »Die Diktatur« bis zur »Politischen Theologie« und zu »Römischer Katholizismus und politische Form« nachzuzeichnen. Wenn Schmitt hinter allen prägnanten Begriffen der modernen Staatslehre säkularisierte theologische Begriffe erkannte, so war er für Hugo Ball »Theologe und römischer Katholik« keineswegs bereits in seinen ersten Denkoperationen. Sein Werk entfalte sich »in einem bunten Nacheinander von grimmiger Diatribe und objektiver Untersuchung, von definierendem Diktat und kunstvoller Apologie«[75]. Die Resultate seien schrittweise errungen aus Konsequenzen; »ein Neben- und Übereinander der Stimmen begleitet die Konzeption«[76]. Eine gewisse Aphoristik weise zwar auf Vereinsamung hin, »doch von den Gefahren eines abseitigen Individualismus ist Schmitt durch eine Welt getrennt. Die soziale Natur der Rechtsbegriffe sichert ihm eine stete Verbundenheit mit der Norm, und so tritt klarer und schärfer mit jedem Werk die Grundform hervor, nach der das System sich entfaltet. Der irrationale Fond einer großen Persönlichkeit und ihrer Zeit wird aus den Naturfesseln sowohl wie aus der Ekstase völlig in den Begriff überführt.«[77]

Die »Politische Romantik« war für Hugo Ball dabei »inmitten der Verschwommenheit einer neuteutschen Literatur« zunächst einmal ein Unikum. Dort alle romantischen Symptome einer Willenserkrankung, hier eine einschneidende, inquisitorische Intelligenz. Ein Jurist, der Grammatik dozieren könnte, räume mit den Wirrnissen eines verstiegenen Geniekults auf, so dass der romantische Proteus in die Zwangsjacke der Logik gerate. Der romantische »Staatstheologe« Adam Müller kam Hugo Ball wie ein gejagter Hase vor, und um mit Müller die »genialische Hypokrisie des Liberalismus«[78] zu Tode zu hetzen, sperre Schmitt eine ganze Provinz ab. Aber, fragte sich Hugo Ball, gibt es das überhaupt, wovon Schmitt spricht, »politische Romantik«? Hat Schmitt sie nicht bloß erfunden, um seine inquisitorische Intelligenz vorführen zu können? Egal, fand Hugo Ball. »Gerade darin triumphiert Schmitts Überlegenheit, dieses imaginärste aller Themata logisch einzufangen, mit einer enormen Kunst der Definition, der Unterscheidung, der methodischen Register«[79], schrieb Ball und pries in höchsten Tönen Schmitts ideengeschichtlichen Aufriss von Malebranche und Descartes bis zur Gegenwart, die Prospekte, die er in Bewegung setze, und schließlich den Abgrund, in den die romantische Herrlichkeit klirrend versinke. Inmitten der Abgründe zwischen dem Wesen und dem Nichts, also zwischen den Gegensätzen von Gut und Böse, Gott und Teufel, bestehe für Schmitt wie für seinen Gewährsmann Donoso Cortés in der »Politischen Theologie« ein »Entweder – Oder auf Leben und Tod«[80]. Der künstliche Irrationalismus der Romantik, so las Hugo Ball Schmitts Botschaft, stehe im Widerspruch zur Wirklichkeit; diese letztere aber sei nach Schmitts

»klarer Lehre« identisch mit der Entscheidung. Aber wie verhält sich diese Entscheidung, die Wirklichkeit, zur nicht fingierten, sondern wahren Irrationalität? Wie verhält sich die Jurisprudenz zur höchsten Instanz? »Indem Schmitt die beiden neuen Realitäten (Gemeinschaft und Geschichte) für Demiurgen erklärt, stempelt er sie zu blinden, unvernünftigen, eitlen Schöpfern, zu dämonischen Größen«, antwortete Hugo Ball. »Ihre Herrschaft beruht, wenn man das Wort im gnostischen Sinne nimmt, in einer Vermengung von übersinnlichen und materiellen Gewalten; in einem finsteren Trug, der in seinen Auswirkungen zu Katastrophen führen muss und geführt hat. Auch Schmitt folgt bei der Ermittlung des Irrationalen den Entwicklungen der Gemeinschaft und der Geschichte, aber sie dienen ihm nur als Substrat der Entscheidung. Weit entfernt, an eine Vernunft der materiellen Geschichtsprozesse oder gar an eine immanente Entwicklung zu immer höheren Formen zu glauben, vermag er weder dem hegelschen Weltgeist noch den marxistischen Wirtschaftsgesetzen einen sonderlichen Respekt entgegenzubringen; er sieht in derlei Geschichts- und Gesellschaftsdoktrinen nur Häresien, die nicht aufhören, ihrerseits Objekte einer entwicklungsgeschichtlichen Betrachtung zu bleiben. Der Mensch als ›Instrument der im dialektischen Prozess sich entwickelnden Vernunft‹ ist nicht seine Sache. Er sucht die metaphysische Freiheit, die mit der metaphysischen Realität identisch ist.«[81]

Von hier aus erläuterte Hugo Ball Schmitts Buch »Die Diktatur« und den darin entwickelten politischen Begriff der Ratio. Schmitt vermöge an eine im Geschichtsverlauf hervortretende kontinuierliche Vernunft so wenig zu glauben, dass er die französische Revolution vor der englischen und den pouvoir constituant vor der Diktatur Cromwells behandele, fiel Hugo Ball auf. Noch entscheidender: »Diese mit Vernunftkategorien kaum zu fassende Cromwellsche Diktatur erscheint ihm, allen rationalistischen Systemen zum Trotz, als die höhere, eigentliche Vernunft. Um die gottgewollte Abhängigkeit von den Tatsachen ist es in diesem Systeme schlecht bestellt. Eher scheint darin ein spontanes Hervortreten des

Göttlichen im Chaos der Geschichte, scheint das politische Wunder gelehrt zu werden: die Durchbrechung der Naturgesetze durch die souveräne Person. Das führt zum Gegensatze von ratio und irrational, der in den verschiedensten Formen Schmitts Werk beherrscht.« Dabei trenne Schmitt mit seiner »lateinischen Auffassung« noch entschiedener als de Bonald und de Maistre die irrationalen Elemente (Nation und Geschichte) von der Vernunft, beobachtete Hugo Ball, und die moralistischen Thesen über die Natur des Menschen, ob von Natur böse oder gut, würden Schmitt in all ihrem fragwürdigen Extrem zum Kriterium einer ihm begegnenden Staatslehre. Hielten Mably, Rousseau und die Anarchisten von Babeuf bis Kropotkin den Menschen, das Volk, das Proletariat und sogar das »Lumpenproletariat« für natürlich gut, ja für das Heil der Welt, und seien sie deshalb Irrationalisten, so erklärten alle rationalen Geister, und besonders die katholischen Staatsphilosophen, den Menschen mit steigender Heftigkeit für blind, konfus, verworfen und verächtlich. Kämpfe die »Opposition« mit der These »der Mensch ist gut« für die Zerstörung der Ideologie, so kämpften die Ideologen – und damit auch Schmitt – mit dem Axiom »der Mensch ist schlimmer als ein Reptil« unter der Fahne Gottes für die Metaphysik. Am Ende behandele Schmitt die Überzeugung von der natürlichen Güte des Menschen kurzweg als »anarchistische Lehre« und könne nunmehr auch anarchistisch und irrational identifizieren. Da strömten sogar Dostoevskijs Naturheilige einen Dynamitgeruch aus. Dostoevskijs Großinquisitor bekennt nach Schmitts Worten in »Römischer Katholizismus und politische Form«, den Versuchungen des Satans gefolgt zu sein, »in vollem Bewusstsein, weil er weiß, dass der Mensch von Natur böse und niedrig ist, ein feiger Rebell, der eines Herrn bedarf, und weil nur der römische Priester den Mut findet, die ganze Verdammnis auf sich zu nehmen, die zu solcher Macht gehört. Hier hat Dostoevskij mit großer Gewalt seinen eigenen, potentiellen Atheismus in die römische Kirche projiziert.«[82]

Einen Text wie den Hugo Balls, der Carl Schmitt auf der Höhe seines Werkes antwortete und ihm den eigenen Hintergrund zurückgab, hat Schmitt später nie mehr geschenkt bekommen. Seither, vor allem nach Schmitts Tod, hat sich ein Wust von Sekundärliteratur – nicht selten mit dem Anspruch, den Autor besser zu verstehen als er sich selbst – über die Originale gelegt, so dass der alte Text Hugo Balls den Blick noch einmal frei machen kann auf einige Schmittsche Leitideen, wie die Idee des Ausnahmezustands, auf der Schmitt sein Werk gebaut hat und der er in seinem Buch »Politische Theologie« für die Jurisprudenz eine analoge Bedeutung wie dem Wunder für die Theologie zusprach. Gerade eine Philosophie des konkreten Lebens dürfe sich vor der Ausnahme und vor dem extremen Falle nicht zurückziehen, sondern müsse sich im höchsten Maße dafür interessieren: »Ihr kann die Ausnahme wichtiger sein als die Regel, nicht aus einer romantischen Ironie für das Paradoxe, sondern mit dem ganzen Ernst einer Einsicht, die tiefer geht als die klaren Generalisationen des durchschnittlich sich Wiederholenden. Das Normale beweist nichts, die Ausnahme beweist alles; sie bestätigt nicht nur die Regel, die Regel lebt überhaupt nur von der Ausnahme. In der Ausnahme durchbricht die Kraft des wirklichen Lebens die Kruste einer in Wiederholung erstarrten Mechanik.«[83] Als Gewährsmann berief Schmitt sich auf einen »protestantischen Theologen«, der bewiesen habe, »welcher vitalen Intensität die theologische Reflexion auch im 19. Jahrhundert fähig sein« konnte, und zitierte ihn mit den Worten: »Die Ausnahme erklärt das Allgemeine und sich selbst. Und wenn man das Allgemeine richtig studieren will, braucht man sich nur nach einer wirklichen Ausnahme umzusehen. Sie legt alles viel deutlicher an den Tag als das Allgemeine selbst. Auf die Länge wird man des ewigen Geredes vom Allgemeinen überdrüssig; es gibt Ausnahmen. Kann man sie nicht erklären, so kann man auch das Allgemeine nicht erklären. Gewöhnlich merkt man die Schwierigkeit nicht, weil man das Allgemeine nicht einmal mit Leidenschaft, sondern mit einer bequemen Oberflächlichkeit denkt. Die Ausnahme dagegen denkt das Allgemeine mit energischer Leidenschaft.«[84] Bei diesem von Schmitt ohne Namensnennung zitierten »protestantischen Theologen« handelt es sich um Søren Kierkegaard.

Der Begriff des Ausnahmezustandes ist – worauf Giorgio Agamben zuletzt hingewiesen hat – in der deutschen Rechtslehre zwar ein geläufiger Terminus, in der italienischen oder französischen Rechtslehre hingegen fremd – dort spricht man von »decreti di urgenza« beziehungsweise vom »stato di assedio« (Belagerungszustand) oder vom »état de siège fictiv ou politique« (fiktiver oder politischer Belagerungszustand). Wenn aber nach einer alten Übereinkunft, auf die sich auch Agamben bezieht, »die Terminologie das eigentlich poetische Moment des Denkens ist, dann kann die Wahl der Terminologie nie neutral sein«[85]. Insofern, folgert Agamben zu Recht, hat Schmitt mit der Wahl des Terminus »Ausnahmezustand« seinen Standort bestimmt und, da der »Ausnahmezustand« anders als die Bezeichnungen »Kriegsrecht« oder »Belagerungszustand« kein Sonderrecht beschreibt, sondern »die Rechtsordnung suspendiert«[86], in einem »Niemandsland zwischen Öffentlichem Recht und politischer Faktizität, zwischen Rechtsordnung und Leben«[87] sein Werk angesiedelt und schreibend gehandelt. Von heute aus gesehen kann man wirklich nur mit Erstaunen zur Kenntnis nehmen, mit welcher Einfühlung Hugo Ball schon 1924, als Schmitts Werk in den Grundzügen bloß erahnbar war, Schmitts Denk- und Schreiboperationen in diesem Niemandsland verstanden hat. »Es gibt Gestaltungen der Geschichte, in denen das Leben so tödlich verstrickt und geknebelt ist, dass eine legale Lösung nicht mehr möglich erscheint«, las Ball Schmitts Anliegen. »Der Lebensstrom kehrt dann in seiner ganzen Fülle zu seinem Ursprung zurück und erzwingt sich sein Recht nach höheren Gesetzen. Es gibt einen überlegenen Modus und Weg, eine ewige Richtlinie, nach denen das Leben auch in Zeiten, die es gefährden, auch gegen die staatlichen und legalen Approbationen, zu seinem Rechte gelangt. Es ist die gegebene historische Situation für das Hervortreten des Heiligen, oder um im Politischen zu bleiben, des homo a deo excitatus. Ein Wunder muss geschehen, und das Wunder wird wieder geglaubt. Aber Wunder und Politik — wie vertragen sie sich? Gibt es politische Heilige, homines a deo excitati, die merkantile und kriegerische Aktionen leiten? Ist eine souveräne Diktatur innerhalb des Staates überhaupt möglich? Cromwell ist ohne Zweifel ein Usurpator, schon deshalb, weil er wütend gegen die Kirche auftrat. Gewiss, er berief sich auf irrationale Motive, er sah den Quell seiner Gewalt in Gott und machte seine Souveränität nicht vom Volk im Sinne der radikalen Demokraten seiner Zeit abhängig. Er lässt niemals einen Zweifel darüber, dass vor Gott jede weitere irdische Instanz relativ wird oder schwindet. Aber die physische Macht stand hinter ihm, während er sprach, und nicht das Wunder. Glückliche Handelsverträge begünstigten ihn, nicht Traumgesichte und Inspirationen göttlicher Art. Enfin, er ist ein Ketzer. Niemals wird er kanonisch werden, er war kein Souverän. Und so nötigt die Konsequenz zu der Aussage, dass Schmitt in diesem Buche noch an eine Souveränität außerhalb der Kirche glaubt, während man als römischer Katholik an dem Satze festhalten muss, dass innerhalb der Politik nur eine kommissarische Diktatur irrational zu begründen ist; dann nämlich, wenn eine irrationale Macht den Auftrag erteilt einem Instrumente, das mit rationalen Mitteln die höheren Absichten der auftraggebenden Macht in die Wege leitet. Der homo a deo excitatus oder der Heilige in der politischen Auffassung der puritanischen und deutschen Reformation ist ein Rebell, der nicht an den Friedensfürsten, sondern an den Kriegsgott glaubt und der seine politische Mission mit dem Wohlstande der Nation ausweist. Der Heilige und die Staatsgeschäfte schließen einander aus, solange nicht ein universaler Glaube herrscht. Das Irrationale kann niemals in direktem Bezug zum Staate treten. Das ist der Sinn der Kirche als Institution und der kommissarischen Diktatur. Der souveräne Diktator ist nur innerhalb der Kirche zu begründen.«[88]

Carl Schmitts Leitidee des Ausnahmezustands ist verbunden mit einer anderen Idee, der des Katechon, griechische Bezeichnung für eine geheimnisvolle Macht, die nach Auffassung der Spätantike und noch des Mittelalters »das längst fällige apokalyptische Ende der Zeiten« aufhält und die Ankunft des Antichrist verzögert. Diese Macht sprach Schmitt dem »christlichen Reich« zu, dem Reich als »eine Kraft, qui tenet, gemäß den Worten des Apostels Paulus im 2. Brief an die Thessalonicher, Kapitel 2. Dieser Reichsgedanke lässt sich durch viele Aussprüche germanischer Mönche aus der fränkischen und ottonischen Zeit – vor allem aus dem Kommentar des Haimo von Halberstadt zum 2. Brief an die Thessalonicher und aus dem Brief des Abtes Adso an die Königin Gerberga –, durch Äußerungen Ottos von Freising und andere Belege bis zum Ende des Mittelalters dokumentieren. Man darf hier sogar das Kennzeichen einer geschichtlichen Epoche erblicken. Das Reich des christlichen Mittelalters dauerte so lange, wie der Gedanke des Katechon lebendig ist. Ich glaube nicht, dass für einen ursprünglich christlichen Glauben ein anderes Geschichtsbild als das des Katechon überhaupt möglich ist. Der Glaube, dass ein Aufhalter das Ende der Welt zurückhält, schlägt die einzige Brücke, die von der eschatologischen Lähmung alles menschlichen Geschehens zu einer so großartigen Geschichtsmächtigkeit wie der des christlichen Kaisertums der germanischen Könige führt.«[89] In diesem Glauben an den Katechon sah Schmitt, wie er noch 1947 in einem Brief schrieb, »die einzige Möglichkeit, als Christ Geschichte zu verstehen und sinnvoll zu finden. […] (Aber) wer ist heute der Katechon? Man kann doch nicht Churchill oder John Foster Dulles dafür halten. Die Frage ist wichtiger als die nach dem Jüngerschen Oberförster. Man muss für jede Epoche der letzten 1948 Jahre den Katechon nennen können. Der Platz war niemals unbesetzt, sonst wären wir nicht mehr vorhanden. […] Es gibt zeitweise, vorübergehende, splitterhafte fragmentarische Inhaber dieser Aufgabe.«[90]

Den Katechon zu finden und zu bestimmen, war Schmitts Obsession. 1948, als er die Unruhen in Prag beobachtete wie ein Seismologe ein Erdbeben, nannte er Tomáš Garrigue Masaryk, Philosoph, Schriftsteller, Gründer und erster Staatspräsident der Tschechoslowakei, einen »echten europäischen Katechon, Katechon der westlichen Liberaldemokratie«[91]. Masaryk habe in »erstaunlicher historischer Bewusstheit – mit unendlich mehr Bewusstheit, als die damaligen deutschen Politiker, Philosophen oder Historiker aufzubringen vermochten – mit allergründlichster Überlegung für den Westen optiert. Er kannte Russland und den Osten besser als die meisten damaligen Deutschen, Polen oder Serben; er liebte dieses Russland, aber seine geistige Entscheidung ging zum Westen. Er hat sich mit einer Amerikanerin verheiratet und diese Ehe war ein persönliches Symbol der Option für den Westen.«[92] Während der Prager Unruhen 1948 beging nun Masaryks Sohn Jan, ab 1940 Außenminister der tschechischen Exilregierung und Bürge dieser Option für den Westen, Selbstmord: er sprang aus dem Fenster des Czernin-Palais. »Das ist mehr als die bisherigen Prager Fensterstürze der Neustädter Ratsherren von 1419, der kaiserlichen Ratsherren vom Mai 1618«, kommentierte Schmitt; »das ist der Selbstmord-Sturz des Tschechen, der den gestürzten Deutschen und den vielen Selbstmorden des April 1945 folgt. Welche Kriege werden durch diesen dritten Fenstersturz von Prag aus eingeleitet?«[93]

Zählte sich Schmitt selber zu den »Inhabern der Aufgabe«, die Apokalypse aufzuhalten? »Ich bin jetzt mehr als Tomáš Garrigue Masaryk«[94], notierte er ohne weitere Begründung, hochmütig am 25. März 1948 im Tagebuch. Auf die Frage »Christus oder Barabbas« wollte Schmitt jedenfalls von frühem Beginn seiner Schreibarbeit an nicht mit einem »Vertagungsantrag oder der Einsetzung einer Untersuchungskommission antworten«[95]. Wie Gottfried Benn Anhänger der Devise »Erkenne die Lage«, warnte er schon 1916 vor der Ankunft des »unheimlichen Zauberers«, des Antichristen: »Was ist das Grausige an ihm? Warum ist er mehr zu fürchten als ein mächtiger Tyrann, als Tīmur-e Lang oder Napoléon? Weil er Christus nachzuahmen weiß und sich ihm so ähnlich macht, dass er allen die Seele ablistet. Er wird sich freundlich, korrekt, unbestechlich und vernünftig zeigen, alles wird ihn als Glück der Menschheit preisen und sagen: ein großartiger und gerechter Mensch! [...] Seine geheimnisvolle Macht liegt in der Nachahmung Gottes. Gott hat die Welt erschaffen, er macht sie nach; Christus wird als Sohn der Jungfrau geboren, vom Antichristen sagen ältere Autoren das Gleiche. Der unheimliche Zauberer schafft die Welt um, verändert das Antlitz der Erde und macht die Natur sich untertan. Sie dient ihm; wofür ist gleichgültig, für irgendeine Befriedigung künstlicher Bedürfnisse, für Behagen und Komfort. Die Menschen, die sich von ihm täuschen lassen, sehen nur den fabelhaften Effekt; die Natur scheint überwunden, das Zeitalter der Sekurität bricht an; für alles ist gesorgt, eine kluge Voraussicht und Planmäßigkeit ersetzt die Vorsehung; die Vorsehung ›macht‹ er, wie irgendeine Institution. Er weiß im unheimlichen Kreisen der Geldwirtschaft unerklärliche Werte zu schaffen, er trägt aber auch höheren kulturellen Bedürfnissen Rechnung, ohne sein Ziel zu vergessen. Denn er weiß jede Wahrheit dadurch ad absurdum zu führen, dass er sie von einem widerlichen Radoteur vorbringen lässt und hält auf der anderen Seite seine Conferenciers, die über Religion, Kunst und Philosophie elegant dozieren und deren geschickter Analyse kein Heiliger und kein Held, auch nicht Christus am Kreuze entgeht. [...] Kein Glaube kann ihnen widerstehen; sie zermürben einem die Sprache im Munde, weil sie den Logos nicht sehen wollen; sie fühlen sich überlegen, weil sie Skeptiker sind. Die Menschen glauben ihnen, dass alles in der Welt eine durchaus menschliche Sache ist und man sich vor Großartigkeit und Feierlichkeit nicht bange machen dürfe. Die Verwirrung wird unsäglich: der Affe beweist, dass er vom Menschen abstammt und beruft sich darauf, dass die Affenähnlichkeit des Menschen größer ist als die Menschenähnlichkeit des Affen. Das kann niemand widerlegen. Der fabelhafte Erfolg ist gleichfalls unwiderleglich: große Städte, Luxusdampfer und Hygiene; aus dem Kerker der Seele ist ein behaglicher Sommersitz geworden.«[96] »Der Verstand macht sich von allen Fesseln frei und geht ungehemmt seinem Rationalismus nach; sein Ziel ist es, die Erde zu erkennen, um sie zu beherrschen. Das Gold wird zum Geld, das Geld zum Kapital — und nun beginnt der verheerende Lauf des Verstandes, der alles in seinen Relativismus hineinreißt, den Aufruhr der armen Bauern mit Witzen und Kanonen höhnisch niederschlägt und endlich über die Erde reitet als einer der apokalyptischen Reiter, die der Auferstehung des Fleisches vorauseilen.«[97] Die Menschen, schrieb Schmitt, »sind arme Teufel geworden; ›sie wissen alles und glauben nichts‹. Sie interessieren sich für alles und begeistern sich für nichts. Sie verstehen alles, ihre Gelehrten registrieren in der Geschichte, in der Natur, in der eigenen Seele. Sie sind Menschenkenner, Psychologen und Soziologen und schreiben schließlich eine Soziologie der Soziologie. Wo irgendetwas nicht ganz glatt sich abwickelt, weiß eine scharfsinnige und flinke Analyse oder eine zweckmäßige Organisation den Missstand zu beheben. Selbst die Armen dieser Zeit, die Menge Elender, die nichts ist als ›ein Schatten, der zur Arbeit hinkt‹, Millionen, die sich nach der Freiheit sehnen, erweisen sich als Kinder dieses Geistes, der alles auf die Formel seines Bewusstseins bringt und keine Geheimnisse und keinen Überschwang der Seele gelten lässt. Sie wollen den Himmel auf der Erde, den Himmel als Ergebnis von Handel und Industrie, der tatsächlich hier auf der Erde liegen soll, in Berlin, Paris oder New York, einen Himmel mit Badeeinrichtungen, Automobilen und Klubsesseln, dessen heiliges Buch der Fahrplan wäre. Sie wollen keinen Gott der Liebe und Gnade, sie hatten soviel Erstaunliches ›gemacht‹, warum sollten sie nicht den Turmbau eines irdischen Himmels ›machen‹. Die wichtigsten und letzten Dinge waren ja schon säkularisiert. Das Recht war zur Macht geworden, Treue zur Berechenbarkeit, Wahrheit zur allgemein anerkannten Richtigkeit, Schönheit zum guten Geschmack, das Christentum zu einer pazifistischen Organisation. Eine allgemeine Vertauschung und Fälschung der Werte beherrschte die Seelen. An die Stelle der Unterscheidung von gut und böse trat eine sublime differenzierte Nützlichkeit und Schädlichkeit. Die Verwechslung war schauerlich. Für den, der ihre verheerende Macht erkennt, scheint die Erde zur knirschenden Maschine geworden.«[98]

Die Konsequenzen aus dieser Diagnose lagen für Schmitt auf der Hand: »Wer die moralische Bedeutung der Zeit ahnte und gleichzeitig sich als Kind der Zeit wusste, konnte nur Dualist werden. Ein kluger Kritiker der Zeit fand den Gegensatz von Mechanik und Seele. Aber er kannte die Realitäten des menschlichen Lebens so gut, dass die arme Seele in ihrer ganzen Hilflosigkeit dastand. So hätte nur eins bleiben können: mit dem Gnostiker Marcion die Welt restlos als Werk des Teufels zu erklären, in der ewig die Geistlosigkeit über den Geist triumphieren wird. Hier liegt die Wurzel der Angst, es könnte ›das Weltall für ewig missraten‹ sein und keinen Sinn und Zweck haben, etwas Gutes und Rechtes zu wollen; Gott wäre hilflos, machtlos; irgendein alberner Schlingel auf einem verstimmten Instrument spielt, die Welt wäre unrettbar verpfuscht; die elende Nachäffung eines erhabenen Bildes, die Kreatur eines frechen Plagiators, der den Plan des großen Werkes gestohlen und eine Fratze daraus gemacht hat; eine Schöpfung des Affen Gottes. Uns wäre dann nicht zu helfen, wir müssten sehn, aus dem Gefängnis zu entrinnen, um wenigstens die Seele zu retten. Ein eschatologisches Entsetzen hatte viele ergriffen, bevor die Entsetzlichkeiten des [Ersten] Weltkrieges Realität geworden waren. Die Skeptiker aber, deren Verstand jeder Apokalyptik fremd, deren Geist aber nicht klein genug war, um das Treiben mitzumachen, klagten, dass der Zeit die Seele fehlte.«[99]

Solche Zivilisationskritik, noch einmal aufgenommen und weitergeführt in »Römischer Katholizismus und politische Form« als Versuch, der durch die Entwicklung von Technik und Industrie zur »riesigen Dynamomaschine«[100] gewordenen Welt die Würde ihrer Fremdheit und ihrer Geheimnisse wiederzugeben und die Notwendigkeit von – auch und vor allem politischen – Entscheidungen zu entfalten, führte 1922 direkt ins Zentrum von Schmitts »Politischer Theologie« und zur Feier der »Staatsphilosophie der Gegenrevolution«: »Donoso Cortés sieht, dass mit dem Theologischen das Moralische, mit dem Moralischen die politische Idee verschwindet und jede moralische und politische Entscheidung paralysiert wird in einem paradiesischen Diesseits unmittelbaren, natürlichen Lebens und problemloser ›Leib‹haftigkeit. Heute ist nichts moderner als der Kampf gegen das Politische. Amerikanische Finanzleute, industrielle Techniker, marxistische Sozialisten und anarcho-syndikalistische Revolutionäre vereinigen sich in der Forderung, dass die unsachliche Herrschaft der Politik über die Sachlichkeit des wirtschaftlichen Lebens beseitigt werden müsse. Es soll nur noch organisatorisch-technische und ökonomisch-soziologische Aufgaben, aber keine politischen Probleme mehr geben. Die heute herrschende Art ökonomisch-technischen Denkens vermag eine politische Idee gar nicht mehr zu perzipieren. Der moderne Staat scheint wirklich das geworden zu sein, was Max Weber in ihm sieht: ein großer Betrieb. [...] Verschwindet das Politische im Ökonomischen oder Technisch-Organisatorischen, so zergeht es auf der anderen Seite in dem ewigen Gespräch kultur- und geschichtsphilosophischer Allgemeinheiten, die mit ästhetischen Charakterisierungen eine Epoche als klassisch, romantisch oder barock goutieren. In beidem ist der Kern der politischen Idee, die anspruchsvolle moralische Entscheidung, umgangen.«[101] Die aktuelle Bedeutung »seiner« drei gegenrevolutionären Staatsphilosophen lag für Schmitt in der Konsequenz, mit der sie sich entschieden hätten. Sie hätten das Moment der Dezision so stark gesteigert, dass schließlich der Gedanke der Legitimität, von dem sie ausgegangen seien, aufgehoben worden sei. »Sobald Donoso Cortés erkannte, dass die Zeit der Monarchie zu Ende ist, weil es keine Könige mehr gibt und keiner den Mut haben würde, anders als durch den Willen des Volkes König zu sein«, rief Schmitt begeistert aus, »führte er seinen Dezisionismus zu Ende, das heißt, er verlangte eine politische Diktatur. Schon in den zitierten Äußerungen von de Maistre lag eine Reduzierung des Staates auf das Moment der Entscheidung, konsequent auf eine reine, nicht räsonierende und nicht diskutierende, sich nicht rechtfertigende, also aus dem Nichts geschaffene absolute Entscheidung.«[102]

Auf diese reine, nicht räsonierende und nicht diskutierende, sich nicht rechtfertigende, aus dem Nichts geschaffene absolute Entscheidung hat Carl Schmitt von früh an sein Werk hingeschrieben. In immer neuen, sich gleichwohl im Kern wiederholenden Satzvarianten kommt diese Vorstellung vor: »Die im Gesetz liegende Entscheidung ist, normativ, aus einem Nichts geboren. Sie wird begriffsnotwendig diktiert.«[103] Dem Gesetz, das seinem Wesen nach ein Befehl sei, so hatte Schmitt die These vorbereitet, liege eine Entscheidung über das staatliche Interesse zugrunde, wobei das staatliche Interesse aber erst dadurch entstehe, dass ein Befehl ergehe. Der Hinweis auf den Befehl war eine Verschärfung insofern, als Schmitt 1914 in seiner Habilitationsschrift »Der Wert des Staates und die Bedeutung des Einzelnen« noch konstatiert hatte, das Recht sei »nicht Wille, sondern Norm, nicht ein Befehl, sondern Gebot, demgegenüber der einzelne Mensch als Gegenstand der Welt der Wirklichkeit später kommt«[104]. Im Rahmen solcher Verschärfungen in Details schrieb Schmitt konsequent seine frühen Einsichten fort. Sie gründeten etwa auf der Ablehnung des Natur-

Abb. Carl Schmitt, 1930.

rechts mit der lapidaren Begründung, aus der Betrachtung der Natur – zu der auch das Zusammenleben der Menschen gehöre, soweit es lediglich eine Angelegenheit der konstatierenden und erklärenden Sozialwissenschaften sei – könne sich kein Recht ergeben. »Nur die Aufstellung einer Norm begründet den Unterschied von Recht und Unrecht, nicht aber die Natur. Die Sonne scheint über Gerechte und Ungerechte.«[105] Der Einzelne, nur darauf aus, »voll Hast sein Einzelglück zu retten«[106], wie Schmitt Theodor Däubler zitierte, war für ihn nichts wert. »Nicht der Mensch, weil er Mensch ist, sondern der Mensch, der gut und achtungswürdig ist, verdient Achtung. [...] Der Philosoph muss [...] sich bewusst bleiben, dass der Mensch [...] nicht als naturgeschichtliche oder biologische Kategorie zu verstehen ist und die Achtung nicht durch seine Geburt von Menschen verdient hat.«[107] Da gab es für Schmitt keinen Zweifel: »Das leibliche konkrete Individuum ist, wenn die Betrachtung sich nicht über die materielle Körperlichkeit erhebt, eine gänzlich zufällige Einheit, ein zusammengewehter Haufen von Atomen, dessen Gestalt, Individualität und Einzigkeit keine andere sind wie die des Staubes, der vom Wirbelwind zu einer Säule gefügt wird«[108] (eine Formulierung, in die Schmitt so verliebt war, dass er sie später öfters gebrauchte). Ein Recht des Individuums auf Freiheit in der Bedeutung, »dass der empirische Einzelne auf jeden Fall bestimmte lediglich materielle Vorteile beanspruchen kann – etwa die anständige Wohnung oder das Huhn im Topfe – ist weder ein juristisches Recht noch ein Problem, für dessen Lösung die Philosophie kompetent wäre«[109]. Jeder Wert, der mit dem einzelnen Menschen verknüpft werden könne, behauptete Schmitt, bestehe nur in der Hingabe an den überindividuellen Rhythmus einer Gesetzlichkeit, und in der Welt des Staates sei »dieses Grundprinzip aller Erscheinung des Wertes am klarsten zur Tat geworden«[110]. Als das »Imponierende des Staates« erschien Schmitt, »dass die Organisation faktischer Kräfte über jeder Subjektivität steht und in ihrer Totalität jedes Individuum, auch den mächtigsten Despoten, als Werkzeug benutzt, weil sie weit über ihn hinausschreitet«[111]. Das Staunen über solche Leistung, das für Schmitt »andere psychische Gründe hat wie die händereibende Behaglichkeit eines ungestörten Rentengenusses«, entspringe der Einsicht in den Staat als »eine überindividuelle, nicht interindividuelle Instanz, die ihre Würde keiner Schilderhebung der Einzelnen verdankt, sondern ihnen mit originärer Autorität entgegentritt«[112]. Dass das einzelne, konkrete Individuum belanglos ist und hinter der Anerkennung einer »überpersönlichen Dignität des Staates«[113] verschwindet, dafür wurde immer neues Beweismaterial aufgetürmt. Auch so genannte »große« Personen der Weltgeschichte mache man nicht dadurch kleiner, dass man ihre Individualität beiseiteschiebe und nur ihre Rolle als Funktionär im Staat betrachte. Die Größe solcher Personen, fand Schmitt, liege in der Größe ihrer Aufgabe und deren Erfüllung. Es wäre »lächerlich«, schrieb er, »von irgendeinem großen Staatsmanne, gleichgültig, welche Motive ihn trieben, etwa von Caesar, dem großen Friedrich oder Bismarck, zu sagen, sie hätten ihr Ziel in der ›harmonischen Ausbildung ihrer Persönlichkeit‹ gesehen. Nur die Identifikation mit der Aufgabe, die maßlose Hingabe an die Sache, das Aufgehen in der Aufgabe, der Stolz, Diener des Staates und somit einer Aufgabe zu sein, die Selbstvergessenheit, mit der sie *projektissimi* waren ad rem, das allein macht die großen und bewunderungswürdigen Augenblicke ihres Lebens aus. Der Wert lag in der ›Sache‹, die sie hatten und von der sie ergriffen waren, nicht in dem, was Hegel mit den starken Ausdrücken gegen Jacobi als die Langeweile und Kraftlosigkeit des leeren Seins, ja als ›Unzucht mit sich selbst‹ bezeichnet hat.«[114]

Die »Sache« zu erforschen, die er selber »sein« und repräsentieren wollte und die seine eigene Zufälligkeit, die Erkenntnis der Langeweile und Kraftlosigkeit der eigenen Existenz (bis zur Selbstvergessenheit) vielleicht widerlegen konnte, war das Versprechen, das Carl Schmitt sich selber in seinem Buch über den Wert des Staates und die Bedeutung des Einzelnen gegeben hat. Die Aufgabe, der er sich nun hingeben wollte und dann auch »maßlos« hingab, sah er in der Weiterentwicklung des Staats als autonomes Kunstwerk im Sinne einer überpersönlichen Organisation, die den Menschen »ergreift« und »in seinen Rhythmus«[115] einfügt. Seine eigene Rolle dachte er dabei durchaus in der Nachfolge von Platon über Hobbes und Machiavelli bis Hegel – bescheiden war er nicht. So schlug der Jurist Schmitt in seiner juristischen Habilitationsschrift gegen Ende erstmals den raunenden Ton an, der sein Werk prägen und berühmt und zugleich berüchtigt machen sollte, ein Raunen, das vorgibt, Geheimnisse des Weltgeistes zu kennen. »Es gibt Zeiten des Mittels und Zeiten der Unmittelbarkeit«[116], beschwor Schmitt in diesem Schlussabsatz auf poetische Weise die Weltgeschichte und verriet zugleich seinen persönlichen Blick aufs Leben. »In diesen ist die Hingabe des Einzelnen an die Idee etwas den Menschen Selbstverständliches; es bedarf nicht des straff organisierten Staates, um dem Recht zur Anerkennung zu verhelfen, ja der Staat scheint, nach dem Ausspruche des Angelus Silesius, wie eine Wand vor dem Lichte zu stehen.«[117] In den Zeiten der Mittelbarkeit hingegen »wird den Menschen das Mittel zum Wesen, der Staat zum Wichtigsten und sie kennen kein anderes Recht, als das durch den Staat vermittelte. In einem Rhythmus, der sich über Menschenalter erstreckt und dessen großem Schwunge der Einzelne unterliegt – denn auch hier kommt es nicht auf ihn an und mit seinen Sorgen um persönliche Zwecke gleicht er in seiner Einzigkeit der Welle des Stroms, die nicht weiß, wohin sie fließt und doch festgebannt ist in die Gebärde eifrigster Zielstrebigkeit – in unermüdlicher Wiederholung lösen die Gegensätze einander ab und machen sich auf jedem Gebiete des Geisteslebens geltend, in irgendeiner Form, die insbesondere die Plädoyers für die jeweilige Zivilisation und Kultur mit den Anklagen eines naturrechtlichen Physiokratismus in immer neuen Einkleidungen sich abwechseln lässt. Auch in der wichtigsten Formulierung, die der Unterschied der Unmittelbarkeit und der Mittelbarkeit finden kann, in der Gegenüberstellung von intuitivem und diskursivem Denken, bleibt der Gegensatz der gleiche und das bedeutendste Manifest für ein begriffliches, entwickelndes Denken, das in stufenweiser Widerlegung seiner eigenen Einwände fortschreitend zur Wahrheit gelangen will, nämlich die Vorrede und Einleitung der ›Phänomenologie des Geistes‹, rührt von Hegel her, der […] auch im Staate die höchste sittliche Instanz erblickt. Bevor man aber daran denkt, den Gegensatz auszugleichen oder zu überbrücken, sollte man ihn in seiner ganzen Strenge und Wichtigkeit erkennen. Vielleicht erkennt man dann, dass es hier nichts zu widerlegen und zu beweisen gibt. Um im Bilde zu bleiben, so ließe sich noch sagen, dass der Advokat der Mittelbarkeit darauf hinweisen könnte, wie nur die Quelle, die weit vom Meere entspringt und ihren Weg durch Hindernisse suchen muss, zum majestätischen Strome werden kann; der Unmittelbare aber nur sieht, dass alle Gewässer, die imposanten Ströme wie die kleinen Bäche, schließlich im Meere enden, um in dessen Unendlichkeit ihre Ruhe zu finden.«[118]

Der Erlösung, die als Wunsch aus diesen Sätzen hindurchscheint, geht bekanntlich ein harter Krieg voraus. Diesen Krieg hat Schmitt inszeniert, indem er in Büchern wie »Politische Romantik«, »Die Diktatur«, »Politische Theologie« und »Römischer Katholizismus und politische Form« zunächst das Terrain sondierte, bis er in »Zur geistesgeschichtlichen Lage des heutigen Parlamentarismus« seine offizielle Kriegserklärung abgab und für eine »rationalistische Erziehungsdiktatur«[119] plädierte, die er keineswegs als Gegensatz zur Demokratie verstand, sondern als »Suspendierung der Demokratie im Namen der wahren, erst noch zu schaffenden Demokratie«[120]. Natürlich wusste Schmitt, dass er mit seiner Meinung so gut wie allein stand, aber er beruhigte sich mit dem Gedanken, dass »der Weltgeist [...] sich auf der jeweiligen Stufe seiner Bewusstheit zunächst immer nur in wenigen Köpfen«[121] fasst. Immer werde es einen Vortrupp des Weltgeistes geben – den er in diesem Moment anführen wollte –, »eine Spitze der Entwicklung und der Bewusstheit, eine Avantgarde, die das Recht zur Tat hat, weil sie die richtige Erkenntnis und Bewusstheit hat — nicht als Auserwählte eines persönlichen Gottes, aber als Moment in der Entwicklung, aus deren Immanenz sie keineswegs heraustreten will, oder, nach dem vulgären Bilde, als Geburtshelfer der kommenden Dinge«[122]. Die welthistorische Persönlichkeit – wie Theseus, Caesar oder Napoléon – sei immer ein Instrument des Weltgeistes; ihr »Diktat« beruhe darauf, dass sie im historischen Moment stehe. »Die Weltseele, die Hegel […] 1806 in Jena reiten sah«, begeisterte sich Schmitt, »war ein Soldat und kein Hegelianer; sie war ein Repräsentant des Bündnisses der Philosophie mit dem Säbel, nur von der Seite des Säbels her. Aber es waren Hegelianer, die aus dem Bewusstsein, ihre Zeit richtig erkannt zu haben, eine politische Diktatur forderten, in der sie, wie sich von selbst versteht, die Diktatoren sein würden. Nicht anders wie Fichte waren sie ›erbötig, aller Welt den Beweis zu führen, dass ihre Einsicht untrüglich sei‹. Das gab ihnen ein Recht zur Diktatur.«[123] Da für Schmitt der »relative Rationalismus des parlamentarischen Denkens seine Evidenz«[124] verloren hatte, beanspruchte auch er das Recht, eine Diktatur zu verlangen, und selbstverständlich meinte er sich in der Lage zu sehen, den Beweis für seine »untrügliche« Einsicht führen zu können. Im letzten »kritischen, absolut entscheidenden Wendepunkt der Weltgeschichte« müsse sich eine »einfache Antithese«[125] ergeben. In der logischen Vereinfachung liege die letzte Steigerung »nicht nur des wirklichen Kampfes, sondern auch des gedanklichen Gegensatzes«[126]. Alles müsse aufs Äußerste getrieben werden, damit es aus dialektischer Notwendigkeit umschlagen müsse. Lev Trockij zitierend, wusste Schmitt: »Im Bewusstsein von Relativitäten findet man nicht den Mut, Gewalt anzuwenden und Blut zu vergießen.«[127] Mit Blick auf die unterschiedlichsten Gewährsleute, sowohl auf den französischen Anarchisten Pierre Joseph Proudhon, der auf seine Weise den parlamentarischen Konstitutionalismus bekämpfte und für Schmitt ein radikales Prinzip radikal vertrat, als auch auf den schon seit eh und je bewunderten katholischen Spanier Juan Donoso Cortés verlangte auch Schmitt eine Entscheidung mit dem Hinweis, das bürgerliche Ideal friedlicher Verständigung, »bei dem alle ihren Vorteil finden und ein gutes Geschäft machen sollen«, sei nur »eine Ausgeburt feigen Intellektualismus«[128]. Wie bei Donoso Cortés richteten sich nun auch alle seine Gedanken auf »den großen Kampf, […] die furchtbare Katastrophe, die bevorsteht und nur von der metaphysischen Feigheit eines diskutierenden Liberalismus geleugnet werden kann«[129]. Von hier aus war es dann nicht mehr weit bis zum »Begriff des Politischen«.

Der Ernstfall

»Der Begriff des Staates setzt den Begriff des Politischen voraus«[130], klirrte gleich der erste Satz. Der Staat ist aber »erst im Ausnahmezustand ganz Staat«, hatte Schmitt schon in der »Politischen Theologie« verkündet, und weil »die Ausnahme das Allgemeine mit emphatischer Leidenschaft« denkt, ist die »Entscheidung über die Ausnahme im eminenten Sinne Entscheidung«[131]. Im »Begriff des Politischen« wurden nun die Konsequenzen gezogen, indem Schmitt das Wesen des Politischen an der Unterscheidung von Freund und Feind festmachte. »Wenn der Gegensatz von Gut und Böse nicht ohne weiteres und einfach mit dem von Schön und Hässlich oder Nützlich und Schädlich identisch ist und nicht unmittelbar auf ihn reduziert werden darf«, stellte er klar, »so darf der Gegensatz von Freund und Feind noch weniger mit einem jener anderen Gegensätze verwechselt oder vermengt werden. Die Unterscheidung von Freund und Feind hat den Sinn, den äußersten Intensitätsgrad einer Verbindung oder Trennung, einer Assoziation oder Dissoziation zu bezeichnen; sie kann theoretisch und praktisch bestehen, ohne dass gleichzeitig alle jene moralischen, ästhetischen, ökonomischen oder andern Unterscheidungen zur Anwendung kommen müssten. Der politische Feind braucht nicht moralisch böse, er braucht nicht ästhetisch hässlich zu sein; er muss nicht als wirtschaftlicher Konkurrent auftreten, und es kann vielleicht sogar vorteilhaft sein, mit ihm Geschäfte zu machen. Er ist eben der andere, der Fremde, und es genügt zu seinem Wesen, dass er in einem besonders intensiven Sinne existentiell etwas anderes und Fremdes ist, so dass im extremen Fall Konflikte mit ihm möglich sind, die weder durch eine im voraus getroffene generelle Normierung noch durch den Spruch eines ›unbeteiligten‹ und daher ›unparteiischen‹ Dritten entschieden werden können.«[132] Das klang zunächst harmlos, auch weil Schmitt noch offen ließ, woran man den existentiell anderen, Fremden identifiziert und sein Wesen als eine Bedrohung erlebt und erkennt. Auch zitierte er natürlich die berühmte Bibelstelle »Liebet eure Feinde« (Lk. 6,27), aber an dieser Stelle, kritisierte er – der als Liebhaber der deutschen Sprache ihre Orakelhaftigkeit oft lobte –, sei das Deutsche leider verwaschen, da es nicht zwischen dem privaten und dem öffentlichen Feind unterscheide. Schmitt meinte aber nicht den privaten Feind – nur in der Sphäre des Privaten mache es Sinn, seinen »Feind«, seinen Gegner, zu lieben –, sondern er dachte an den politischen Feind, den Feind als »hostis«, nicht als »inimicus«, und wies darauf hin, dass die bekannte Bibelstelle lateinisch »diligite inimicos vestros« heiße und nicht »diligite hostes vestros«. So sei zum Beispiel in dem tausendjährigen Kampf zwischen Christentum und Islam niemals ein Christ auf den Gedanken gekommen, man müsse aus Liebe zu den Sarazenen oder den Türken Europa, statt es zu verteidigen, dem Islam ausliefern. Nach dieser Klarstellung inszenierte Schmitt das Schauspiel eines martialischen, blutigen Krieges, indem er den totalen Feind erfand. Nur über die Möglichkeit der Identifizierung des Feindes könne eine Welt der Politik existieren. Aber noch eine andere Möglichkeit müsse existieren, und die nannte Schmitt beim Namen: »Die Begriffe Freund, Feind und Kampf erhalten ihren realen Sinn dadurch, dass sie insbesondere auf die reale Möglichkeit der physischen Tötung Bezug haben und behalten. Der Krieg folgt aus der Feindschaft, denn diese ist die seinsmäßige Negierung eines anderen Seins. Krieg ist nur die äußerste Realisierung der Feindschaft. Er braucht nichts Alltägliches, nichts Normales zu sein, auch nicht als etwas Ideales oder Wünschenswertes empfunden werden, wohl aber muss er als reale Möglichkeit vorhanden bleiben, solange der Begriff des Feindes seinen Sinn hat.«[133] Das war Klartext und Schmitts extremste Vorstellung von Dezision, Ausnahmezustand und Souveränität. Auf den ersten äußerlichen Blick reine Lagebeschreibung, aus der Schmitt erst später, als die Schrift schon zu wirken begonnen hatte und nicht nur den ersten Beifall bekommen, sondern ebenso die ersten Angriffe auf sich gezogen hatte, auch metaphysische Erkenntniskritik machte, indem er dichtete: »Nenne mir Deinen Feind, und ich sage Dir, wer du bist«[134], oder seine brutale Darstellung des Freund–Feind-Problems übermalte mit dem kryptischen Hinweis eines Verses von Theodor Däubler: »Der Feind ist unsere eigene Frage als Gestalt.«[135] Im Text des »Begriffs des Politischen« hielt sich Schmitt eher an die Empfehlung Gottfried Benns, das Material kalt zu halten, und entsprechend stellte er in völliger Kälte fest: »Den extremen Konfliktsfall können daher nur die Beteiligten selbst unter sich ausmachen; insbesondere kann jeder von ihnen nur selbst entscheiden, ob das Anderssein des Fremden im konkret vorliegenden Konfliktsfall die Negation der eigenen Existenz bedeutet und deshalb abgewehrt oder bekämpft werden muss, um die eigene, seinsmäßige Art von Leben zu retten.«[136] Damit war unverstellt die Frage nach dem Feind auf das reine, formale Machtproblem reduziert, das sich nach der durch freie und beliebige Entscheidung erfolgten Bestimmung von Freund und Feind stellt. Da kann sich »jeder religiöse, moralische, ökonomische, ethische oder andere Gegensatz in einen politischen Gegensatz« verwandeln, »wenn er stark genug ist, die Menschen nach Freund und Feind effektiv zu gruppieren«[137]. Das Leben als Kampf und der Mensch als Kämpfer in einem Welt- und Bürgerkrieg um Leben und Tod. Keine originelle Sicht, aber unvergleichlich die Art, wie Schmitt in seinem Text »marschierte« und kaltblütig seinen Blick entfaltete. »… zum Begriff des Kampfes gehört die im Bereich des Realen liegende Eventualität eines Kampfes. Bei diesem Wort ist von allen zufälligen, der geschichtlichen Entwicklung unterworfenen Änderungen der Kriegs- und Waffentechnik abzusehen. Krieg ist bewaffneter Kampf zwischen organisierten politischen Einheiten, Bürgerkrieg bewaffneter Kampf innerhalb einer (dadurch aber problematisch werdenden) organisierten Einheit.«[138] Kein Kampf folglich als Sandkastenspiel, sondern »wirklicher« Kampf mit »wirklichen« Waffen und der Absicht, den Anderen, Fremden zu bekämpfen und gegebenenfalls zu vernichten: »Denn erst im wirklichen Kampf zeigt sich die äußerste Konsequenz der politischen Gruppierung von Freund und Feind. Von dieser extremsten Möglichkeit her gewinnt das Leben der Menschen seine spezifische politische Spannung.«[139] »Die Idee der Humanität, sobald sie sich realisiert«, hatte Schmitt schon 1923 in »Römischer Katholizismus und politische Form« geschrieben, »unterliegt der Dialektik jeder Realisierung und muss, inhuman, aufhören, nichts als human zu sein.«[140]

»Der Begriff des Politischen« ist ein Frontalangriff gegen jeglichen Liberalismus im »Zeitalter der Neutralisierungen und Entpolitisierungen«[141]. Laut Schmitt kann aber niemand der Konsequenz des Politischen entkommen. Das Politische bestimme das menschliche Leben, sei »Schicksal«. Auch sei der Krieg als reale Möglichkeit heute noch vorhanden, ohne dass man aber wissen könne, wie lange noch. »Den Krieg als Menschenmord verfluchen«, schrieb Schmitt, »und dann von den Menschen zu verlangen, dass sie Krieg führen und im Kriege töten und sich töten lassen, damit es ›nie wieder Krieg‹ gebe, ist ein manifester Betrug.«[142] Er schlug vor, die Bezeichnung »gut« und »böse« für die menschliche Natur zu ersetzen durch »ungefährlich« und »gefährlich«. Dies sei die letzte Frage: »ob der Mensch ein gefährliches oder ungefährliches, ein riskantes oder harmlos nicht-riskantes Wesen ist.«[143] »Alle echten politischen Theorien« setzten für Schmitt die Gefährlichkeit des Menschen voraus, wobei er die Gefährlichkeit des Menschen selber als »Vermutung« und »anthropologisches Glaubensbekenntnis« verstanden wissen wollte. Seine alte Warnung vor der technischen Entwicklung und einer apolitischen »Konsum- und Produktivgenossenschaft« aufgreifend, fragte er, »welchen Menschen die furchtbare Macht, die mit einer erdumfassenden wirtschaftlichen und technischen Zentralisation verbunden ist, zufallen wird. [...] Diese Frage lässt sich keineswegs damit abweisen, dass man hofft, [...] die Regierung von Menschen über Menschen sei überflüssig geworden, weil die Menschen dann absolut frei sind; denn es fragt sich, wozu sie frei werden. Darauf kann man mit optimistischen und pessimistischen Vermutungen antworten.«[144] Auch der »Begriff des Politischen« zeichnet das Horrorbild einer Welt der extremen Nivellierung, in der Kreativität nur noch als Verwaltung von Geldströmen begriffen wird, einer Welt nur noch der bloßen Unterhaltung, des ewigen Amüsements. »Ein endgültig pazifizierter Erdball wäre eine Welt ohne Politik. Es könnte in ihr mancherlei vielleicht sehr interessante Gegensätze und Kontraste geben, Konkurrenzen und Intrigen aller Art, aber sinnvollerweise keinen Gegensatz, auf Grund dessen von Menschen das Opfer ihres Lebens verlangt werden könnte und Menschen ermächtigt werden, andere Menschen zu töten.«[145] Carl Schmitt aber probte den Ernstfall. »Die Evidenz des heute verbreiteten Glaubens an die Technik beruht nur darauf, dass man glauben konnte, in der Technik den absolut und endgültig neutralen Boden gefunden zu haben. [...] Gegenüber theologischen, metaphysischen, moralischen und selbst ökonomischen Fragen, über die man ewig streiten kann, haben die rein technischen Probleme etwas erquickend Sachliches; sie kennen einleuchtende Lösungen.«[146] Aber »die Technik ist immer nur Instrument und Waffe, und eben weil sie jedem dient, ist sie nicht neutral.[147] [...] Wir wissen, dass heute der schrecklichste Krieg nur im Namen des Friedens, die furchtbarste Unterdrückung nur im Namen der Freiheit und die schrecklichste Unmenschlichkeit nur im Namen der Menschheit vollzogen wird. Wir durchschauen endlich auch die Stimmung jeder Generation, die im Zeitalter der Technizität nur den geistigen Tod oder seelenlose Mechanik sah. Wir erkennen den Pluralismus des geistigen Lebens und wissen, dass das Zentralgebiet des geistigen Daseins kein neutrales Gebiet sein kann und dass es falsch ist, ein politisches Problem mit Antithesen von mechanisch und organisch, Tod und Leben zu lösen. Ein Leben, das gegenüber sich selbst nichts mehr hat als den Tod, ist kein Leben mehr, sondern Ohnmacht und Hilflosigkeit. Wer keinen anderen Feind mehr kennt als den Tod und in seinem Feinde nichts erblickt als leere Mechanik, ist dem Tode näher als dem Leben.«[148]

»Der Begriff des Politischen« ist vor der Buchveröffentlichung von 1932, die die Arbeit zu einem der meistdiskutierten politischen Texte des 20. Jahrhunderts machte, als knapp dreißigseitiger Aufsatz 1927 im Heidelberger Archiv für Sozialwissenschaft und Sozialpolitik erschienen,[149] ohne größere Wirkung zu entfalten. Eine der wenigen Reaktionen kam von Hermann Heller, Professor für öffentliches Recht an der Deutschen Hochschule für Politik in Berlin, der sich für eine national gesinnte Sozialdemokratie einsetzte und der für Schmitt große, auch menschliche Sympathie aufbrachte; Heller sah in Schmitt einen »liebenswürdigen Menschen«, der »dem kommenden Deutschland, das heute noch unter einer dünnen, zum Reißen gespannten Decke liegt, sehr viel zu sagen«[150] habe. Heller ging in einem 1928 erschienenen Vilfredo Pareto-Kommentar auf Schmitts Text ein und las ihn in einer Art, die das Schicksal des Schmittschen Textes als Freund–Feind-Theorie von heute aus rückblickend vorausahnen ließ. Heller hatte Schmitts Theorie zitiert im Sinne eines »existentiell zu vernichtenden Feindes«. Schmitt war sofort alarmiert und schrieb Heller einen Brief: »Ich wäre Ihnen […] sehr dankbar, wenn Sie mir gelegentlich mitteilen würden, an welchen Stellen und in welchem Zusammenhang die Wendung von dem ›existentiell zu vernichtenden‹ Feind […] vorkommt. Ich erinnere mich nicht, davon gesprochen zu haben, dass der Feind vernichtet werden soll, vielmehr ist immer von dem Pluralismus der politischen Welt die Rede. […] Die Vernichtung ergibt sich erst aus der Fälschung politischer Begriffe durch eine Moralisierung und Juridifierung, und es war gerade der Sinn meines Aufsatzes, gegenüber dieser Verwirrung die einfache Wahrheit zu restituieren. Ich wollte in einer Atmosphäre des Betruges ein Wort einfachster menschlicher und intellektueller Ehrlichkeit sagen und fühle mich mit diesem Aufsatz durchaus als ein sole retriever of an ancient prudence.«[151] Auf Schmitts Brief vom 18. Dezember 1928 antwortete Heller drei Tage später und schrieb, sich anlehnend an seine Überlegungen zu Pareto als »einen der Väter des Faschismus«: »Ganz privat will ich Ihnen allerdings nicht verhehlen, dass meiner Einschätzung nach jene Desillusionierungen auch für Ihre politischen Auffassungen keine geringe Rolle spielen. Ich bedauere das, nein, ich empfinde es geradezu als schmerzlich, und das umso mehr, als ich der ehrlichen Überzeugung bin, dass Sie zu den zwei oder drei politischen Denkern gehören, die der Gegenwart etwas zu sagen haben und für eine wesentliche Diskussion in Frage kommen.«[152] Schmitt antwortete sofort, am 22. Dezember 1928, und stellte noch einmal klar: »Ich sehe den Sinn des Krieges in der Abwehr des Feindes, in der Negation einer Negation des eigenen Denkens. Das ist etwas anderes als ›existentielle Vernichtung des Feindes‹. Solche Vernichtung ergibt sich erst aus der falschen Moralisierung, deren Widerlegung der ganze Aufsatz gewidmet ist. [...] Trotzdem halten Sie in Ihrem Brief daran fest, dass Sie das Recht haben, der von Ihnen gebrauchten Wendung ›existentielle Vernichtung des Feindes‹ meinen Namen anzuhängen. [...] Ich möchte Ihnen deshalb sagen, dass mir der Gedanke einer solchen Vernichtung fremd und widerlich ist, dass ich in der Sphäre des Geistes Existenz mit Vernichtung ontologisch nicht zusammen denken kann und mich auch scheuen würde, solche Wortverbindung in den Mund zu nehmen.«[153]

Trotzdem: Auch heute noch wird »Der Begriff des Politischen« gelesen, wie Hermann Heller ihn las, als eine »Anthropologie des Krieges«, in der nicht der Freund, sondern der zu bestimmende Feind im Mittelpunkt steht, der im »Ernstfall«, der ein »Kriegsfall« ist, im bewaffneten Kampf getötet werden kann und im Eventualitätsfall auch getötet werden muss. In diesem Sinne hat zuletzt Jacques Derrida in seinem Buch »Politiques de l'amitié« (Politik der Freundschaft) den »Begriff des Politischen« gelesen und den Schmittschen Ideen ganz andere (schon im Titel aufscheinende) Vorstellungen entgegengesetzt. Derridas kritische Lektüre bezieht ihre Erkenntnisse aber gerade aus dem Umstand, dass trotz der »unleugbaren« Verbindung zwischen Schmitts Denken des Politischen als einem politischen Denken einerseits und andererseits seinen Verstrickungen, die nach dem Zweiten Weltkrieg zu seiner Verhaftung und Überstellung ins Nürnberger Kriegsverbrechergefängnis führten, und trotz seines extremen Antisemitismus aus »demselben Denken und derselben Arbeit eine sondierende Kraft« erwuchs, in der sie »eine Vielzahl von unschätzbaren Ausblicken in jene furchteinflößende Welt eröffnet haben, die sich seit den zwanziger Jahren (des letzten) Jahrhunderts ankündigte«[154]. Für Derrida war Schmitt ein umzingelter Wachposten, dessen Blick durch die Angst, kommen zu sehen, was wirklich kam, geschärft worden sei. »Die Hellsicht und die Angst haben diesen von Schrecken erfüllten und schlaflosen Wächter nicht allein die Stürme und Erschütterungen antizipieren lassen, die sich anschickten, das historische Feld, den politischen Raum, die Grenzen der Begriffe und der Länder, die Axiomatik des europäischen Rechts, die Bande zwischen dem Tellurischen und dem Politischen, der Technik und der Politik, den Medien und der parlamentarischen Demokratie etc. in Bewegung zu versetzen«, schrieb Derrida. »Vielmehr hat dieser ›Wächter‹ auch ein größeres Gespür als viele andere für die Zerbrechlichkeit, die ›dekonstruierbare‹ Ungesichertheit der Strukturen, der Grenzen und Axiome besessen, die er um jeden Preis schützen, restaurieren oder ›bewahren‹ wollte. Diese Hellsicht, der Mut seiner Angst, hat ihn auch dazu getrieben, in den fieberhaften Anstrengungen einer Verteidigungsstrategie die paradoxesten Bündnisse zu vervielfältigen und so formale Kombinationsmöglichkeiten freizulegen, über die nachzudenken wir auch heute noch allen Grund haben: Wie kommt es, dass in mancher Hinsicht der Schmittsche Diskurs gerade dort, wo er vom wildesten Konservierungsdrang beseelt ist, zahlreiche Verwandtschaften mit den scheinbar revolutionärsten Bewegungen jener Zeit erkennen lässt, von Lenin bis Mao? Wer könnte ihr gemeinsamer Feind gewesen sein? Und wie soll man sich das Interesse erklären, das eine bestimmte extreme Linke, in mehr als einem Land, Schmitt entgegenbrachte? Wie soll man sich diesen trotz zahlloser Fehden immer noch lebendigen Einfluss erklären?«[155] Aus diesen Zweideutigkeiten, folgerte Derrida, lasse sich mehr lernen als aus mancher gut gemeinten Anschuldigung, die sich hinter einer vagen Chronik der objektiven Ansteckungen und Allianzen verschanze. Denn »häufig nehmen solche Anschuldigungen dieses Durcheinander und die empirische Feststellung ›schlechter Einflüsse‹ nur zum Vorwand, um vor der Lektüre, der Arbeit, der Frage zurückzuweichen und zu versuchen, andere von ihnen abzubringen. Die es bei bloßen Anschuldigungen belassen, lenken allzu oft bloß von der eigenen Apathie, der Verkennung oder vielmehr der Verleugnung ab, in die sie sich angesichts dessen flüchten, was die reaktive Panik Schmitts, auf ihre Weise, zumindest geahnt hatte.«[156]

Gut zwei Jahre nach Hermann Heller hatte Ernst Jünger den Aufsatz »Der Begriff des Politischen« gelesen, den ihm Schmitt als Sonderdruck geschickt hatte. »Sehr geehrter Herr Professor!«, donnerte Jünger am 14. Oktober 1930 in einem Brief zurück: »Ihrer Schrift ›Der Begriff des Politischen‹ widme ich folgendes Epigramm: ›Videtur: Suprema laus‹, denn der Grad Ihrer unmittelbaren Evidenz ist so stark, dass jede Stellungnahme überflüssig wird, und die Mitteilung, dass man Kenntnis genommen hat, dem Verfasser genügt. Die Abfuhr, die allem leeren Geschwätz, das Europa erfüllt, auf diesen 30 Seiten erteilt wird, ist so irreparabel, dass man zur Tagesordnung, also, um mit Ihnen zu sprechen, zur Feststellung des konkreten Freund–Feind-Verhältnisses übergehen kann. Ich schätze das Wort zu sehr, um nicht die vollkommene Sicherheit, Kaltblütigkeit und Bösartigkeit Ihres Hiebes zu würdigen, der durch alle Paraden geht. Der Rang eines Geistes wird heute durch sein Verhältnis zur Rüstung bestimmt. Ihnen ist eine besondere kriegstechnische Erfindung gelungen: eine Mine, die lautlos explodiert. Man sieht wie durch Zauberei die Trümmer zusammensinken; und die Zerstörung ist bereits geschehen, ehe sie ruchbar wird. Was mich betrifft, so fühle ich mich durch diese substantielle

Mahlzeit recht gestärkt. Ich gedenke, Ihnen einige jener Leser zuzuführen, die heute ebenso selten wie Bücher sind. Mit Hochachtung …«[157]

Großer Applaus nicht nur von den Rechten, auch von den Linken. Knapp zwei Monate später kam der nächste Brief, den Schmitt nach 1945 gern in Fotokopie herumreichte, weil er bis 1974 offiziell nirgendwo zu lesen war. Absender war der marxistische Philosoph und Literaturtheoretiker Walter Benjamin. »Sehr geehrter Herr Professor«, schrieb Benjamin am 9. Dezember 1930, »Sie erhalten dieser Tage vom Verlag mein Buch ›Ursprung des deutschen Trauerspiels‹. Mit diesen Zeilen möchte ich es Ihnen nicht nur ankündigen, sondern auch meine Freude darüber aussprechen, dass ich es, auf Veranlassung von Herrn Albert Salomon, Ihnen zusen-

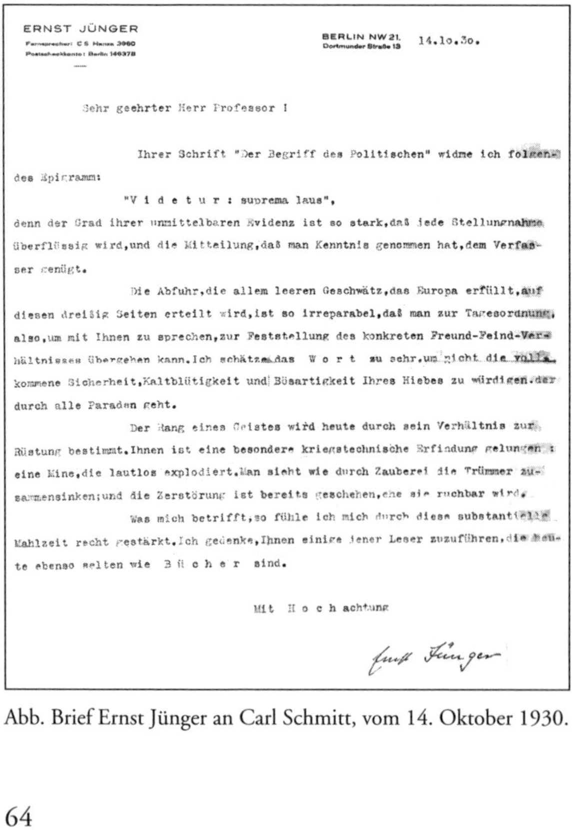

ERNST JÜNGER
Fernsprecher: C 5 Hansa 3960
Postscheckkonto: Berlin 146378

BERLIN NW 21.
Dortmunder Straße 13
14.10.30.

Sehr geehrter Herr Professor !

Ihrer Schrift "Der Begriff des Politischen" widme ich folgendes Epigramm:

"V i d e t u r : suprema laus",

denn der Grad ihrer unmittelbaren Evidenz ist so stark, daß jede Stellungnahme überflüssig wird, und die Mitteilung, daß man Kenntnis genommen hat, dem Verfasser genügt.

Die Abfuhr, die allem leeren Geschwätz, das Europa erfüllt, auf diesen dreißig Seiten erteilt wird, ist so irreparabel, daß man zur Tagesordnung, also, um mit Ihnen zu sprechen, zur Feststellung des konkreten Freund-Feind-Verhältnisses übergehen kann. Ich schätze das W o r t zu sehr, um nicht die vollkommene Sicherheit, Kaltblütigkeit und Bösartigkeit Ihres Hiebes zu würdigen, der durch alle Paraden geht.

Der Rang eines Geistes wird heute durch sein Verhältnis zur Rüstung bestimmt. Ihnen ist eine besondere kriegstechnische Erfindung gelungen : eine Mine, die lautlos explodiert. Man sieht wie durch Zauberei die Trümmer zusammensinken; und die Zerstörung ist bereits geschehen, ehe sie ruchbar wird.

Was mich betrifft, so fühle ich mich durch diese substantielle Mahlzeit recht gestärkt. Ich gedenke, Ihnen einige jener Leser zuzuführen, die heute ebenso selten wie B ü c h e r sind.

Mit H o c h achtung

Ernst Jünger

Abb. Brief Ernst Jünger an Carl Schmitt, vom 14. Oktober 1930.

den darf. Sie werden sehr schnell bemerken, wie viel das Buch in seiner Darstellung der Lehre von der Souveränität im 17. Jahrhundert Ihnen verdankt. Vielleicht darf ich Ihnen darüber hinausgehend sagen, dass ich auch in Ihren späteren Werken, vor allem der ›Diktatur‹, eine Bestätigung meiner kunstphilosophischen Forschungsweisen durch Ihre staatsphilosophischen Forschungsweisen entnommen habe. Wenn Ihnen die Lektüre meines Buches dieses Gefühl verständlich erscheinen lässt, so ist die Absicht dieser Übersendung erfüllt. Mit dem Ausdruck besonderer Hochschätzung, Ihr sehr ergebener …«[158]

Für den jüdischen Philosophen Jacob Taubes war Benjamins Brief an Schmitt eine »Mine, die unsere Vorstellungen von der Geistesgeschichte der Weimarer Periode […] explodieren lässt.«[159] Der

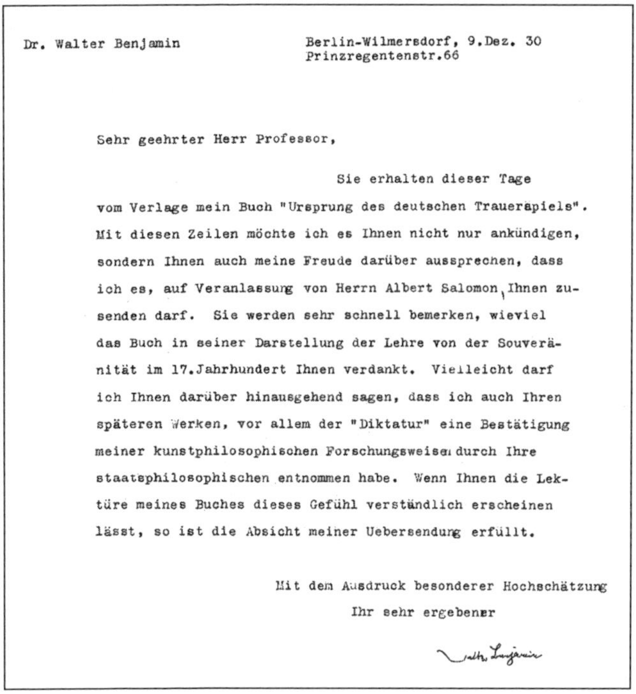

Dr. Walter Benjamin

Berlin-Wilmersdorf, 9.Dez. 30
Prinzregentenstr.66

Sehr geehrter Herr Professor,

Sie erhalten dieser Tage vom Verlage mein Buch "Ursprung des deutschen Trauerspiels". Mit diesen Zeilen möchte ich es Ihnen nicht nur ankündigen, sondern Ihnen auch meine Freude darüber aussprechen, dass ich es, auf Veranlassung von Herrn Albert Salomon, Ihnen zusenden darf. Sie werden sehr schnell bemerken, wieviel das Buch in seiner Darstellung der Lehre von der Souveränität im 17.Jahrhundert Ihnen verdankt. Vielleicht darf ich Ihnen darüber hinausgehend sagen, dass ich auch Ihren späteren Werken, vor allem der "Diktatur" eine Bestätigung meiner kunstphilosophischen Forschungsweisen durch Ihre staatsphilosophischen entnommen habe. Wenn Ihnen die Lektüre meines Buches dieses Gefühl verständlich erscheinen lässt, so ist die Absicht meiner Uebersendung erfüllt.

Mit dem Ausdruck besonderer Hochschätzung
Ihr sehr ergebener

Walter Benjamin

Abb. Brief Walter Benjamin an Carl Schmitt, vom 9. Dezember 1930.

Brief ist mittlerweile eingegangen in ein »Geheimdossier«, das Giorgio Agamben in Büchern wie »Homo sacer: Il potere sovrano e la nuda vita«[160] oder »Stato di eccezione«[161] entziffert hat. Am Anfang dieser geheimen Beziehung stand nach Agamben nicht Benjamins Lektüre von Schmitts »Politischer Theologie«, sondern Schmitts Lektüre von Benjamins Aufsatz »Zur Kritik der Gewalt«, der 1921 im ARCHIV FÜR SOZIALWISSENSCHAFTEN UND SOZIALPOLITIK veröffentlicht wurde; da Schmitt in dieser Zeitschrift nicht nur selber schrieb, sondern sie nachweisbar von 1915 an gelesen hat, wird ihm der Benjamin-Text nicht entgangen sein, zumal Benjamin mit Schmitts Lieblingswörtern »Entscheidung« und »Ernstfall« operierte und fundamentale Sätze hinschrieb, die Schmitts eigenes Denken stützten: »Das Recht«, hieß es bei Benjamin, »erkennt in der nach Ort und Zeit fixierten ›Entscheidung‹ eine metaphysische Kategorie.«[162] Die Geheimbeziehung Schmitt–Benjamin hat Agamben auch bei der Lektüre späterer Texte Benjamins festgemacht, so an dessen Aufsatz über den »Begriff der Geschichte« und der darin enthaltenen achten These, in der der »Ausnahmezustand, in dem wir leben, zur Regel«[163] erklärt wird. Das las sich nun fast wie Originalton Carl Schmitt. Schmitt selber hat die Bedeutung Benjamins – und deshalb war der nach 1945 von vielen als skandalös empfundene Brief des marxistischen Literaturtheoretikers an den »faschistischen Staatsphilosophen« ein besonderer Schatz von Schmitt – immer anerkannt und noch 1973 sein 1938 erschienenes Buch über Thomas Hobbes deklariert als »Versuch, Benjamin zu antworten«, der »aber leider unbeachtet geblieben«[164] sei.

Durch die Briefe Jüngers und Benjamins von Ende 1930 fühlte Schmitt sich bestätigt, auf dem richtigen Weg zu sein, und er hatte Großes im Sinn: Ihm ging es darum, den Bürgerkrieg zu beenden, den er aus eigener Anschauung kannte — während der Räterepublik 1918/19 arbeitete er zunächst als für die Ausforschung der Friedensbewegung, der Unabhängigen Sozialdemokratischen Partei und der feindlichen Propaganda zuständiger Referatsleiter in München im Bayerischen Kriegsministerium, in der Herzog-Max-Burg, später in der Stadtkommandantur, als Revolutionäre ins Zimmer stürmten und einen Offizier neben Schmitts Schreibtisch erschossen. Den Bürgerkrieg für alle Zeiten beenden konnte in Schmitts Augen aber kein schwacher Staat: »Der heutige deutsche Staat ist total aus Schwäche und Widerstandslosigkeit, aus der Unfähigkeit heraus, dem Ansturm der Parteien und der organisierten Interessen standzuhalten. Er muss jedem nachgeben, jeden zufriedenstellen, jeden subventionieren und den widersprechendsten Interessen gleichzeitig zu Gefallen sein. Seine Expansion ist die Folge nicht seiner Stärke, sondern seiner Schwäche.«[165] Den starken »totalen Staat«, als Begriff von Schmitt erfunden in Anlehnung an Ernst Jüngers »Die totale Mobilmachung« von 1934 und nach Lektüre von Léon Daudets 1918 erschienenem Buch »La guerre totale« (Der totale Krieg), konzipierte er Anfang der dreißiger Jahre vielmehr so: »Er lässt in seinem Innern keinerlei staatsfeindliche, staatshemmende oder staatsspaltende Kräfte aufkommen. Er denkt nicht daran, die neuen Machtmittel seinen eigenen Feinden und Zerstörern zu überliefern und seine Macht unter irgendwelchen Stichworten, Liberalismus, Rechtsstaat oder wie man es nennen will, untergraben zu lassen. Ein solcher Staat kann Freund und Feind unterscheiden.«[166]

Abb. Ernst Jünger und Carl Schmitt (rechts) auf dem See von Rambouillet, 1941.

Solche kraftstrotzenden Sätze bezogen sich zwar konkret auf die Lage in Deutschland Anfang der dreißiger Jahre; gleichzeitig schrieben sie fort, was Schmitt schon 1914 in seiner Untersuchung »Der Wert des Staates und die Bedeutung des Einzelnen« herausgestellt hatte: dass der Staat die »unerhörte Leistung« erbringen müsse, »ein Meer zügellosen und bornierten Egoismus und rohester Instinkte wenigstens äußerlich eingedämmt und unschädlich gemacht und selbst den einflussreichen Bösewicht wenigstens zur Heuchelei gezwungen zu haben«[167].

Natürlich stand Carl Schmitt auch noch dreißig Jahre später im Verhör im Nürnberger Kriegsverbrecherprozess hinter diesen Sätzen, er stand mit seiner Person hinter seinem ganzen Werk – auch wenn niemand ahnte, geschweige wusste, aus welchen persönlichen Lebenszusammenhängen heraus er dieses Werk entwickelt und in die Welt hinausprojiziert hatte –, dieses Werk hielt er im Rousseauschen Sinne für sein Bekenntnis zur Welt, und er wird in seinem Überlegenheitsgefühl, das auch oder gerade im Nürnberger Verhör sich einstellte und wie in der Äußerung über Hitler nach außen drang, gedacht haben, was er heimlich immer gedacht hat, eben mit den Worten des von ihm schon zu Beginn des Verhörs gegenüber Kempner zitierten Rousseau: Er fühle sein Herz und er kenne die Menschen, und die Posaune des Jüngsten Gerichts möge erschallen, wann immer sie wolle, er werde vor den höchsten Richter treten, sein Werk in der Hand, und laut sprechen: »Hier ist, was ich geschaffen, was ich gedacht, was ich gewesen.« Aber mit solchem Rousseauschen Pathos in dem kahlen Verhörzimmer im Nürnberger Kriegsverbrechergefängnis allen Vorwürfen entgegenzutreten, erschien Schmitt dann doch nicht angebracht, und er begnügte sich mit der Erklärung, alles, was er in seinem Werk gesagt habe, auch zu Beginn des »Dritten Reiches«, auch der von Kempner ihm entgegengehaltene Satz aus dem Buch »Völkerrechtliche Großraumordnung«, sei nach Motiv und Intention als wissenschaftliche These gemeint, die er vor jedem wissenschaftlichen Kollegium der Welt zu vertreten wage.

»Wir sind hier aber vor einem Strafgericht«, wies Kempner Schmitt zurecht. »Sie waren der leitende, einer der führenden Juristen des 3. Reiches.«

»Jemand, der 1936 im SCHWARZEN KORPS öffentlich diffamiert worden ist, kann nicht so bezeichnet werden.«

»Wie stimmt Ihre Auffassung mit der Tatsache überein, dass Sie nach 1936 in Budapest, Bukarest, Salamanca, Barcelona, in dem berüchtigten Spionage- und Propaganda-Institut ›Deutsches Institut Paris‹ und anderen Stellen vom Nazireich finanzierte Vorträge gehalten haben? Haben Sie Vorträge gehalten? Ja oder nein?«

»Ja, ich habe Vorträge gehalten. Sie sind nicht bezahlt worden.«

»Wer hat Ihnen die Reise bezahlt?«

»Teils die einladenden Gesellschaften, teils deutsche Stellen.«

Abb. Carl Schmitt bei einem Vortrag in Brüssel, 1942.

»Also das Nazireich?«

»Das war für mich eine Tribüne; eine andere hatte ich nicht.«

»Sie sehen, dass diese Sache mit der Diffamierung auf der einen Seite und auf der anderen Seite Ihre Vorträge ein gewisser Gegensatz ist, der mir etwas schwer verständlich ist.«

»Wenn Sie Interesse an einer Erklärung haben, gebe ich sie gern. Es ist das erste Gespräch, das ich darüber seit 1933 führe. Es ist mein Wunsch, darüber zu sprechen.«[168]

Abb. Nürnberg, Justizpalast. Sitz des Internationalen Militärtribunals.

Novus orbis

Sprechen wollte Kempner vor allem über die Schrift »Völkerrechtliche Großraumordnung mit Interventionsverbot für raumfremde Mächte«, auf die er sich während des Verhörs in Nürnberg immer wieder bezog. Einerseits waren Kempner sicher einige Sätze darin aufgestoßen wie die These, das Deutsche Reich, in der Mitte Europas, »zwischen dem Universalismus der Mächte des liberaldemokratischen völkerassimilierenden Westens und dem Universalismus des bolschewistisch-revolutionären Ostens« liegend, habe »nach beiden Fronten die Heiligkeit einer nichtuniversalistischen, volkhaften, völkerachtenden Lebensordnung zu verteidigen«[169]. Andererseits rührte Kempners Interesse gerade an dieser Schrift sicher von der großen Aufmerksamkeit, die Schmitts Überlegungen, basierend auf einem (kurz nach dem »Anschluss« Österreichs ans Deutsche Reich und der Aufteilung der Tschechoslowakei) am 1. April 1939 gehaltenen Vortrag bei einer Tagung des Instituts für Politik und Internationales Recht in Kiel zu seinem 25jährigen Bestehen, damals vor allem im westlichen Ausland als angeblicher Ausdruck der offiziellen deutschen Außenpolitik gefunden hatten. Die Londoner TIMES und der DAILY MAIL brachten, ohne Schmitts Zutun und zur allgemeinen Überraschung in Deutschland, ausführliche Berichte über den Vortrag und stellten den Autor vor als »leading international lawyer in Germany« und »Hitler's Key Man in Fragen internationaler Beziehungen«. Der Berichterstatter der Zeitung DIE WELTWOCHE fragte zunächst verblüfft: »Wer kennt [...] den Namen Carl Schmitt?«, und meinte dann ganz sicher zu wissen: »Dieser entscheidende Theoretiker des ›Dritten Reiches‹ spielt für die von Deutschland ausgehende Revolution eine Rolle wie Rousseau für die französische Revolution. […] Es wird dem, der genügend Einbildungskraft und Gedankenschärfe besitzt, aufgehen, dass hier ein geistiger Feldherr am Werk ist, dessen Direktiven, wenn sie mit Erfolg in die Praxis umgesetzt werden, das Leben dieser und der folgenden Generationen entscheidend umformen werden.«[170] Zu dem Zeitpunkt war Schmitt allerdings in Deutschland längst von der SS an den Rand gedrückt und gewarnt, mit seinen Ideen vorzupreschen. Solche Warnungen erreichten ihn zahlreiche — da rief auch schon einmal Martin Bormann an, Hitlers »Sekretär« und Leiter der Parteikanzlei, und wies Schmitt drohend auf das Exklusivrecht des »Führers« hin; Hitler habe es nicht gern, wenn Ideen in die Welt gesetzt würden, die er selber auszusprechen vorhabe. Knapp vier Wochen nach Schmitts Kieler Vortrag, der sich auch mit der amerikanischen »Monroe-Doktrin« als bis damals erfolgreichstem Beispiel eines völkerrechtlichen Großraumprinzips auseinandersetzte, antwortete Hitler im Reichstag auf eine Note des amerikanischen Präsidenten Franklin Delano Roosevelt vom 14. April 1939, der vom Deutschen Reich die Zusicherung verlangt hatte, bestimmte Länder – eine erstaunliche Liste, von Finnland, Estland, Norwegen über Dänemark, die Niederlande, Großbritannien, Irland und Frankreich bis zu Ungarn, Jugoslawien, Russland, Griechenland, Irak, Syrien, Palästina und Ägypten – nicht anzugreifen. »Wenn der amerikanische Präsident sich berufen glaubt, […] an Deutschland […] eine solche Aufforderung richten zu dürfen deshalb, weil Amerika so weit von Europa entfernt sei«, antwortete Hitler, »dann würde, da die Entfernung Europas von Amerika die gleiche ist, mit demselben Recht auch von unserer Seite an den Herrn Präsidenten der amerikanischen Republik die Frage gerichtet werden können, welche Ziele denn die amerikanische Außenpolitik ihrerseits verfolge und welche Absichten denn dieser Politik zugrunde liegen, sagen wir zum Beispiel den mittel- oder südamerikanischen Staaten gegenüber. Herr Roosevelt wird sich in diesem Fall sicherlich auf die Monroe-Doktrin berufen und eine solche Forderung als Einmischung in die inneren Angelegenheiten des amerikanischen Kontinents ablehnen. Genau die gleiche Doktrin vertreten wir Deutsche nun für Europa, auf alle Fälle aber für den Bereich und die Belange des Großdeutschen Reiches. Im Übrigen werde ich mir selbstverständlich nie erlauben, an den Präsidenten der Vereinigten Staaten Nordamerikas eine solche Aufforderung zu richten, da ich annehme, dass er eine solche Zumutung mit Recht wahrscheinlich als taktlos empfinden würde.«

Schmitts Kieler Vortrag, der das Konzept einer neuen Raumordnung entwickelte, wurde vorbereitet durch eine Auseinandersetzung mit Thomas Hobbes' »Leviathan«, 1938 als Buch erschienen und Schmitts Verabschiedung von der alten Staatenordnung. Er erzählte zunächst die Geschichte des Leviathans als »mythisches Symbol von hintergründiger Sinnfülle«[171] und sprach von einem »säkularen Kampfbild«[172]. Der Leviathan, ein Produkt menschlicher Kunst und Intelligenz, als ein aus Gott und Mensch, Tier und Maschine zusammengesetzter Staat (im Sinne eines sterblichen Gottes), der den Menschen Frieden und Sicherheit bringen sollte und aus diesem Grund – und nicht kraft eines »göttlichen Rechts der Könige«[173] – unbedingten Gehorsam fordere. Weit entfernt von Francis Bacons »Atlantis« oder den Vorstellungen eines Marquis de Condorcet, gestaltete Hobbes nach Schmitt das von ihm konstruierte Menschenwerk »Staat« in keiner Weise als Paradies, weil er sich über die menschliche Natur keine Illusionen machte. »Er sieht, dass der Mensch viel ›unsozialer‹ als ein Tier ist, voll Angst und in die Zukunft schauender Sorge, nicht nur von gegenwärtigem, sondern sogar von künftigem Hunger getrieben, [...] aus Prestige- und Konkurrenzaffekten jederzeit entschlossen und bereit, Verstand und Logik mit Füßen zu treten, um sich den nächstliegenden, augenblicklichen Vorteil zu verschaffen. Aber je gefährlicher dieser unsoziale ›Individualismus‹ auftritt, umso stärker macht sich auch die rationale Notwendigkeit eines allgemeinen Friedensschlusses geltend. Das schwierige Problem, den rebellischen und eigensüchtigen Menschen in ein soziales Gemeinwesen einzufügen, wird schließlich doch nur mit Hilfe der menschlichen Intelligenz gelöst. Es sind eben glücklicherweise keine ›reinen‹, sondern mit Intelligenz begabte Wölfe, die den Krieg aller mit allen im Naturzustand führen. Hier ist die Staatskonstruktion des Hobbes heute noch modern.«[174] Hobbes als großer Dezisionist, der wusste, dass es auf die »Auctoritas«, nicht auf die »Veritas« ankommt, auf die Autorität, nicht auf die Wahrheit. Schmitt zeichnete die fortschreitende technische Vervollkommnung der großen Maschine »Leviathan« seit Erscheinen von Hobbes' Buch im Jahr 1651 nach und zeigte, was aus dem Leviathan geworden ist: »eine äußerlich allmächtige«, im Laufe der Jahrhunderte aber »innerlich ohnmächtig« gewordene Machtkonzentration, »die nur ›Zwangspflichten aus der Verbindlichkeit der Furcht‹ begründen kann und von der der Jude Moses Mendelssohn mit großer Aussicht auf Erfolg verlangt, dass sie sich, da bekanntlich jeder nach seiner Fasson selig werden kann, um die Gesinnung des Einzelnen so wenig zu kümmern habe, wie umgekehrt Gott um die äußeren Handlungen des Menschen«[175]. Dies konnte Mendelssohn aber nur verlangen, weil er in Hobbes' Konstruktion eine Schwachstelle entdeckt hatte, und diese Schwachstelle ortete Schmitt an der Stelle, wo es um die Einheit von Religion und Politik geht, um das Wunder (das schon Hugo Ball als Kategorie in Schmitts Argumentationen aufgefallen war) und den Glauben. »In der Frage des Wunderglaubens«, kritisierte Schmitt Hobbes, »machte er seinen unausrottbaren individualistischen Vorbehalt in einer Weise, die jede sonstige Erörterung darüber, ob Hobbes wirklich das war, was man einen ›Individualisten‹ nennt, für unsere Betrachtung erübrigt. An dieser Stelle nämlich« – die Schmitt später eine »Bruchstelle« nannte – »tritt die Unterscheidung von innerem Glauben und äußerem Bekenntnis in das politische System des Leviathan ein. Hobbes erklärt die Frage der Wunder und Mirakel für eine Angelegenheit der ›öffentlichen‹, im Gegensatz zur ›privaten‹ Vernunft; er lässt es aber dem Einzelnen, kraft der allgemeinen Gedankenfreiheit [...] unbenommen, bei sich selbst, gemäß seiner privaten Vernunft, innerlich zu glauben oder nicht zu glauben und das eigene judicium in seinem Herzen [...] zu wahren. Sobald es freilich zum äußeren Bekenntnis des Glaubens kommt, hört das private Urteil auf und entscheidet der Souverän über Wahr und Unwahr.«[176] Durch diese Unterscheidungen von privat und öffentlich, Glaube und Bekenntnis hat sich in den folgenden Jahrhunderten für Schmitt der liberale, moderne, »neutrale« Rechts- und Verfassungsstaat konstituieren und durchsetzen können, und er sah hier den nicht theologisch, sondern juristisch konstruierten Beginn der »modernen individualistischen Gedanken- und Gewissensfreiheit und damit der für die Struktur des liberalen Verfassungssystems kennzeichnenden Freiheitsrechte des Einzelnen« sowie den Ursprung des Staates »als einer aus der Unerkennbarkeit substantieller Wahrheit gerechtfertigten äußerlichen Macht, der Ursprung des stato neutrale e agnostico des 19. und 20. Jahrhunderts«[177]. Durch diese Unterscheidung von Innen und Außen, öffentlich und privat, durch die Aufnahme des Vorbehalts der inneren, privaten Gedanken- und Glaubensfreiheit ins politische System sei »der mächtige Leviathan zu Tode erkrankt und von innen her zerstört und als sterblicher Gott zur Strecke gebracht«[178] worden. Denn wenn die öffentliche Macht nur noch öffentlich sein will, kommentierte Schmitt, wenn Staat und Bekenntnis den innerlichen Glauben ins Private abdrängten, dann begebe sich die Seele eines Volkes auf den »geheimnisvollen Weg«, der nach innen führe. »Dann wächst die Gegenkraft des Schweigens und der Stille.«[179] An dieser Gegenkraft, entstanden aus der Unterscheidung von Staat und individueller Freiheit, war für Schmitt der alte Staat, der Leviathan, der Mythos der großen Maschine zerbrochen, »in einem Zeitalter«, wie er meinte hinzufügen zu müssen, »in dem die Organisationen dieser individuellen Freiheit nur noch die Messer waren, mit denen antiindividualistische Mächte den Leviathan zerschnitten und sein Fleisch unter sich verteilten.«[180] Da trat wieder Schmitts antijüdisches Denken hervor, wenn er vermutete, Hobbes' Staatsbau sei, ohne dass dieser die »Einbruchstelle«[181] bemerkt habe, vom »Keimmaterial des jüdischen Feindes«[182] infiziert worden. Im Grunde war Schmitt Hobbes' Staatskonstruktion nicht radikal genug, weil sie – der Freund–Feind-Denker konnte gar nichts anderes sagen – zu viel Gedankenfreiheit zugelassen habe, so dass ein »jüdischer Philosoph« wie Baruch de Spinoza und in seiner Nachfolge Moses Mendelssohn aus der bei Hobbes nur als »letzter hintergründiger Vorbehalt« vorgesehenen »individuellen Gedankenfreiheit« den »formgebenden Grundsatz«[183] machen und den religiösen Glaubensvorbehalt zum »allgemeinen Grundsatz der Freiheit des Denkens, des Fühlens und der Meinungsäußerung« deklarieren konnten. Für Schmitt, den Antiliberalen, ein Versuch, den Leviathan von innen heraus zu entseelen und aus ihm einen liberalen »Rechtsstaat« zu machen. Nach Spinoza und Mendelssohn habe sich als weiterer »jüdischer Philosoph« besonders Friedrich Julius Stahl – den Schmitt mit dem Doppelnamen Stahl-Jolson benannte – bei diesem Versuch hervorgetan, indem er den Rechtsstaat nicht als Ziel und Inhalt eines Staates definiert, sondern nur als Art und Charakter beschrieben habe, dieselben zu verwirklichen. Gegen Stahl wurde Schmitt auf rabiate Weise nun auch persönlich ausfallend. »Unter vielen schönen Worten vom ›christlichen Staat‹ und von der antirevolutionären ›Legitimität‹ führt der jüdische Philosoph die von Spinoza zu Moses Mendelssohn gehende Linie ziel- und instinktsicher weiter. Spinoza hatte noch als einsames Individuum in esoterischer Stille gelebt, ohne dass die große Öffentlichkeit seines Jahrhunderts viel von ihm wusste oder ahnte. Moses Mendelssohn gehörte bereits zu der damals noch bescheidenen, aber keineswegs unbedeutenden Berliner ›Gesellschaft‹; er stand bereits auf der Bühne der literarischen Öffentlichkeit, und bei den Gebildeten unter seinen Zeitgenossen war sein Name allgemein bekannt und sogar berühmt. Jetzt aber, seit dem Wiener Kongress, bricht die erste Generation emanzipierter junger Juden in breiter Front in die europäischen Nationen ein. Die jungen Rothschilds, Karl Marx, Börne, Heine, Meyerbeer und viele andere besetzen jeder sein Operationsgebiet in der Wirtschaft, Publizistik, Kunst und Wissenschaft. Stahl-Jolson ist der Kühnste in dieser jüdischen Front. Er dringt in den preußischen Staat und in die evangelische Kirche ein. Ihm dient das christliche Sakrament der Taufe nicht nur, wie dem jungen Heine, als ›Entreebillet‹ zur ›Gesellschaft‹, sondern als Ausweis zum Eintritt in das Heiligtum eines noch sehr soliden deutschen Staates. Aus hohen Amtsstellungen heraus kann er den innersten Kern dieses Staatswesens, Königtum, Adel und evangelische Kirche, ideologisch verwirren und geistig paralysieren. Den preußischen Konservativen und dem König selbst weiß er die ›konstitutionelle‹ Monarchie als den rettenden Gegenbegriff gegen die parlamentarische Monarchie plausibel zu machen. Er führt sie dadurch auf die Ebene des innerpolitischen Feindes, des ›Konstitutionalismus‹, an dem der preußische Soldatenstaat unter der Belastungsprobe eines Weltkrieges im Oktober 1918 zusammenbrechen musste. Stahl-Jolson arbeitet hier in der Gesamtlinie seines Volkes, in dem Doppelwesen einer Maskenexistenz, die umso grauenhafter wird, je mehr er verzweifelt ein anderer sein will, als er ist. […] In der folgerichtigen Weiterführung der großen geschichtlichen Linie, die von Spinoza über Moses Mendelssohn in das Jahrhundert des ›Konstitutionalismus‹ führt, hat er sein Werk als jüdischer Denker […] getan und, um im Bilde zu bleiben, sein Teil dazu mitgewirkt, einen lebenskräftigen Leviathan zu verschneiden.«[184]

So hatte für Schmitt das Werk des Leviathans, der Staat, nur überlebt als eine gut funktionierende Exekutive, Armee und Polizei, mit einem Verwaltungs- und Justizapparat und einer gut arbeitenden, fachlich gebildeten Bürokratie. Die Geschichte des von Hobbes geschaffenen mythischen Bildes vom Leviathan sei insofern zu Ende, befand Schmitt. »Ich glaube nicht, dass der Leviathan zum Symbol eines neuen, rein und offen nichts als technischen Zeitalters werden könnte, vielleicht im Sinne der Totalität, die Ernst Jünger der Technik und der durch sie bewirkten planetarischen Veränderung zuschreibt. Die Einheit von Gott, Mensch, Tier und Maschine, die der Leviathan des Hobbes darstellt, wäre allerdings wohl die totalste aller menschlich erfassbaren Totalitäten. Aber für eine von der Maschine und der Technik hergestellte Totalität würde ein dem alten Testament entnommenes, ungefährlich gewordenes Tierbild kein einleuchtendes Symbol oder Zeichen abgeben. Auf die Denkart einer totalen Technik macht der Leviathan keinen unheimlichen Eindruck mehr. Sie traut sich die Kraft zu, ihn wie andere Saurier und Mastodonten unter Naturschutz zu stellen und als eine museale Angelegenheit im Zoologischen Garten zu zeigen.«[185]

Eine sonderbare Mischung aus Aggression und Melancholie durchzieht Schmitts Abgesang auf den Leviathan als politisches Symbol. In seinen zentralen Aussagen kommt das Buch teilweise sehr verschlüsselt daher – kein Wunder, bedenkt man das Erscheinungsjahr 1938 –, andererseits ist es auch überhaupt nicht verschlüsselt, wenn Schmitt zwei Jahre nach seiner Entmachtung durch die SS sich zu seinem Nationalsozialismus und jüdischen Feinddenken bekennt und Hobbes neben Vico (wenn dieser auch keinen Mythos geschaffen habe) und Machiavelli setzt. Machiavelli hingegen habe nicht nur einen Mythos geschaffen, sondern sei selbst Mythos geworden, unter dem Eindruck der Bartholomäusnacht von 1572, und dieser Mythos sei dann im Lauf des weltgeschichtlichen Kampfes zwischen angelsächsischem Protestantismus und romanischem Katholizismus unaufhörlich gewachsen. »Hier dienen einige nüchterne und phrasenlose Sätze des armen Florentiner Humanisten dazu, das moralische Schreckbild ›Machiavellismus‹ in die Welt zu setzen. Über ein Jahrhundert lang bleibt es ein wirksames Kampfmittel des evangelischen Nordens gegen alle katholischen Mächte, insbesondere Spanien und Frankreich. Die Erfahrungen des Weltkrieges gegen Deutschland, 1914–18, haben gezeigt, dass seine propagandistische Schlagkraft auch gegen andere Mächte brauchbar und immer noch sehr groß ist. Die angelsächsische Weltpropaganda und der amerikanische Präsident Wilson konnten einen modernen ›Kreuzzug der Demokratie‹ in Szene setzen, indem sie die moralischen Energien, die sich im Namen des Kampfes gegen den ›Machiavellismus‹ mobilisieren lassen, gegen Deutschland dirigierten.«[186] Schmitt erinnerte in diesem Zusammenhang an die Plädoyers der deutschen Philosophen Hegel und Fichte für Machiavelli und stellte Fichtes Aufsatz aus dem Jahr 1807, in dem Machiavelli als »wahrhaft lebendiger Schriftsteller« gerühmt wurde, »ganz in das große Werk geschichtlicher Gerechtigkeit und Objektivität, das, wie Herders ›Stimmen der Völker‹ oder Schillers Ehrenrettung der Pucelle, eine der zum Reich legitimierenden großen Leistungen deutschen Geistes ist«[187]. Durch die parallelen geschichtlichen Ereignisse der nationalen Einigung Italiens und Deutschland habe sich dann im weiteren Verlauf des 19. Jahrhunderts das allgemeine Verständnis für »den wirklichen Machiavelli« verbreitet. »Aber erst der italienische Faschismus hat ihn als den geistigen Urheber eines politischen Zeitalters, als den Besieger moralistischer Lüge und des politischen Cant, in aller Form zum Gegen-Mythos heroischer Sachlichkeit erhoben.«[188] Das waren im Jahr 1938 nun wirklich keine verschlüsselten Sätze.

Thomas Hobbes hingegen war für Schmitt letztlich ein Gescheiterter. Mit dem – wenn auch starken – mythischen Bild des Leviathan habe er sich doch vergriffen, weil er es »nicht in einer sicheren und eindeutigen Weise sinnfällig gemacht, sondern im Gegenteil schließlich dazu beigetragen hat, dass der Gedanke der unteilbaren politischen Einheit dem von innen heraus betriebenen Zerstörungswerk der indirekten Gewalten erlag«[189]. So sei Hobbes' Werk zwar reich an politischen Erkenntnissen und treffenden Prägungen, aber die systematische Gedanklichkeit, kritisierte Schmitt, überwiege bei ihm doch zu sehr, »als dass sie ein sicheres Kampfmittel und die Waffe einer einfachen, konkreten Entscheidung wäre«[190] — die Schmitt mit seiner Freund–Feind-Theorie selber in der Hand zu haben meinte. Doch dann kam an dieser Stelle Schmitts ganze Ambivalenz im Jahr 1938 heraus: Einerseits kritisierte er Hobbes, dass er seine Konstruktion nicht totalitär genug gestaltet habe und sein Leviathan deshalb zu viele »Bruchstellen« aufweise, andererseits hat er sich auch in Hobbes hineinidentifiziert, wenn er dessen Sinn für esoterische Verhüllungen ansprach und ihn zitierte mit den Worten, er schreibe mitunter »Ouvertüren«, die seine wirklichen Gedanken nur zur Hälfte enthüllten, und er handele so wie Leute, die für einen Augenblick ein Fenster öffneten, um es aus Furcht vor dem Sturm rasch wieder zu schließen.

Die spektakuläre Folgerung aus der Diagnose, die Schmitt im Leviathan-Buch entwickelt hatte, bestand nun darin, dass er in seinem Kieler Vortrag an die Stelle der alten Staatenordnung eine neue völkerrechtliche »Großraumordnung« setzte und sie überhaupt als erster kreierte. Großraum verstand er dabei nicht einfach als einen größeren Raum, sondern »groß« enthalte eine andere als bloß quantitative, mathematisch-physikalische Bestimmung. Gerade diese mathematisch-physikalisch-naturwissenschaftliche Neutralität des bisherigen Raumbegriffs wollte er übersteigen, mit dem Hinweis auf Friedrich Ratzels Bemerkung, es liege »schon in dem weiten Raum etwas Größeres, ich möchte sagen, Schöpferisches«[191]. Hinter sich ließ Schmitt die bis dahin geltende Vorstellung vom Raum »als einer leeren Flächen- und Tiefendimension«, die Land, Boden, Territorium und Staatsgebiet »unterschiedslos als einen ›Raum‹ staatlicher Bestätigung im Sinne des leeren Raumes mit Lineargrenzen« auffasste und »Haus und Hof aus einer konkreten Ordnung in eine bloße Katasterfläche und aus dem Staatsgebiet einen bloßen Herrschafts- oder Verwaltungsbezirk, einen Amtssprengel, eine Kompetenzsphäre«[192] machte; stattdessen entwickelte er einen neuen Raumbegriff, indem er sich an modernen wissenschaftlichen Wandlungen der bisherigen Raumvorstellungen orientierte. Er berief sich zum Beispiel auf die Quantenphysik Max Plancks – die er zehn Jahre später als, »primär«, Metaphysik bezeichnete[193] – und verstand sie als Aufhebung des Raums, indem sie »jeden Bewegungsvorgang in die einzelnen, periodischen Materialwellen zerlegt und dadurch zur Wellenmechanik hinführt; nach dieser neuen Mechanik ist jeder einzelne materielle Punkt des Systems zu jeder Zeit in gewissem Sinne an sämtlichen Stellen des ganzen, dem System zur Verfügung stehenden Raumes zugleich«[194]. Oder er zitierte die Forschungen des Heidelberger Biologen Victor von Weizsäcker und dessen Feststellung, dass »Bewegung« für eine biologische Erkenntnis nicht im bisherigen naturwissenschaftlichen Raum vor sich gehe, sondern »es geht umgekehrt die raumzeitliche Gestaltung aus der Bewegung hervor.« Schmitt las aus Weizsäckers Forschungen die Erkenntnis heraus, dass für die biologische Betrachtung »die Welt nicht im Raum, sondern der Raum in und an der Welt« ist. »Das Räumliche wird nur an und in den Gegenständen erzeugt, und die raumzeitlichen Ordnungen sind nicht mehr bloße Eintragungen in den vorgegebenen leeren Raum, sondern sie entsprechen vielmehr einer aktuellen Situation, einem Ereignis. Jetzt erst sind die Vorstellungen einer leeren Tiefendimension und einer bloß formalen Raumkategorie endgültig überwunden«, konstatierte Schmitt. »Der Raum wird zum Leistungsraum.«[195] Diese neue Vorstellung vom Raum als einem neuen Ordnungsbegriff führte Schmitt nun ins Völkerrecht ein und versuchte, den alten, für ihn leer gewordenen Begriff des Staatsgebietes und überhaupt des Staates – »die Epoche der Staatlichkeit geht zu Ende«[196], notierte er Jahre später in einer Neuauflage von »Der Begriff des Politischen«, und darüber sei kein Wort mehr zu verlieren – mit der Vorstellung des Großraums zu überwinden, wissend, dass der Begriff aber nur Übergangscharakter tragen konnte, in der Hoffnung, dass sich eine andere und schönere Bezeichnung für den neuen Raumbegriff finden werde, sobald »die Erde ihre sichere und gerechte Großraumeinteilung gefunden hat und die verschiedenen Großräume in ihrer inneren und äußeren Ordnung als feste Größen und Gestalten vor uns stehen.«[197] »Der neue Ordnungsbegriff eines neuen Völkerrechts ist unser Begriff des Reiches, der von einer von einem Volk getragenen, volkhaften Großraumordnung ausgeht«, fasste Schmitt seine Überlegungen zusammen. »In ihm haben wir den Kern einer neuen völkerrechtlichen Denkweise, die vom Volksbegriff ausgeht und die im Staatsbegriff enthaltenen Ordnungselemente durchaus bestehen lässt, die aber zugleich den heutigen Raumvorstellungen und den wirklichen politischen Lebenskräften gerecht zu werden vermag; die ›planetarisch‹, d. h. erdraumhaft sein kann, ohne die Völker und die Staaten zu vernichten und ohne, wie das imperialistische Völkerrecht der westlichen Demokratie, aus der unvermeidlichen Überwindung des alten Staatsbegriffs in ein universalistisch-imperialistisches Weltrecht zu steuern.«[198]

Wie bei Schmitt seine Überlegungen zum Großraum entstanden sind, wissen wir aus der Schilderung Nicolaus Sombarts, dem Schmitt Ende der dreißiger, Anfang der vierziger Jahre auf Spaziergängen am Berliner Grunewaldsee seine Ideen erstmals erläuterte und an Sombart ihre Wirkung ausprobierte. Schmitt war beunruhigt über den von Hitler vom Zaune gebrochenen Krieg. Das sei kein normaler Krieg, sagte er zu Sombart. Was sich da abspiele, sei eine Neuordnung des Planeten, eine neue Raumordnung. »Irgendwie geht es um die Nachfolge der englischen Weltherrschaft«, erläuterte Schmitt. »Die Konkurrenten sind jetzt Russland und die Vereinigten Staaten. Das hat Tocqueville schon vor hundert Jahren gesehen. Aber auch mit der Idee der universalen Weltherrschaft ist es zu Ende. Was sich da anbahnt, ist ein neuer Nomos der Erde, eine neue Raumordnung. Man muss planetarisch denken, in den Dimensionen einer planetarischen Raumrevolution. Was entsteht, ist eine Ordnung der Großräume. Der gegenwärtige Krieg ist ein Raumordnungskrieg. Großraum, wie gefällt dir dieses Wort, Nicolaus? Das ist etwas anderes als Reich oder Empire. Hier liegt die letzte Chance Deutschlands als geistige Führungsmacht. Nicht ein deutsches Weltreich – nach dem Vorbild des englischen –, nicht ein mitteleuropäischer ›Staat‹ in der Nachfolge Bismarcks, sondern Europa als Großraum auf einer in kontinental zusammenhängende Großräume sinnvoll eingeteilten Welt. Aber sie sind zu dumm, um das zu verstehen. Raum — hast du dir schon mal überlegt, was das für ein erstaunliches Wort ist? Der Doppellaut ›au‹, flankiert von dem ›R‹ und dem ›m‹. Was fällt dir dazu ein?«, fragte er den jungen Sombart.

»Schaum, Frau, Aue, Blau.«

»Ja, ja. Weißt du, die deutsche Sprache ist da unübertroffen.«

»Im Französischen heißt es ›espace‹, lateinisch ›spatium‹«, fiel Sombart noch ein.

»Ja, das ist etwas ganz anderes — das ist römisch, mediterran. Das ›S‹ grenzt einen Bezirk aus. Es ist separativ.«

»Mir fällt gerade noch das südländische Haus mit seinem Patio, nach innen gewendet, ein.«

»Ja, während Raum die offene Fläche unter dem Baum ist, wo die germanischen Herzöge ihre Mannen versammelten. Offenheit, das ist es.«[199]

»Raum« wurde ein zentrales Zauber- und Spielwort in Schmitts Theorie, nicht nur inhaltlich im Sinne der Bemerkung Friedrich Nietzsches, der Raum stehe »mit festen Schultern gegen das Nichts«[200], sondern Schmitt liebte das Wort auch als »ein Urwort der Ursprache«, der heiligen Sprache, der Sprache Martin Luthers; Luther habe die besondere Stärke der »technischen Sachlichkeit« des Wortes hervorgehoben, wenn er die leibliche Gegenwart des menschgewordenen Gottes damit erklärt habe, dass Gott Mensch, leibhaftig und körperlich, geworden sei, indem er »Raum nahm und Raum gab«.[201] Seine Vorstellung des Wortes »Raum«, die Schmitt im Gespräch mit Sombart spielerisch entwickelt hatte, schrieb er später auf, indem er sich auf die phonetische Eigenheit des Wortes besann und dem »Wissen der Sprache« lauschte: »Die vokalische Mitte von RAUM gibt diphthongisch den ersten und den letzten Vokal, A und U, und schlägt dadurch den Bogen von Alpha bis Omega, Anfang und Ende. Diese Welt der Vokale ist umgeben von den beiden Liquiden R und M. Sie stellen die innere und äußere Spannung zweier Elemente her. Sie umfließen die vokalische Mitte, wie nach antikem Glauben der Ozean die von Menschen bewohnte, feste Erde umschließt. Aber sie beginnen und beenden den Raum, ohne dass sie stechende und einschneidende Grenzziehungen wären. Solche Liquiden sind nicht Anfangs- und Schlusspunkte, keine Striche und keine Demarkationslinien. Sie errichten auch keine Mauern, keine Gebäude für jenen sicherheitsbedürftigen Mann, für den der Vers gilt: ›Er schließt sich ein und Gott aus‹. Das R bildet vielmehr den aktiven Ansatz, und M ist ein am Horizont sich zusammenfügendes, in den Horizont übergehendes Ende. Raum ist also kein geschlossener Kreis und kein Bezirk, sondern Welt, und diese Welt ist kein leerer Raum und ist auch nicht in einem leeren Raum, sondern unser Raum ist eine mit der Spannung verschiedener Elemente erfüllte Welt.«[202]

Die Geschichte von der Eroberung der Welt als Raum bis hin zu einer planetarischen Raumrevolution erzählte Schmitt dann in seinem 1942 erschienenen Buch »Land und Meer«. Ein poetisch dichter, aber auch mit leichtem Gepäck unternommener Spaziergang durch die Weltgeschichte, »meiner Tochter Anima erzählt«, um sie einzuweisen in einige Geheimnisse und mythische Bilder wie dem vom Kampf zwischen dem Leviathan, einem mächtigen Walfisch, und dem Behemoth, einem ebenso mächtigen Landtier, das in manchen Vorstellungen mal als Bär, mal als Stier oder auch als Elefant erscheint. Die Namen, erzählte Schmitt seiner damals elfjährigen Tochter, stammten aus der Bibel, dem Buch Hiob, Kapitel 40 und 41, und unter diesem Gesichtspunkt des Kampfes zwischen Leviathan und Behemoth, zwischen Land und Meer könne man einen großen Teil der Weltgeschichte fassen und verstehen. Ausgehend von einem Vers des Dichters Friedrich Hölderlin, dass der Mensch die Freiheit habe, »aufzubrechen, wohin er will«, begann Schmitt seine Schilderung in der Antike, bei dem griechischen Naturphilosophen Thales von Milet, der fünfhundert Jahre vor Christus den Ursprung allen Lebens im Wasser sah, und bei Heraklit, Anaximenes und Empedokles, die dem Element Wasser die Elemente Erde, Luft und Feuer hinzugefügt haben; er reiste dann mit seiner Tochter imaginär durch die potamische Welt, durch die Flusskultur im Zweiströmeland von Euphrat und Tigris sowie am Nil, durch die assyrischen, babylonischen und ägyptischen Reiche sowie durch die thalessische Zeit; er erzählte von den späteren Eroberungszügen Alexander des Großen als der Eröffnung eines mächtigen, neuen Raumhorizonts, von Aristoteles, der diesen Raumwandel beobachtete, vom Leben in der von Alexander gegründeten

Stadt Alexandria am Nil, wo Euklid, Heron und Archimedes die erstaunlichsten Entdeckungen machten und der Vorsteher der alexandrischen Bibliothek, Eratosthenes, schon die Lehre von Kopernikus vorwegnahm, indem er den Erdumfang richtig berechnete. »Doch war die hellenistische Welt für eine planetarische Raumrevolution noch nicht umfassend genug«, erfuhr Tochter Anima. »Ihr Wissen blieb Gelehrtensache, weil sie noch keinen Weltozean in ihre existentielle Wirklichkeit einbezogen hatte.«[203] Der Ozean kam erst in den Blick, als Caesar dreihundert Jahre später von Rom aus Gallien und England eroberte, für Schmitt der erste Schritt zur Raumvorstellung von »Europa«. Im ersten Jahrhundert der römischen Kaiserzeit, vor allem unter Nero, weitete sich dann das Bewusstsein eines tief greifenden Wandels der Raumvorstellung, indem das Blickfeld der Menschen sich nach Osten und Westen wie nach Norden und Süden erweitert habe. »Eroberungs- und Bürgerkriege hatten den Raum von Spanien bis Persien, von England bis Ägypten umgewühlt«, erzählte Schmitt Tochter Anima. »Weit entfernte Gegenden und Völker kamen miteinander in Berührung und empfanden die Einheit eines gemeinsamen politischen Schicksals. Aus allen Teilen des Reiches, aus Germanien wie aus Syrien, aus Afrika oder Illyrien, konnte ein General von seinen Soldaten zum Imperator in Rom erhoben werden. Der Isthmus von Korinth war durchstoßen, Arabien vom Süden umschifft. Nero hatte eine Expedition zu den Quellen des Nil geschickt. Die Weltkarte von Agrippa und die Geographie Strabons sind Dokumente dieser Raumerweiterung.«[204] Das damals schon planetarische Gefühl für die Situation, erfuhr Tochter Anima weiter, habe ein berühmter Philosoph ausgesprochen, Seneca, und Schmitt zitierte ihn mit den Versen:

»Der heiße Indus und der kalte Araxes berühren sich;
Perser trinken aus Elbe und Rhein.
Thetis wird neue Welten (novos orbes) enthüllen,
Und Thule wird nicht mehr die äußerste Grenze der Erde
sein.«[205]

Senecas Worte aus dem ersten Jahrhundert, erzählte Schmitt, hätten wirklich eine Zeitenwende eingeleitet, mit der nicht nur »das Bewusstsein der Fülle der Zeit, sondern auch das des erfüllten Erdraumes und des planetarischen Horizonts«[206] verbunden gewesen sei. Zugleich hätten Senecas Worte »einen geheimnisvollen Bogen in die Neuzeit und das Zeitalter der Entdeckung geschlagen«, denn sie seien »durch die jahrhundertlange Raumverdunklung und durch die Verlandung des europäischen Mittelalters hindurch weitergetragen worden«[207]. Sie hätten denkenden Menschen das Gefühl eines größeren Raums und einer Weltweite vermittelt und sogar an der Entdeckung Amerikas mitgewirkt, denn Cristoforo Colombo habe selbstverständlich Senecas Worte gekannt und in ihnen Antrieb und Ermunterung zu seiner Reise in die Neue Welt gefunden und Senecas Ausdruck »novus orbis«, neue Welt, denn auch sofort auf das entdeckte Amerika bezogen. Die Entdeckung Amerikas und die erste Erdumsegelung sei die erste eigentliche Raumrevolution in einem umfassenden Sinne gewesen, wobei zu einer Raumrevolution, wie Schmitt seine Tochter unterrichtete, mehr gehöre als eine Landung in einer bisher unbekannten Gegend — »dazu gehört eine alle Stufen und Gebiete menschlichen Daseins erfassende Veränderung des Raumbegriffs«[208]. Schmitt führte seiner Tochter diese Veränderung des Raumbegriffs an vielen Beispielen vor. Er nannte etwa die Malerei der Renaissance, die den Raum der mittelalterlichen gotischen Malerei »beseitigt« habe, indem die Maler jetzt die von ihnen gemalten Menschen und Dinge in einen Raum setzten, »der perspektivisch eine leere Tiefe ergibt. Die Menschen und Dinge stehen und bewegen sich jetzt in einem Raum.«[209] Oder er erläuterte ihr das Wort »Nomos«, das aus dem griechischen Zeitwort »nemein« stamme und drei Bedeutungen habe: nehmen, teilen und weiden. Nomos heiße also: Nahme im Sinne von Land- oder Seenahme, dann Teilen und Verteilen des Genommenen, etwa des Bodens und der darauf beruhenden Eigentumsordnung, später auch der industriellen Produktionsmittel, und schließlich Weiden im Sinne von Nutzung, Bewirtschaftung und Verwertung des bei der Teilung erhaltenen Bodens, Produktion und Konsumtion. »Nehmen – Teilen – Weiden«, lernte Tochter Anima, »sind in dieser Reihenfolge die drei Grundbegriffe jeder konkreten Ordnung.«[210] Nach einer gedrängten Erzählung der Kriege, die die Land- und Seenahmen im 16. und 17. Jahrhundert begleiteten (»Der Krieg, sagt Heraklit, führt zusammen, und das Recht ist Streit«[211]), nach einem Spaziergang durch die weitere geschichtliche Wirklichkeit und der Aufzählung der in ihr sich ereignenden Veränderungen des Raumbegriffs — es sei vor allem der Wal gewesen, dieser große mythische Fisch, der Leviathan, das mächtigste aller lebenden Tiere und das humanste aller Lebewesen, »humaner als der Mensch, der ihn mit barbarischer Grausamkeit ausrottet«[212], der den Walfischjäger in die Ozeane hinaus gelockt und sie von der Küste emanzipiert habe –, kam Schmitt dann auf die erste auch planetarische Raumrevolution zu sprechen, die sich erst ereignen konnte, als England, die Insel, sich nicht mehr als ein abgetrennter Landteil des alten Kontinents Europa verstand, sondern seine Existenz vom Lande weg in das Element des Meeres verlegte und ein Volk von Schafzüchtern im 16. Jahrhundert zu »Kindern der See« wurde. Natürlich spickte Schmitt seine Erzählung auch mit den abenteuerlichen Geschichten eines Franz Drake, Walter Raleigh oder Henry Morgan, um seine Tochter hineinzuziehen in die komplexe Vorstellung einer planetarischen Raumrevolution. »England«, erzählte ihr Schmitt, »wurde Herrin der See und errichtete auf seiner Seeherrschaft über die ganze Erde hin ein in allen Erdteilen verstreutes, britisches Weltreich. [...] Die Insel selbst aber, die Metropole eines solchen auf der rein maritimen Existenz errichteten Weltreiches wird dadurch entwurzelt und entlandet. Sie kann, wie ein Schiff oder wie ein Fisch, an einen andern Teil der Erde schwimmen, denn sie ist ja nur noch der transportable Mittelpunkt eines über alle Kontinente zusammenhanglos verstreuten Weltreiches.«[213] So konnte die Insel England, der große Fisch, der Leviathan, als großes Kriegsschiff die Anker lichten und in einem anderen Erdteil vor Anker gehen, in Neu-Delhi oder Singapur, in Kairo oder Madagaskar. Bis das englische Inselschiff im 20. Jahrhundert in New York vor Anker ging und dort Schutz suchte bei einem noch größeren Kriegsschiff, der Insel der Vereinigten Staaten von Amerika. Doch da, erzählte Schmitt seiner Tochter, hatte sich das elementare Verhältnis von Land und Meer bereits gewandelt. Die heutige Technik der Verkehrs- und Nachrichtenmittel habe aus dem Meer einen Raum im konventionellen Sinne des Wortes gemacht. »Heute kann, in Friedenszeiten, jeder Reeder täglich und stündlich wissen, an welchem Punkt des Ozeans sein Schiff auf hoher See sich befindet. Damit ist, gegenüber der Segelschiffzeit, die Welt des Meeres für den Menschen elementar verändert. Ist dem aber so, dann entfällt auch die Teilung von Land und Meer, auf der sich die bisherige Verbindung von See- und Weltherrschaft errichten ließ. Es entfallen die Grundlage der britischen Seenahme und damit der bisherige Nomos der Erde. Stattdessen wächst unaufhaltsam und unwiderstehlich der neue Nomos unseres Planeten.«[214] Viele würden zwar in dem Verlust der alten Ordnungen nur Tod und Zerstörung erblicken und das Ende der Welt. Doch in Wirklichkeit ringe nur ein neuer Sinn um seine Ordnung. Auch in diesem erbitterten Ringen alter und neuer Kräfte entstünden gerechte Maße und bildeten sich sinnvolle Proportionen. Mit diesem Hinweis beendete Schmitt seinen Spaziergang durch die Weltgeschichte und tröstete Tochter Anima noch einmal mit einem Dichterspruch, wieder von Friedrich Hölderlin:

»Auch hier sind Götter und walten,
Groß ist ihr Maß«[215].

Natürlich hatte auch Robert Kempner Schmitts schmales gelbes Reclam-Buch »Land und Meer« gelesen, und die Wirkung des kleinen poetischen Textes wird er gespürt haben. Für sein Vorhaben, zu prüfen, ob er Schmitt in den Nürnberger Kriegsverbrecherprozessen anklagen könne, konnte Kempner »Land und Meer« aber nicht gebrauchen. Er musste, wenn er Schmitt stellen und zur Verantwortung ziehen wollte, sich den »Kronjuristen des Dritten Reiches« vornehmen, und da bot ihm die Schrift »Völkerrechtliche Großraumordnung mit Interventionsverbot für raumfremde Mächte« einen der wenigen Anhaltspunkte. Instinktsicher hatte Kempner darin die Bemerkung Schmitts gefunden und sie ihm vorgehalten, die jüdischen Autoren hätten die bisherige Raumtheorie so wenig geschaffen, wie sie irgendetwas anderes geschaffen hätten; sie seien vielmehr ein »wichtiges Element der Auflösung konkreter, raumhaft bestimmter Ordnungen«[216] gewesen, indem sie einmütig die Entwicklung zur leeren Raumvorstellung vorangetrieben hätten, und Schmitt nannte von den Juristen unter anderen Heinrich Rosin, Paul Laband und Hans Kelsen, von den Philosophen und Soziologen Georg Simmel, der jede andere »als eine von den beherrschten Menschen bestimmte Herrschafts- und Gebietsvorstellung für ›Nonsens‹ erklärt«[217] habe. Dieses, wie Schmitt behauptete, »eigentümliche Missverhältnis des jüdischen Volkes zu allem, was Boden, Land und Gebiet angeht«[218], sei in seiner Art politischer Existenz begründet. »Die Beziehung eines Volkes zu einem durch eigene Siedlungs- und Kulturarbeit gestalteten Boden und zu den daraus sich ergebenden konkreten Machtformen ist dem Geist des Juden unverständlich«, hatte Schmitt geschrieben. »Er will sie übrigens auch gar nicht verstehen, sondern nur sich ihrer begrifflich bemächtigen, um seine Begriffe an ihre Stelle zu setzen. ›Comprendre c'est détruire‹, wie ein französischer Jude verraten hat.«[219] Auch andere Stellen in der »Völkerrechtlichen Großraumordnung« hatte Kempner sich angestrichen, so Schmitts Hymne auf das »machtvolle Deutsche Reich«, entstanden aus Schwäche und Ohnmacht und nun »eine starke und unangreifbare Mitte Europas geworden, die imstande ist, ihrer großen politischen Idee, der Achtung jedes Volkes als einer durch Art und Ursprung, Blut und Boden bestimmten Lebenswirklichkeit, eine Ausstrahlung in den mittel- und osteuropäischen Raum hinein zu verschaffen und Einmischungen raumfremder und unvölkischer Mächte zurückzuweisen. Die Tat des Führers hat dem Gedanken unseres Reiches politische Wirklichkeit, geschichtliche Wahrheit und eine große völkerrechtliche Zukunft verliehen«[220]. Aufgrund solcher Stellen meinte Kempner Schmitt in Nürnberg angreifen zu können, und er verriet gegen Ende des ersten Verhörs am 3. April 1947, was ihn einzig interessierte:

»Es handelt sich um die Frage, inwieweit haben Sie die Kriegsverbrechen, die Verbrechen gegen die Menschlichkeit, die zwangsweise Ausdehnung und Ausweitung des Großraumes wissenschaftlich untermauert? Wir stehen auf dem Standpunkt, dass die ausführenden Organe in Verwaltung, Wirtschaft und Armee nicht wichtiger sind als die Herren, die die Theorie, den Plan zu der ganzen Sache erdacht haben. Wollen Sie eventuell aufschreiben, was Sie zu sagen haben? Inwieweit haben Sie die theoretische Untermauerung der Hitlerschen Großraumpolitik gefördert?«

»Das wäre also die Frage«, antwortete Schmitt. »Ich werde es aufschreiben.«[221]

Abb. Carl Schmitts Haus in Pasel, Vorderseite.

»Ich verliere meine Zeit und gewinne meinen Raum«

Das Verhör in Nürnberg hat Schmitt nie vergessen, und er blieb sich der Gefährlichkeit der damaligen Situation immer bewusst. Auch gut vierzig Jahre später, am 11. Juli 1978 tauchte die Situation des Verhörs und der Einzelhaft noch kurz in seinem Gedächtnis auf, aber dann war er froh, dass sofort wieder die Gegenwart in ihn hineinströmte. Der 11. Juli 1978 war ein Dienstag. Strahlendes Licht schon am frühen Morgen, »das wird bestimmt ein schöner Tag für dich, Papa«, sagte Carl Schmitts Tochter Anima, als ihr Vater kurz nach acht zum Frühstück erschien. Schmitt freute

Abb. Carl Schmitts Haus in Pasel, Rückseite.

sich, dass Anima, im spanischen Santiago de Compostela mit dem Rechtsgelehrten Alfonso Otero Varela verheiratet, seit einer Woche zu Besuch war, und sie freute sich, ihn so wach und geistig präsent wie eh und je zu erleben. Sie genoss auch die Gespräche mit Anni Stand, dem »guten Geist« des Hauses – mit Anni Stand wohnte Schmitt in dem 200-Seelen-Dorf Pasel bei Plettenberg in einem kleinen Bungalow zusammen, nach dem Tod von Schmitts Frau Duschka 1950 war sie für ihn alles, Hausdame, Köchin wie Sekretärin; sie hatte schon den Berliner Professorenhaushalt betreut und war nach dem Tod ihrer eigenen Eltern bei einem Bombenangriff auf Hildesheim 1944 von Schmitt wie eine Tochter aufgenommen worden und sagte, wenn man unter sich war, auch »Papa« zu ihm. Anni Stand hatte bereits morgens um halb sieben am Plettenberger Bahnhof die Zeitungen geholt und sie Schmitt auf seinen Frühstücksplatz gelegt, die FRANKFURTER ALLGEMEINE und die SÜDDEUTSCHE ZEITUNG, DIE WELT und die Lokalzeitungen SÜDERLÄNDER TAGEBLATT, WESTFÄLISCHE RUNDSCHAU und LÜDENSCHEIDER NACHRICHTEN. Einen Moment überlegte er, zu überfliegen, was den Blättern zu seinem 90. Geburtstag eingefallen war,

Abb. Carl Schmitt mit Tochter Anima und Enkel in Pasel.

aber dann entschied er, dass Zeitungen an diesem Morgen doch keine gute Gesellschaft für ihn darstellten. Stattdessen bat er Anni Stand, ihm noch einmal die Gästeliste für den Empfang um elf im Berghotel »Tanneneck« vorzulesen. Einige Nachbarn aus Pasel standen darauf und neben den Freunden Ernst und Liselotte Jünger, Rüdiger Altmann, Johannes Gross, Gerd Giesler, Ursula und Ernst Hüsmert, Christian Meyer, Christina und Werner Blischke, Hans Schneider, Günter Krauss, Piet Tommissen, Werner und Ernst-Wolfgang Böckenförde, Joseph H. Kaiser, Günther Neske, Waltraud und Sepp Schelz, Rolf Schroers, Nicolaus Sombart und Julien Freund, auch der halbe Plettenberger Stadtrat, denn der Bürgermeister Heinz Baberg wollte Schmitt bei diesem Empfang den Goldenen Ehrenring der Stadt überreichen. »Dieser Teil des Empfangs wird sicher nicht lange dauern«, tröstete Anima. »Ich habe so vieles überstanden, dann werde ich auch dies noch überstehen«, lachte Schmitt. Sollte er doch schnell in die Zeitungen schauen? Dass niemand an seinem runden Geburtstag ohne Kommentar vorbeigehen würde, meinte er sicher zu wissen, die Angst der frühen Nachkriegsjahre, mit seinem Werk totgeschwiegen und

Abb. Carl Schmitt mit Anni Stand in Pasel, 1970er Jahre.

aus dem deutschen Geistesleben verbannt zu werden, war endgültig verflogen. Aus den Lokalzeitungen drohte auch keine Gefahr, denn darin, wusste Schmitt, hatte sich sein Freund Ernst Hüsmert zu Wort gemeldet oder zumindest seinen Einfluss geltend gemacht, aber in den überregionalen Blättern zum soundsovielten Male lesen zu müssen, er habe mit seinem Werk zwar ein 8000er Massiv der deutschen Kultur errichtet, aber niemand wisse, was er in der dünnen Gipfelluft wirklich treibe, im Übrigen bleibe er ein Chamäleon und Steigbügelhalter Hitlers — das wollte er sich an diesem Morgen doch nicht zumuten. Also ging er in sein zum Garten hin gelegenes Arbeitszimmer und folgte, wie den Tag und die halbe Nacht zuvor, bis zum Aufbruch ins »Tanneneck« der blauen Tintenspur seines Lebens und las in seinen Tagebüchern. Natürlich suchte er gezielt nach Daten. Er dachte an seinen 50. Geburtstag in Berlin,

Abb. Johannes Popitz (* 2. Dezember 1884, † 2. Februar 1945).

die kleine Feier am Vorabend des 11. Juli 1938 mit den Freunden Lilly von Schnitzler, Georg Alexander Ludwig Krause, Heinrich Oberheid und Johannes Popitz, damals Preußischer Finanzminister und nach dem 20. Juli 1944 wegen seiner Nähe zur Widerstandsbewegung zum Tode verurteilt und in Plötzensee gehängt. Schmitt hatte damals in einer Tischrede vom Geheimnis der Geheimnisse gesprochen, nämlich der Freiheit, sich nicht um sein Ich betrügen zu lassen. Ach ja, dachte er, der gute Popitz, und er erinnerte sich an den Brief, den Popitz ihm am 1. November 1930 zum »Begriff des Politischen« geschrieben hatte und der ihm nach Rückkehr aus Nürnberg in Plettenberg wieder in die Hände gefallen war. »Glücklich über die unmittelbare Gegenwart seiner Stimme, seines Blickes und seiner Gesten und über das Glück dieser Freundschaft. Das Schönste an Popitz war seine Fähigkeit zur Freundschaft«, las

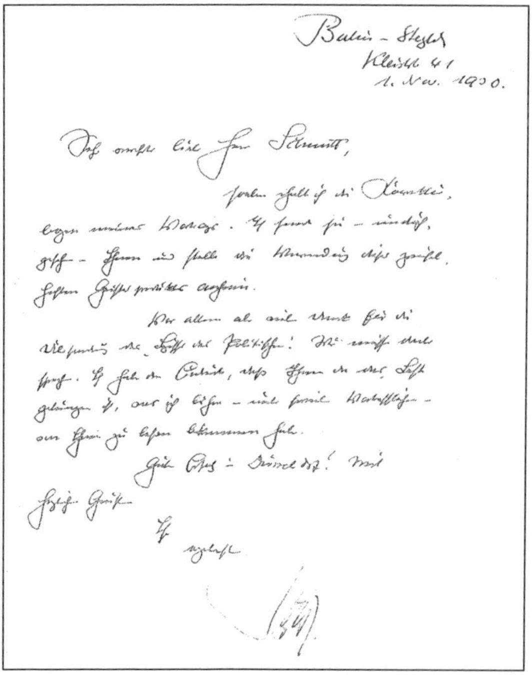
Berlin-Steglitz
Kleiststr. 41
1. Nov. 1930.

Abb. Brief Johannes Popitz an Carl Schmitt, vom 1. November 1930.

Schmitt seine Notiz vom 25. November 1947. »Ich bin ihm ein Zeugnis schuldig. Wie soll ich es ihm geben, solange man mich totschweigt? Still. Das Zeugnis ist schon gegeben. Erliege nicht dem Betrug des Lebens, das sich einbildet, dem Toten überlegen zu sein, dem Toten, das heißt nichts anderes als dem für uns Abwesenden, dem Anderweitigen, dem Jenseitigen. Es ist jämmerlich, wenn die im Moment Anwesenden mit gönnerhafter Gebärde den im Moment Abwesenden ein Almosen geben wollen. Das zeigt doch nur, dass die keines Jenseits mehr fähig sind, terranitisiert, biologisiert, positiviert und anmaßende Mehlwürmer. Sei mir also nicht böse, lieber Popitz, ich bin in meine Heimat zurückgekehrt, Du musstest mit Preußen und dem Staat zusammen sterben. [...] Ich gehe aus der Geschichte in meine Substanz ein.«[222]

War dieser Ton anmaßend? Er war so anmaßend wie der Ton seines gesamten Werkes, und mit diesem kunstvoll hohen Ton hatte er seine Leser entweder inniviert und größte Bewunderung hervorgerufen – als »majestätisch« empfand ein Leser wie Gottfried Benn manche Schmittschen Formulierungen wie die von der »Kunst« als »geschichtlicher Grad des Raumbewusstseins«[223] – oder aber derartige Feindschaft auf sich gezogen, dass viele Leser die Schmittschen Bücher nur mit spitzen Fingern anfassten und ihren Abscheu für die ihnen so unsympathische Person des Autors (und ihrer nach 1945 wegen des Nazi-Engagements als »widerwärtig« empfundenen Biographie) öffentlich kundtaten und sich nicht gefallen lassen wollten, in diesem Ton eines rechthaberischen Bescheidwissens darüber belehrt zu werden, wie die Welt zu funktionieren habe. Ob Freund oder Feind — die Leute werden sich noch wundern, dachte Schmitt vergnügt, wenn sie nach seinem Tod seine Tagebücher lesen würden. Wer wusste denn schon, welchen Preis er für seine berühmte lateinische Klarheit und seine scharfen, ordnenden Definitionen bezahlt hatte, nämlich den Preis eines »harten, zerstörten Privatlebens, das ich jener Ordnungsaufgabe geopfert habe«[224], wie er am 22. Juni 1948 notiert hatte. Welcher Leser seiner kraftstrotzenden Definitionen ahnte, wie oft er in den Jahren 1912 bis 1920

Angst hatte, verrückt zu werden, und an Selbstmord gedacht hatte? »Mir ekelt vor meinem Fleisch«, las er seine Notiz vom 7. April 1915. »Ich fühle mich ans Fleisch genagelt. Widerlich. Ich muss sterben, faule, stinke, weg; es hilft nichts.«[225] 1. August 1915: »Soll ich das Fenster herunterspringen! Nein, ich habe Angst vor den zwei Sekunden, die der Sturz dauert. Totschießen ist besser. Da ist keine Gefahr, dass man es bereut. Das geht in einer Sekunde. Ich werde verrückt, tück, tück, tück.«[226] »Mir [...] gehen die schlaflosen Nächte, die Aufregungen, die sinnlosen Wutanfälle, die Arbeit auf die Nerven«, las er seine Tagebuchnotiz vom 9. August 1915. »Ich muss doch verrückt werden. [...] Dann schlage ich mich an den Kopf, dann laufe ich herum und meine, ich müsste eine Gewalttat begehen [...].[227] Ich bin verrückt, ich sehe schon schwarze Gestalten, schwarze Männchen vor mir laufen, zum Greifen deutlich, dann wieder Marionetten, winzig, sehe alle Menschen ekelhaft als Dreckpöbel. O, ich werde verrückt.«[228] 1. September 1915: »Ich bin ein armes Luder, ein armer Troddel. Nichts mehr wert, verschlissen, aufgerieben [...] Kaputt. [...] Ich bin Kreti und Pleti gehorsam. Also fällst du herein! Du hast nicht die Kraft, einsam und für dich zu sein; also fällst du herein. Wer tausend Herren dient, wird bald verrückt vor Angst, keinem dienen zu können. Du zerreißt dich zwischen deinen tausend Herren und Göttern, die du anbetest, du bist ein armer Fetzen.«[229] 6. September 1915: »Um acht Uhr war ich bereit, Selbstmord zu begehen, in der Welt der Nacht und in der Stille zu versinken, mit ruhiger Überlegenheit; dann dachte ich nur daran, Karriere zu machen. Einige Stunden später war mir alles gleichgültig und ich wollte gern Soldat werden — es ist zum Verrücktwerden, diese Zusammenhanglosigkeit; was soll ich tun? Ich werde mich in einer Stunde vor Wut über meine Nichtigkeit erschießen.«[230] Oder er las seine Tagebuchnotiz vom 2. November 1915: »Es ist nicht mehr zum Aushalten. Warum nicht aus dem Fenster springen? Ich reiße es auf. Unten zerschmettert [...] mein Körper. Nur eine oder zwei schreckliche Sekunden Bangen und Todesangst, dann ist es aus, ich bin tot, erleichtert. Aber in der

Tiefe wurzelt Unentschlossenheit, dass ich es nicht fertig bringe. Sitzen bleiben, mich nicht rühren, nicht aufspringen und zum Fenster laufen, obwohl ich in einer Sekunde erledigt bin. Nein, ich sitze hier und beobachte mich und gerate in Wut über meine Unentschlossenheit und meine Angst.«[231] »Es wird mir deshalb so schwer im Leben«, las er seine Notiz vom Juli 1916, »weil meine Anomalität nur eine künstliche Konstruktion, nur eine bewusste Haltung ist, die ich dank meinem Verstand und meiner geistigen Elastizität, neben zahlreichen anderen Haltungen, ebenfalls zustande bringe, die mich aber auf Dauer sehr ermüdet und die ich, wenn ich einmal alt und erschlafft bin, wohl kaum dauernd vortäuschen kann. Ich vergeude viel Kraft damit, nach außen hin normal zu erscheinen.«[232] »Du kannst leider dieser Welt nicht entrinnen«, hatte er sich damals getröstet. »Suche dir freundliche Gemächer, schöne Bilder, angenehme Frauen und eine liebliche Umgebung. Es ist alles nur aufgeschoben. Wenn es dich treffen soll, trifft es dich. Du trägst den Tod im eigenen Leib mit dir und pflegst ihn, bis er dich packt, und die Todesangst, die du so ängstlich vermeidest, dich erfasst und deine Augen sich verdrehen.«[233] Und nun: überlebt und neunzig Jahre alt. Ein strahlender Morgen im Sauerland, willkommener Tag im Jahr, um sich wieder ans Klavier zu setzen und Klopstocks Ode »Die frühen Gräber« zu spielen, in der Vertonung von Gluck. Bevor er zu den beiden Frauen ins Esszimmer gegangen war, stand er eine Weile im Garten, roch die Luft und dachte: »Die Welt schmeckt mir noch.« Denn natürlich gab es auch für ihn, der die Welt als Idee erklärt und, um sie auf einen Begriff zu bringen, alles Unbegrenzbare ausgegrenzt hatte, die Welt als Mobile, es gab Wolken am Himmel, Wind, Schnee, Licht in einem Zimmer, Bäume, Straßen, das Blau des Meeres, das Erlebnis der Jahreszeiten, Liebe, Tod, Musik, die Form einer Hand, die Entzündung der Imaginationen, den Geruch eines Körpers, das Gefühl für Haut, die Empfindung von Schmerzen, den Klang einer Stimme, die Erinnerung an die Zeit der Augen, die sich öffnen. Nein, dachte er, im Garten stehend, die Luft riechend, die Welt hat mir nichts vorenthalten, aber vielleicht hätte ich dem Sog ihres Sammelsuriums doch mehr nachgeben müssen. Stattdessen hatte er »die Einheit der Welt« behauptet und in einem Kampf um Positionen und Begriffe wie Thomas Hobbes davon träumend, der »Galilei der Politik« zu werden, ständig in der inneren Bereitschaft gelebt, den Augenblick nicht zu verpassen, in dem das Persönlich-Private mit dem Umfassend-Allgemeinen allen Geschehens zusammenfällt »und der disponierende Schatten Gottes mein kleines Einzelleben streift«[234], wie er in seiner Tagebuchnotiz vom 13. März 1948 wiederlas. Ihn interessierte kein Problem irgendeines Einzelnen, etwa »eines Künstlers oder stud. phil. oder Ingenieurs, der ›sich‹ findet oder zu seiner ›Persönlichkeit‹ durchringt«[235], ihn leitete kein Traum, keine Kindheitserinnerung und keine Vorstellung vom Paradies, sondern

Abb. Notenblatt von Glucks Vertonung der Klopstock-Ode »Die frühen Gräber«, mit handschriftlicher Anleitung Carl Schmitts.

das Bild »der intensivsten Gleichzeitigkeit von Jahrhunderten geschichtlicher Mühen, in denen wir selbst mit unserer armen Lebensarbeit stehn. Wir hören den Inhalt der Diskussionen einer ganzen Epoche in einfachen deutlichen Worten und sehen unsere eigene Wirklichkeit in einem Augenblick konkreter Verortung und Angulierung. Eine einzige Sekunde belehrt uns darüber, wo wir eigentlich sind, woher wir kommen und wohin unser Leidensweg geht.«[236] Nach der Tiefe eines solchen Sekundenerlebnisses, in dem geistesgeschichtliche Zusammenhänge aufleuchten, deren Kenntnis für Schmitt den Zugang zum Wissen bedeutete, hatte er sich immer gesehnt und an einigen versteckten Stellen seines Werkes dieses Geheimnis seines Größenwahns auch verraten. »Nichts ist rätselhafter als gerade diese Sekunde; dass gerade in diesem Augenblick gerade dies geschieht, dass gerade jetzt in Venedig der Mond um die hohe Ecke eines gotischen Palastes blickt und eine Frau hinter den Fensterscheiben erscheint, dass Christus gerade in jenem Jahr und gerade dort Mensch geworden ist. [...] Welch ein Abgrund von Geheimnissen. Und gerade über diese Kinder, die in ihrem Staunen so hilflos waren, kommt die mächtige Kraft, sich in gewaltsamer Abstraktion aus der verzweifelten Lage der Einzelheit zu retten, in Millionen Sekunden den Sinn zu finden, der in keiner einzelnen von ihnen ist und trotz der Sinnlosigkeit des einzelnen Zeitabschnitts an die Fülle der Zeiten zu glauben.«[237] Plötzlich Glockengeläut, und er schaute durch das offene Fenster hinaus in den Garten und erinnerte sich, dass er in seiner Kindheit und Jugend immer Glocken gehört hatte, morgens um sieben, nach dem Aufstehen, es war Sommer und das Fenster stand offen — obwohl es natürlich ziemlich unwahrscheinlich war, wie er sich sofort sagte, dass die Glocken immer nur im Sommer geläutet hatten. Mit dem Glockenläuten sah er auf einmal auch die kleine St.-Lambertus-Kirche im Nachbarort Affeln bei Neuenrade, die er schon lange nicht mehr besucht hatte. Vielleicht sollte er sie nach dem Empfang, nachmittags, einmal Ernst Jünger zeigen, die Zwiebeltürme, die Steine mit den Augen und die Hand der Mutter Gottes. »Alles kommt zu dir, was dir zukommt«, sagte er sich. »Was dir zukommt, kommt auch zu dir, jedes Buch, jedes Stück Brot, jeder Apfel und jeder Mensch. Wehe dir, wenn etwas dir nicht Zukommendes zu dir kommt. Die Hand der Gottesgebärerin auf dem romanischen Tympanon in der Affelner Kirche, kommt sie mir zu?«[238] Aber wie kam er plötzlich auf diese Frage, überlegte er. Überlebt und neunzig Jahre alt. Ihm fiel das Wort Gottfried Benns ein, Altsein heiße nicht resignieren. »Vortrefflich. Altsein heißt: das Äußerste wagen dürfen.«[239] Aber hatte er nicht immer das Äußerste gewagt? War es nicht seine Lebensmaxime gewesen, radikal zu sein, niemals durch denselben Fluss zu gehen? »Der Todsünde des Sicherheitsgefühls bin ich nicht verfallen«[240], las er seine Tagebuchnotiz vom 26. Juli 1948. »Seit über vierzig Jahren lebe ich auf Abruf. Seitdem ich anfing, mir bewusst zu werden, seit meinen Sekundaner-Jahren, bin ich bereit, alles liegen zu lassen und dem Anruf zu folgen. Darum haben die Menschen mir nicht getraut.«[241] Ja, er kannte seine Marotten und Vorbehalte, mit denen er die Welt verblüffen konnte. Kam ihm jemand mit einer Utopie, verlangte er zunächst zu prüfen, wie diese Utopie die Gräber und Friedhöfe behandelt. Die meisten Utopien werden davon nicht sprechen, wusste er. »In einer echten Utopie sind nur Krematorien zulässig. Die Utopie höhlt den Himmel aus.«[242] Das klang viel zu toll, um im ersten Augenblick den Wahrheitsgehalt überprüfen zu können. Ach ja, »das schlaue Carlchen« hatten sie ihn in Berlin genannt, »Don Capisco« war er für Ernst Jünger. Und nun: überlebt und neunzig Jahre alt. »Time must have a stop«, fiel ihm ein, der Vers des sterbenden Hotspur aus Shakespeares »Henry IV.«: »But thought's the slave of life, and life time's fool, and time, that takes survey of all the world, must have a stop.« Hatte er diese Verse nicht schon einmal notiert, irgendwann Ende 1947? Er suchte und fand das Zitat, unter dem Datum 1. Dezember 1947. »Das Denken ist ein Knecht des Lebens«, hatte er dazu geschrieben; »aber diese Lebensphilosophie ist nur der erste Satz: Es geht weiter. Das Leben selbst ist ein Narr der Zeit; und die Zeit hat einmal ein Ende.«[243] Woher weiß ich das eigentlich alles, dachte Schmitt und wusste im selben Moment aber auch: Wenn alles, was gesagt wird, nichts ist, was zu beweisen wäre, hat man die Chance, alles sagen zu können. Einen Augenblick überlegte er, gleich beim Empfang im »Tanneneck« die Leute in einer kleinen Rede zu schockieren mit dem Gedankenspiel über einen Satz, der ihn seit 1945 begleitete: »Ich verliere meine Zeit und gewinne meinen Raum.«[244] »Magie und Raum gehören zusammen, nicht Magie und Zeit«[245], könnte er fortfahren. »Raum ist Magie; Zeit ist Zauberei; Geschwindigkeit ist nichts als Hexerei; die Zeit fließt, der Raum steht oder liegt. Die Bewegung hebt den Raum auf, indem sie ihn zu leerem Gefäß ihres Vorgangs macht.[246] Ja, ich, hier in den Bergen an der Lenne, verliere meine Zeit und gewinne meinen Raum. Die Zeit fällt von mir ab, der Raum kommt auf mich zu und hält mich umfangen. Er hegt mich [...]. Der Raum ist das Paradies; die Zeit ist die Hölle. Grenze ist Magie. Es gibt keinen leeren Raum, wohl aber eine leere Zeit [...].[247] Ich sehe den letzten Raum, mein Grab, ich sehe es sich auflösen; meine Heimat, der Fluss, alles wird zerstört, aber ich halte daran fest. Das Arcanum meines Lebens. Das ist mein Eigentum. Eigentum ist nur das, was man mit ins Grab nehmen kann.[248] Ich nehme nichts mit ins Grab; denn die Gräber sind zerstört, auch wenn ich mein privates Grab noch erreiche.«[249] Die Leute würden erstarren, wusste er, wenn er dieses Gedankenspiel noch anschließen würde an die am 19. November 1947 im Tagebuch notierte Überlegung, dass »vor Gott alles Künftige schon gewesen ist und was uns als Gegenwart trifft, wie der Lichtstrahl eines entfernten Sternes ist, der längst vergangen ist, wie Licht, das weitereilt, obwohl die Lichtquelle erloschen ist«[250]. Wäre das nicht der angemessene Vortrag eines 90jährigen? »So besteht die Gerechtigkeit der göttlichen Weltordnung darin, dass sie das, was wir als unsere Gegenwart empfinden, ignoriert. Als Gott zuließ, dass hunderttausende (sic!) von Juden getötet wurden, sah er gleichzeitig schon die Rache, die sie an Deutschland nahmen; und was er heute mit den Rächern und Vergeltern sieht, werden die Menschen in einer unerwartet anderen Gegenwart erleben.

Die Mechanik des Umschlags von Tag und Nacht, hell und dunkel, fest und flüssig ist am abstraktesten in dem Gegensatz von gestern und morgen: unveränderlich, fest und abgeschlossen, voll die Vergangenheit, unendlich unbestimmt, sogar leer die Zukunft. Diese Mechanik ist so dubios mechanisch, dass sie unrichtig sein muss. Was folgt daraus? Die Zukunft ist nicht offen und die Vergangenheit nicht abgeschlossen; die Vergangenheit ist nicht voll und die Zukunft nicht leer.«[251] Nein, solche Überlegungen konnte er den Leuten im »Tanneneck« nicht zumuten; allenfalls Ernst Jünger würde ihm schmunzelnd zunicken. Vielleicht sollte er als 90jähriger nur kurz mit launigen Worten erklären, warum Goethe und Hegel »im Alter ihre Unvollendetheit nicht mehr zu zeigen

Abb. Carl Schmitts Lieblingsbild von Goethe (im Alter von 81 Jahren). Lithographie von Daniel Maclise, 1832, nach der bei seinem Besuch in Weimar im Oktober 1830 entstandenen Zeichnung von William Makepeace Thackeray.

wagten«[252]. Ja, warum nicht in der sauerländischen Provinz anlässlich seines 90. Geburtstages über ein Goethewort reden, dachte er, in dem Kulturbordell kommt das immer gut an, auch wenn die größten Zuhälter sich nicht nach Plettenberg verirrten. Ausgangspunkt könnte vielleicht Goethes Vers »Über meiner Mütze nur die Sterne« sein. »Das ist das konkrete Raumgefühl des Menschen Goethe in seiner höchsten Steigerung«, hätte er sagen können. »Was aber ist der wirkliche Menschenraum heute? Über unseren Mützen surren Flugzeuge, manchmal feindliche, manchmal andere; Bewegung in Zeit und Raum: bei der Bewegung im Raum fliegen nahe Dinge schnell vorbei, die fernen Dinge bewegen sich langsam und scheinen schließlich unbeweglich wie Fixsterne. Bei der Bewegung in der Zeit erscheinen mir die gegenwärtigen Sekunden, Minuten, Tage lang, die entfernten dagegen fliegen schnell; das Jahr ist kurz, die Stunde lang.«[253] Wären das nicht schöne Worte eines 90jährigen? Ach was, wahrscheinlich erwarteten die Leute eine Rede über »30 Jahre Asyl in Plettenberg« oder »Was bedeutet mir Heimat?« oder ein ähnlich »olles« Thema unter dem Stichwort »Wege durch die Zeit«. Natürlich kannte er seinen Weg durch die Zeit, aber darüber öffentlich zu sprechen verbot er sich. Wie sollte er den Leuten auch erklären, was er zum Beispiel am 21. Mai 1947 gedacht und empfunden hatte, als er mit dem Zug in die Landschaft seiner Kindheit reiste, ins märkische Sauerland. An diese Reise hatte er morgens beim Aufstehen gedacht, sie stand ihm noch nach dreißig Jahren deutlich vor Augen. Der Zug kam aus Nürnberg, in Finnentrop musste Schmitt umsteigen, ohne zu ahnen, dass dieser Bahnhof für vierzig Jahre Ort seiner Öffentlichkeit in Deutschland werden würde; es ist früher Abend, aber wenn er zum Fenster hinausschaute und die Landschaft seiner Kindheit wieder erkannte, wollte ihm das Abendlicht nicht den Trost zeigen, dass er sich auf einem Heimweg befand. »Sie haben mich zur Strecke gebracht«,[254] wusste er. »Bürgerlich bin ich tot. Nun beginnt der Parsentanz.«[255] Er war besiegt, auch wenn er an diesem 21. Mai 1947 das Kriegsverbrechergefängnis in Nürnberg als freier Mann hatte verlassen dürfen.

Zum Gipfelgespräch

Vor gut dreißig Jahren war ich schon einmal halb auf dem Weg zu Carl Schmitt. Während eines Aufenthalts im Sauerland, in der Nähe von Plettenberg, überlegte ich, da kein Telefoneintrag zu finden war, ohne Anmeldung nach Pasel zu fahren und Schmitt zu besuchen. Anlass war neben der Neugier auf die Person hinter den Büchern die Verwunderung, dass ich in dem mir selber nicht ganz geheuren Zusammenhang eines Kommentars über den (damals politisch linken) Hans Magnus Enzensberger plötzlich die (rechte) Theorie Schmitts anwenden konnte. Jeder Leser kennt den unheimlichen Alarmzustand, in den die Lektüre Schmitts versetzt. Die Beunruhigung rührt daher, dass man als Zuschauer – wie in einer Boxarena, in der der Ring grell ausgeleuchtet ist, man selber aber den Kampf aus dem Dunkel beobachtet – nie genau weiß, welche Schlacht aus welchem Grund da gerade auf der hellen Bühne inszeniert wird und inwieweit man in der eigenen verdunkelten Position durch die Aggressionsszenen persönlich betroffen ist. Auch das Ausmaß der Gewalt beim Kampf im Ring berührt. Hier wird nicht mit »geputztem Sparsinn«[256] schreibend im Ring gekämpft, wir beobachten auch keinen Kunstgärtner bei der Arbeit im »Ziergarten der allgemeinen Bildung und des guten Geschmacks, unter den Dächern von Verbänden und Konventionen zum Schutz des geistigen Eigentums«[257], man merkt auch bald, dass nicht das Schicksal eines kleinen Gelegenheitsdiebs verhandelt wird, der sich in einer Moorlandschaft versteckt hielt und nun gestellt worden ist, es geht auch nicht um die Anwendung von Paragraphen aus dem Jagdgesetz nach einem Unfall, bei dem versehentlich der Förster erschossen wurde, sondern es geht um — Hamlet und das Tabu einer Königin; oder um das Schicksal der »Kainsschlange«; oder um die »Nacht des Tartarus«, in der alle Weltgeschichte untergeht; oder um einen gewissen Cassius Scaeva, als Bürgerkriegssoldat; oder um den ägyptischen Sonnengott Ra, der zugleich Symbol ist »für den furchtbaren, mystischen Schrei, den die Menschheit in der höchsten Not des Kataklisma«[258] ausstößt, »als die Erde in kolossalen Konvulsionen aus der großen Flut auftaucht und zu sich kommt«[259]; oder um das geheimnisvolle Nordlicht, das nach einer alten Idee dort, wo die Erdrinde am dicksten ist, am Pol, aus dem Innern der Erde ausströmen soll und bei dem es sich um gesiebtes Sonnenlicht und das Eigenlicht der Erde handeln soll; oder um die Frage, wie die Griechen, die Römer und die Juden ihren jeweils größten Mann, Sokrates, Julius Caesar und Jesus Christus getötet haben; oder um die Geschichtstheologie der Trinität, die Lehre Joachims von Fiore, »nach welcher das Reich des Vaters durch das Reich des Sohnes abgelöst worden ist und nunmehr ein drittes Reich, das des Geistes, bevorsteht«[260]; oder um die Frage, ob die Inquisition in Spanien eine nach sechshundert Jahren gegebene Antwort an die Urheber und Anstifter der sarazenischen Invasion des 8. Jahrhunderts gewesen ist; oder um den Disput im Jahr 1550 zwischen Bartolomé de Las Casas, spanischer Bischof von Chiapas und Colombos Begleiter, und dem spanischen Humanisten Juan Ginés de Sepúlveda in Valladolid, ohne den man das »Silete theologi« nicht verstehen könne; oder um das Problem, ob der Tod des Empedokles »als heroischer Abstieg in das innere Sonnenfeuer der Erde und die Entfesselung der Atomenergie als unumhülltes Sonnenfeuer«[261] ein und dasselbe sind; oder um rechtsphilosophische Probleme politischer Prozesse und die Lehre vom Tyrannenmord. Es geht also immer um letzte Fragen aus der Vergangenheit nach der Zukunft, und die Antworten entscheiden über Leben und Tod nicht nur des Einzelnen, sondern immer gleich der ganzen Menschheit. »Was interessiert, ist der Geist der Menschheit und das Schicksal des Sternes, der diese Menschheit trägt«[262], wird Schmitt nicht müde zu erklären. »Im gläubigen Schauen wird die Welt erkannt«[263], weiß er, und: »alles »Wesentliche ist Offenbarung, Geschenk, Gnade. Der Dichter ist nur die Feder eines Andern, der schreibt, eine ›Adlerfeder‹, ein Werkzeug«[264] — wie der Prophet Johannes (der Offenbarung), den Schmitt herbeizitiert, indem er an Dantes Beschreibung von Johannes als Adler erinnert, als »aguglia Christi«. Nach Schmitts Vorstellung vollzieht der »Dichter« nur, »was ihm befohlen. Wie der heilige Augustinus es sagt: ›Da, quod iubes et iube, quod vis.‹«[265]

Der Glaube, den Schmitt meint, stützt sich dabei nicht auf andere Menschen, ist kein soziologisches Phänomen, »nichts ad alterum, vielmehr etwas, das einsam macht, aber dafür die Welt schenkt«[266]. Solche Universalität »fragt immer und überall: was bedeutet dies? Und geht immer von seinem Staunen aus, während der Moralist mit der fertigen Antwort kommt, um den Dingen zu lehren, was sie zu bedeuten haben; es beugt sich in Demut vor dem, was ist, vor der lutherischen voluntas Dei quam in ipso facto.«[267] Dann gibt es auch nichts Vereinzeltes und Isoliertes mehr, »alles gehört zusammen und ist Ausdruck einer weltumspannenden Gemeinsamkeit. Als auf dem Höhepunkt der menschlichen Leiden, in Indien der Buddha des Mitleids geboren wird, da zeigt sich das in der ganzen Natur, die Tauben ›beginnen erweicht zu erbeben‹ und ›da sieht man auf einmal, erstaunt, einen Hasen das Jägervolk auffordern, ihn auszuweiden‹.«[268] Als Zuschauer meint man einem Urkampf zwischen allen Elementen und zwischen Mensch und Unmensch beizuwohnen, bei dem es – und das macht den Kampf natürlich spannend – um nicht mehr und nicht weniger als eine Drachentötung geht. Es geht in diesem Kampf buchstäblich, wie Hugo Ball 1924 als Erster erkannt hatte, um ein Entweder–Oder auf Leben und Tod. Ernst Niekisch, Politiker und Publizist, Mitglied der SPD seit 1917, 1918/19 Vorsitzender des »Zentralen Arbeiter- und Soldatenrates« in München, seit den zwanziger Jahren ein Nationalrevolutionär, als solcher ideologisch Ernst Jünger nah und von Jünger in den engsten Bekanntenkreis Carl Schmitts eingeführt, hat später Balls Ansicht aufgegriffen und 1933 in der von ihm herausgegebenen Zeitschrift für nationalrevolutionäre Politik WIDERSTAND zu Schmitts »Begriff des Politischen« konstatiert, das Urbild des Freund–Feind-Verhältnisses sei das Verhältnis zwischen Gott und dem Satan. Gott und Satan stünden sich nicht wie zwei gleiche achtungswürdige und ehrenwerte Gegner gegenüber, die im Wettkampf, im Duell ihre Kräfte messen müssten, um die Rangordnung zu bestimmen, die zwischen ihnen obwalten solle, schrieb Niekisch. Sondern zwischen Gott und Satan tobe »die Entscheidungsschlacht, die nach der providenziellen Ordnung der Dinge mit dem Triumphe Gottes und der Vernichtung des Satans enden muss. Von vornherein ist Gott immer der ›Freund‹ und Luzifer der ›Feind‹. […] Weil hinter dem Freund stets – und sei es auch auf die gebrochenste Weise – Gott, hinter dem Feind der Teufel durchscheint, steckt hinter jedem Freund–Feind-Verhältnis notwendigerweise eine Metaphysik. Freund ist, wer die Metaphysik teilt, Feind, wer ihr den Glauben versagt.«[269] Geführt wird diese mythisch-metaphysische Entscheidungsschlacht nur mit intellektuellen Begriffen. Carl Schmitt als körperliche Person sehen wir nicht. In einer perfekten Rüstung, mit heruntergelassenem Visier, steht er wie ein Homunkulus im Ring und führt mit leichtem Florett, manchmal auch mit schwerem Säbel seine Hiebe, die – nach der treffenden Beobachtung Ernst Jüngers – durch alle Paraden gehen.

Die Vorstellung von Schmitt als Ritter, der »schwer gewappnet und von Hellebarden geschützt über die Straße«[270] geht, hatte zum ersten Mal Ernst Bloch 1923 nach Lektüre der »Politischen Romantik« gegenüber Ludwig Feuchtwanger, Cheflektor von Schmitts Hausverlag Duncker & Humblot und Bruder des Schriftstellers Lion Feuchtwanger geäußert. Bloch meinte damit, schrieb Ludwig Feuchtwanger in einem Brief an Schmitt, »Ihre Art, um Ihrer Unwiderleglichkeit willen jeden Satz und jedes Wort abzuwägen, sprachlich und logisch aufs Schärfste zu schleifen und jeden

Bericht, auch jede geistesgeschichtliche Interpretation erschöpfend nach Quellen und Literatur zu unterlegen. Daher kamen zweifellos Ihre beiden ersten Bücher ›Politische Romantik‹ und ›Die Diktatur‹ der Vorstellung an einen Ritter zu Hilfe, dessen Beweglichkeit und Geschmeidigkeit durch die schwere Panzerung der Belege gehemmt wird. In der ›Politischen Theologie‹ und jetzt in ›Zur geistesgeschichtlichen Lage des heutigen Parlamentarismus‹ haben Sie das schwere Panzerhemd abgeworfen und wirken wie David mit der Schleuder.«[271] Ob Schmitt nun als Ritter in schwerer Rüstung und mit heruntergelassenem Visier oder als David mit der Schleuder im Ring agiert, immer sehen seine Gegner, wie auch immer sie heißen, schlecht aus, denn Schmitt ist so gut getarnt und gewappnet – »erobern kann nur derjenige, der seine Beute besser kennt als sie sich selbst«[272] –, dass die Gegner nach wenigen Kampfminuten innerhalb ihrer Lebens- und Denkmechanismen nur noch herumzappeln und sich nicht mehr wehren können, weil sie auch spüren, dass sie in Schmitt keine körperlich anwesende und verletzbare Person vor sich haben, sondern eine Begriffsmaschine als Präzisionswunderwerk. Als sei man zu einem kämpferischen Stelldichein zusammengekommen, bei dem als einzige Waffen Ideen zugelassen sind. »Jede große Auseinandersetzung«, schrieb Schmitt in einem als Selbstbild zu lesenden Donoso Cortés-Porträt, »wird ihm zu einem geschichtlichen Gemälde. [...] Nichts fesselt ihn mehr als das Geheimnis geschichtlicher Schicksale. Sein unersättliches Staunen über dieses Geheimnis ist bei ihm stärker als Prinzipienhaftigkeit, Doktrinarismus und Rhetorik.«[273] Der Zuschauer im Dunkel muss zu seinem Erstaunen sich die Belehrung gefallen lassen, dass der im Ring verhandelte Weltbürgerkrieg der Gegenwart nur zu erklären ist durch die Situation des europäischen Bürgerkriegs von 1848 und den Ausgang des Ersten Weltkriegs von 1918. 1848 könne man aber nur verstehen, wenn man Bruno Bauer kenne, den Schmitt als gut geschützten, gleichwohl »einsamen, isolierten Partisanen des Weltgeistes« vorstellt, der »ungebrochen auf den neuen Äon wartete und sich selber sah in der Existenz eines Urchristen in einem neuen, nicht mehr christlichen Weltreich«[274]. Denn »den Massen ist in weitem Maße eine reine Diesseitigkeit völlig selbstverständlich geworden. Sie sind [...] gottunfähig geworden«[275]. Freilich, übermalt Schmitt sein Donoso Cortés-Porträt mit seinen eigenen Zügen, »mit solchen Erkenntnissen geriet er immer tiefer in die Einsamkeit und Isoliertheit. Er wurde zu einer Kassandra-Figur.[276] [...] Der furchtbare, oft teuflische Hass, der sich gegen diesen gütigen und zartfühlenden Menschen auch heute noch richtet, hat offenbar tiefe metaphysische Gründe.«[277] Schmitt treibt die Stilisierung noch weiter und erzählt die berühmte Geschichte der Weissagerin Sibylle, die dem römischen König das Buch ihrer Weissagungen zu einem hohen Preis anbot. »Der König wies das Angebot als fantastisch zurück. Da verbrannte die Sibylle die Hälfte ihrer Blätter und verlangte für den Rest denselben hohen Preis wie für das Ganze. Das wiederholte sich noch einmal, und erst beim dritten Male begann der König das Außergewöhnliche zu ahnen und war bereit, den Preis zu zahlen, um wenigstens den Rest der seltenen Botschaft zu retten.«[278]

Die seltene Botschaft, die auch Schmitt in den Händen zu halten meint, ist eine uralte Idee, ein Mythos, und dieser alte Mythos handelt vom Kampf des Neuen gegen das Alte, Kronos gegen Uranos, Zeus gegen Kronos, Herakles gegen Zeus und den Riesen Thurios, den germanischen Thor, der grüne Drache gegen den roten Drachen. Da kann Schmitt auch die überraschendsten Pointen anbieten, indem er verblüffende Parallelen zieht. Der Zuschauer staunt und staunt, wenn im grellen Scheinwerferlicht des Rings plötzlich Hitler sich in eine Theaterfigur Friedrich Schillers verwandelt, in Demetrius aus dem Stück »Demetrius oder Die Bluthochzeit zu Moskau«. Demetrius war ein verschwundener oder getöteter Zarensohn und einziger Thronerbe. Er lebt aber noch, erkennt sich als Erbe und beansprucht den Thron. Gegen alle Zweifel an seiner Legitimität kann er sein Charisma ins Feld führen. Seine Mutter, die in der Verbannung in einem griechischen Kloster lebt, weiß nicht genau, ob Demetrius wirklich ihr Sohn ist, doch vom

Zaren aufgefordert, seine Legitimität zu bestreiten und ihren Sohn zu verleugnen, sagt sie zum Abgesandten des Zaren: »An Deines Zaren Furcht erkenne ich ihn. Er ist's.« Sie hält es zwar für möglich, dass Demetrius nicht ihr Sohn ist, aber wenn ihr Sohn wirklich tot ist, könnte der Zar sein Mörder sein, und daraus entwickelt sie nun ihre Rachestrategie: ›Doch wär er auch nicht meines Herzens Sohn, / Er soll der Sohn doch meiner Rache sein: Ich nehm ihn an und auf an Kindes Statt.« Hitler, erklärt Schmitt nun, war »der falsche Demetrius«, und bei Schiller müsse man die Begriffe des Tragischen suchen, die zu Hitlers Tätertum die Schlüssel geben. »Jede Tat ist immer schon Verbrechen, Verrat an der Idee. Jeder Täter ist tragischer Verbrecher und sich im Grunde seiner selbst mystisch. Der falsche Demetrius als Urbild jedes Täters. Das ›Scheinenmüssen des Handelnden‹ [...], das ›verhängte Leben‹, die Aktivität des Scheines und die Figur [des Demetrius] als eines von der Geschichte zum Bösen Verurteilten. Der deutsche Bildungsgeist ist schwach und ein Verräter. Alle alten Generäle und Minister wurden zu Verrätern. Aber erst haben sie ihm [Hitler] begeistert zugejubelt, ebenso wie sie 1848 der Nationalversammlung in Frankfurt zujubelten, um sie dann in Stuttgart verenden zu lassen ›wie eine Prostituierte in einer Kneipe‹. Er [Hitler] sollte der Sohn ihrer Rache für den verlorenen Ersten Weltkrieg sein. Dieser Kaspar Hauser und Soldat inconnu wurde als falscher Demetrius von der Mutter Germania adoptiert, die sich 1933–41 (dem Beginn des Russlandfeldzugs) immer wieder sagte: ›Doch ist er auch nicht meines Herzens Sohn / er soll der Sohn doch meiner Rache sein.‹ Aber die treulose Mutter Germania hielt ihre Rolle nicht durch, als sie sah, dass es zum Abgrund ging. Er aber riss das Haus mit sich ein. Treu bis zum Ende blieb ihm nur der linksrheinische Katholik Joseph Goebbels, ein Wallone. Dieses sind Materialien als unentbehrliche Voraussetzung zu jedem künftigen Versuch, der als eine Deutung des Phänomens der Jahre 1933–45 wird auftreten können.«[279]

Auf solche verblüffende Pointen, intellektuelle Manöver und Ideenblitze stößt man als Schmitt-Leser allerorten. Aber aus den funkelnden Begriffen kann man nie herauslesen einen persönlichen Mythos des Lebens von Carl Schmitt. Er bietet stattdessen lieber als Mythos ein großes Welt- und Lebenserklärungsmodell an, zitiert den Wiener Arzt Johann Malfatti von Monteregio und dessen 1845 erschienene Schrift »Studien über Anarchie und Hierarchie des Wissens«, nach der die Ellipse die Grundhieroglyphe der Schöpfung sein soll. Weil das göttliche Zentrum, der Kreis, verloren gegangen sei, sei der Kreis zur Ellipse geworden und das sich entzweiende Zentrum des Kreises zu den beiden Brennpunkten der Ellipse. Darin liege der Ausdruck des allgemeinen Dualismus der sichtbaren Welt, der in zahlreichen Gegensätzen wiederkehre: Mann und Frau, Zeit und Raum, senkrecht und waagerecht, Arithmetik und Geometrie, Elektrizität und Magnetismus. Die beiden Brennpunkte der Ellipse, erklärt Schmitt mit Malfatti, suchten das Zentrum des Kreises wieder zu erreichen, und »das ist die Erklärung für alles Leben«[280]. Zur Absicherung dieser These wird auch noch Hippokrates bemüht: »Homo est duplex et si duplex non esset sentiret.« Über den »Kampfplatz des Lebens« wird der Leser dahingehend unterrichtet, dass das Leben ein »Feuerprozess« sei, der sich in drei Stufen abspiele: der siderischen, der atmosphärischen, der tellurischen. Die atmosphärische Region, in der die Menschen lebten und atmeten, sei die mittlere. In der siderischen Zone erschienen die Sterne als feurige Körper, in der tellurischen spiele sich der unterirdische Gärungsprozess der Erde ab. Die geistige, animalische und pflanzliche Welt entspreche diesen drei Regionen. Die in die atmosphärische Zone strebende Erde treibe aus ihrer Tiefe das ganze Pflanzenreich empor. »Die aus dem finstern Erdboden emporsteigenden Bäume stellen in ihrer Verästelung die Form der erstarrten Flamme dar; sie schließen sich an das Sonnenlicht an und ihre Früchte haben Ei-(Ellipsen-)Form, weshalb Empedokles von eierlegenden Bäumen spricht. Der menschliche Körper aber ist, entsprechend den drei Stufen, in drei, wiederum eiförmige Komplexe eingeteilt: das Gehirn als das Abbild des siderischen Brennpunkts, die Brust (in der als punctum saliens das Herz klopft) als die atmosphärische Hülle; und die Gedärme als der tellurische Teil.«[281] Natürlich will Schmitt niemanden verführen, dieses alte mythische Erklärungsbild für wahr zu halten, sondern es wird nur vorgezeigt als heute seltene Deutung, die den Anspruch erhebt, jedenfalls interessant zu sein. »Das Entscheidende ist die Kraft zum Bild«[282], erfährt man. »Alles, was ihr begegnet, muss sich ihr unterwerfen, seine alltäglich-exakte Natur aufgeben, um als geheimnisvolles Bild in einer andern Welt neu aufzutreten.«[283] Die Realität werde in Bildern erkannt und aufgehoben, verkündet Schmitt, und solches Leben in einer intellektuellen Bilderwelt gehört nun wirklich zu einem Leben, das uns (erst) in einer anderen Welt versprochen worden ist. In der Ausbreitung seiner intellektuellen Bilderwelt schwitzt Schmitt aber nie etwas Persönliches aus, seinen persönlichen Mythos des Lebens bekommt man wirklich nie zu Gesicht. Selbst wenn er wie am 10. Juli 1938, dem Vorabend seines 50. Geburtstags, in Berlin seine engsten Freunde, Lilly von Schnitzler, Heinrich Oberheid, Johannes Popitz und Georg Alexander Ludwig Krause mit ihren Lebenspartnern um sich schart und die Freundschaft zu ihnen in einer kleinen Tischrede charakterisiert, gerät ihm dieser Dank zu einem zwar differenzierten, aber doch immer geistig-allgemein gehaltenen Statement. Freundschaft lasse sich nicht organisieren, lautet der Generalnenner, außerdem habe er nie eine Gemeinschaft bilden wollen, am wenigsten eine verschworene Gemeinschaft. Da preist Schmitt lieber die »überraschenden Wendungen der großen Geschicke, in die wir hineingeflochten sind«[284], wie in die Freundschaft mit Lilly von Schnitzler. Georg Alexander Ludwig Krause: »Gegen Ende des Krieges 1918 kam ich [...] in sein gastliches Haus. Die Monate des Zusammenbruchs waren auch für mich die Zeit schlimmster Verzweiflung und aussichtsloser Depression. Ich habe bei ihm ein wahres Asyl gefunden in einer Phase schwärzester Verzweiflung, eine wahre Rettung. [...] Nach diesen Jahren kamen schöne und glückliche Besuche bei Ihnen, besonders die Erinnerung an die Feier meiner Verlobung mit Duschka 1925 überstrahlte alle schlimmen Jahre meiner schlimmsten Verzweiflung.«[285] Johannes Popitz: »Drei Jahre später 1929 erfuhr ich in Berlin durch ihn eine weitere nicht nur für meinen Stand und meinen Beruf als Lehrer des öffentlichen Rechts, sondern für meine menschliche Bildung ebenso wesentliche Einführung in den preußischen Staat, preußische Verwaltung und preußischen Stil mit seiner typisch deutschen Spezifizierung, ohne deren Kenntnis meine Bildung und mein Wesen fragmentarisch geblieben wären.«[286] Heinrich Oberheid: Er »trat im Sommer 1936 in mein Leben als Student der evangelischen Theologie. Er wurde für mich, der ich aus dem katholischen Teil Westfalens stamme, zu einem wahren Indikator in die Welt, ohne deren innerste Eroberung man nicht Deutscher sein kann — in die Welt des lutherischen Christentums, lutherischer Gottes- und Gnadengläubigkeit, Luthersprache–Muttersprache!«[287] Schöne, edle Worte. Aber über die Stelle, auf der Schmitt als Person steht, wird auch hier nichts gesagt, zumal wenn Schmitt die Tischrede beendet mit dem Hinweis auf seine »große Schwäche«, nämlich seine Neugierde und Begeisterungsfähigkeit, die Fähigkeit aber auch, in der Begeisterung »sich betrügen zu lassen«, um ganz zum Schluss völlig vom Boden abzuheben und zu hoffen, »dass wir später von dieser Erde oder einem anderen Punkt aus dasselbe Bild sinnfälliger Fügung zu erblicken vermögen«[288]. Geht man auf die Suche nach der Person, die diese Bücher geschrieben hat, und fragt nach ihrer Position, so wird diese Position allenfalls mit politischer Ideologie beschrieben, keineswegs füllt seine Person diese Stelle aus, sondern diese Stelle ist nur — leer. Was verbirgt sich in dieser Leere? Der reine Geist, womöglich der Weltgeist? Der alles verstehende Allerweltsblick? Welches erregte Ungeheuer steckt hinter dieser leeren Festung einer Ritterrüstung? Genießt es Schmitt im Versteck seiner Person, in dieser perfekten Rüstung als wissender Beobachter und Kommentator der Welt- und Zeitläufte nur dabeizusein, oder ist er auch schwitzend, fluchend, leidend in das Geschehen verwickelt? Der Leser und Betrachter hat keine Ahnung, und wenn er an die Texte Schmitts direkt die Fragen nach der Person dahinter stellt, wird er brüsk abgewiesen. »Ich bin Theoretiker, [...] reiner Wissenschaftler und nichts als Gelehrter.«[289] Als dieser Theoretiker hat Schmitt den Ausnahmezustand hergestellt und in ihm sich als geistiger Souverän erwiesen, dem die wenigsten in die schwindelnden Höhen des abstrakten Geistes folgen konnten und der als verantwortliche Person für seine Sätze den meisten Lesern nie greifbar war. Die Ausnahme als »das nicht Subsumierbare; sie entzieht sich der generellen Fassung, aber gleichzeitig offenbart sie ein spezifisch-juristisches Formelement, die Dezision, in absoluter Reinheit«[290]. Reinheit! »In seiner absoluten Gestalt ist der Ausnahmezustand dann eingetreten, wenn erst die Situation geschaffen werden muss, in der Rechtssätze gelten können. Jede generelle Norm verlangt eine normale Gestaltung der Lebensverhältnisse, auf welche sie tatbestandsmäßig Anwendung finden soll und die sie ihrer normativen Regelung unterwirft. Die Norm braucht ein homogenes Medium. [...] Es gibt keine Norm, die auf ein Chaos anwendbar wäre. Die Ordnung muss hergestellt sein, damit die Rechtsordnung einen Sinn hat. Es muss eine normale Situation geschaffen werden, und souverän ist derjenige, der definitiv darüber entscheidet, ob dieser normale Zustand wirklich herrscht. Alles Recht ist ›Situationsrecht‹.«[291] Aus welchem Arsenal von Wahnsinnsszenen war Schmitts persönliches Chaos zusammengesetzt, warum meinte er für seine scharfen, ordnenden Definitionen gegen dieses Chaos den Preis eines zerstörten Privatlebens bezahlen zu müssen, welches erregte Ungeheuer in sich selber musste er domestizieren, um sich auf dem Weg der Selbsterfindung und der Erfindung des »totalen Staates« – »der Staat wird [...] zu einer Form im Sinne einer Lebensgestaltung«[292] – seinen Biotop zu schaffen?

Damals vor knapp dreißig Jahren, unterwegs im Sauerland und angetrieben von der Neugier auf die Person hinter den Büchern, gehörte es sich vielleicht doch nicht, einen telefonisch nicht erreichbaren alten Mann – Schmitt war knapp neunzig – ohne Anmeldung zu überfallen. Also ein Brief. Die Antwort kam prompt:

»Plettenberg – Pasel 11c, 22. November 1977. […] Gut, dass Sie mich nicht ›überfallen‹ haben, denn in diesen Novembertagen geht es mir schlecht. Ein Gespräch mit Ihnen würde mich aber außerordentlich interessieren. […] Können Sie mir Ihren Enzensberger-Kommentar zugänglich machen? Ich werde mit keiner praktischen Besorgung mehr fertig, nicht einmal mit einer Buchbestellung und habe auch keine Schreibhilfe… Ich bin Jurist, sogar Berufsjurist, und Hugo Ball hat von mir gesagt (1924!): ›In der Gewissensform seiner (juristischen) Begabung erlebt er die Zeit.‹ […] Bei Klaus Fritzsche, ›Politische Romantik und Gegenrevolution‹ (Edition Suhrkamp, Nr. 778, 1976, Seite 396) finden Sie ein Gespräch von 1967 mit mir zitiert und meinen Satz (den heute jeder Knabe empörend und ›faschistisch‹ findet): ›Ich bin Berufsjurist, kein Berufsrevolutionär.‹ Dieses, von meiner Seite aus, als Versuch der Anbahnung eines Gesprächs. Wenn Sie heute in meiner

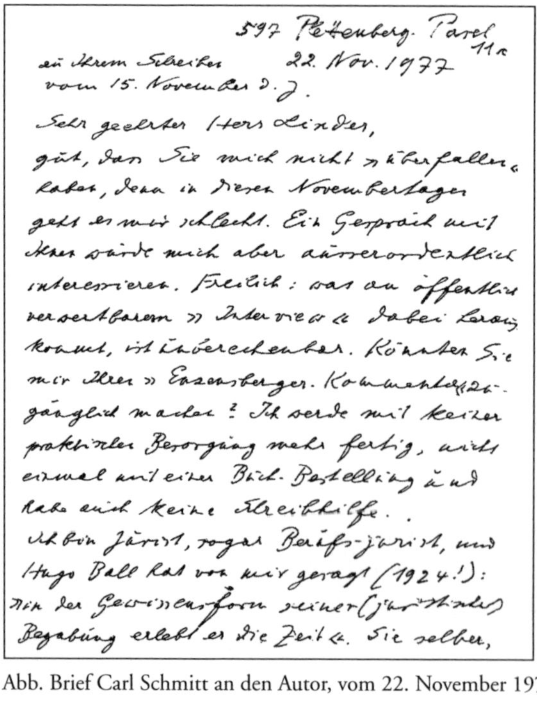
597 Plettenberg. Pasel 11c
zu Ihrem Schreiben 22. Nov. 1977
vom 15. November d. J.

Sehr geehrter Herr Linder,
gut, dass Sie mich nicht »überfallen«
haben, denn in diesen Novembertagen
geht es mir schlecht. Ein Gespräch mit
Ihnen würde mich aber ausserordentlich
interessieren. Freilich: was an öffentlich
verwertbarem »Interview« dabei heraus
kommt, ist unberechenbar. Können Sie
mir Ihren »Enzensberger-Kommentar« zu-
gänglich machen? Ich werde mit keiner
praktischen Besorgung mehr fertig, nicht
einmal mit einer Buch-Bestellung und
habe auch keine Schreibhilfe.
Ich bin Jurist, sogar Berufs-jurist, und
Hugo Ball hat von mir gesagt (1924!):
»In der Gewissensform seiner (juristischen)
Begabung erlebt er die Zeit«. Sie selber,

Abb. Brief Carl Schmitt an den Autor, vom 22. November 1977.

›Politischen Romantik‹ die Analyse des bisher einzigen durch einen deutschen Studenten begangenen politischen Mord lesen (Seite 205 ff.), dann werden Sie meine Resignation verstehen. Alle guten Wünsche Ihres Carl Schmitt.« Vielleicht war es die Resignation, die aus diesem und einem weiteren Brief sprach, dass ich damals nicht nachgehakt habe. Jedenfalls ist eine persönliche Begegnung nie zustande gekommen. So reise ich gut dreißig Jahre später zu einem Toten.

Auf dem Bahnhof von Plettenberg wartet Ernst Hüsmert, »Begleiter« und Freund Carl Schmitts in vierzig Jahren. Gebürtiger Plettenberger wie Schmitt, gehörte Hüsmert 1947/48 als knapp 20 jähriger zum Freundeskreis von Schmitts Tochter Anima. Zusammenhalt bot eine Laientheatergruppe, die im Garten des Schmitt-Hauses im Brockhauser Weg 10 im Zentrum Plettenbergs Gerhard Hauptmanns »Elga« aufführte, mit Anima in der Hauptrolle. Auch zu Schmitts 60. Geburtstag am 11. Juli 1948 war Ernst Hüsmert eingeladen. Er studierte Ingenieurwissenschaft, ging nach seinem Examen 1949 zum Krupp-Konzern nach Essen und schrieb nebenbei Gedichte. Sein lyrischer Favorit hieß damals Theodor Däubler, dessen gerade entdecktes Epos »Das Nordlicht« Hüsmert bis in seine Träume hinein mitgerissen hatte. An diesem Geburtstag schwärmte er Schmitt von Däublers Werk vor und verstreute nach Däublerscher Art Brotkrümel auf Tisch und Fußboden. Schmitt war amüsiert und ließ ihn zunächst gewähren, bis er damit herausrückte, dass er mit dem 1934 verstorbenen Däubler nicht nur befreundet war, sondern als Erster und Einziger dessen »Nordlicht« eine umfassende Analyse gewidmet hatte, in einer schon 1916 erschienenen 80 seitigen Schrift. »Da hatte er mich natürlich an der Angel«, erzählt Hüsmert lachend. »Alle Wünsche gehen in Erfüllung; die meisten einige Nummern zu klein, einige wenige aber mehrere Nummern zu groß«, sagte Schmitt damals zu Anima und Ernst Hüsmert. Ein Selbstkommentar? Hüsmert hat nicht nachgefragt, und auch in den folgenden vierzig Jahren fühlte er sich nie als Schmitts Eckermann. Bei Hüsmerts Heirat 1956 war

Schmitt Trauzeuge, und als Hüsmert 1957 ins wenige Kilometer von Plettenberg gelegene Dorf Herscheid zog, von wo er – trotz eines Büros in der Kruppzentrale in Essen – seine Arbeit organisierte, verfügte er über Auto und Telefon und konnte Schmitt oft behilflich sein. Da Schmitt wusste, dass Hüsmert über ihre Begegnungen und Gespräche kein kontinuierliches Tagebuch führte und ihr Umgang somit frei von verwerterischer Absicht war, entstand eine offene Freundschaft. »Die Sonne Homers leuchtet auch uns. Meinem treubewährten Freund Ernst Hüsmert«, schrieb Schmitt einmal als Widmung in eine kostbare Homer-Ausgabe, die er Hüsmert schenkte. Die Lektüre Homers sei für Schmitt zuletzt wieder wichtig geworden, vor allem durch die Art, wie Homer den heimgekehrten Odysseus dem Schäfer Eumaios seine Lebensgeschichte

Abb. Carl Schmitt (links) und Ernst Hüsmert auf dem Flughafen in Frankfurt am Main nach einer Rückkehr Schmitts aus Spanien, 1960er Jahre.

erzählen lässt, berichtet Hüsmert. Auch Schmitts Leben kann man lesen als aufregende Geschichte einer sonderbaren Heimkehr von einer turbulenten Reise, die manchen als Irrfahrt erschien. Von den Dimensionen und Verstrickungen des Schmittschen Lebens werden die Bewohner des Dorfes Pasel allerdings sicher nicht einmal ahnungsweise gewusst haben. Ein ehemaliges Bauerndorf mit einer einklassigen Zwergschule, in das sich Fremde selten verirrten, da die Straße ins Dorf zugleich der einzige Weg ist, der aus dem Ort wieder hinaus führt. Deshalb werden sich die Paseler zunächst gewundert haben, dass nach Schmitts Zuzug Anfang der siebziger Jahre – als sei das Dorf wie Ernst Jüngers Wilfingen und Martin Heideggers Todtnauberg ein Wallfahrtsort geworden – zahlreiche Besucher kamen, darunter viele Ausländer, Amerikaner, Engländer, Franzosen, Spanier, Chinesen, Thailänder, Koreaner und Japaner, bis sie sich daran gewöhnt hatten, dass ihr Nachbar, der »Herr Professor«, dieser herzlich-liebenswürdige alte Herr, nun mal viele Leute kannte, von denen die Dorfbewohner sicher nicht ohne Stolz einige erkannten wie den ehemaligen Bundeskanzler Kurt Georg Kiesinger oder den SPIEGEL-Herausgeber Rudolf Augstein. Auch

Abb. Carl Schmitt mit zwei unbekannten Begleiterinnen bei seinen Wanderungen.

der Briefträger, jeden Morgen sehnsüchtig erwartet, wunderte sich bald nicht mehr, welche Berge an Post er im Haus Nr. 11c abliefern musste. Wenige Schritte vom Haus »San Casciano« entfernt überquert man auf einer kleinen Brücke den Fluss Lenne, der in Schmitts Kindheit und Jugend noch »schönes, stolzes Bergwasser«[293] führte und den er im Laufe seines Lebens »zu einem armen Kanal für Industrie-Abwässer«[294] hat werden sehen; heute verwandelt die Lenne hier und dort die Gegend aber wieder in eine idyllische Flusslandschaft. Schmitts täglicher Spaziergang pünktlich nach dem Mittagessen führte durch einen gleich hinter der Brücke beginnenden Wald auf den Schwarzenberg. Unwahrscheinlich, dass man in der Woche im Wald jemandem begegne, sagt Ernst Hüsmert, selbst an Wochenenden träfe man nur wenige Spaziergänger. Auf dem Gipfel des Schwarzenbergs stand früher eine imposante Burg, im 14. Jahrhundert von den Grafen von der Mark erbaut als Demonstration ihrer Macht gegen die Ansprüche der Kölner Erzbischöfe und des Grafen von Arnsberg; 1864 abgebrannt, ist nur eine Ruinenlandschaft übrig geblieben. Der Weg endet auf einem Plateau, mit einer Bank darauf, dem »Engelbertstuhl«, benannt nach

Abb. Blick vom »Engelbertstuhl« auf dem Gipfel des Schwarzenbergs.

dem Grafen Engelbert III., der von hier aus den Blick ins »Land der tausend Berge« genoss, ins Lennegebirge, in die Ohler und Werdohler Berge bis weit hinein ins kurkölnische Sauerland. Die Bank war auch Carl Schmitts Lieblingsplatz. Was mag er gedacht haben, wenn er von diesem Hochsitz auf sein Leben zurückblickte? Einen Moment lang sehe ich den alten Herrn, korrekt gekleidet, Anzug, Weste, weißes Hemd, Krawatte, auf der Bank auf dem Gipfel des Schwarzenbergs sitzen. Er schaut über die Berge und hinab auf Plettenberg. Gewohnt, auf dem Schwarzenberggipfel allein zu sein, ist er zunächst über den Besuch verwundert, schaut mich mit großen, erwartungsvollen Augen an.

»Guten Tag, Herr Professor«, sage ich.

»Sie kennen mich?«, fragt der alte Herr erstaunt.

»Ich habe Ihnen vor dreißig Jahren einen Brief geschrieben.«

»Das ist lange her. Aber es geht ja nichts verloren in der Welt.«

»Ich weiß«, antworte ich. »Abwesende sind zugegen und, was man kaum in Worte fassen kann, Tote sind lebendig.«

»Sie zitieren Cicero. Wunderbar«, sagt der alte Herr und genießt als Lateiner, mir das Original vorzusprechen: »Quocirca et absentes

Abb. »Engelbertstuhl« auf dem Gipfel des Schwarzenbergs.

adsunt et [...] quod difficilius dictu est, mortui vivunt.« Er horcht einen Moment den Worten nach, bittet mich, sich zu ihm zu setzen und fragt nun gar nicht mehr erstaunt: »Warum hatten Sie mir geschrieben?«

»Geschrieben hatte ich aus der Vermutung, dass sich hinter Ihrer politischen Theorie schwerster Existentialismus verbirgt.«

»Natürlich«, schmunzelt der alte Herr, »die einzige konkrete Kategorie des Existentialismus habe ich gefunden: Freund und Feind.«[295] Sofort vergeht aber das Schmunzeln, denn offenbar denkt er gerade an die Feindschaft, die ihm seine Freund–Feind-Theorie eingebracht hat, und spricht den Gedanken dann auch aus: »Immer wieder bin ich erschrocken über die Feindschaft, die das bloße Aussprechen des Wortes und des Namens ›Feind‹ gegen mich entfesselt hat. Habe ich ein geheimes Convenu verletzt, vielleicht gar ein Arcanum dieses Zeitalters, ein Arcanum der Bosheit? Oder nur eine der harmlosen Lebenslügen, einen der jedem noch so simplen Saeculum unentbehrlichen lebensnotwendigen Geheimverträge, ohne die schließlich auch ein Gangsterclub nicht fertig wird? Was ist es also? Ich höre in der heutigen Epistel: Deine Feinde sind meine Feinde und die Dich schlagen, werde ich schlagen. [...] Oder war ich taktlos? Habe ich gegen den Satz verstoßen: Im Hause des Gehenkten spricht man nicht vom Strick? Oder unter Proskribierten spricht man nicht von der Liste, oder in der Hölle darf man den Teufel nicht an die Wand malen? Also: Du bist auf Erden, um Gott zu erkennen. Aber Marx: Es handelt sich nicht darum zu erkennen, sondern zu verändern, das heißt zu beherrschen und dienstbar zu machen. Darüber hat sich keiner entsetzt, wohl aber über die Konstatierung, dass ein Unterschied zwischen Freund und Feind ist und dass es so etwas wie Feindschaft immer noch gibt unter den Menschen. Das war ein roher Griff an den sensiblen Punkt. Der Teufel fuhr auf, als in dieser Weise auf seinen Busch geklopft wurde, und lehrte den Buschklopfer Mores.«[296]

»Einen wunderbaren Hochsitz haben Sie hier gefunden«, sage ich in der Hoffnung, dem alten Herrn seine düsteren Gedanken ein wenig zu vertreiben.

»Ich habe immer gute Beobachtungsposten gesucht und gefunden, auf dem linken oder rechten Ohr des Leviathan, auch in seinem Rachen und auf seinem Schwanz«, antwortet er, zögert einen Moment und kommt dann aber sofort wieder zu seiner Sache: »Die Macht ist nicht etwas Böses, sondern etwas ganz Fremdes, dem machttragenden Menschen selber ebenso fremd wie dem Machtunterworfenen. Daher die Intensität der Machtkämpfe zwischen Verwandten, zwischen Brüdern, zwischen Vater und Sohn. Ich denke an den Kampf Otto des Großen mit seinen Brüdern, die totgeschlagen werden müssen, an die Ausrottungskriege der roten und der weißen Rose und ähnliches. Die Macht ist auch gegenüber dem machtbekleideten Individuum das ganz Andere. Sie ist und bleibt es natürlich auch gegenüber dem machtunterworfenen Menschen. Hier berührt sie sich mit der Definition Gottes; sie ist eben von Gott. Hier steckt das große Problem: alle Macht geht von Gott oder vom Volke aus, vom Volke im Sinne der Identität von Macht und Ohnmacht, im Sinne der Legitimierung des Befehls durch den Gehorsam.«[297]

»Sie meinen das Recht zu haben, über die Macht zu sprechen?«

»Das kann man wohl sagen: Ich habe alle Arten der Macht am eigenen Leibe erfahren: ich habe im Bauch des Fisches gesessen; ich habe sie aus der Nähe und aus der Ferne beobachtet. [...] Aber ich habe selber niemals Macht gesucht und niemals Macht besessen. Ich sitze auch nicht etwas fern vom Schuss in Sicherheit. Es liegt mir nicht, arme, gequälte Menschen zum Widerstand aufzufordern, während ich mich selber in angenehmster Deckung befinde. Und wenn ich früher [...] öfter das Wort ›existentiell‹ gebrauchte, so geschah das eben existentiell und noch nicht existentialistisch. Es war noch näher dem Zimmer Søren Kierkegaards als dem bei seinen heutigen Verwertern, näher bei Barbey und Villiers als bei den Profiteures des Léon Bloy nach 1945.«[298] Er hält einen Augenblick inne und schaut mich an, als prüfe er meine Aufmerksamkeit, dann fährt er fort: »Kierkegaard, ein wahrhafter und echter Christ, ein verborgener Kirchenvater, ist nach wie vor der Vater und Großmeister und die wahrhafte Quelle eines jeden Existentialismus; und der Existentialismus Kierkegaards ist noch entschiedener christlich, als derjenige Heideggers atheistisch ist. Der atheistische Existentialismus scheint mir ein typisch christlicher Anschlag auf das Christentum zu sein. Nur die Marxisten haben das bemerkt und regen sich darüber auf. Ein Existentialismus ohne den Christen Kierkegaard ist nichts weiter als eine Aufführung des ›Hamlet‹ ohne den Prinzen von Dänemark.«[299] Langes, wieder ein wenig düster wirkendes Schweigen, der alte Herr ist nun ganz nach innen gekehrt, bis er noch einmal fragt: »Warum hatten Sie mir geschrieben? Was genau war das Thema?«

»Das Thema lautete: Kann man in einer unglücklichen Gesellschaft glücklich sein? Kann man auf der falschen Seite das richtige Leben führen? Wie soll man da leben?«

»Oh, die Gottfried Benn-Frage«, freut sich der alte Herr.

»Mit der Sie sich lange herumgeschlagen haben. Wie Sie sich als armen, hilflosen, verzweifelten Nichtsnutz empfunden und nachts zu den stillen, unbekannten Göttern um Hilfe und Rat gerufen, zur Mutter Gottes und allen Heiligen gebetet haben, obwohl Sie zu wissen meinten, dass Sie ebenso zu einer Holzkiste hätten beten können. Wie viel Schokolade Sie in sich hineinstopfen mussten, um die Depression in Schach zu halten. Immer wieder die Frage: Warum sitzt man so alleine in der Welt und bettelt mit den Blicken nach allen Seiten um Hilfe und bleibt doch allein.«

Der alte Herr hat ruhig zugehört, ich schaue ihn an und meine in seinem Gesicht jenes geheimnisvolle Lächeln zu erkennen, das er jedem Menschen in seiner Totenmaske zugeschrieben hat und das sagen will: »Ich bin jetzt außerhalb Eurer Schussweite. Eure Verfolgung erreicht mich nicht mehr. Hic et nunc kommt keiner von Euch an mich heran. Von Euch bin ich nicht mehr betroffen.«[300] Er schaut lange in die Landschaft und fragt: »Ist es nicht schön hier?« »Wie sieht die Welt hinter den Bergen heute aus?«, möchte er nach einer langen Weile wissen. »Den Menschen gibt es noch, wie ich an Ihnen sehe.«

»Obwohl jemand schon darauf gewettet hat, dass der Mensch verschwinden wird wie ein Gesicht am Meeresstrand.«

»Ist das die letzte, jüngste Prophezeiung?«

»Die vorletzte. Nach dieser Philosophie ist jeder, der heute noch nach dem Wesen des Menschen fragt, schlicht gesagt ein Idiot. Der Mensch sei ein Wrack, das durch die Welt geistere; wichtig seien allein noch die Welt und die Dinge darin und über sie müsse ein neues Wissen erkämpft werden. Der Mensch, so diese vorletzte Prophezeiung, sei nur ein ›Riss‹ in der ›Ordnung‹. Die Sorge um den Menschen, die Sorgfalt, mit der das abendländische Denken ihn als lebendiges Wesen, als arbeitendes Individuum oder als sprechendes Subjekt zu definieren versucht habe, all das bedeute ›nur für die schönen Seelen das schließlich wiedergekommene Jahr eines menschlichen Reiches‹. Der Mensch: ein unglücklich operierender Apparat, mit einer zwar mehr oder weniger komplizierten Mechanik darin, aber all ›jenen, die noch fragen nach dem Menschen in seiner Essenz, jenen, die von ihm ausgehen wollen, um zur Wahrheit zu gelangen, jenen umgekehrt, die nicht formalisieren wollen, ohne zu anthropologisieren, die nicht mythologisieren wollen, ohne sogleich zu denken, dass es der Mensch ist, der denkt, all diesen Formen linker und linkischer Reflexion‹ könne man nur ›ein philosophisches Lachen entgegensetzen — das heißt: ein zum Teil schweigendes Lachen‹[301].«

Der alte Herr schaut lange in die Ruinenlandschaft, dann wieder über die Berge und will wissen: »Zu wessen Gunsten soll der Mensch verschwinden?«

»Zugunsten eines neuen Wissens, das erst möglich sein soll, wenn der Mensch verschwunden ist.«

»Aber wenn der Mensch verschwunden ist, wer soll dann Träger dieses neuen Wissens sein?«

Auf diese Frage muss ich passen und informiere den alten Herrn nur, dass der genetische Code des Menschen immerhin geknackt ist. Er antwortet wieder mit einem langen Schweigen, schaut wieder über die Berge. »Ist der Antichrist schon erschienen?«, will er wissen.

»Das weiß ich nicht. Ich wüsste auch nicht, woran man ihn erkennen könnte. Er soll angeblich einen falschen Gebrauch von dem Wort ›Ich‹ machen.«

Der alte Herr sinniert wieder lange schweigend vor sich hin. »Herrscht hinter den Bergen Krieg oder Friede?«, fragt er schließlich.

»Krieg.«

»Bürgerkrieg?«

»Ja.«

»Weltbürgerkrieg?«

»Ja. Die Welt befindet sich im Ausnahmezustand. Wenn Sie in die Welt hinausgehen, werden Sie das aber nicht auf den ersten Blick bemerken. Es geht fröhlich draußen zu, Sie können von einer Prosecco-Bar in die nächste Latte-Macchiato-Stube gehen, herrliche Einkaufspassagen, die Welt total verkabelt, alle Informationen verfügbar, jeder per Mobiltelefon jederzeit und überall erreichbar, eine schöne bunte Welt, in der es trotz aller Katastrophen immer weitergeht und alle auch immer weitermachen. Eine easy going-society, die vor sich hinschlummert und sich auch durch die lautesten Kriegsgeräusche nicht aufwecken lässt. Die Schwermut hinter dieser Fassade bemerken Sie erst später.«

»Welche Schwermut?«

»Die Schwermut kommt aus der Angst der Menschen, ihr Leben nicht mehr bezahlen zu können. Angst auch, einen verloren geglaubten und tatsächlich verlorenen Boden unter den Füßen nicht mehr wieder zu finden und den Anschluss an die Zeit zu verlieren.«

»Die Zeit rast? Welche neuen Antworten hat man gefunden?«

»Einige Philosophen haben die Unterscheidung zwischen Ich-Zeit und Welt-Zeit eingeführt, und wenn nun die innere Zeit sich verlangsame und ins Stocken gerate, beginne die äußere Zeit sich zu beschleunigen. Es entstehe das Vergänglichkeits-Syndrom und damit die Gegenwartsleere, die Jagd nach der Zukunft in Gestalt einer Sucht nach Zerstreuung und diese Schwermut. Obwohl alle Informationen verfügbar sind, interessierten sich die Menschen für immer weniger, so der Vorwurf dieser Philosophen. Im Denken der

Menschen sei kein Funke mehr vom Aufschwung der Begriffe und von der Ekstase des Verstehens. Man sei aufgeklärt, man sei apathisch. Es gebe kein Wissen mehr, dessen Freund man sein könne. Bei dem, was man wisse, komme man nicht auf den Gedanken, es zu lieben, sondern frage sich, wie man es fertig bringe, mit ihm zu leben, ohne zu versteinern.«

»Das ist aber keine neue Philosophie.«

»Nein, die alten Fragen, die alten Antworten, da geht nichts drüber, wie Samuel Beckett sagte. Aber das wissen Sie doch selber.«

Der alte Herr schmunzelt wieder und will über die technischen Errungenschaften Genaueres wissen. Er ist erstaunt über die Entwicklung der elektronischen Medien und nimmt verwundert zur Kenntnis, dass heute kaum noch wie zu seiner Zeit traditionelle Briefe geschrieben werden, sondern Mails. Die Parole laute, dass in naher Zukunft auf keinem Schreibtisch mehr ein Blatt Papier liegen solle. »Die Menschen«, erzähle ich, »leben in Bildern, die ihnen eine moderne Unterhaltungsindustrie täglich vorgaukelt. Das Zeitalter des dialektischen Denkens ist zu Ende; wir befinden uns im Zeitalter des parallelen Denkens. Alles wird nur noch parallel wahrgenommen und steht, zum Beispiel in den dünner gewordenen und verarmten Zeitungen, gleichberechtigt nebeneinander: die Lügen eines Politikers, ein sportlicher Weltrekord, der Alkoholismus eines Showmasters. Das unterentwickelte Gefühl fürs Leben, das Unindividuelle und Unpersönliche wird getarnt in einem ironisch-gepflegten Gerede nach der Devise: ach, über das Leben wissen wir doch Bescheid, das Leben ist im Grunde nur banal und trivial, also verzichten wir darauf, uns anzustrengen und uns Illusionen vom wirklichen Leben zu machen und lassen uns nur noch leben, verteidigen unsere Anpassung und bauen uns eine heile Welt auf der Grundlage der Resignation. Ein Leben in Anführungszeichen: alle tun so, als ob sie leben. Und sie tun es auf schicke Weise, die Kühltruhe ist voll, und wenn man nach Liebe japst, schaut man sich im Fernsehen einen Liebesfilm an. Für alles hat man in den eigenen vier Wänden ein Tablett, für jedes Wehwehchen einen ironischen Begriff, und so verteidigt man bis an die Zähne bewaffnet, was man sich zugelegt hat an Gewohnheitspanzer und äußerem Environment. Das Leben als Planstelle, und da das Boot voll ist, kämpft jeder umso verbissener um seine Versorgungseinheiten und seinen kleinen Platz in diesem Boot nach der Devise: erst nach uns die Sintflut.«

»Ja, die Gottfried Benn-Frage«, nimmt der alte Herr das Thema wieder auf. »Vielleicht hatte Benn ja Recht, dass der Stil der Zukunft der Roboterstil ist, Montagekunst; dass der bisherige Mensch zu Ende ist, Biologie, Soziologie, Familie, Theologie, alles verfallen und ausgelaugt, alles Prothesenträger. Vielleicht muss der Mensch, sogar um den eigenen Tod gebracht, wirklich neu zusammengesetzt werden aus Redensarten, Sprichwörtern, sinnlosen Bezügen, Spitzfindigkeiten. Herkunft, Lebenslauf — Unsinn, meinte Benn. Aus Jüterborg oder Königsberg stammten die meisten, und in irgendeinem Schwarzwald ende man seit jeher.« Kurzes Schweigen. »Das Getue in den Romanen, meinte Benn, als ob es an sich weiterginge und etwas geschähe, sei Unfug, es gehe nichts an sich weiter und geschehe nichts. Der Mensch stocke. Deshalb dürfe nichts stofflich-psychologisch mehr verflochten, alles nur angeschlagen, nichts durchgeführt werden. Alles müsse offen bleiben, Anti-Systhetik.« Der alte Herr schmunzelt: »Ach, der Benn. ›Wenn man das Ganze überblickt‹, meinte er, ›ist es von großer Unverständlichkeit, aber wahrlich der Wunder voll.‹« Der alte Herr schweigt wieder einen Moment und fährt fort: »Gottfried Benn ist der authentische Deutsche in der Zeit von 1919 bis 1938, nicht die schwachen und ehrgeizigen Mitläufer.«[302]

»Das haben Sie 1948 in Ihrem Tagebuch notiert. Sie kannten Benn. Ich habe zwei Briefe von ihm an Sie gefunden.«

»Ja. Einmal setzte er sich in eine Berliner Vorlesung von mir.«

»Sie hatten ihm auch ›Land und Meer‹ geschickt, er bedankte sich für die Zusendung und las das Buch als Flucht zu Ihrer Tochter Anima. ›Gestillt die polemisch aggressiven Motive früherer Perspektiven‹, schrieb er und fand nunmehr ›Kontemplation, Epos; platonisch-herodotischer Kosmos.‹ Typisch hoher Benn-Ton.« In das Lachen des alten Herrn sage ich: »Ich habe oft Texte Benns, auch wegen des Pathos darin, als einen Schmitt-Kommentar lesen müssen.«

»An welchen Text Benns denken Sie gerade?«

»Zum Beispiel ›Weinhaus Wolf‹.« Der alte Herr schaut mich aufmerksam an, überlegt, wartet offenbar auf ein Zitat. »Wenn man die weißen Völker im Verlauf ihrer letzten fünfhundert Jahre überblicke und einen Maßstab suche für den Rang ihrer großen Geister«, schrieb Benn, »lasse sich nichts anderes dafür erkennen als der Grad von Nihilismus, den sie unaufhebbar in sich trügen und durch die Bruchstücke ihrer Werke anfallsweise überdeckten. Alle großen Geister der weißen Völker hätten, das sei ganz offenbar, nur die eine innere Aufgabe empfunden, ihren Nihilismus schöpferisch zu überdecken.« Der alte Herr schaut sich um und wartet auf die Fortsetzung des Zitats. »Dieses Grundgefühl«, zitiere ich Benn wei-

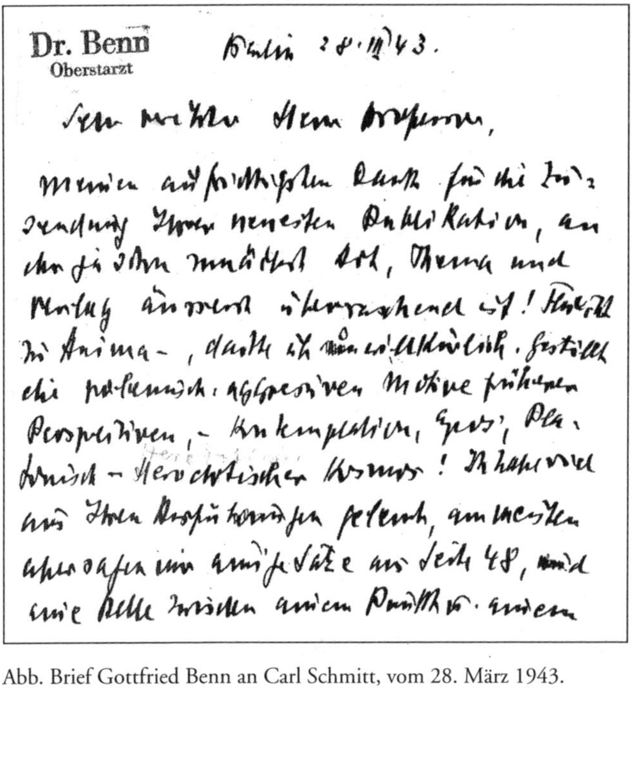

Dr. Benn
Oberstarzt

Berlin 28.III.43.

Sehr verehrter Herr Professor,

meinen aufrichtigsten Dank für die Zusendung Ihrer neuesten Publikation, an der für mich unmittelbar Stil, Thema und Vortrag äusserst überraschend ist! [illegible] die Anima —, dachte ich unwillkürlich. [illegible] die polemisch-aggressiven Motive [illegible] Perspektiven, — Kontemplation, Eros, Platonisch-Herodotischer Kosmos! Ich habe viel aus Ihren Ausführungen gelernt, am meisten [illegible] einige Sätze auf Seite 48, und eine Stelle zwischen einem Punkt u. andern

Abb. Brief Gottfried Benn an Carl Schmitt, vom 28. März 1943.

ter, »das sich mit den verschiedensten zeitgebundenen Strömungen durchflocht – mit dem religiösen bei Dürer, dem moralischen bei Tolstoi, dem erkenntnismäßigen bei Kant, dem anthropologischen bei Goethe, dem kapitalistischen bei Balzac –, war das Grundelement aller ihrer Arbeiten. [...] Keinen Augenblick sind sie sich im Unklaren über das Wesen ihrer inneren schöpferischen Substanz. Das Abgründige ist es, die Leere, das Resultatlose, das Kalte, das Unmenschliche. Nietzsche wirkte in dieser Reihe lange als idealistischer Antinous. Noch Zarathustra — was für ein Naturbursche, was für ein Züchtungsoptimismus, was für eine flache Utopie vom Geist und seiner Verwirklichung! Erst im letzten Stadium des Ecce-homo und der lyrischen Bruchstücke lässt er den anderen Tatbestand in seinem Bewusstsein hoch, und das, darf man annehmen, war dann der Zusammenbruch, dass er von der Brücke in jener braunen Nacht in den Abgrund sah, den Abgrund sah, spät — für seinen Organismus und sein Prophetentum zu spät.«[303]

»Ach ja, der Benn«, sagt der alte Herr. »Wissen Sie, dass man Benn-Gedichte wunderbar auf die Melodie des Lieds ›Hoch die Fahne‹ singen kann?« Ich schaute ihn etwas ungläubig an. »Gottfried Benn ist ein Selbst-Tätowierer, wie übrigens viele intellektuelle Deutsche protestantischer Herkunft«, fährt der alte Herr nach einer Weile fort. »Er tätowiert nihilistische Schauerlichkeiten auf seine brave, pietistische Haut. So macht er sich unkenntlich. Das gibt dann die Wirkung verbunden mit der Methode chaotischer Aufzählung hochmoderner, historischer, medizinischer, naturwissenschaftlicher und hochmondäner Wortkleckse; gibt oft auch gute, verblüffend gute Reime. Aber der pietistische Kern der Sache wird durch seine Blankverse entlarvt. Im Untergrund der fünffüßigen Jamben von Gottfried Benn lauert immer der Rhythmus: Stell auf den Tisch die duftenden Reseden. Natürlich werden die Reseden zu Orchideen, und der Tisch mondänisiert sich auch à la Berlin-Kudamm ...«[304] Der alte Herr schaut eine lange Weile wieder schweigend in die Landschaft und fragt dann noch einmal: »Ist es nicht schön hier? Der Berg vorne rechts ist der Sundern, daneben sehen Sie den Stadtteil Ohle. Vor über hundertfünfzig Jahren hat der Freiherr von Vincke, Oberpräsident der preußischen Provinz Westfalen, den Ausblick, den man lenneaufwärts von Sundern aus hat, für eine der schönsten Aussichten der Erde erklärt. Heute ist der Blick durch Fabrikanlagen unterbrochen. Sollen wir uns darüber ärgern? Auch der berühmte Blick auf den Golf von Neapel oder die Tajo-Mündung bei Lissabon ist nicht mehr derselbe wie zur Zeit des alten Goethe oder Alexander von Humboldts. Der Kulturfilm zerstört auf seine Weise den Bildungsgenuss, den der Freiherr von Vincke meinte, ebenso gründlich wie die Kleineisenindustrie auf ihre Weise.«[305]

»Natürlich ist die Veränderbarkeit der Welt auch ihr Zweck«, sage ich, »wobei die Veränderungen vielen eben ruinös erscheinen können. Schauen Sie sich um in dieser modernen technisierten Welt der schnellen Zeichen, in einer Zeit der uferlosen Meinungsvielfalt — muss man da nicht noch einmal innehalten, um sich zu vergewissern, ob im Wort, im Ursprung des Wortes, in der Literatur als der letzten Schriftlichkeit des Urerlebnisses der Schöpfung, sich etwas bewahren lässt, was in allen elektronischen, digitalisierten Sprachen nicht aufzuheben ist? War das nicht von früh an immer auch Ihr geheimes Thema?«

Der Blick des alten Herrn schweift lange über den Schwarzenberg. »Natürlich«, antwortet er schließlich, »aber diese Veränderungen der Welt durch die technische Entwicklung sind kein neues Thema. Ich erinnere mich, dass ich im August 1914 – ich wohnte damals in Düsseldorf – nachts mit dem Zug von Köln zurück nach Hause fuhr und sah, wie am Kölner Dom angebrachte Scheinwerfer den Himmel erleuchteten. Sie fegten wie riesige Kometen über den ganzen Himmel, am Ende war ein dicker Lichtpunkt, der den Eindruck machte, als sei er ein Feuerkörper mit Rüssel, der alles am Himmel in sich aufsaugte wie ein kolossaler Vakuumreiniger. Ein Mensch des 16. oder 17. Jahrhunderts, ein guter Mensch, der zur Natur noch ein Verhältnis hat, wäre erschreckt und in Ohnmacht gefallen, wenn er dieses unheimliche Schauspiel erlebt hätte. Als wäre man nicht mehr auf der guten alten Erde, die im Frühling grün und im Herbst fahl wird, sondern auf einem fantastischen Stern, auf dem Uranus oder Sirius, so unmenschlich und übermenschlich. Mein Eindruck damals: Der ganze arme, kleine Mensch ist so ad absurdum geführt, dass man von ihm gar nicht mehr reden kann. Aber vielleicht ist auch unsere Technik nur ein Weg, sich mit den Problemen des Lebens abzufinden, vielleicht ist sie selbst philosophisch und der Anfang der größten Philosophie, der je da gewesen ist, und die moderne materialistische, empiristische Philosophie ist nur deshalb so banal, weil sie im Verhältnis zu der greisenhaften Weisheit der bisherigen Philosophie mit der banalen Gesundheit eines Kindes kommt.«[306] »Schauen Sie«, fährt der alte Herr nach einer Weile fort, »dieses angeblich neue Paradies ist

Abb. Blick zum »Engelbertstuhl« auf dem Gipfel des Schwarzenbergs.

das Paradies einer durchgeplanten Welt, mit allen Herrlichkeiten einer entfesselten Produktivkraft und einer ins Unendliche gesteigerten Konsumkraft, dazu einer großzügig ausgedehnten Freizeit mit entsprechenden Gestaltungsmöglichkeiten. Das Paradies einer technisierten Erde und einer durchorganisierten Menschheit. Die Naturschranke wird fallen, dafür wird uns die Sozialschranke erfassen, und sie erfasst uns nicht nur, sie verändert uns. Deshalb geht es nicht mehr darum, die Welt und die Menschen zu erkennen, sondern sie zu verändern. Aber Vorsicht: Die künstlichen Paradiese der Technik können sich schnell in echte Höllen verwandeln. Trotzdem werden wir das Ziel der Technik wohl erreichen. Aber was sage ich da: Wir? Erinnern Sie sich, dass unsere Urgroßväter und Großväter vor fünfzig, hundert Jahren vorausgesagt haben, dass ›wir‹ fliegen

Abb. »Engelbertstuhl« auf dem Gipfel des Schwarzenbergs.

werden. Tatsächlich wird heute geflogen. Aber weder unsere inzwischen verstorbenen Urgroßväter und Großväter noch wir, ihre Enkel, dürfen fliegen. Nicht wir, sondern andere fliegen. Dieses ›Wir‹ unserer fortschrittlichen Vorfahren hatte etwas Rührendes. Es beruhte auf einer naiven Identifikation mit den Herren der Welt, denen die technischen Mittel in fünfzig oder hundert Jahren dienen und deren Wünsche die entfesselten Produktivkräfte erfüllen würden. Alle Fortschrittsmythen beruhen auf solchen Identifikationen, das heißt auf der kindlichen Annahme, dass man zu den Göttern des neuen Paradieses gehören werde. In Wirklichkeit aber ist die Auslese sehr streng, und die neuen Eliten pflegen schärfer aufzupassen als die alten.«[307]

Der alte Herr schweigt einen Moment, schaut wieder über die Berge und fragt noch einmal: »Ist es nicht schön hier?«

»Sie sind 1947 nicht ungern ins Sauerland zurückgekehrt«, antworte ich. »Nur den sauerländischen Bergen und Ihrer Frau haben Sie Treue geschworen. Die Berge seien Ihre Verbündeten, notierten Sie schon 1912 in Ihrem Tagebuch.«

»Sie scheinen mich gut zu kennen«, lacht der alte Herr. »Tatsächlich habe ich das Sauerland nie wirklich verlassen. Sogar während der Berliner Zeit habe ich regelmäßig Urlaube im Sauerland eingeplant. Man kann hier wunderbar wandern, wie in wenigen anderen Gebirgen. Aber man sollte das Sauerland nicht in eine Schönheitskonkurrenz mit idyllischen Landschaften hineinzerren. Trotz vieler idyllischer Gegenden, die es auch hier gibt, ist diese Landschaft im Ganzen weder ein Garten zum Spazierengehen noch ein Park zum Lustwandeln. Das Sauerland ist zwar ein stark ausgeprägtes Stück festen Landes, ein Gebirge mit vulkanischen Durchbrüchen von Basalt und Granit, das aber der Atlantische Ozean mit Wolken und Nebel, Regen und Schnee überflutet und seine Erdstrahlungen irritiert, so dass die Luft mit dauernden Spannungen des Gegensatzes von Land und Meer geladen ist.«[308] Der alte Herr schaut mich an: »Können Sie sich vorstellen, dass vor vierhundert Millionen von Jahren dieses Land überflutet war von einem tropischen Meer?« Ich versuche es mir vorzustellen, und da ich aus den Sätzen des alten Herrn seit einer Weile ein leise anschwellendes Fluten herauszuhören meine, warte ich geradezu auf die Frage, ob ich das Meer auch rauschen hören könne. »Was uns heute an einem nebligen Morgen ergreift, wenn die Sonne durchdringt und der Nebel fällt«, erzählt der alte Herr weiter, ohne zu verraten, dass er nun einen Gedanken aus dem Brief an Ernst Jünger vom 7. Juni 1947 weiterentwickelt, »ist nicht das Vergnügen des Anblicks einer schönen Landschaft, die uns anlacht. Wir werden in ein elementares Geschehen hineingezogen und an einem Schöpfungsvorgang beteiligt. Wir sehen nicht den ersten, wohl aber den zweiten Schöpfungstag. Das feste Land taucht aus dem Meere auf. Jede Bergkuppe erhebt sich langsam, in würdevoller Schönheit, wie eine Venus Anadyomene aus dem Wasser. Es ereignet sich die Scheidung der Feste des Himmels und des Trockenen der Erde, so, wie es für den zweiten Schöpfungstag im ersten Kapitel der Bibel beschrieben ist.«[309] Der alte Herr schaut mich an und genießt mein Erstaunen. »Die Erde ist auch hier im Sauerland wohlbegründet und beständig, aber stets in der Spannung zum anderen Element«, fährt er fort und zitiert einen »erfahrenen Bauer, der es wissen musste«, Karl Werdes aus Leinschede an der Lenne, mit dem Ausspruch: »Ich will nicht sagen, dass es bei uns im Sauerland immer regnet, aber wenn es nicht regnet, dann hat es doch immer Lust zu regnen.« »Das ist es«, kommentiert der alte Herr. »Die Berge liegen erdhaft fest, aber sie sind eingehüllt, oft in Regen, Nebel oder Schnee, oft in einen Sonnenschein von gläserner Klarheit. In manchen Stunden liegen sie wie Schildkröten da, in massiver Wucht; in andern Stunden werden sie blass, als wären sie ein Traum des Meeres. Oft verwandelt sich ihr schweres Massiv in Silber-Blau oder in ein unirdisch tiefes Patinir-Blau. Doch ist das alles mehr Strahlung als Farbe. Immer bleibt die Landschaft verhalten und in sich gekehrt. Die Berge schlafen oder warten und lassen sich auch durch die Sonne nicht so leicht aus ihrer Verschlossenheit herauslocken.«[310]

Ich überlege, ob ich das Blau des Himmels über dem Sauerland mit dem Blau auf den Bildern Joachim Patinirs zusammenbringen kann, da schaut mich der alte Herr an und fragt, woher ich komme. Er ist erstaunt, dass ich auch aus dem Sauerland stamme, aber schon lange nicht mehr hier gewesen bin. »Warum sind Sie zurückgekommen?«, fragt er.

»Vielleicht weil ich hier einen Ort vermute, wo alles Wichtige beisammen sein und sich zeigen müsste, wo die Dichte der Vergangenheit zunimmt, jeden Tag, und wo andererseits aber auch das Vergessen zunimmt, ein Ort offen für alles, für Bilder, Abschweifungen, Erinnerungen, Überlegungen, Träume, Zitate, Illusionen, Liebe, Angst und Wut, ein Ort, wo wir tun und denken können, was wir wollen, gedacht auch als Verteidigung der Gefühle gegen die Wirklichkeit. Zeit haben, um das Leben neu zu erfinden, und die Zeit dann einfach vergehen lassen. Ausatmen. Die Wiederherstellung der Möglichkeiten. Diese alte Sehnsucht, die Aufmerksamkeit beliebig den Dingen zuwenden zu können, die wir wünschen, an diesem Ort des Versprechens und des Begehrens — und der Sehnsucht nach dem Ende des Begehrens, der Befriedigung.«

Abb. Blick vom Schwarzenberg.

»Einem Ort der Magie und zugleich der Leere«, schlägt der alte Herr vor, »denn man muss ja immer erst die Leere herstellen, um die Worte und Dinge in diesem leeren Raum zwischen Form und Inhalt zum Schwingen zu bringen. [...] Alles bewegt sich im Leeren; das Leere ist die Bedingung der Bewegung [...].[311] Eine herrliche Vorstellung: auf Erinnerungen und Eindrücken dahingleitend, wie ein von schönstem Wind getriebenes Segelboot auf offenem Meer, zu den Küsten wunderbarer Ideen und Formulierungen.«[312]

»Aber nicht nur ein Ort der Magie und der Leere, sondern eben auch ein Ort des Vergessens«, beharre ich, »denn müssen alle Erinnerungen nicht immer durch das Vergessen hindurch, damit man sich dahinter vielleicht wiederfinden kann als ein Kind etwa, das immer woanders hin wollte, als es auf die Welt kam? Worum geht es? Geht es darum«, frage ich, »die Illusion als Illusion zu durchschauen und trotzdem weiterzuleben auf dieser Ebene?« Der alte Herr schaut mich erstaunt an, so dass ich fortfahre: »Unsereins muss doch immer etwas ausprobieren. Manchmal kommt mir unsere Arbeit wie eine einzige Bastelei vor, in der die Größe und Würde unserer Irrtümer über ein Fortkommen entscheidet. Aber gelingt uns

Abb. Das Sauerland bei Pasel.

auch ein grandioser Fehler? Wir können diesen Fehler ja nicht bewusst produzieren, sondern wir müssen uns verlaufen in der Hoffnung, dass uns der Fehler einfach unterläuft und wir dadurch auf die Unlösbarkeit eines Problems stoßen.«

Der alte Herr schweigt wieder einen langen Moment, schaut über die Berge. »Jede Landschaft ist auch ein Gewebe von Erinnerungen, psychischen Umhüllungen, institutionellen Investituren, Gefühlsbahnen und Reserven, die dort angehäuft sind«[313], sagt er leise vor sich hin. Er schaut mich an und will noch einmal genauer wissen, warum ich ins Sauerland zurückgekommen bin. »Welche Geschichte verbirgt sich dahinter? Welches Geheimnis?«

»Ich kenne die Geschichte auch nicht«, antworte ich. »Manchmal meine ich, es wird diese Geschichte erst geben, wenn ich sie erzähle. Manchmal gleitet einem ja alles durch die Finger. Man kann nichts festhalten. Als ob das Leben wie Sand ist, der einem durch die Finger gleitet, der Sand des Lebens. Er sickert so durch und kommt in alle Ritzen und Fugen, Flugsand oder Treibsand, halt der Sand, den man nach den Ferien noch im Koffer findet und in den Kleiderritzen.«

»Ich weiß, wovon Sie reden«, antwortet der alte Herr nach einer langen Weile. »Wenn ich dort unten in diesem Nest an meinem Geburtshaus vorbeikomme, fallen mir immer zwei Zeilen ein aus Adalbert von Chamissos Gedicht ›Schloss Boncourt‹: ›Dort hinter diesen Fenstern / Verträumt ich den ersten Traum.‹«

Ich bin überrascht, welche Sentimentalität der alte Herr zulässt. »Ich kann mir nicht vorstellen, dass nach dem Verträumen der alten Träume in Ihrem Leben Erinnerungen an verpasste oder misslungene Begegnungen mit irgendeiner Kirsten oder Inge oder Barbara oder Sabine oder Susanne oder Monika oder Caren in Werdohler Straßen, an Reckenstücken, in Kaiseralleen, Parkstraßen oder auf Bismarckplätzen in Plettenberg, Attendorn, Meinerzhagen, Lüdenscheid, Altena, Neuenrade, Balve, Valbert oder Listernohl noch Platz gefunden haben.« Der alte Herr schmunzelt, und da er nun auch wieder schweigt, sage ich in dieses Schweigen hinein: »Warum kann man nie ganz in der Gegenwart leben? Man spürt sich zwar in der Zeit, doch zugleich ist man mit seinen Erinnerungen in der Kindheit und mit den Fantasien im nächsten Jahrzehnt, so dass man niemals den Platz vollständig ausfüllt, auf dem man gerade lebt.«

»Ja, wie soll man da leben?«, greift der alte Herr nach einem langen Schweigen den Gedanken auf. »Als ich 1947 ins Sauerland zurückkehrte, habe ich noch einmal in meinen Tagebüchern von 1912 bis 1914 gelesen. Die Lektüre ergab Staunen über die unendliche Unbeweglichkeit des Geschehens, die Unbeweglichkeit dessen, was man Zeit nennt; oder was dasselbe ist, die unendliche Langmut Gottes. Nichts von so genannter Entwicklung, nichts Wesentliches von Education, nichts von Tempo oder Eile [...].[314] Sonderbare Gleichförmigkeit, Identität, Wiederholung.«[315] Wieder

Abb. Carl Schmitt, Anfang der 1950er Jahre.

ein kurzes Schweigen, dann fährt der alte Herr fort, als rede er zu sich selbst: »Identität unseres Raumes bei Wechsel der Zeit, Gleichbleiben dieses Raumes seit 1907.«[316]

»Dem Jahr Ihres Abiturs«, sage ich.

Der alte Herr nickt und fährt nach einer Weile fort: »Es gibt keine wesentlichen Änderungen oder Veränderungen. Das ist alles nur Zeit und der mit ihr verbundene Schein; alles Wesentliche bleibt unveränderlich und unverändert und taucht in periodischen Intervallen immer wieder auf. Entwicklung, Fortschritt, Prozess, alles nur Zeit-Illusionen, wechselndes Zeitkostüm (der Gottheit lebendiges Kleid? Der toten Götter dürres Laubgeraschel). Zeit und Meer, Raum und Land liegen fertig da wie die Partitur einer Symphonie, die manchmal aufgeführt wird und dann jahrelang wieder nicht [...].[317] Lebenszeit erregt nicht die Unruhe, die Lebensraum erregt. Warum? In Lebenszeit liegt schon der Tod als Grenze. Survivre, sagt auch Mme Su. Ich sehe nichts als Willen zum Überleben. Das also ist der Übermensch: der überleben Wollende, mehr bleibt nicht übrig. Wen überlebt er? Die Konkurrenten der Lebensbedrohung; die Mitbedrohten oder die Bedroher? Natürlich womöglich beides; eventuell nur die Mitbedrohten. Was überlebt er? Die Lebensbedrohung. Mehr wollen sie nicht: überleben. Alles das Bestätigungen des Bildes, das Hobbes ein für allemal gezeichnet und gemalt hat, um den Ansatz zur Konstruktion der politischen Einheit zu finden; Bestätigung aber auch des bösartigsten Biologismus. Der Weg des Geistes ist der Umweg, sagt Hegel. Abstand, Trennung, Mittelbarkeit, Resultat jedes menschlichen Werkes. Mein Weg von Berlin über Nürnberg nach Plettenberg.«[318]

Herr Staatsrat

»Wie standen Sie zu der Judenfrage, ganz allgemein, und wie sie im 3. Reich behandelt wurde?«, fragte Robert Kempner Schmitt in Nürnberg.

»Für ein großes Unglück, und zwar von Anfang an.«

»Haben Sie den Einfluss Ihrer jüdischen Kollegen, die Völkerrechtler waren, für ein Unglück gehalten?«

»Außer Erich Kaufmann war kein jüdischer Rechtslehrer da. Er war Militarist und Bellizist. Der Satz stammt von ihm: ›Das soziale Ideal ist der Sicherheitskrieg.‹«

»Nun ist aber nicht Erich Kaufmann hier, sondern Sie.«

»Ich will ihn nicht belasten. Ich möchte auch nicht den Eindruck erwecken, diesen Mann zu belasten.«

»Würden Sie nicht sagen, dass ein gewisser Unterschied zwischen einem jüdisch beeinflussten Völkerrecht und Staatsrecht war und dem, was Sie gelehrt und propagiert haben?«

»Dafür war die Haltung der jüdischen Kollegen nicht einheitlich genug.«

»Sie haben in dieser Richtung nie etwas geschrieben?«

»Nein.«

»Sie haben nie etwas geschrieben?«

»Ich habe nur einmal geschrieben, dass in der Gebietstheorie die jüdischen Theoretiker keinen Sinn für diese Gebietstheorie haben.«

»Wenn man Ihre Schriften liest, so bekommt man einen ganz anderen Eindruck, als wie Sie es jetzt darstellen.«

»Wenn man sie ganz liest, hat es mit Jüdischem sehr wenig zu tun.«

»Sie geben aber zu, dass das absolut eine Völkerrechtstheorie des Lebensraumes ist?«

»Ich sage Großraum.«

»Hitler war auch für den Großraum.«

»Das waren sie wohl alle gewesen, auch Angehörige anderer Staaten.«

»Wenn man diesen Aufsatz liest, ist es doch der reinste Hitlerstil.«

»Nein. Ich bin stolz darauf, dass ich seit 1936 damit nichts zu tun hatte.«

»Vorher ist also der Hitlerstil bei Ihnen zu finden?«

»Nein, das habe ich nicht gesagt. Bis 1936 habe ich es für möglich gehalten, diesen Phrasen einen Sinn zu geben.«[319]

Kempner erinnerte sich in dem Moment natürlich an den Hinweis in seiner Akte, dass ausgerechnet dieser Mann, der ihm seine geistige Überlegenheit gegenüber Hitler ausgedrückt hatte, auf einer Tagung der »Reichsgruppe Hochschullehrer des NS-Rechtswahrerbundes« am 3. und 4. Oktober 1936 über »Das Judentum in der Rechtswissenschaft« die »dringende Bitte« ausgesprochen hatte, »jeden Satz in Adolf Hitlers ›Mein Kampf‹ über die Judenfrage, besonders seine Ausführungen über ›jüdische Dialektik‹ zu lesen. [...] Weisen Sie auch unsere Studenten der Rechtswissenschaft immer wieder auf diese Sätze des Führers hin.«[320] Der Jude, erklärte Schmitt, »hat zu unserer geistigen Arbeit eine parasitäre, eine taktische und händlerische Beziehung. [...] Mit großer Findigkeit und schneller Witterung weiß er das Rechte zu treffen. Das ist sein Instinkt als Parasit und echter Händler.«[321] Als ihm auf der Tagung der Einwand begegnete, der jüdische Rechtslehrer Friedrich Julius Stahl (den Schmitt später in seinem Hobbes-Buch noch einmal angreifen sollte) habe doch auch Verdienste, fuhr Schmitt aus der Haut: »Wenn immer wieder betont wird, dieser Mann sei subjektiv ehrlich gewesen, so mag das sein, doch muss ich hinzufügen, dass ich nicht in die Seele dieses Juden schauen kann und dass wir überhaupt zu dem innersten Wesen der Juden keinen Zugang haben. Wir kennen nur ihr Missverhältnis zu unserer Art. Wer diese Wahrheit einmal begriffen hat, weiß auch, was Rasse ist.«[322] Was der »Führer« über jüdische Dialektik gesagt habe, forderte Schmitt, »müssen wir uns selbst und unseren Studenten immer wieder einprägen, um der großen Gefahr immer neuer Tarnungen und Zerredungen zu entgehen. Mit einem nur gefühlsmäßigen Antisemitismus und der allgemeinen Ablehnung einiger besonders aufdringlicher und unangenehmer jüdischer Erscheinungen ist es nicht getan; es bedarf einer erkenntnismäßig begründeten Sicherheit.«[323] Als »wissenschaftliche, auch für die Rassenseelenkunde entscheidende Erkenntnis« bezeichnete er den Umstand, »wie stark das jüdische Gesetzesdenken auf sämtlichen Gebieten des Rechtslebens zur Herrschaft gelangt und wie wenig dieses Gesetzesdenken mit dem Rechts- und Gesetzesgefühl des deutschen Menschen auch nur vergleichsweise in Beziehung gebracht« werden könne. »Wir müssen den deutschen Geist von allen jüdischen Fälschungen befreien«, erklärte Schmitt, »Fälschungen des Begriffes Geist, die es ermöglicht haben, dass jüdische Emigranten den großartigen Kampf des Gauleiters Julius Streicher als etwas ›Ungeistiges‹ bezeichnen konnten.«[324] Seltsam, dass Schmitt vor diesem akademischen Kreis Streicher, den er übrigens auch zu der Tagung eingeladen hatte, der aber nicht erschienen war, in Schutz nahm — Streichers Der Stürmer gehörte sicher nicht zur bevorzugten Lektüre in diesem Kreis. Vorher, schon im Mai 1933, hatte Schmitt seinen Übertritt ins nationalsozialistische Lager mit »neuen Leitsätzen für die Rechtspraxis« angezeigt und erklärt, dass nunmehr für die Anwendung dieser Leitsätze durch Richter, Anwälte, Rechtslehrer oder Rechtspfleger »die Grundsätze des Nationalsozialismus unmittelbar und ausschließlich maßgebend« seien. »Die herrschenden Wertanschauungen und -auffassungen eines Volkes prägen sich stets in den Anschauungen und Auffassungen einer bestimmten führenden und maßgebenden Gruppe oder Bewegung aus. Herrschend, führend und maßgebend sind nicht Auffassungen und Anschauungen im Allgemeinen, sondern die Anschauungen bestimmtgearteter Menschen. Im deutschen Staat der Gegenwart ist die nationalsozialistische Bewegung führend. Von ihren Grundsätzen aus muss daher bestimmt werden, was gute Sitten, Treu und Glauben, zumutbare Anforderungen, öffentliche Sicherheit und Ordnung usw. sind. Gegenüber den herrschenden nationalsozialistischen Anschauungen des deutschen Volkes andere, ihnen fremde oder gar feindliche Anschauungen geltend zu machen wäre subjektive Willkür und ein gegen den nationalsozialistischen Staat gerichtetes politisches Unternehmen.«[325] Denn, warnte Schmitt: »In diesen großen und tiefgreifenden, aber gleichzeitig innerlichen und, ich möchte sagen, intimen Wachstumsprozess soll sich kein Fremdgearteter einmischen. Er stört, auch wenn er es vielleicht gut meint,

Abb. Carl Schmitt, 1933.

auf eine schädliche und gefährliche Weise. Wir lernen vor allem Freund und Feind richtig unterscheiden.«[326] Es sei eine »erkenntnistheoretische Wahrheit«, behauptete Schmitt, »dass nur derjenige imstande ist, Tatsachen richtig zu sehen, Aussagen richtig zu hören, Worte richtig zu verstehen und Eindrücke von Menschen und Dingen richtig zu bewerten, der in einer seinsmäßigen, artbestimmten Weise an der rechtsschöpferischen Gemeinschaft teilhat und existentiell ihr zugehört. Bis in die tiefsten, unbewusstesten Regungen des Gemüts, aber auch bis in die kleinste Gehirnfaser hinein steht der Mensch in der Wirklichkeit dieser Volks- und Rassenzugehörigkeit. […] Ein Artfremder mag sich noch so kritisch gebärden und noch so scharfsinnig bemühen, mag Bücher lesen und Bücher schreiben, er denkt und versteht anders, weil er anders geartet ist, und bleibt in jedem entscheidenden Gedankengang in den existentiellen Bedingungen seiner Art.«[327] Ohne diese »Artgleichheit«, behauptete Schmitt, könne ein »totaler Führerstaat nicht einen Tag bestehen«[328]. Auf den Führerstaat schrieb er eine Eloge nach der anderen. »Die organisatorische Durchführung des Führergedankens erfordert zunächst negativ, dass alle der liberal-demokratischen Denkart wesensmäßigen Methoden entfallen. Die Wahl von unten mit sämtlichen Residuen bisheriger Wählerei hört auf«[329], freute sich Schmitt und fuhr fort: »Endlich haben die typisch liberalen Trennungen und Dualismen von Legislative und Exekutive […] ihren Sinn verloren. Die Gesetzgebungsbefugnis der Reichsregierung ist ein erstes, bahnbrechendes Beispiel dieser Aufhebung künstlicher Zerreißungen. Überall muss das System der Veranwortungsverteilung und -verschiebung durch die klare Verantwortlichkeit des zu seinem Befehl sich bekennenden Führers und die Wahl durch Auswahl ersetzt werden.«[330] Schließlich der Jubel über die 1935 beschlossenen Nürnberger Gesetze wie das »Blutschutzgesetz«, mit dem Eheschließungen und sexuelle Kontakte zwischen »Juden und Angehörigen deutschen oder artverwandten Blutes« verboten wurden, oder das »Reichsbürgergesetz«, das deutschen Juden eine Staatsangehörigkeit »minderen

Ranges« zuschrieb. Schmitt deklarierte diese Gesetze tatsächlich zu einer »Verfassung der Freiheit«: »Nach den Gesetzen vom 15. September sind deutsches Blut und deutsche Ehre Hauptbegriffe unseres Rechts. Der Staat ist jetzt ein Mittel der völkischen Kraft und Einheit. [...] Die Fundamente unserer völkischen Ordnung stehen jetzt fest: Das deutsche Volk mit seinem Führer als Staatsoberhaupt und oberstem Gerichtsherrn der Nation; der Orden der nationalsozialistischen Bewegung als der Hüter unserer Verfassung; die deutsche Wehrmacht mit dem Führer als oberstem Befehlshaber.«[331]

All diese Sätze, wunderte sich Kempner, kamen von einem Mann, der vier Jahre zuvor noch gegen die Nationalsozialisten votiert und Reichspräsident Paul von Hindenburg sowie Reichskanzler Kurt von Schleicher beraten hatte. Damals, Anfang der dreißiger Jahre in Berlin, erinnerte sich Kempner, hatte er Schmitt in der »Deutschen Gesellschaft«, die alle zwei Wochen dienstags tagte, von ferne gesehen und ihm Respekt durchaus nicht versagen können, zumal nach Schmitts Auftritt 1932 vor dem Staatsgerichtshof in Leipzig, als er nach dem »Preußenschlag«, der wegen »Gefähr-

Abb. Die Vertreter des Deutschen Reichs beim Prozess am Staatsgerichtshof in Leipzig, 1932 (Carl Schmitt dritter von rechts). Zeichnung von Emil Stumpp.

dung der öffentlichen Sicherheit in Preußen« erfolgten Absetzung der preußischen Regierung am 20. Juli 1932 durch eine Notverordnung des Reichspräsidenten und der Bestellung Reichskanzler Papens zum Reichskommissar für Preußen, das Reich gegen Preußen vertrat. Ein Verfassungsstreit als Schauprozess, bei dem so gut wie alle Juristen, die damals in Deutschland Namen und Rang hatten, vertreten waren: für das Reich neben Carl Schmitt die Professoren Erwin Jacobi und Carl Bilfinger, für Preußen die Professoren Hermann Heller, Gerhard Anschütz sowie der Ministerialdirektor Arnold Brecht aus dem preußischen Innenministerium; die Zentrumsfraktion im Reichstag hatte zudem noch Professor Hans Peters, das Land Bayern Professor Hans Nawiasky sowie den damaligen Privatdozenten Theodor Maunz, später ebenfalls Professor der Rechte und nach dem Krieg maßgeblicher Kommentator des Grundgesetzes und bayerischer Kultusminister, nach Leipzig entsandt. Berühmt die Schlussrede, die Schmitt damals gehalten hatte und in allen Zeitungen zitiert wurde und die Kempner in seiner Akte auch wiederfand und noch einmal las: »Wo ist denn dieses alles, die Dignität und die Ehre Preußens, besser aufgehoben: bei den am 20. Juli ihres Amtes enthobenen, geschäftsführenden Ministern, die nur noch dank dem Kunstgriff vom 12. April geschäftsführende Minister waren oder bei dem Reichspräsidenten Hindenburg? Diese Frage ist für mich nicht schwer zu beantworten. Es ist wahr, Preußen hat seine Ehre und seine Dignität, aber der Treuhänder und der Hüter dieser Ehre ist heute das Reich.«[332]

In Kempners Handakte fand sich auch ein Artikel Schmitts vom 19. Juli 1932 aus der TÄGLICHEN RUNDSCHAU, die Kanzler Schleicher nahe stand. Unter der Überschrift »Der Missbrauch der Legalität« hatte Schmitt geschrieben, dass, wer den Nationalsozialisten am 31. Juli die Mehrheit verschaffe, obwohl er nicht Nationalsozialist sei und in dieser Partei nur das kleinere Übel sehe, »töricht«[333] handele. Er gebe »dieser weltanschaulich und politisch noch gar nicht reifen Bewegung«[334] die Möglichkeit, die Verfassung zu ändern, das Staatskirchentum einzuführen, die Gewerkschaften aufzulösen usw. Er liefere Deutschland dieser Gruppe völlig aus. »Deshalb«, resümierte die Tägliche Rundschau in einer dem Artikel beigefügten redaktionellen Notiz, die Schmitts Haltung korrekt umschrieb, »war es bisher unter Umständen gut, die Widerstandsbewegung Hitlers zu fördern, am 31. Juli ist es überaus gefährlich, weil die 51 Prozent der NSDAP eine ›politische Prämie‹ von unabsehbaren Folgen geben.«[335] Kempner hatte daraufhin auch noch einmal in Schmitts Buch »Legalität und Legitimität« gelesen, das im Juli 1932 abgeschlossen vorlag. Schmitt hatte sich darin mit verfassungsrechtlichen Ansichten von Gerhard Anschütz, damals einer der führenden Verfassungskommentatoren, und Richard Thoma auseinandergesetzt. Thoma halte »wenigstens noch das bürgerlich-rechtliche System selbst mit seinem Gesetzes- und Freiheitsbegriff heilig«[336], die liberale Wertneutralität werde als ein Wert angesehen und der politische Feind – Faschismus und Bolschewismus – offen genannt, während bei Anschütz die Wertneutralität den legalen Weg zur Beseitigung der Legalität selbst biete, also in ihrer Neutralität bis zum Selbstmord gehe. Eine Verfassung, warnte Schmitt aber, die es nicht wagen würde, »sich hier zu entscheiden, sondern statt einer substanzhaften Ordnung den kämpfenden Klassen, Richtungen und Zielsetzungen die Illusion geben wollte, dass sie legal auf ihre Rechnung kommen, alle ihre Parteiziele legal erreichen und alle ihrer Gegner legal vernichten können, ist heute nicht einmal mehr als dilatorischer Formelkompromiss möglich und würde im praktischen Ergebnis auch ihre Legalität und Legitimität zerstören.«[337] Schmitt vertrat die sichere Auffassung, es hänge alles am Prinzip der gleichen Chance innerpolitischer Machtgewinnung. »Wird dieses Prinzip preisgegeben, so gibt der parlamentarische Gesetzgebungsapparat sich selber, seine Gerechtigkeit und seine Legalität preis. […] Jeder kritische Augenblick gefährdet das Prinzip der gleichen Chance, weil er den unaufhebbaren Gegensatz zwischen legaler Machtbesitz-Prämie und Offenhaltung der gleichen Chance innerpolitischer Machtgewinnung enthüllt. […] Das Prinzip der gleichen Chance ist von solcher Empfindlichkeit, dass schon der ernstliche Zweifel an der vollen loyalen Gesinnung aller Beteiligten die Anwendung des Prinzips unmöglich macht. Denn man kann die gleiche Chance selbstverständlich nur demjenigen offen halten, von dem man sicher ist, dass er sie einem selber offen halten würde; jede andere Handhabung eines derartigen Prinzips wäre nicht nur im praktischen Ergebnis Selbstmord, sondern auch ein Verstoß gegen das Prinzip selbst.«[338] Die nationalsozialistische Partei verstoße aber gegen das Prinzip der gleichen Chance auf innerpolitische Machtgewinnung, lautete Schmitts entscheidendes Argument, denn sie beteilige sich am parlamentarischen System nur, um durch eine »legale Revolution« die Legalität zu beseitigen. Diese Schmittschen Ansichten kannte Kempner zwar noch aus seiner Berliner Zeit vor 1933, hatte sein Wissen aber zur Vorbereitung des Verhörs vorsichtshalber noch einmal überprüft – und fragte sich nun, woher 1933 plötzlich die Schmittsche Wende kam, sein Engagement auf Seiten der Nationalsozialisten, das so heftig war, dass schon 1934 von ehemaligen, ins Ausland emigrierten Bewunderern und Schülern die Bezeichnung »Kronjurist des Dritten Reiches« fiel. Schmitts Engagement war total. Die ihn damals aus der Nähe erlebten, erklärten sich dieses Engagement zum Beispiel mit dem »überwältigenden Eindruck der enormen Kraft, die Hitler zeigte. Auch andere Männer beeindruckten ihn, so Göring, den er einmal als Kriegsgott bezeichnete. Den im Vordergrund stehenden Zielen Hitlers konnte er aus voller Brust zustimmen. Schließlich war Carl Schmitt auch Ehrgeiz nicht fremd, und er war nicht zu tadeln, wenn er die Anerkennung anstrebte, die seinem geistigen Rang entsprach, mag auch der Verzicht darauf als Akt des Askese noch höher stehen.«[339] Trotz seines Engagements auf Seiten der Nationalsozialisten blieb er alten Verbindungen treu und nahm während seiner Kölner Zeit im Juni 1933 zusammen mit Franz von Papen, dem Industriellen Fritz Thyssen und dem Münsteraner Philosophen Peter Wust im Kloster Maria Laach an einem Kongress des »Katholischen Akademikerverbandes« teil; ein Hörer seiner Kölner Vorlesungen, der später als Schriftsteller bekannt gewordene Gerhard Nebel, fand in Schmitts damaligen Äußerungen, die den Hintergrund der aktuellen Politik mit Ratschlägen Machiavellis erläuterten und zeigten, »dass überall und zu allen Zeiten die Macht mit den gleichen Mitteln erhalten und gewonnen wurde«, lediglich viel Ironie, »lebensgefährlich viel Ironie, eine große Distanz«[340]. Ein anderer Bekannter aus der damaligen Zeit, der Philosoph Hugo Fischer, Mitglied des national-revolutionären Kreises um Ernst Jünger, zitierte Schmitts nach 1933 geäußerte Worte, nur ein Halbarier zu sein, das sei, als habe man nur ein Auge — Fischer gab das Zitat lachend wieder und fügte hinzu: »Es war Dadaismus.«[341] Als Ironie und Dadaismus wird man Schmitts Äußerungen auf der von ihm organisierten Tagung über »Das Judentum in der Rechtswissenschaft« aber kaum bezeichnen können. Laut Fischer war nach Schmitts ideologisch-publizistischem Übertritt zu den Nationalsozialisten »Vorsicht geboten, ihm zu widersprechen«[342]; er habe einen ins Konzentrationslager schicken können. Dies ist eine heftige und vermutlich haltlose Übertreibung.

Doch dann kamen die Nationalsozialisten darauf, angeregt durch den SS-Sturmbannführer und Schmitts Juristenkollegen Professor Dr. Reinhard Höhn, dass Schmitts Engagement für ihre Ideen nicht »wahrhaft« sein könne, und der SS-Sicherheitsdienst (SD) leitete im Sommer 1936 eine Untersuchung gegen ihn ein, las seine Post mit, verhörte Freunde und Bekannte, schickte Spitzel in seine Vorlesungen. Das gefundene Material war reichhaltig und beschränkte sich nicht auf Schmitts Engagement vor Machtantritt der Nationalsozialisten im Jahr 1933. Schon 1916 habe Schmitt verkündet: »Die ganze Romantik der Rassenlehre beruht auf ähnlichen, namentlich morphologischen Spekulationen, und Leute, die sich Realpolitiker zu nennen belieben, machen naturwissenschaftliche, angeblich exakte Rassenunterschiede geltend, während sie im Grunde nur moralische Deutungen meinen.«[343] 1925 habe Schmitt Flugschriften der rheinischen Zentrumspartei verfasst und 1932 erklärt: »Hitler wird jetzt mit dem Zentrum zusammengehen und dann ist er unter Garantie in einem halben Jahr erledigt.« Schmitt solle damals sogar eine Denkschrift ausgearbeitet haben, »die das Ziel hatte, den Nationalsozialismus abzudrehen«. »Als der Nationalsozialismus in das entscheidende Stadium des Kampfes um die Macht eintrat«, stellte das SD-Dossier heraus, »gab Schmitt mit dem Buch ›Legalität und Legitimität‹ eine geradezu entscheidende Handhabe zur Verhinderung der legalen Machtübernahme durch den Nationalsozialismus. […] Hier trat klar zutage, dass Professor Schmitt […] in seiner Art einer der gefährlichsten Gegner des Nationalsozialismus war, 1931/32 Kronjurist der Regierungen Brüning, Papen, Schleicher, der diesen in seinen Schriften die rechtlichen Grundlagen für das Notverordnungsrecht und für die Niederhaltung des Nationalsozialismus im Rahmen der Reichsverfassung gab.« Schmitt mache außerdem abfällige Witze über die Gestapo – »vorne Volksgemeinschaft und hinten Gestapo« –, er sei gar kein

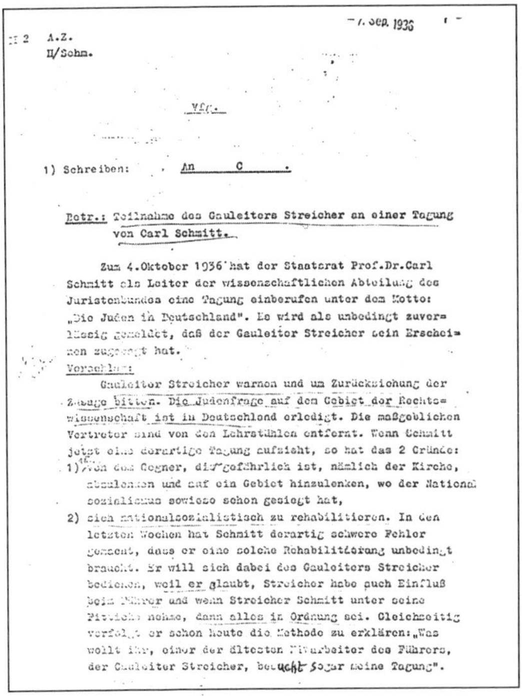

7. Sep. 1936

II 2 A.Z.
II/Schm.

Vfg.

1) Schreiben: An C.

Betr.: Teilnahme des Gauleiters Streicher an einer Tagung von Carl Schmitt.

Zum 4. Oktober 1936 hat der Staatsrat Prof. Dr. Carl Schmitt als Leiter der wissenschaftlichen Abteilung des Juristenbundes eine Tagung einberufen unter dem Motto: „Die Juden in Deutschland". Es wird als unbedingt zuverlässig gemeldet, daß der Gauleiter Streicher sein Erscheinen zugesagt hat.

Vorschlag:

Gauleiter Streicher warnen und um Zurückziehung der Zusage bitten. Die Judenfrage auf dem Gebiet der Rechtswissenschaft ist in Deutschland erledigt. Die maßgeblichen Vertreter sind von den Lehrstühlen entfernt. Wenn Schmitt jetzt eine derartige Tagung aufzieht, so hat das 2 Gründe:

1) von dem Gegner, der gefährlich ist, nämlich der Kirche, abzulenken und auf ein Gebiet hinzulenken, wo der Nationalsozialismus sowieso schon gesiegt hat,
2) sich nationalsozialistisch zu rehabilitieren. In den letzten Wochen hat Schmitt derartig schwere Fehler gemacht, dass er eine solche Rehabilitierung unbedingt braucht. Er will sich dabei des Gauleiters Streicher bedienen, weil er glaubt, Streicher habe auch Einfluß beim Führer und wenn Streicher Schmitt unter seine Fittiche nehme, dann alles in Ordnung sei. Gleichzeitig verfolgt er schon heute die Methode zu erklären: „Was wollt ihr, einer der ältesten Mitarbeiter des Führers, der Gauleiter Streicher, besucht sogar meine Tagung".

Abb. Auszug aus der SD-Akte.

Nationalsozialist, sondern ein katholischer Denker und Opportunist mit vielen jüdischen Verbindungen; zum Beispiel habe er seine 1928 erschienene »Verfassungslehre« dem verstorbenen jüdischen Freund Fritz Eisler gewidmet. »Enge Verbindungen bestanden auch zu dem Juristenkollegen Erich Kaufmann«, protokollierte der SD. »In seinem Buch ›Politische Theologie‹, 1922 ersterschienen, schreibt er in der zweiten Auflage von 1934 im Vorwort, die zweite Ausgabe sei unverändert geblieben, einige Kürzungen beständen nur darin, dass Stellen, die sich mit Unwesentlichem befassten, gestrichen seien. Bei diesen Stellen handelt es sich um solche, in denen in der ersten Auflage der Jude Erich Kaufmann bejahend zitiert und gelobt wird. Diese frühere enge Freundschaft wurde ihm 1933 unbequem und deshalb strich Schmitt alles, was darauf Bezug hatte, als ›unwesentlich‹. Seine Auseinandersetzung mit einem anderen jüdischen Juristen, Hans Kelsen, die ihm nicht zum Vorwurf gereichen konnte, blieb dagegen in der zweiten Auflage erhalten. Er strich also nicht alle zitierten Juden, sondern nur diejenigen, zu denen er sich positiv gestellt hatte.« Wenn die SD-Akte neben solchen Vorwürfen auch mancherlei Kuriositäten zusammentrug – so habe Schmitt »aus südfranzösischen Klöstern« sich Reliquien ausgeborgt, »mit denen er sich tagelang einschloss« –, so entwerteten solche herbeigezerrten absurd-komischen Spitzelberichte keineswegs den übrigen Inhalt der Akte.

Im Dezember 1936 wurde das gesammelte Material – ein Dossier von 299 Schreibmaschinenseiten, eine Originaldurchschrift bewahrt heute die »Wiener Library« in London in einer »Black Box Carl Schmitt« auf – ausgewertet und ein Angriff gegen Schmitt in der SS-Zeitschrift Das Schwarze Korps lanciert, dem unmittelbar in der nächsten Ausgabe ein zweiter Angriff folgte. »Das Schicksal der deutschen Intelligenz und Bildung wird auch das Schicksal der Weimarer Verfassung sein«, zitierte das SS-Blatt eine Rede Schmitts vom 14. Januar 1930. »Damals«, kommentierte Das Schwarze Korps, »saß er auf dem Lehrstuhl des Bauers der Weimarer Verfassung, des jüdischen Professors Hugo Preuß. Prof. Carl Schmitt teilte das vorausgesehene Schicksal der bürgerlichen Intelligenz leider nicht, als die Weimarer Verfassung durch die nationalsozialistische Revolution hinweggefegt wurde; im Gegenteil, im Jahr 1933 wurde er Professor des öffentlichen Rechts an der Universität Berlin. Er hatte damals schon eine Vergangenheit. [...] War das besondere Verhältnis des Prof. Schmitt zu den Juden auch nur für irgendwen verwunderlich? Juden waren seine Freunde; Juden bahnten ihm den Weg; ihnen widmete er Bücher. Ehe Prof. Schmitt seine Gedanken in besonderen Schriften vertrat, wurden sie als Aufsätze in der von dem Juden Wilhelm Fuchs redigierten katholischen Monatszeitschrift HOCHLAND veröffentlicht. Die Juden Erich Kaufmann und Moritz Julius Bonn begleiteten mit warmherziger Förderung die Laufbahn des Prof. Schmitt. Und warmherzig waren auch die Worte, die dieser dankbare Prof. Schmitt für seinen Vorgänger auf dem Berliner Lehrstuhl der Handelshochschule, den Juden Hugo Preuß, fand. Ihn pries er als den unabhängigen Geist und sah in dem Leben und Werk dieses Juden ›den Zusammenhang von bürgerlicher Bildung und Staatsverfassung‹. [...] An der Seite des Juden Jacobi focht Carl Schmitt im Prozess Preußen ./. Reich für die reaktionäre Zwischenregierung Schleicher. [...] Den Kennern der Lehre des Prof. Schmitt war nur zu gut bekannt, dass er in der Schriftenreihe des ›Verbandes der Union Katholischer Akademiker zur Pflege der katholischen Weltanschauung‹ mit päpstlichem Unbedenklichkeitsvermerk beachtliche Beiträge zur theoretischen Unterbauung des politischen Katholizismus geliefert und diese seine Haltung in der aktiven Unterstützung der Zentrumspartei und später der Zentrumsregierung Brüning durch die Tat weithin sichtbar bekräftigt hatte. Hier hat er den klassischen Satz geprägt, der die Legalität seiner Wandlungen zu begründen sucht: ›Mit jedem Wechsel der politischen Situation werden anscheinend alle Prinzipien gewechselt, außer der einen, der Macht des Katholizismus.‹ Ist es da verwunderlich, dass die katholische Wissenschaft ihn noch heute unwidersprochen für sich in Anspruch nimmt und zu ihren maßgeblichen Vertretern zählt, ihn, der durch die katholische Schule gegangen war und die ›lateinische‹ und katholische Geistigkeit in seltener Reinheit repräsentiert.«[344] Das SS-Blatt war sehr gut informiert, ohne seinen Informanten preiszugeben. »Jahre hindurch predigte Carl Schmitt das ›Entscheidungsdenken‹, auch hier lehnte er sich an ausländische katholische Vorgänger. Blieb aber auch dieses Entscheidungsdenken nicht nur intellektuelle Theorie?«, fragte DAS SCHWARZE KORPS und gab seinen Lesern die Antwort: »Für seine Person verzichtete Prof. Schmitt darauf, eine persönliche politische Entscheidung zu treffen. Seine Parole hieß: Abwarten! ›Warten, bis es so weit ist.‹ Und er wartete bis zum letzten Augenblick. Am 30. Januar 1933 war es so weit. Nachdem die Entscheidung gefallen war, konnte auch Prof. Schmitt ohne Gefahr für sich eine Entscheidung vollziehen. Schweigend und voller Bewunderung sahen die Kenner seiner Persönlichkeit und seines Werdegangs, wie er sich nun plötzlich zum Hüter der nationalsozialistischen Idee aufzuschwingen verstand. Jetzt war die politische Entscheidung gegen das Judentum gefallen. Auch Carl Schmitt erwies sich nun als Antisemit. Treffende Worte fand er jetzt gegen den schädlichen Einfluss des Judentums im Geistesleben. Klar und ein-

Seite 14 / Folge 48 „Das Schwarze Korps" 3. Dezember 1936

Eine peinliche Ehrenrettung

Wer von 1918 bis 1932 den politischen Katholizismus in vielbeachteten Schriften unterstützte, um dann 1932 in der Aera Papen-Schleicher-Gayl dem reinen Staatsgedanken zu huldigen, ist seit 1933 meist ruhig und still geworden. So sollte man wohl glauben. Wer aber nun sich dann noch weiter bemüht und seit 1933 „auf die Rechtslehre des Nationalsozialismus in hervorragendem Maße einwirkt", dessen Denkweise ist „gerade in seinem Gestaltwandel ein Spiegelbild der tausendjährigen Geschichte unsres deutschen Volkes"!!

Diese im Organ der jungen Rechtswahrer „Jugend und Recht" (Jahrgang 10 Nr. 11) von einem Günther Krauß vorgetragene und haarsträubende „Beweisführung" soll — und das ist das Besondere an der Sache — die politischen Wandlungen des Staatsrechtlers Carl Schmitt rechtfertigen. (Wir nehmen als selbstverständlich an, daß sich Carl Schmitt diese krausen Spitzfindigkeiten mit allem Nachdruck verbitten wird und Mittel und Wege findet, um von einer derartigen Salbaderei gebührend abzurücken.)

Ganz abgesehen von der Vermessenheit, die Entwicklungsstufen eines staatsrechtlichen Wissenschaftlers mit der zweitausendjährigen Geschichte unseres Volkes gleichzusetzen, bedeutet dieser Eiertanz um die Gunst, den Versuch einer Rechtfertigung der Episode von 1918 bis 1933 überhaupt.

Wenn der krause Günther schließlich nur die Anpassungsfähigkeit gewisser Leute den jungen nationalsozialistischen Rechtswahrern „verständlich" hätte machen wollen, so könnte man darüber lachen. Es ist auch gar zu spaßig, daß „in der inneren Entwicklung, dem Gestaltwandel der Lehre Carl Schmitts, also kein Widerspruch, sondern die gleiche Logik liegt, die in der Geschichte des deutschen Volkes überhaupt wirksam ist."

Danach ist also jeder „denkende Mensch", der der zweitausendjährigen Geschichte unseres Volkes […] ausgestellt ist, macht seinen Wert an der Konjunkturbörse nur undurchsichtiger.

Günther Krauß hat sein Ziel aber viel weiter gesteckt. Da — sicherlich zufällig — die aufgezeigten Entwicklungsstufen der besagten Staatsrechtslehre mit einer überraschenden Genauigkeit mit dem Krankheitsablauf des November-„Staates" zusammenfallen, ist also auch er schlechthin zu einem Sinnbild der tausendjährigen Geschichte gestempelt, und wir müssen noch froh und dankbar sein, daß sich ein Krauß gefunden hat, der uns erst die Augen öffnete.

Wir brauchen danach nicht mehr die Geschichte unseres Volkes in all ihren Wechselfällen durch die Jahrhunderte lebendig werden zu lassen, sondern betrachten einfach die Ereignisse von 1918 bis 1933, um erschüttert zu sein von der abgrundtiefen Symbolik, die uns da geradezu in höchster Lichtfülle überflutet. Da wendet sich der Gast mit Grausen!

Noch nie ist die deutsche Geschichte so schamlos verbogen worden, um die gestaltlosen Wandlungen einer intellektuellen Schicht in kürzestem Zeitraum zu verherrlichen. Wer derart Schindluder treibt mit dem gewaltigen Umbruch unserer Zeit, hat das Recht verwirkt, zu jungen Rechtswahrern zu sprechen.

Das Bild wird aber erst vollständig, wenn man erfährt, daß — nach der Meinung von Krauß und anscheinend auch seiner Schriftleitung — Adolf Hitler die große Entschuldigung für den „Gestaltwandel des Denkens" im Schnellzugtempo sein soll.

In Klammern erdreistet sich Krauß zur Widerlegung von Einwänden zu schreiben: „Auch der Führer selbst stammt aus einer katholischen Landschaft und ist durch den preußischen Staat hindurchgegangen."

Das ist der Gipfelpunkt einer Unverschämtheit. Wer auch nur etwas weniger eingebildet ist auf seine „sachlichen Beweisgründe" und sein „juristisch einwandfreies Verfahren", müßte beinah selbst merken, daß er durch die Zitierung Adolf Hitlers den Staatsrat Carl Schmitt bis auf die Knochen bloßstellt. Besser wenigstens konnte gar nicht dargetan werden, wie man in den historisch völlig unbedeutenden Zeiten des zentrümlich-sozialdemokratischen Zwischenreichs ebenso wie „im autoritären Staat 1932" selbst von jedem Anflug eines Gestaltwandels à la Krauß verschont bleiben konnte.

Ein Verdienst hat auf jeden Fall die nationalsozialistische Revolution auch bei Herrn Krauß, und das mag ihn vollends der Lächerlichkeit preisgeben: „Die nationalsozialistische Bewegung verhilft dem Denken Carl Schmitts zu einer echten Erkenntnis der eigenen Prinzipien".

Wir glauben, den berechtigten Weheruf des also beschworenen Staatsrates zu hören: „Herr, rette mich von meinen Freunden!"

Unmögliche Reformvorschläge

In einer Zeitschrift wurde kürzlich der Entwurf zu einem Schulzeugnis veröffentlicht, gleichzeitig mit der Aufforderung an die […] wo er auf seine charakterlichen Eigenschaften hin geprüft wird. Wir wollen jedoch keine Lehrer […]

Magenbitter aus Heilbronn

Allmählich fangen die „Arisierungen" der verschiedenen Firmen in den verdächtigsten Farben zu schillern an. In Heilbronn am Neckar gibt es eine Likörfabrik Steigerwald A.-G., die in einem aufmunternden Rundschreiben „An unsere Geschäftsfreunde" von dem freudigen Ereignis Mitteilung macht, daß ihr Unternehmen es nach viereinhalb Jahren denn doch so weit gebracht hat, sich grundlegend umzugestalten. Sie bringt unter anderem zur gefälligen Kenntnis:

„Die Aktien der Gesellschaft sind zum weit überwiegenden Teil in arisches Eigentum übergegangen.

Das Stimmrecht des gesamten Aktienkapitals wird von arischer Seite ausgeübt.

Dem Aufsichtsrat gehören ausschließlich arische Herren an.

In dankenswerter Weise hat sich ein führendes Parteimitglied für den Aufsichtsrat zur Verfügung gestellt."

Das führende Parteimitglied scheint man sich zu dem Zwecke herangeholt zu haben, um die verschiedenen Geschäftsfreunde über die Tatsache hinwegzutäuschen, daß die Aktien der Gesellschaft zwar zum weit überwiegenden Teil in arisches Eigentum übergegangen sind, der Rest aber weiter in nichtarischen Händen verblieben ist.

Es ist bei manchen Firmen geradezu modern, gewissermaßen als Stander, unter dem man weiterzusegeln gedenkt, einen Parteigenossen flattern zu lassen. Mag es auch erfreulich sein, wenn man nach viereinhalb […]

Abb. DAS SCHWARZE KORPS, vom 3. Dezember 1936, Seite 14.

drucksvoll bewies er, dass zwischen einem Juden und einem Nichtjuden eine ernsthafte Auseinandersetzung eine innere Unmöglichkeit ist. […] Jetzt hieß es nicht mehr abwarten. Die Entscheidung war gefallen. Staat, Bewegung, Volk. Prof. Schmitt hatte die ›Voraussetzungen seines Denkens gefunden‹ — wenn auch reichlich spät. Aber immer noch geistert im Schatten der politischen Einheit das päpstliche Imprimatur des Buches ›Römischer Katholizismus und politische Form‹. Wie würde es, wenn die Kirche von sich aus ›den politischen Totalitätsanspruch erhebt‹? Was macht Carl Schmitt, wenn die totale Kirche ›Staat, Bewegung und Volk von sich aus deren Platz anzuweisen beansprucht und Freund und Feind des Volkes von sich aus unterscheiden will‹? Liegt in dieser Fragestellung nicht schon ein tiefer Sinn? Ist die Entscheidung für Carl Schmitt wirklich schon gefallen? […] Es ist ein Grundgesetz des Nationalsozialismus, dass echte Leistung nur aus einer klaren

Seite 2 / Folge 50 „Das Schwarze Korps"

Es wird immer noch peinlicher!

Unter der Überschrift: „Eine peinliche Ehrenrettung" veröffentlichten wir in der letzten Folge des „Schwarzen Korps" eine Darstellung der „krausen Gedankengänge", mit denen Dr. Günther Krauß in der Zeitschrift „Jugend und Recht" die vielfachen Wandlungen der Staatslehre Carl Schmitts aus einer angeblichen inneren Logik zu rechtfertigen versucht hatte.

Wir haben inzwischen festgestellt, daß Günther Krauß ein gründlicher Kenner der Lehre Carl Schmitts ist und als sein vertrautester Freund und Schüler galt. Die Arbeit von Günther Krauß ist deshalb nicht die Auffassung eines unvoreingenommenen Betrachters, sondern sie spiegelt auf kurzem Raum mit seltener Treffsicherheit die Wandlungen der wandelbaren Lehre des Prof. Schmitt.

Der Aufsatz von Krauß war in „Jugend und Recht" als Ausgangspunkt einer im engeren Kreis der Rechtswahrerjugend stattfindenden Auseinandersetzung veröffentlicht worden. Wir stellen dies gern fest. Unser Beitrag hat aber allenthalben einen derartigen Widerhall gefunden, daß wir die Auseinandersetzung über den sachlichen Gehalt der wissenschaftlichen Lehre des Prof. Schmitt weiterführen wollen. Deshalb geben wir nachfolgenden Ausführungen eines Sachkenners Raum:

„Das Schicksal der deutschen Intelligenz und Bildung wird auch das Schicksal der Weimarer Verfassung sein." So sprach Prof. Schmitt am 18. Januar 1930, am Tage der Reichsgründung. Damals saß er auf dem Lehrstuhl des Vaters der Weimarer Verfassung, des jüdischen Professors Hugo Preuß. Prof. Carl Schmitt teilte das vorausgesehene Schicksal der bürgerlichen Intelligenz leider nicht, als die Weimarer Verfassung durch die nationalsozialistische Revolution hinweggefegt wurde; im Gegenteil, im Jahre 1933 wurde er Professor des öffentlichen Rechts an der Universität Berlin. Er hatte damals schon eine Vergangenheit.

nicht nur intellektuelle Theorie? Für seine Person verzichtete Prof. Schmitt darauf, eine persönliche politische Entscheidung zu treffen. Seine Parole hieß: Abwarten! „Warten, bis es wirklich soweit ist." Und er wartete bis zum letzten Augenblick.

Am 30. Januar 1933 war es soweit. Nachdem die Entscheidung gefallen war, konnte auch Prof. Schmitt ohne Gefahr für sich eine Entscheidung vollziehen. Schweigend und voller Verwunderung sahen die Kenner seiner Persönlichkeit und seines Werdeganges, wie er sich nun plötzlich zum Hüter der nationalsozialistischen Idee aufzuschwingen verstand.

Jetzt war die politische Entscheidung gegen das Judentum gefallen. Auch Carl Schmitt erwies sich nun als Antisemit. Treffende Worte fand er jetzt gegen den schädlichen Einfluß des Judentums im Geistesleben. Klar und eindrucksvoll bewies er, daß zwischen einem Juden und einem Nichtjuden eine ernsthafte Auseinandersetzung eine innere Unmöglichkeit sei. Stillschweigend wurden die Zitate und Lobpreisungen, die Prof. Schmitt seinen jüdischen Kollegen in seinen Büchern zuerkannt hatte, gestrichen.

Jetzt hieß es ja nicht mehr Abwarten. Die Entscheidung war gefallen. Staat, Bewegung, Volk. Prof. Schmitt hatte „die Voraussetzungen seines Denkens gefunden" — wenn auch reichlich spät. Aber immer noch geistert im Schatten der politischen Einheit das päpstliche Imprimatur des Buches „Römischer Katholizismus und politische Form". Wie würde es, wenn die Kirche von sich aus „den politischen Totalitätsanspruch erhebt"? Was macht Carl Schmitt, wenn die totale Kirche „Staat, Bewegung und Volk von sich aus deren Platz anzuweisen beansprucht und Freund und Feind des Volkes von sich aus unterscheiden will"? Liegt in dieser Fragestellung nicht schon ein tiefer Sinn? Ist die Entscheidung für Carl Schmitt wirklich schon gefallen?

Nun überwand auch der Bürger Carl Schmitt sich selbst. „Er lernte in Reih und Glied zu marschieren." Voller Verwunderung sah man Carl Schmitt als Soldat. Spukte vielleicht hier noch jene Hoffnung aus den Jahren vor der Entscheidung?

Es ist ein Grundgesetz des Nationalsozialismus, daß echte Leistung nur aus einer klaren persönlichen Haltung hervorgehen kann. Dies Grundgesetz wird sich auch an der Lehre des Prof. Carl Schmitt bewähren müssen. Sollte es Carl Schmitt wirklich gelungen sein, einen echten Zugang zur nationalsozialistischen Wissenschaft gefunden zu haben? Wir meinen, daß Prof. Carl Schmitt allen Grund hätte zu dem Ausruf: „Der Herr bewahre mich vor meinen Konsequenzen."

Soweit die Zuschrift. Ihre Nachprüfung ergab, daß sie in der Linie richtig ist. Sie ergab auch noch einiges andere mehr, was wir jedoch lieber nicht bringen und veröffentlichen wollen.

Und die Ausbildungszeit?

Wir haben eine jahrhundertelange Geschichte hinter uns, in der das Individuum alles, der Blutstrom unseres Volkes und die Sippe aber nichts bedeutete. Jene Zeit hatte nur den

demikers ein Höchstziel zu erreichen, daß aber andererseits der Bestand des Volkes als Ganzheit wesentlich gefährdet war.

Hier mußte der Nationalsozialismus, der in

Abb. Das Schwarze Korps, vom 10. Dezember 1936, Seite 2.

persönlichen Haltung hervorgehen kann. Dies Grundgesetz wird sich auch an der Lehre des Prof. Carl Schmitt bewähren müssen. Sollte es Carl Schmitt wirklich gelungen sein, einen echten Zugang zur nationalsozialistischen Wissenschaft gefunden zu haben? Wir meinen, dass Prof. Carl Schmitt allen Grund hätte zu dem Ausruf: ›Der Herr bewahre mich vor meinen Konsequenzen.‹«[345]

Da nutzte es Schmitt auch nichts, sich etwa durch die Organisation der Tagung der »Reichsgruppe Hochschullehrer des Nationalsozialistischen Rechtswahrerbundes« über »Das Judentum in der Rechtswissenschaft« am 3. und 4. Oktober 1936 in Berlin bei den Nationalsozialisten angebiedert und sogar in einem Brief an Heinrich Himmler, Reichsführer der SS, empfohlen zu haben, Ergebnisse der Tagung in aktuellen Prozessverfahren anzuwenden. In Davos hatte der jüdische Medizinstudent David Frankfurter den Landesgruppenleiter der NSDAP-Auslandsorganisation in der Schweiz, Wilhelm Gustloff, ermordet, um auf das Schicksal der Juden in Deutschland hinzuweisen. Der Prozess gegen Frankfurter stand in der Schweiz an, und in diesem Zusammenhang schrieb Schmitt am 2. Dezember 1936 an Himmler: »Meiner Überzeugung nach ist besonders die Abhandlung von Dr. Mikorey über ›Das Judentum in der Kriminalpsychologie‹ ein hervorragendes Kampfmittel gegen die jüdische Propaganda, die besonders jetzt, anlässlich der bevorstehenden Verurteilung des jüdischen Mörders Frankfurter, im Ausland eingesetzt hat. Da die Gerichtsverhandlung bereits am 9. Dezember beginnt, hat dieser Vortrag ebenso wie der von Dr. von Leers eine außerordentliche aktuelle Bedeutung. Heil Hitler. Ihr sehr ergebener gez. Carl Schmitt, Preußischer Staatsrat.«[345a] Der Brief landete in der SD-Akte der SS.

Die Attacke im Schwarzen Korps war ein gefährlicher Angriff. »Carl Schmitt auf dem Weg in die Emigration oder ins Konzentrationslager?«, fragte die Emigrantenzeitschrift Deutsche Briefe. Wegen seines vorherigen massiven Engagements konnte Schmitt nach dem Angriff der SS-Zeitschrift aber nicht mehr ins Ausland gehen – er wäre von den Emigranten, denen er 1933 hinterher gerufen hatte, sie seien »ausgespieen für alle Zeiten«[346], in ihrem Kreis nicht mehr aufgenommen worden – und musste im »Bauch des Leviathans« bleiben, wenn er auch Professor in Berlin bleiben konnte – ein Professor, der allerdings nach dem 15. Dezember 1936 noch nicht einmal mehr juristische Staatsexamen abnehmen durfte. Vor weiteren Verfolgungen geschützt war Schmitt nur durch den Titel eines Preußischen Staatsrats, den ihm Hermann Göring in seiner Eigenschaft als Preußischer Ministerpräsident verliehen hatte, pünktlich zum 45. Geburtstag am 11. Juli 1933. Heinrich Himmler regte gegenüber Hermann Görings Staatssekretär Paul Körner zwar an, »Professor Schmitt zum Ausscheiden aus dem Preußischen Staatsrat zu veranlassen«[347], aber Göring blieb standhaft, verwahrte sich gegen die Angriffe der SS-Zeitschrift und schrieb an ihren Chefredakteur Gunter d'Alquen: »Ohne zu den gegen Schmitt erhobenen sachlichen Vorwürfen, die an sich nicht unberechtigt sein mögen, hier Stellung nehmen zu wollen, muss ich mit Nachdruck darauf hinweisen, dass es nicht angeht, Persönlichkeiten, von denen bekannt ist, dass sie durch mein Vertrauen in ein hohes öffentliches Amt berufen sind, durch Ihre Zeitung in dieser Weise herabzuwürdigen. Wenn gegen einen Preußischen Staatsrat Vorwürfe zu erheben sind, so steht es jedermann frei, bei mir vorstellig zu werden. Gegebenenfalls werde ich selbst alles Erforderliche veranlassen. Ich kann aber nicht dulden, dass gegen Mitglieder des Preußischen Staatsrates in der von Ihnen beliebten Weise vorgegangen wird. Unter diesen Umständen ersuche ich Sie zunächst, den Pressefeldzug gegen Staatsrat Prof. Dr. Carl Schmitt sofort einzustellen. Gez. Göring.«[348]

Die Angriffe wurden auch eingestellt, sie hatten ihre Wirkung aber bereits getan: Carl Schmitt musste seine nationalsozialistischen Ämter niederlegen. »Ich muss Ihnen bekennen«, schrieb Heinrich Himmler an den Reichsrechtsführer Hans Frank, »dass ich der Ansicht des Schwarzen Korps bin, und freue mich umso mehr, dass Sie wohl aus ähnlichen Überlegungen heraus Schmitt seiner Ämter enthoben haben.«[349] (s. Abb. nächste Seite).

Auch ohne Parteiämter blieb Schmitt im Visier seiner Gegner. Sein Glanz, seine Überheblichkeit, seine Originalitätssucht forderten auch viele seiner Kollegen heraus. »Dass ich als Frontsoldat einen Mann wie Carl Schmitt, der zwar besonders gern über den Krieg schreibt, der aber meines Wissens nie eine Kugel pfeifen hörte, sondern darüber hinaus, während andere an der Front waren, in der Heimat Schriften voll schwülstigen Ästhetizismus schrieb wie 1916 über Theodor Däublers ›Nordlicht‹, nicht als Bannerträger des Nationalsozialismus anerkennen kann, vertrete ich jederzeit«[350], schrieb am 28. Mai 1937 Schmitts Juristenkollege Otto Koellreutter an die »Akademie für Deutsches Recht«. Ein besonders aufmerksamer Gegner Schmitts war auch Alfred Rosenberg, der als »Beauftragter des Führers für die Überwachung der gesamten geistigen und weltanschaulichen Erziehung der NSDAP« früh,

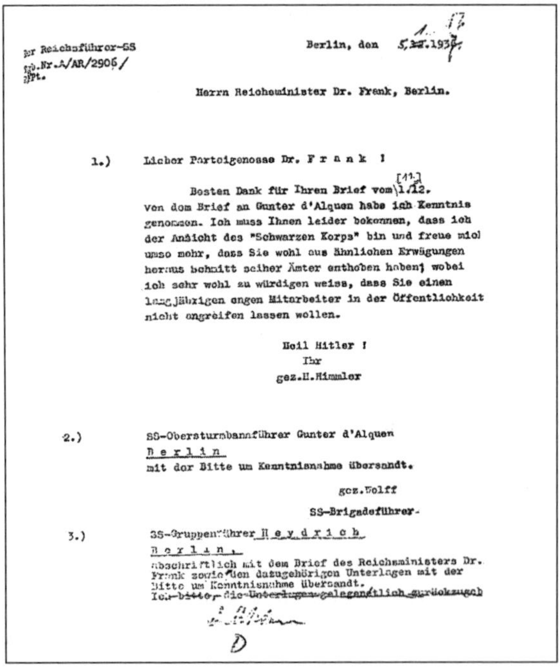

Der Reichsführer-SS
Tgb.Nr.A/AR/2906/
Pt.

Berlin, den 5.1.1937

Herrn Reichsminister Dr. Frank, Berlin.

1.) Lieber Parteigenosse Dr. F r a n k !

Besten Dank für Ihren Brief vom [11.] 12.
Von dem Brief an Gunter d'Alquen habe ich Kenntnis genommen. Ich muss Ihnen leider bekennen, dass ich der Ansicht des "Schwarzen Korps" bin und freue mich umso mehr, dass Sie wohl aus ähnlichen Erwägungen heraus Schmitt seiner Ämter enthoben haben; wobei ich sehr wohl zu würdigen weiss, dass Sie einen langjährigen engen Mitarbeiter in der Öffentlichkeit nicht angreifen lassen wollen.

Heil Hitler !
Ihr
gez. H. Himmler

2.) SS-Obersturmbannführer Gunter d'Alquen
B e r l i n
mit der Bitte um Kenntnisnahme übersandt.

gez. Wolff
SS-Brigadeführer

3.) SS-Gruppenführer H e y d r i c h
B e r l i n ,
abschriftlich mit dem Brief des Reichsministers Dr. Frank sowie den dazugehörigen Unterlagen mit der Bitte um Kenntnisnahme übersandt.
~~Ich bitte, die Unterlagen gelegentlich zurückzugeb~~

D

Abb. Brief Heinrich Himmler an Hans Frank, vom 5. Januar 1937, hier Abschrift des Briefes für Reinhard Heydrich.

schon 1934, vor Schmitts Anschauungen warnte. Das »Amt Rosenberg« ließ sich auch nach der Entmachtung Schmitts durch die SS nicht abhalten, Schmitt weiter anzugreifen. Über die schon im Schwarzen Korps vorgetragenen Vorwürfe hinaus hielt das Amt in seinen als »vertraulich« deklarierten »Mitteilungen Zur weltanschaulichen Lage« am 8. Januar 1937 und noch einmal im Juli 1939 fest, Schmitts »scharfer Intellekt« habe zwar seit Jahrzehnten »die Flugbahnen politischer Begriffe vorgedacht«, aber als »Bewunderer des geschlossenen katholischen Systems« habe er die Zwangsjacke der Katholizität nicht auszuziehen vermocht. Auf vierzehn Schreibmaschinenseiten breitete das »Amt Rosenberg« genüsslich alle scheinbaren inneren Widersprüche Schmitts aus und kommentierte: »Dieser Überblick [...] könnte zu der Ansicht verleiten, hier ein Beispiel vollendeter politischer Charakterlosigkeit zu sehen. Doch lässt sich eine einheitliche Linie feststellen, die sich durch alle Schriften sehr deutlich hindurchzieht: im Hintergrund der rechtlichen und politischen Begriffe steht die Macht der katholischen Kirche. [...] Die Lehre Schmitts ist in all ihren Wandlungen ein einziger Versuch der Sicherung der Überlegenheit der theologischen Entscheidung über die politischen Formen«[351], konstatierte das »Amt Rosenberg«. Auch könne Schmitts Lehre nicht »völkisch« sein. »Dieser neutrale Begriff der Politik wird zum Herrn gemacht über die tragenden Werte der nationalsozialistischen Weltanschauung, in erster Linie über den Begriff des Volkes. Dieser Kern unserer Weltanschauung wird herabgewürdigt zur Sphäre der Selbstverwaltung. Das Volk ist bescheidener Teil des Feldes, auf dem die theologischen Gegensätze ausgetragen werden. Das ist der Kern der Lehre Carl Schmitts. [...] Selbst in seiner fast offiziösen Schrift ›Staat, Bewegung, Volk‹ finden sich die eigentümlichen Linien dieser Denkweise«, argumentierte das »Amt Rosenberg« und zitierte aus dieser »offiziösen« Schrift Schmitt mit den Worten: »Solange die Kirche keinen Totalitätsanspruch erhebt, kann sie in der autonomen Selbstverwaltungsphäre ihre Stelle finden, erhebt sie aber den politischen Totalitätsanspruch, so bedeutet das, dass sie von sich aus Staat, Bewegung, Volk deren Platz anzuweisen beansprucht und Freund und Feind von sich aus bestimmen will.«[352] »Wir glauben«, fasste das »Amt Rosenberg« seine Einwände zusammen, »dass es vielleicht anderen Staatsphilosophen gelingt, die Zusammenhänge zwischen Volkstum und Staat, zwischen Hoheit und Führertum, Entscheidung und Macht usw. zu erkennen und im Geiste des Nationalsozialismus zu formulieren.«[353]

Die »Entmachtung« Schmitts scheint sich im Ausland nicht herumgesprochen zu haben, zumal seine Veröffentlichungen auch nach dieser »Entmachtung« im Ausland sehr beachtet und vor allem als »offiziös« betrachtet wurden, wie die 1939 erschienene Schrift »Völkerrechtliche Großraumordnung mit Interventionsverbot für raumfremde Mächte«. Wegen der außerordentlichen Resonanz, die Schmitts Kieler Überlegungen im Ausland gefunden hatten, erschien der Aufsatz als Sonderdruck, während er sonst, wie Schmitt vermutete, mit allen anderen Vorträgen der Kieler Tagung in dem im Deutschen Rechtsverlag erschienenen Sammelband begraben geblieben wäre. Für ihn habe diese Art der Veröffentlichung den Vorteil gebracht, dass die Schrift der Zensur der Partei, insbesondere des Rosenberg-Amtes, entgangen sei. »Das war mir sehr recht. Es war ein dem Leviathan gespielter Streich, und das Vergnügen, das ich daran empfand, wird mir jeder Autor nachempfinden, der den Druck einer geistlosen Zensur aus eigener Erfahrung kennt«[354], teilte Schmitt Robert Kempner in Nürnberg schriftlich mit. »Dass ich ein Jahrzehnt öffentlicher Verleumdung und geheimer Bespitzelung lebendig überstanden habe«, ließ Schmitt Kempner weiter wissen, »erklärt sich nicht zum kleinsten Teil aus der Tatsache, dass ich einen seltenen oder auch seltsamen Fall eines Staatsrats darstellte. Ich war ein Staatsrat, bei dem nichts zu plündern war.«[355] Im Übrigen könne die Stellung eines Preußischen Staatsrats als solche den Vorwurf einer Mitwirkung an Kriegsverbrechen nicht rechtfertigen. Nicht etwa nur, weil frühere Mitglieder des Preußischen Staatsrats nach Kriegsende als angesehene Persönlichkeiten wieder im öffentlichen Leben stünden, wie der Osnabrücker Bischof Wilhelm Berning, seit 1933 Vertreter des katholischen Episkopats bei der Reichsregierung, oder der Dirigent Wilhelm Furtwängler oder der Regisseur und Schauspieler Gustav Gründgens, sondern »weil dieser Staatsrat als eine preußische Einrichtung keine direkte Verbindung mit Reichsangelegenheiten hatte«[356]. Nach seiner Kenntnis, so Schmitt, sei der Staatsrat nicht mit politischen wichtigen Aufgaben betraut oder als solcher in einen Geheimplan Hitlers eingeweiht worden. »Seine Tätigkeit bezog sich auf sachliche Fragen der preußischen Verwaltung und Organisation. Seine Hauptleistung waren die preußischen Kommunalgesetze vom Dezember 1933 (Gemeindegesetz und Gemeindefinanzgesetz). Auch diese Tätigkeit hat schon im Frühjahr 1936 ihr Ende gefunden. Seit dieser Zeit ist der preußische Staatsrat nicht mehr einberufen worden. Die letzte Tagung hat, soviel ich mich erinnere, im März 1936 stattgefunden. Als Göring, der Präsident des Preußischen Staatsrats, im Oktober 1936 zum Beauftragten des Vierjahresplans ernannt wurde, war der Preußische Staatsrat schon seit einiger Zeit keine arbeitende Körperschaft mehr.«[357] Als wichtigsten Grund für

Abb. Carl Schmitt vor dem Preußischen Staatsrat (links: Hermann Göring, rechts von vorn: Ernst Röhm, Heinrich Himmler, August von Mackensen).

dieses schnelle Absinken »einer scheinbar glanzvollen inaugurierten Institution«[358] nannte Schmitt, dass Preußen kein Staat, sondern nur noch ein Verwaltungskomplex war. Außerdem sei in einem politischen System wie dem Hitlers die ganz persönliche Haltung und Einstellung von Hitler selbst das allein Entscheidende. »Darum wirkte sich die Tatsache, dass Hitler in auffälliger Weise der feierlichen Eröffnung des Preußischen Staatsrats im September 1933 fernblieb, von Anfang an in den Augen der Partei als eine Degradierung aus. Göring hatte im Grunde nur Hausmacht- und Repräsentationsinteresse an der Einrichtung. Die wirkliche Arbeit hing an dem preußischen Finanzminister Prof. Dr. Johannes Popitz. […] Ich hatte anfangs großes Interesse an dieser Institution.

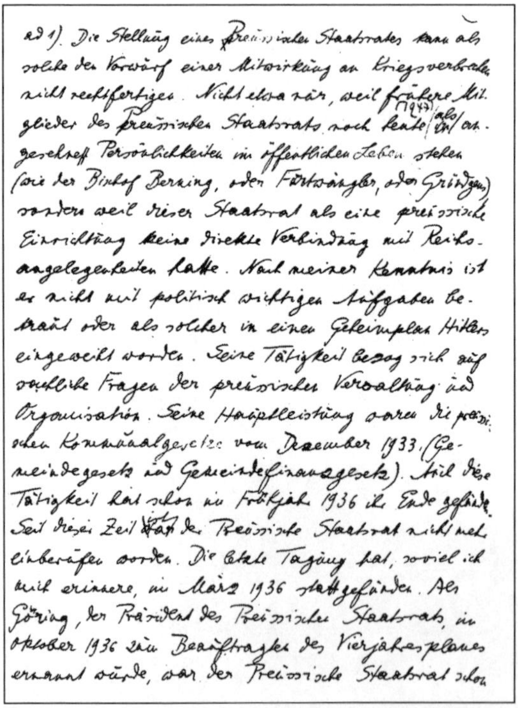
ad 1). Die Stellung eines Preussischen Staatsrates kann als
solche den Vorwurf einer Mitwirkung an Kriegsverbrechen
nicht rechtfertigen. Nicht etwa nur, weil frühere Mit-
glieder des Preussischen Staatsrats noch heute (1947) als/in/an-
gesehene Persönlichkeiten im öffentlichen Leben stehen
(wie der Bischof Berning, oder Furtwängler, oder Gründgens)
sondern weil dieser Staatsrat als eine preussische
Einrichtung keine direkte Verbindung mit Reichs-
angelegenheiten hatte. Nach meiner Kenntnis ist
er nicht mit politisch wichtigen Aufgaben be-
traut oder als solcher in einen Geheimplan Hitlers
eingeweiht worden. Seine Tätigkeit bezog sich auf
sachliche Fragen der preussischen Verwaltung und
Organisation. Seine Hauptleistung waren die preussi-
schen Kommunalgesetze vom Dezember 1933, (Ge-
meindegesetz und Gemeindefinanzgesetz). Auch diese
Tätigkeit hat schon im Frühjahr 1936 ihr Ende gefunden.
Seit dieser Zeit ist der Preussische Staatsrat nicht mehr
einberufen worden. Die letzte Tagung hat, soviel ich
mich erinnere, im März 1936 stattgefunden. Als
Göring, der Präsident des Preussischen Staatsrats, im
Oktober 1936 zum Beauftragten des Vierjahresplanes
ernannt wurde, war der Preussische Staatsrat schon

Abb. Handschriftliche Antwort Carl Schmitt auf die Rolle des Preußischen Staatsrates und den Vorwurf, einen Angriffskrieg mit vorbereitet zu haben, Nürnberg 1947.

Ich sah hier, mit meinem Freunde Popitz, große Arbeitsmöglichkeiten und hoffte, dort könnte sich eine Stätte sachlicher Erörterung von Verwaltungsfragen und damit ein Gegengewicht gegen den Parteibetrieb bilden. Aber die Einrichtung litt von Anfang an an dem inneren Zwiespalt, der mit der problematischen Persönlichkeit Görings zusammenhing. Auf der einen Seite war der Staatsrat von Popitz und einigen anderen, darunter auch von mir, als Träger einer durch spezifische Sachlichkeit und Sachkunde qualifizierten Arbeit gedacht; auf der anderen Seite musste er in den Händen Görings zu einem leeren Prunkstück werden. Ich persönlich habe an dem Preußischen Gemeindegesetz vom Dezember 1933 mitgearbeitet und sehe darin keine Mitwirkung an der Vorbereitung eines Angriffskriegs.«[359]

Abb. Hermann Göring im Kriegsverbrechergefängnis, Nürnberg 1946.

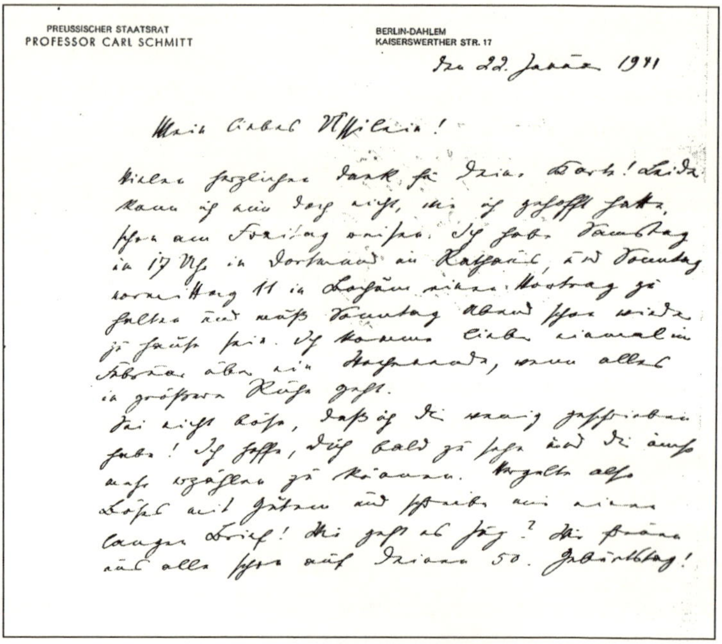

PREUSSISCHER STAATSRAT
PROFESSOR CARL SCHMITT

BERLIN-DAHLEM
KAISERSWERTHER STR. 17

Abb. Brief Carl Schmitt als Preußischer Staatsrat an seine Schwester Auguste, vom 22. Januar 1941.

Beobachtungen in der Hölle

Gleichwohl sah sich Carl Schmitt als Preußischer Staatsrat in der Einzelhaft im Nürnberger Kriegsverbrechergefängnis den schwersten Vorwürfen ausgesetzt, deren Beantwortung nichts damit zu tun hatte, dass Herr Professor Dr. Carl Schmitt »der Welt endlich klarmachen« konnte, was er über sie dachte. Man wollte vielmehr von ihm genau wissen, was, erstens, in Deutschland passiert war und, zweitens, welche Rolle er dabei gespielt hatte. Die Antwort auf die erste Frage meinte Schmitt selbstverständlich zu wissen. Ursprung und Rückgrat der Hitlerbewegung sei der Nationalismus gewesen; nur als nationale Revolution habe Hitlers legale Machtübernahme 1933 gelingen können. Der deutsche Nationalismus habe dabei alle widersprüchlichen Tendenzen von rechts und links, einschließlich eines Nationalbolschewismus, eingeschlossen, wobei den Kern dieser nationalen Mischung eine »noch elementarere und intensivere Kraft«[360] gebildet habe: der aus dem die Deutschen demütigenden Frieden von Versailles seit 1919 erwachsene Revanchismus, der die eigentliche Schlagkraft der Hitlerbewegung ausgemacht habe, aus der Hitler am Ende das Instrument »seines eigenen furchtbaren Revanchismus«[361] gestaltet habe. »Trotz aller Spuren rassistischer Ideologie«[362] ist für Schmitt der Kampf gegen Versailles immer die eigentliche Triebkraft der Hitlerschen Erfolge zwischen 1919 und 1939 geblieben, mit dem Ergebnis, dass 1940 die Revanche gelungen und der 1918 verlorene Krieg im Nachhinein gewonnen worden war. Bis Hitler 1941 die »schwerwiegende Entscheidung«[363] traf, die Sowjetunion anzugreifen. Seit drei Jahrhunderten, erinnerte Schmitt gern in diesem Zusammenhang, haben die Deutschen nicht aufgehört, »sous l'oeil des Russes«, »unter dem Auge der Russen«[364] zu leben.

Das war Schmitts offizielle Nachkriegserklärung (die verschwieg, dass er Hitlers Angriff auf die Sowjetunion seinerzeit begrüßt hatte). Die polemisch-unsaubere Variante, auf die man in der Einzelzelle eines Kriegsverbrechergefängnisses kommt, klang so: »Wer ist der wahre Verbrecher, der wahre Urheber des Hitlerismus? Wer hat diese Figur erfunden? Wer hat die Gräuelepisode in die Welt gesetzt? Wem verdanken wir die zwölf Millionen toten Juden? Ich kann es euch sehr genau sagen«, sprach Schmitt die nackten Wände seiner Zelle an: »Hitler hat sich nicht selbst erfunden. Wir verdanken ihn dem echt demokratischen Gehirn, das die mythische Figur des unbekannten Soldaten des Ersten Weltkriegs ausgeheckt hat. Im Nationalsozialismus klingt noch einmal die ganze deutsche Geschichte auf. Es ist die Summe der deutschen Vergangenheit, Riesenrülpser eines ganzen verpfuschten Jahrtausends.«[365] Immer wieder die Frage: »Wie kam der Höllensturz in das ganz Unreine? Was ist seit 1918 in Deutschland geschehen? Aus dem Dunkel des sozialen und moralischen und intellektuellen Nichts, aus dem reinen Lumpenproletariat, aus dem Asyl der obdachlosen Nichtbildung stieg ein bisher völlig leeres unbekanntes Individuum auf und sog sich voll mit den Worten und Affekten des damaligen gebildeten Deutschland«, sprach Schmitt in die Stille der Zelle hinein. »Es wurde von Houston Stewart Chamberlain in Wahnfried introduziert und induziert. Damit war es in den Bildungstempel zugelassen. Es machte Ernst mit tierischem Ernst. Womit machte es Ernst? Mit den Affekten und Formeln, die sich ihm boten. Umgekehrt waren diese bisher ziemlich rein gedachten Affekte und Formeln überrascht und glücklich, ernst genommen zu werden. Nun hatte man den Ernstnehmer, den Ernstmacher, einen nichts als Realisator, einen nichts als Durchführer und Vollstrecker: den reinen Vollstrecker der bisher so reinen Idee, den reinen Schergen.«[366] Diese Idee, erläuterte Schmitt den Zellenwänden, »bemächtigt sich eines Individuums und tritt dadurch immer als fremder Gast in die Erscheinung. Der fremde Gast war Adolf. Er war fremd bis zur Karikatur. Fremd gerade durch die aseptisch-leere Reinheit seiner Ideen von Führer, Charisma, Genie und Rasse. Er war ein voraussetzungsloser Vollstrecker.«[367] So begann Schmitt in der Einzelhaft des Nürnberger Kriegsverbrechergefängnisses Hitler klein zu reden und zu schreiben, indem er die Ideen von Führertum, Charisma, Genie und Rasse, die er bis zu seiner Entmachtung durch die SS emphatisch propagiert hatte, lächerlich zu machen versuchte. Hitler — ein unbedeutender Versager. Schmitt flüchtete in Ironie und Hohn. Freiheit, Menschheit — »das scheinen zwei Namen zu sein, unter denen sich spezifische Verbrechen begehen lassen. Die Stümperei Hitlers zeigt sich an diesem Punkt. Hitler hat große Verbrechen begangen, aber für die größten hat sich der Weltgeist doch andere Werkzeuge als diesen Hitler vorbehalten. Für die Atombombe und die Ex-Post-Kriminalisierung des Angriffskrieges kommt Hitler schon nicht mehr in Betracht.«[368] Die Erklärungsmaschine lief auf Hochtouren. »Vergiß auch nicht die auffällige Parallele von Außen und Innen in dem Gesamtverlauf der Entwicklung von 1919 bis 1939«, sagte sich Schmitt. »Außen: der Weimarer (demokratischen) Regierung verweigerte man (Frankreich und England) die kleinste Aufrüstung; Schleicher musste vor Hitler das Feld räumen, als er versuchte, die Reichswehr von 100.000 auf 300.000 Mann zu erhöhen; dann aber erlaubten dieselben Mächte Hitler die hemmungslose Bewaffnung des Jahres 1935. Innen: der Reichstag gab seit 1925 der von seinem eigenen Vertrauen abhängigen Regierung keine Ermächtigung und ließ lieber den Reichspräsidenten Diktaturverordnungen nach Artikel 48 erlassen; dann aber gab derselbe Reichstag plötzlich Hitler die wahnsinnige Ermächtigung des Gesetzes vom 24. März 1933. Was bedeutet das? Hier liegt die einzig wichtige Fragestellung und der Ansatz zu einer ehrlichen Antwort. Es bedeutet viel, unter anderem auch, dass solche Figuren wie Hitler« – das Bild wurde immer wieder beschworen – »echte Vollstrecker sind, das heißt Einkassierer unbeglichener Forderungen; Entfesseler rückständiger Stauungen; Exekutoren fälliger Idealverwirklichungen.«[369] Das blieb Schmitts lebenslange Überzeugung: dass Hitlers »legale Revolution von 1933 bis 1945 ein Präzedenzfall«[370] war. Hitler sei durch das »schmale Tor« der Legalität gegangen und habe vom ersten Tag seiner Ernennung zum Reichskanzler an es verstanden, »die politischen Prämien auf seinen legalen Machtbesitz systematisch und mit wachsender Rücksichtslosigkeit auszunutzen«[371]. Mit dem Ermächtigungsgesetz vom 24. März 1933 habe er die unabsehbare Befugnis erhalten, die Verfassung zu ändern. »Es war eine zweite legale Revolution. Kurzum, Hitler hatte es verstanden, das Tor der Legalität, durch das er eingetreten war, hinter sich zu schließen und seine politischen Feinde auf legalem Weg in die Illegalität zu stoßen. Sollten sie den Versuch machen, ihm Widerstand zu leisten, ja sich den Eingang zur verschlossenen Tür der Legalität zu erzwingen, so konnten sie als Unruhestifter und Verbrecher behandelt werden. Nichts erstaunt weniger als – nimmt man einige erfahrene Kommunisten aus – die allgemeine Enttäuschung und Empörung darüber, auf so drastische Weise über die politischen Prämien auf den legalen Machtbesitz belehrt worden zu sein.«[372]

Ein Blick hinaus zum Fenster seiner Einzelzelle zeigte Schmitt, dass über der wüsten weiten Trümmerlandschaft Deutschlands die Sonne schien. »Ach, die wunderbare Sonne«[373], dachte er und wusste aber auch sofort: »Die Sonne ist der Tod. Leben gibt es nur auf der Erde. Die Sonne ist ein chaotisches Gemisch fortwährender Explosionen.«[374] Er überlegte einen Moment und wusste es dann wirklich ganz genau: »Die Sonne schützt mich nicht und hilft mir nicht. Bei solchem wunderbaren Sonnenschein hat mir ein amerikanischer Soldat einen Fußtritt in den Rücken versetzt.«[375] Nein, dieser blaue »gestirnte Himmel«[376] konnte ihm nicht imponieren und er sagte sich noch einmal, dass »die moderne Astrophysik den ganzen Sternenhimmel in ein explosives Gemisch von Wasserstoff und Helium verwandelt hat«[377]. Also blieb ihm nichts anderes übrig, als in den »wüsten Weiten« seiner engen Zelle spazieren zu gehen und sich als Orakel zu versuchen. »Mein heutiges Handorakel: In Betracht kommt nur die Elite. Halte dich also stets zur jeweiligen Elite. Aber bedenke: Die Elite von heute ist nicht die von gestern und noch weniger die von morgen oder übermorgen. Elite sind diejenigen, die von anderen die Ausfüllung von Fragebogen verlangen können. Elite sind diejenigen, die volle und reichliche Entschädigung für ihr Opfer verlangen können. Elite sind diejenigen, die ihr Recht nicht bei den Gerichten suchen und die wegen ihres Unrechts die Gerichte nicht zu fürchten brauchen. Elite sind diejenigen, die, soweit sie Pässe haben, diese nicht bei der Polizei abzuholen brauchen. Elite sind diejenigen, deren Soziologie keiner zu schreiben wagt. Hörst Du in einer Massenversammlung einen Menschen unter allgemeinem Beifall ausrufen: Nicht Butter, sondern Kanonen, so lache nicht, sondern treibe Soziologie und sage dir: Kanonen, das bedeutet soziologisch Militär und Kriegsindustrielle; jener Satz besagt also etwas soziologisch Einfaches und sehr Einleuchtendes: Du befindest dich in einem Land, in dem nur noch Militärs und Kriegsindustrielle Butter zu essen haben. Hörst du: nicht Gold, sondern Arbeit! So wisse: Du lebst in einem Land, in dem man das Gold abliefern muss und seine Arbeit nicht in Gold bezahlt erhält. Hörst du Lastenausgleich, so wisse: es ist ein gutes Geschäft, als Opfer Anerkennung zu haben.«[378]

Er aber, Carl Schmitt, empfand sich als ein anderes Opfer, gebrandmarkt als Teufel, der in der Hölle leben musste. Teufel, Hölle? Ja, er erinnerte sich: 1915 hatte er Christian Dietrich Grabbes Stück »Don Juan und Faust« gelesen und sich begeistert an einem Satz im dritten Akt, zweite Szene: »Ich bin ein Deutscher und Gelehrter, / Und die *beobachten* auch in der Hölle«. Also weiter mit den Beobachtungen in der eigenen inneren Hölle, ohne Wahrnehmung der äußeren Hölle, in die die Nationalsozialisten Europa verwandelt hatten, ohne Blick für die toten Körper, auf denen die Geschichte geschrieben worden war. Tief in seinem Innern – das konnte Schmitt Kempner natürlich nicht verraten – war seine Theorie durch den verlorenen Krieg nicht beschädigt worden. Den Krieg verloren hatten die Nationalsozialisten, weil sie »zu dumm« gewesen waren und nicht auf ihn gehört hatten, und so begann eine nach 1945 nicht endende Arie der Selbstrechtfertigungen, in denen Schmitt sich sogar zum Opfer stilisierte, »vergewaltigt« von den Nationalsozialisten und den Siegermächten. »Mein höchstpersönliches (durch eigene Erfahrungen und Erkenntnisse wohlerworbenes) Recht auf Riservata und Arcana, das ist weit wichtiger als ein Recht auf politischen Irrtum, und in dieser Hinsicht vergewaltigt zu werden, ist ein schlimmeres Urteil als ein politischer Reinfall, das heißt in einer Wechsellage des Bürgerkriegs auf die besiegte Seite zu geraten.«[379] Immer neue Verteidigungsstrategien wurden an die Wände der Nürnberger Zelle gemalt. »Ich habe immer nur als Jurist gesprochen und geschrieben und infolgedessen eigentlich auch nur zu Juristen und für Juristen. Mein Unglück war, dass die Juristen mei-

Abb. Kriegsverbrechergefängnis in Nürnberg.

ner Zeit zu positivistischen Gesetzhandhabungstechnikern geworden waren, tief unwissend und ungebildet, bestenfalls Goetheaner und neutralisierte Humanitäts. So konnten sich die mithorchenden Nichtjuristen auf jedes Wort und jede Formulierung stürzen und mich als einen Wüstenfuchs zerreißen.«[380] Das blieb der innerste Kern der imaginären Verteidigungsrede: »Ich habe in meinem Leben nichts anderes getan, als wohlüberlegte, wohldurchdachte, uneigennützige und wohlwollende Warnungen auszusprechen. Aber immer haben die Gewarnten das als lästige Störung empfunden und schließlich haben sie mich zur Strecke gebracht ...«[381]

Anders ließ sich die Realität der Einzelhaft dann doch nicht erklären. Über die Zustände im Nürnberger Kriegsverbrechergefängnis hat Schmitt keine Zeugnisse hinterlassen. Nach Aussagen anderer Inhaftierter waren die engen Zellen »nicht instand gesetzt, verkommen und kalt. [...] Die Fenster schlossen nicht; viele Scheiben waren zerbrochen. Für Reparaturen fehlten sowohl Arbeitskräfte als auch Material. Nicht einmal Pappe stand zur Verfügung. Zu der Kälte kam Zugluft. Die Wände, von denen der Kalk in Stücken herunterfiel, waren verschmiert und dreckig. In den großen

Abb. Einzelzelle im Kriegsverbrechergefängnis in Nürnberg.

Rissen hausten Mäuse. Die Spülklosetts waren nicht in Ordnung und verpesteten mit ihrem Gestank die ganze Gefängnishalle.«[382] In solcher Realität setzte sich Schmitt an den kleinen Tisch, den Kempner ihm in die Zelle hatte stellen lassen, und füllte die tristen Tage – abends wurden ihm die Tages- wie die Lesebrille abgenommen – mit seiner Lieblingsbeschäftigung: Schreiben. Das erste schriftliche Lebenszeichen gab er Tochter Anima. Er war gerade einen Tag in der Einzelzelle im Nürnberger Kriegsverbrechergefängnis, da schrieb er ihr einen Brief. »20. März 1947. Mein liebes, gutes Töchterlein! Jetzt war ich glücklich soweit, um Dir endlich den lange versprochenen Brief zu schreiben, da wurde ich wieder verhaftet und schreibe Dir nun aus meiner Zelle. Du sollst aber nicht traurig sein, sondern fleißig beten. Meinetwegen braucht niemand traurig zu sein, denn Gott beschützt uns. Ich habe wieder das ›Geistliche Jahr‹ der Annette von Droste-Hülshoff bei mir und empfinde den ganz unerschöpflichen Trost dieser Gedichte, besonders der Karwoche, die ja bevorsteht. Denk in der Karwoche besonders an mich. In früheren Jahren, als man noch frei reisen konnte, habe ich mir fast jedes Jahr einen Ort gesucht, um in diesen Tagen nicht durch den gewohnten Betrieb gefesselt zu sein. Dreimal war ich in Rom, einmal in Ravenna, einmal im Kloster Herstelle an der Weser und in Paderborn. Voriges Jahr und dieses Jahr hat Gott mir eine andere Art von Loslösung vom alltäglichen Leben ausgesucht und das ist gut so. Wenn Du später einmal die Karwochengedichte der Annette richtig liest, wirst Du mich verstehen, liebe Anima. […] Aus Deinem letzten Brief entnehmen wir, dass Du große Sehnsucht nach uns hast. O liebes Kind, glaubst Du nicht, dass ich mich oft nach Dir sehne. Ich weiß nicht, was aus unserem Plan wird, in Plettenberg eine Unterkunft zu finden. Die tapfere Mamica [Kosename für Schmitts Frau Duschka] ist eifrig und läuft zu vielen Stellen. Wir wollen hoffen, dass es schließlich doch gelingt und dass wir uns eines Tages alle wiedersehen. […] Mit Deinem Brief vom Januar hast Du uns eine große Freude gemacht, wie – außer der Mamica – nie jemand in meinem langen Leben mir mit einem Brief Freude gemacht hat. Das ist doch sicher auch für Dich selbst eine Freude. Schreibe an die Mamica, nicht an mich, da ich nicht weiß, wie lange ich noch hier bin. Bleib ein tapferes Kind und mach Dir klar, dass Du die Tochter von Carl Schmitt bist. Ich küsse Dich von ganzem Herzen, liebste Anima, und bleibe stets und überall Dein treuer Vater.«[383]

Für ausreichend Papier und Bleistifte hatte Kempner gesorgt. So gingen Briefe auch an Schmitts Frau Duschka. »Es ist manchmal etwas kalt in der Zelle«, berichtete er ihr, »aber ich friere nicht bei den guten Wolldecken. Das Kopfkissen und die schöne dicke Decke sind wunderbar, auch die Flanellbinde von der guten Tante [...] und das Mützchen« — all diese Sachen hatte Schmitt ins Nürnberger Kriegsverbrechergefängnis mitnehmen dürfen. »Ich habe auch den Nescafé und das Fett aus den Dosen in die Zelle nehmen dürfen, auch den Zucker. Wenn Sie« – Schmitt und seine Frau siezten sich – »etwas in Dosen schicken, kann es nur umgegossen werden. Vorigen Mittwoch bin ich auch rasiert worden.«[384]

Schreiben, schreiben; schreiben für sich selbst. »Du möchtest dich selbst (und vielleicht noch mehr) deine wirkliche Lage erkennen?«, philosophierte Schmitt über die »Weisheit der Zelle«. »Dafür gibt es einen guten Prüfstein. Achte darauf, welche von den tausend Definitionen des Menschen dir unmittelbar einleuchtet. Ich achte also darauf in meiner Zelle, und mir leuchtet unmittelbar ein, dass der Mensch nackt ist. Am nacktesten ist der Mensch, der entkleidet vor einen bekleideten Menschen gestellt wird, entwaffnet von einem Bewaffneten, machtlos vor einen Mächtigen. [...] Sofort erhebt sich die Frage: Bei wem hat die Definition des Menschen anzusetzen, beim nackten oder beim bekleideten Menschen? Beim Entwaffneten oder beim Bewaffneten? Beim Ohnmächtigen oder beim Mächtigen? Und wer von beiden ist näher dem Paradiese? In den Paradiesen des heutigen Diesseits gehen die Menschen bekleidet umher. Unmittelbar leuchtet mir ein, dass ich selber nackt bin. Nun stehst du nackt, geburthaft nackt, in wüsten Weiten einer engen Zelle. Die Kleidungsstücke, die man mir gelassen hat, bestätigen nur die objektive Nacktheit. Sie unterstreichen sie sogar auf eine höchst ironische, unangenehm betonte Weise. Du siehst dich ganz auf dich selbst und deine letzten Reserven zurückgeworfen. Was sind meine letzten Reserven?«[385] Als letzte Reserve nannte er einen Rest von physischer Kraft, den er in der Einzelzelle spürte, und ihm fiel ein Satz ein, den Richard Wagners Siegfried in der »Götterdämmerung« singt: »einzig erbt' ich den eignen Leib; / lebend zehr' ich den auf«. Das psychische Glücksgefühl, das für Schmitt in diesem Satz aufzuschäumen schien, die Kraft des künstlerischen Ausdrucks fahre offenbar noch auf den Wellen, auf denen die Revolution des Jahres 1848 in Deutschland gefahren habe, notierte er. Die Musik stamme zwar von Wagner, der Satz jedoch von Max Stirner, und Schmitt erinnerte sich an seine Stirner-Lektüre als Unterprimaner und war froh, dieser Bekanntschaft zu verdanken, auf vieles vorbereitet gewesen zu sein, was ihm begegnet war; ohne die Stirner-Lektüre, meinte er, hätte ihn vielleicht sonst manches Ereignis überrascht. »Wer die Tiefen des europäischen Gedankenganges von 1830–48 kennt, ist auf das meiste vorbereitet, was heute in der ganzen Welt laut wird«, schrieb er. »Das Trümmerfeld der Selbstzersetzung deutscher Theologie und idealistischer Philosophie hat sich seit 1848 in ein Kraftfeld theogonischer und kosmogonischer Ansätze verwandelt. Was heute explodiert, wurde vor 1848 präpariert. Das Feuer, das heute brennt, wurde damals gelegt.«[386] Max Stirner gehöre zu den Autoren, die damals das Feuer gelegt hätten. Privat sei er zwar scheußlich gewesen, lümmelhaft, angeberisch, ein Pennalist, aber »Max« habe etwas sehr Wichtiges gewusst: dass das Ich kein Denk-Objekt ist. So habe er den schönsten, »jedenfalls deutschesten«[387] Buchtitel der ganzen deutschen Literatur gefunden: »Der Einzige und sein Eigentum«. Schmitt war, wie er bekannte, gerührt, dass ausgerechnet Stirner, dieser »rabiate Egoist«[388], ihn in der Nürnberger Einzelzelle besuchte, doch ließ er sich nicht groß auf ein imaginäres Gespräch mit ihm ein und brach, bevor er weiter sein unsichtbares Spiegelbild auf der nackten Wand der Nürnberger Einzelzelle anstarrte, die Beschreibung ab. »Der

Selbstbetrug gehört zur Einsamkeit«, konstatierte er. »Der Einsame denkt mit sich selbst und spricht mit sich selbst, und im Selbstgespräch sprechen wir bekanntlich mit einem gefährlichen Schmeichler. Die Moralisten hatten Recht, die Selbstbiographie für ein Zeichen der Eitelkeit zu halten. Eitelkeit wäre übrigens noch das harmloseste und liebenswürdigste der hier in Betracht kommenden Motive. Die Heiligen schreiben keine Selbstbiographie. Im tiefsten Kern der Zelle steckt das Selbstgespräch und der Selbstbetrug.«[389] René Descartes fiel Schmitt in diesem Moment ein, »der in seiner einsamen Stube am Ofen philosophiert und nur daran denkt, dem bösen, betrügerischen Geist zu entgehen, dem spiritus malignus, vor dessen Tücken wir niemals sicher sind, am wenigstens, wenn wir uns sicher fühlen«[390]. In dieser Angst vor dem Betrug werde Descartes zum Maskenmenschen, notierte Schmitt, und unter der Maske werde die Angst umso grauenhafter, je mehr sie zur Quelle immer neuen Betruges werde. »Wer nur daran denkt, dem Betrug zu entgehen, läuft geradewegs in ihn hinein. Betrug des Gefühls und des Verstandes, Betrug des Fleisches und des Geistes, Betrug des Lasters und der Tugend, Betrug des Mannes und des Weibes.«[391] Auch er sei immer wieder dem Betrug erlegen, bekannte Schmitt, aber immer wieder sei er ihm auch entgangen. Und dann plötzlich ein gewaltiger Gedankensprung: »Auch der letzte Sprung wird mir gelingen. Komm, geliebter Tod.«[392] Das Bekenntnis wurde aber sofort zurückgenommen mit dem Hinweis, auch der Tod könne uns betrügen. Aller Betrug sei und bleibe Selbstbetrug, meinte Schmitt zu wissen und kam wieder auf Max Stirner zu sprechen und nannte seine Selbstverpanzerung höchsten Selbstbetrug. »Wie jeder Ich-Verrückte sieht er im Nicht-Ich den Feind. So wird die ganze Welt sein Feind, und er bildet sich ein, sie müsste auf ihn hereinfallen, wenn er ihr, freibleibend, den Bruderkuss anbietet. Damit versteckt er sich vor der dialektischen Aufspaltung des Ich und sucht er dem Feinde zu entgehen, indem er ihn betrügt.«[393] In dieses Versteck wollte Schmitt sich nicht hinein begeben und versuchte dem betrügerischen Selbstgespräch zu entgehen, indem er sich mit seinen

Lehrern auseinandersetzte, mit Francisco de Vitoria, Alberico Gentili und Hugo Grotius. Die drei gehörten zu seinem Camp, nicht aber zu seiner Stube. In dieser nächsten und alltäglichen Nähe ließ er nur zwei andere Lehrer zu: Jean Bodin und Thomas Hobbes. Beide seien ganz vom Bürgerkrieg her geprägt, aber untereinander so verschieden, wie es zwei menschliche Individuen nur sein könnten. Jean Bodin: »Ein eifriger Legist, manchmal zu eifrig und etwas humorlos. Er ist sehr gelehrt, sowohl als Jurist der Schule des Bartolus wie auch als Humanist der Schule des Cujaz, doch bleibt er in seinem praktischen Beruf. [...] Er begibt sich oft in die innerpolitische Feuerlinie seines Landes und seines Zeitalters, lässt sich auf gefährliche Situationen ein, gerät oft in Lebensgefahr und wechselt noch kurz vor seinem Tode im falschen Augenblick auf die falsche Seite über. So hat er sich den praktischen Gewinn seiner Lebensarbeit verdorben. [...] Er glaubt an Hexen und Dämonen und hat sogar einen geheimnisvollen Schutzgeist, einen spiritus familiaris, der ihn vor den Mördern warnt und beschützt. Den entscheidenden Begriff des jus publicum Europaeum, den innen- und außenpolitischen souveränen Staat, hat er mit unvergleichlichem Erfolg herausgestellt. Er ist einer der Geburtshelfer des modernen Staates. Aber den modernen Leviathan, der in vier Gestalten erscheint, die vierfache Kombination von Gott und Tier und Mensch und Maschine, hat er noch nicht begriffen. Dafür war seine Verzweiflung noch nicht groß genug.«[394] Hobbes dagegen hatte für Schmitt den Leviathan umso besser begriffen. Nach einem weiteren Jahrhundert theologischer Streitigkeiten und europäischer Bürgerkriege sei seine Verzweiflung unendlich tiefer als die von Bodin. Hobbes gehöre zu den großen Einsamen des 17. Jahrhunderts, die sich alle gegenseitig gekannt hätten. Hobbes habe nicht nur das vierfältige Wesen des modernen Leviathan, sondern auch den Umgang mit ihm begriffen und das Verhalten, das sich für ein unabhängig denkendes Individuum empfehle, wenn es sich auf ein so gefährliches Thema einlasse. »Für Hobbes ist das Politische nicht mehr Neutralität, sondern die klare Abgrenzung der Freundschaftslinie. Er lebt bereits im Zeitalter der amity line, im Zeitalter der erfolgreichen Piraten und Buccaneers. Er hat über diese gefährlichen Dinge nachgedacht, gesprochen und geschrieben, stets in unverlierbarer Freiheit des Geistes und immer in guter persönlicher Deckung, immer entweder auf der Flucht oder in einer unauffälligen Verborgenheit. Er war kein Praktiker und kein Mann des öffentlichen Lebens und hat sich nicht ein einziges Mal persönlich exponiert. Auch für seine private Person blieb er sich der Grundlage allen Rechts bewusst, und das war für ihn die gegenseitige Beziehung von Schutz und Gehorsam. In diesem Punkte ließ sich der illusionslose Mann noch weniger als sonst betrügen. Er ging dorthin, wo er mit dem Aufhören des Bürgerkriegs rechnen konnte und effektiv Schutz fand. Er dachte nicht daran, den Macht- und Rechthabern

Abb. Frontispiz von Thomas Hobbes' »Leviathan or the Matter, Forme and Power of a Commonwealth Ecclesiastical and Civil«, London 1651.

seines Zeitalters ins Messer zu laufen. So sicherte er sich seinen Beobachtungsposten und brachte er ein systematisches Gebäude von klarster gedanklicher Geschlossenheit zustande. In Furcht und Vorsicht wurde er über 90 Jahre alt. [...] Während Bodin theologisch fromm und sogar abergläubisch blieb, ist Hobbes bereits Aufklärer und Agnostiker.«[395]

Die Einzelzelle in einem Kriegsverbrechergefängnis ist aber sicher kein Ort, um sich ständig hinter einem Abstraktionsschleier auch vor sich selber verbergen zu können. So schwitzte Schmitt schreibend manchmal auch Persönliches aus, um, »solange ich noch in den Fängen dieses irdischen Lebens sitze, einigen lebenden Freunden [...] und treuen Schülern [...] ein Zeichen« zu geben und »schließlich, weil ich an meine Tochter Anima [...] denke«[396]. Er erinnerte sich zum Beispiel an einen Besuch zusammen mit Anima am Grab Heinrich von Kleists am Wannsee im Oktober 1944. »In der Luft schwirrten schon die Todesvögel der herannahenden Selbstmordepidemie. Es war eine schreckliche Stunde. Aber mit dem dreizehnjährigen Kind wollte ich nicht darüber sprechen.«[397] Er denke mit Schrecken daran, notierte Schmitt in seiner Einzelzelle des Nürnberger Kriegsverbrechergefängnisses, dass Kleists Selbstmord im November 1811 ein Vorbote der Selbstmorde gewesen sein könnte, die im Frühjahr 1945 gerade in diesem Teil Berlins und gerade in einer bestimmten sozialen Schicht verübt worden seien. Selbstmord als einzige Möglichkeit, seine menschliche Würde und moralische Freiheit zu beweisen. Zwei Männer standen Schmitt in diesem Moment vor Augen: der Philosoph Otto Baensch, der sich 1936 in Verzweiflung das Leben nahm, und der (blinde) Freund Wilhelm Ahlmann, der sich im Dezember 1944 polizeilichen Vernehmungen durch den Tod entzog (Schmitt widmete Ahlmann später das in den Berliner Internierungslagern und in der Nürnberger Einzelhaft geschriebene Buch »Ex captivitate salus«). Nur in Zeiten des Bürgerkriegs, wusste Schmitt, erwachse die beispielhafte Bedeutung dieser Todesart, und er erinnerte an den Selbstmord des Philosophen Condorcet im Jahr 1793. Aber als letztlich doch »einzigen Priester dieses hochphilosophischen Sakraments« ließ Schmitt dann nur Seneca gelten als Zeitgenossen des heidnischen Kaisers Nero wie des christlichen Apostels Paulus. Senecas Sprache sei schon gezeichnet gewesen vom »Wachstum des Fleisch gewordenen Wortes. Auf seiner Tat ruht schon ein Strahl aus der Weihe, die nur der Kreuzestod des Gottmenschen verleihen konnte. Auch Senecas Neffe Lucan muss hier genannt werden, denn er ist der Dichter des Bürgerkriegs. Beide waren Zeitgenossen der einmaligen, unwiederholbaren, stets gegenwärtigen Ereignisse, die unseren Aeon begründet haben und erhalten. Für uns kommt das schimmernde Licht des stoischen Selbstmordes von dort, aus dem Ursprung unseres Aeons. Es ist nur ein mondhaftes Licht, wie das aller humanistischen Religionsversuche, und ist sakramentaler Formen nicht imstande.«[398] Natürlich war Kleist kein Stoiker und sein Selbstmord auch keine Kampfhandlung eines Bürgerkriegs, wusste Schmitt in seiner Einzelzelle, obwohl auch Kleist ein Sakrament versuchte und dieses Sakrament für sich aber nicht fand. Kleists Selbstmord interpretierte Schmitt als die Gewalttat eines deutschen

Abb. Kleists Selbstmord, Zeichnung von Werner Heldt, die Carl Schmitt lebenslang begleitete.

Schriftstellers, den der Humanismus der deutschen Klassiker und der Idealismus der deutschen Philosophie unerlöst gelassen hätten, und er zitierte seinen Schriftstellerfreund Konrad Weiß mit der Bemerkung, Humanismus und Idealismus seien zwar lichtvoll, aber auch luftleer. »Dagegen ist von Maria, der Immaculata, ein Glanz auf die Frauengestalten Kleists gefallen, auf seine Amazonen wie seine traumwandelnden Mädchen«, überhöhte Schmitt die Schilderung, »und Maria, die hilfreiche Mutter, kann den Dichter solcher Frauenbilder nicht ohne ihre Hilfe gelassen haben. Ein Hauch ihrer himmlischen Milde löst die starre Klage dieses Grabes.«[399]

»Zwei Gräber« überschrieb Schmitt diese Notizen. Die Beschreibung des zweiten Grabs, auf einem Großstadtfriedhof am Berliner Reichssportfeld gelegen, enthielt eine Erinnerung an die Freundschaft mit Theodor Däubler. In Berlin war Däubler 1912 angekommen, nach einer langen Reise von Triest über Rom, Florenz und Paris. Der neugierige Intellektualismus des damaligen Berlin habe der Musik eines Richard Strauss gut folgen können, notierte Schmitt, auch in der Malerei habe er lebhaft auf die Problematik neuer Raumbegriffe reagiert. In der Sprache und Literatur aber sei dieser Intellektualismus zu selbstgefällig gewesen, als dass er habe hellhörig sein können. »Junge Todesvögel, wie Georg Heym und Georg Trakl, blieben nicht unbemerkt. Nichts blieb unbemerkt, auch Däubler nicht. Aber was sollte man mit diesem armen, ungepflegten Bohemien anfangen? Er war ein Koloss von Mensch und hatte einen Koloss von Werk bei sich, das dickleibige, dreibändige Epos vom Nordlicht. Johannes Schlaf, mit seinen kosmischen Witterungen, signalisierte es sofort als das Epos Europas. Aber wer sonst konnte um 1912 in Berlin glauben, dass dieses der große europäische Dichter war, der die geistige und artistische Vollendung französischer und italienischer Kunst in sich aufgenommen hatte, unendlich moderner als alle Ästheten und Literaten, deren ganzer Stolz es war, modern zu sein.«[400] Schmitts Epitaph – »Es will sich der Wandrer zu Wartenden legen«[401] – geriet ihm zu einer wunderbaren Liebeserklärung, in der er – er konnte wohl nicht anders

– den Ton aber wieder hochzog, den Geist hochhielt und Däublers Werk dreißig Jahre nach seiner ersten Interpretation von 1916 noch einmal las als metaphysisch-philosophisches Bekenntnis zu einer Entscheidung. Däublers »Nordlicht«, meinte Schmitt in seiner Einzelzelle nun sicher zu wissen, leuchte »in dem fahlen Schein einer Menschheits-Gnosis«[402]. »Es ist das meteorologische Signal einer sich selbst rettenden Menschheit, eine autochthone Strahlung, die von den Promethiden der Erde in den Kosmos hineingesendet wird. Der geistesgeschichtliche Zusammenhang, in dem Däublers Idee vom Nordlicht zu verstehen ist, wurde mir erst deutlich, als ich einen Aufsatz von Proudhon kennen lernte, mit einer längeren Anmerkung über das Schicksal der Erde und ihrer Menschen. Der

Abb. Theodor Däubler (1876–1934), Porträt von Otto Hettner (Universitätsmuseum für Kunst und Kulturgeschichte, Marburg).

ideenreiche französische Revolutionär, der« – wie Schmitt selber – »solche Spekulationen liebte, spricht davon, dass es das Schicksal der Erde ist, allmählich zu erkalten und wie der Mond zu sterben. Die Menschheit muss dann mit ihrem Planeten sterben, wenn es ihr nicht gelingt, sich zum Geist – Spiritualité, Conscience, Liberté – zu sublimieren. Für Däubler ist das Polarlicht der tellurische Zeuge und Bürge eben dieser Rettung [...] durch den Geist und im Geist. [...] Ich erkannte jetzt den Ursprung von Däublers Geist-Begriff, der sich aus metaphysisch-deutschen Quellen, aus esoterisch-mediterranen Zisternen und aus prometheisch-atlantischen Golfströmen nährt. Dabei wurde mir nachträglich ein langsames, langjähriges Wachstum bewusst, das mich von Däubler innerlich entfernt hat. [...] Mir kam jetzt Konrad Weiß näher, ein katholischer Schwabe, der Dichter der ›Cumaeischen Sibylle‹ (1921), des ›Tantalus‹ (1929) und des ›Christlichen Epimetheus‹ (1933). Das alles ist ohne Trennungen oder Erklärungen vor sich gegangen, ohne Optionen und Dezisionen, ohne Beredungen oder Diskussionen, so, wie die Maser des Holzes in einem Baume wächst. Es gehört zu den Linien unseres Lebens, die wir wohl nachzeichnen, aber nicht voraussehen oder während ihres Wachstums bestimmen können.«[403]

Die Linien seines eigenen Lebens zeichnete Schmitt nicht weiter nach, und auch als er in der Einzelzelle den Vers Theodor Däublers notierte, nach dem der Feind »unsre eigne Frage als Gestalt« ist, behielt er die Antwort auf die Frage in seinem Innern verschlossen und zitierte den Däubler-Vers auch nicht zu Ende: »Und er [der Feind] wird uns, wir ihn zum selben Ende hetzen«, heißt es bei Däubler. Schmitt selber wollte sich keinesfalls in Frage stellen; er wollte Recht behalten mit seiner Freund–Feind-Theorie. Nachdem ihn Eduard Spranger im Sommer 1945 aufgefordert hatte, einen Fragebogen zu beantworten und – da seine Vorlesungen zwar geistvoll seien, aber seine Persönlichkeit undurchsichtig erscheine – vor allem zu bekennen, wer er sei, stellte Schmitt die Gegenfrage: »Wer bist Du denn eigentlich, der Du mich so in Frage stellst? Woher Deine Überlegenheit? Was ist das Wesen der Macht, die Dich ermächtigt und ermutigt, mir solche Fragen zu stellen. Fragen, die mich selbst in Frage stellen sollen und die infolgedessen in ihrer letzten Auswirkung nur Schlingen und Fallen sind?«[404] Ach, die kleine und die große Tragik menschlicher Rechthaberei, sinnierte Schmitt und empfand sich angesichts der ihm von Spranger gestellten Frage »wehrlos, doch in nichts vernichtet«[405]. Nein, seine Theorie war für ihn selbst intakt geblieben. »Der Feind ist eine objektive Macht«, bestätigte er sich in der Zelle, »... und der echte Feind lässt sich nicht betrügen.«[406] Aber wen könne er überhaupt als seinen Feind anerkennen, fragte er sich. Doch wohl nur den, der ihn in Frage stellen könne. Indem er ihn als Feind anerkenne, erkenne er an, dass er ihn in Frage stellen könne. Und wer könne ihn wirklich in Frage stellen? »Nur ich mich selbst. Oder mein Bruder. Der Andere erweist sich als mein Bruder, und der Bruder erweist sich als mein Feind. Adam und Eva hatten zwei Söhne, Kain und Abel. So beginnt die Geschichte der Menschheit. So sieht der Vater aller Dinge aus. Das ist die dialektische Spannung, die die Weltgeschichte in Bewegung hält, und die Weltgeschichte ist noch nicht zu Ende.«[407] Das war immerhin ein tröstlicher Gedanke in der Einzelzelle, dass die Weltgeschichte ihm doch noch Recht geben würde und diejenigen Unrecht begingen, die ihn in den Berliner Internierungslagern und im Nürnberger Kriegsverbrechergefängnis durch ihre Fragen nicht nur in Frage stellen, sondern vernichten wollten. »Wehe dem, der keinen Freund hat, denn sein Feind wird über ihn zu Gericht sitzen«[408], notierte er. Und dann, hochmütig: »Weh dem, der keinen Feind hat, denn ich werde sein Feind sein am Jüngsten Tage.«[409] Nein, er war nicht gebrochen und meinte, keinen Anlass zur Reue zu haben. Der Kampf ging für ihn weiter, gegen einen Feind, der einmal als Antichrist auftaucht, dann als Jude und oft auch als Antichrist und Jude in einer Person. Das blieb in der Einzelhaft und auch später, »ex captivitate salus«, »aus der Gefangenschaft befreit«, bis zu seinem Tod seine Überzeugung: dass man sich durch seinen Feind klassifiziert. »Man stuft sich ein durch das, was man als Feindschaft anerkennt«[410], schrieb er sich in der Zelle auf. »Schlimm sind freilich die Vernichter, die sich damit rechtfertigen, dass man die Vernichter vernichten muss. Aber alle Vernichtung ist nur Selbstvernichtung. Der Feind dagegen ist der andere.«[411] So auf sich selbst verwiesen, eingesperrt in einer kleinen Gefängniszelle, machte er sich nicht klein, sondern groß und flog auf und davon, indem er sich an Worte Hegels erinnerte: »Die Beziehung im Andern auf sich selbst, das ist das wahrhaft Unendliche. Die Negation der Negation, sagt der Philosoph, ist keine Neutralisation, sondern das wahrhaft Unendliche hängt davon ab. Das wahrhaft Unendliche aber ist der Grundbegriff seiner Philosophie.«[412]

Solche Notizen waren natürlich nicht für Kempner bestimmt. Schmitt empfand die bisherigen Fragen des amerikanischen Anklägers zwar nicht als bedrohend, manchmal kam ihm das Verhör eher als harmlos-freundliche Konversation vor, aber Kempners Warnung, Schmitt müsse die Richtigkeit seiner schriftlichen Erklärungen an Eides Statt versichern und jede einzelne Seite mit seinem Namenskürzel »C. S.« paraphieren, hatte er nicht überhört. Also schrieb Schmitt gegenüber dem amerikanischen Ankläger juristischen Klartext und zog ihm, was den Vorwurf »der Vorbereitung des Angriffskrieges und der damit verbundenen Straftaten an entscheidender Stelle«[413] betraf, gleich zu Beginn den Boden unter den Füßen weg. Für die juristische Bewertung und Beurteilung seines Verhaltens seien folgende Ergebnisse des bisherigen Nürnberger Prozesses präjudiziell: wegen des Vorwurfs der »Kriegsverbrechen im traditionellen Sinne und Verbrechen gegen die Menschlichkeit« seien Ernst Kaltenbrunner, Führer der österreichischen SS und seit Januar 1943 Nachfolger Reinhard Heydrichs als Chef des Reichssicherheitshauptamtes, Hans Frank, Leiter des Rechtsamtes der NSDAP und Reichsführer des NS-Juristenbundes, Julius Streicher, Gauleiter von Franken und Herausgeber der antisemitischen Wochenzeitschrift DER STÜRMER, Reichsjugendführer Baldur von Schirach sowie Martin Bormann, »Sekretär des Führers« und Leiter der Parteikanzlei wegen des Vorwurfs der Kriegsplanungen, Hjalmar Schacht, Bankier, Reichsbankpräsident, Wirtschaftsminister und Generalbevollmächtigter für die Kriegswirtschaft, sowie Franz von Papen, ehemaliger Reichskanzler, Vizekanzler unter Hitler und später Botschafter in Wien und Ankara wegen des Vorwurfs der Kriegsverbrechen im traditionellen Sinne und Verbrechen gegen die Menschlichkeit in Nürnberg nicht einmal angeklagt worden und die genannten Kaltenbrunner, Frank, Streicher, Papen, Schirach, Bormann, Schacht sowie Admiral Karl Dönitz, Albert Speer, Fritz Sauckel, Gauleiter von Thüringen und Generalbevollmächtigter für den Arbeitseinsatz sowie Hans Fritzsche, Ministerialdirektor im Reichsministerium für Volksaufklärung und Propaganda und führender Rundfunkkommentator, wegen des Vorwurfs der Gemeinsamen Planung für nicht schuldig erklärt worden. Vergleiche er seine Stellung und Tätigkeit, sei es die von 1933 bis 1945 oder die in den Jahren zuvor, mit der Stellung und Tätigkeit der genannten Hauptangeklagten, ergebe sich seine Antwort zu seiner Verantwortlichkeit, ohne dass es breiter Darlegungen oder scharfsinniger Distinktionen bedürfte. »Keines der Kriterien, die das Nürnberger Urteil an der Gemeinsamen Planung entwickelt hat, trifft auch nur entfernt bei mir zu«[414], belehrte Schmitt Kempner. »Bei mir liegt keine ›unmittelbare Teilnahme an irgendeinem Plan zur Führung des Krieges‹ vor, eine Art der Teilnahme, die nicht einmal bei Kaltenbrunner vorliegen soll. [...] Ich stand auch nicht in einer ›engen Verbindung‹ mit einem solchen Plan, so eine solche ›enge Verbindung‹ nicht einmal bei Frank, Streicher und Sauckel angenommen wird.«[415] Er habe an keiner der Besprechungen teilgenommen, in denen Hitler seine Angriffspläne entwickelt habe, und habe auch nichts von der Tatsache solcher Besprechungen gewusst. »Ich gehörte nicht ›zum inneren Kreis der Umgebung Hitlers‹, was nach dem Urteil nicht einmal bei Streicher und Sauckel der Fall gewesen sein soll. Wenn es schließlich von Fritzsche heißt: ›Nie galt er als wichtig genug, um zu den Planbesprechungen zugezogen zu werden, die zu Angriffskriegen führten‹, so ist das eine gute Handhabe für die Bewertung meiner Wichtigkeit.«[416] »Der Gerichtshof hält es für bedeutungsvoll, dass Fritzsche niemals selbst mit Hitler gesprochen hat«[417], erinnerte Schmitt Kempner und stellte fest: »Ich habe niemals in meinem Leben auch nur ein Wort mit Hitler gesprochen. Ich bin ihm in den zwölf Jahren seiner politischen Macht niemals vorgestellt worden und habe ihm niemals die Hand gegeben. Ich habe auch niemals den Versuch gemacht oder den Wunsch danach empfunden und niemals jemand in dieser Hinsicht bemüht. Ebenso habe ich Himmler, Goebbels, Rosenberg, Heß, Bohle und die meisten anderen einflussreichen Männer des Regimes niemals in meinem Leben gesprochen oder mich darum bemüht, sie zu sprechen. [...] Göring habe ich seit 1936 nicht mehr gesprochen; ich habe mich auch nicht darum bemüht, ihn zu sehen oder zu sprechen. [Außenminister] Ribbentrop habe ich ein einziges Mal 1936 gesehen und einige belanglose Worte mit ihm gewechselt. [...] Frank habe ich seit meiner öffentlichen Diffamierung vom Dezember 1936 nur noch einige Male gesehen. [...] Ich bin seit 1936 von niemand, weder von einer Stelle noch von einer

Abb. Eröffnungsverhandlung der Prozesse gegen die Hauptkriegsverbrecher am 20. November 1945 in Nürnberg, Justizpalast, Saal 600.

Person, weder amtlich noch privat um ein Gutachten gebeten worden und habe auch kein solches Gutachten gemacht. [...] Ich habe während des Kriegs kein Amt und keine Stellung übernommen, weder als Kriegsgerichtsrat noch als Kriegsverwaltungsrat im besetzten Gebiet, noch als Mitglied eines Prisenhofes oder irgendetwas Ähnliches. Es ist mir auch keine solche Stellung angeboten worden, noch habe ich mich darum bemüht. [...] Die Möglichkeit zu Vorträgen im Ausland hatte ich seit meiner öffentlichen Diffamierung (im Dezember 1936) erst wieder im Jahr 1942, als Himmler und seine Umgebung anfingen, gegenüber dem Ausland unsicher zu werden und es für richtiger hielten, die dringenden Einladungen ausländischer juristischer Fakultäten und Akademien, die Vorträge von mir wünschten, nicht mehr wie bisher einfach zu ignorieren. Alle meine Vortragsreisen im Ausland hatten wissen-

Abb. Anklagebank während der Eröffnungsverhandlung. Vordere Reihe von links: Hermann Göring, Rudolf Heß, Joachim von Ribbentrop, Wilhelm Keitel, Alfred Rosenberg, Hans Frank, Wilhelm Frick, Julius Streicher, Walther Funk, Hjalmar Schacht. Hintere Reihe von links: Karl Dönitz, Erich Raeder, Baldur von Schirach, Fritz Sauckel, Alfred Jodl, Franz von Papen, Arthur Seyß-Inquart, Albert Speer, Konstantin von Neurath, Hans Fritzsche.

schaftlichen Charakter und unterschieden sich darin nicht von den Auslandsreisen anderer deutscher Gelehrter, zum Beispiel des Romanisten Karl Vossler, der um die gleiche Zeit wie ich im Frühjahr 1944 in Spanien und Portugal Vorträge hielt. [...] Ich habe weder von der Hitler-Regierung noch von einer ausländischen Regierung Orden erhalten, auch keines der zahlreichen, aus Anlass jedes außenpolitischen Erfolges so freigebig verliehenen Abzeichen. [...] Ich hatte nicht einmal das einfache Kriegsverdienstkreuz, das schließlich sogar der Pedell hatte, während höhere Ränge das Ritterkreuz des Kriegsverdienstkreuzes erhielten. Ich habe auch von der italienischen und von der ungarischen Regierung keinen der seit 1938 in solchen Mengen verteilten hohen oder niedrigen Orden erhalten. Im Winter 1943/44 hatte die rumänische Regierung beabsichtigt, mir, wie zahlreichen anderen deutschen Gelehrten (Ernst Gamillscheg, Adolf Butenandt), die in Rumänen Vorträge gehalten hatten, einen Orden zu verleihen. Es ist aber bei mir nicht zur Ausfertigung der Verleihungsurkunde gekommen. Ich habe es auch vermieden, in dieser Hinsicht etwas zu tun und habe keinen meiner zahlreichen rumänischen Freunde und Schüler bemüht. Auch einen spanischen Orden habe ich, trotz meiner vielen spanischen Freunde und Verehrer, nicht erhalten. Im Jahr 1938 wollte die Regierung Franco mich zum Mitglied der Königlich Spanischen Akademie ernennen; sie hatte die Ernennung auch schon in der Presse mitgeteilt. Die deutsche Regierung hat aber das Agrément für mich ausdrücklich verweigert. [...] Ich habe kein Institut gehabt, bin niemals Rektor oder Dekan geworden, habe niemals ein Auto besessen, weder einen Dienstwagen noch privat, war niemals Eigentümer eines Hauses oder Grundstücks und habe außer meiner Bibliothek kein Vermögen gehabt. Mein Einkommen nach 1933 war erheblich geringer als das vor 1933. Die Staatsratsbezüge von 6.000 Mark jährlich haben bei weitem nicht den Ausfall von Honoraren für juristische Gutachten und literarische Publikationen ausgeglichen, die sich vor 1933 auf jährlich 10–15.000 Mark beliefen. Das Gesamthonorar für meine Schrift ›Völkerrechtliche

Großraumordnung‹ hat für alle Auflagen zusammen noch keine 1000 Mark betragen. Die Auflage war so gering (soviel ich mich erinnere je 500 Stück), wie es nur bei rein wissenschaftlichen Abhandlungen der Fall ist. Dieses Fehlen jeder privaten Bereicherung erwähne ich hier nicht, um mich gegen den Vorwurf der Gewinnsucht oder des Eigennutzes zu verteidigen. Einen solchen Vorwurf hat mir bisher noch niemand gemacht. Ich spreche hier nur deshalb von meiner Vermögenslage, weil sie einen Schlüssel bietet zum Verständnis meiner wirklichen Situation in einem ganz auf schnelle Bereicherung, auf Ämter- und Ordensjägerei eingestellten System. Das ist ein Faktum, das bei einer Beurteilung meiner persönlichen Beziehungen zur Praxis der Hitlerschen Macht- und Beutepolitik nicht ganz außer Betracht bleiben darf und für die Beurteilung meiner Motive und Intentionen von Bedeutung ist.«[418]

Nach solchen ausführlichen Vorbemerkungen zur Praxis des nationalsozialistischen Regimes beantwortete Schmitt die Frage nach seiner »theoretischen Untermauerung der Hitlerschen Großraumpolitik« mit dem kurzen Hinweis, seine Theorie von Raum und Großraum sei aus rationalen Begriffen konstruiert worden und habe im Gegensatz gestanden zu den biologischen Gesichtspunkten, auf die die nationalsozialistische Ideologie gesetzt habe. Das Wort »Rasse« habe er vermieden, auch weil dieses vieldeutige Wort damals bereits ganz von Hitler okkupiert gewesen sei. Für ihn sei das Problembewusstsein des Raumbegriffs stets das Kriterium für eine wissenschaftliche Erörterung des Großraumproblems gewesen; ohne dieses Problembewusstsein bleibe der Dunstkreis, der sich um ein lärmendes Schlagwort wie »Großraum« auch als »biologisch-rassischen Lebensraum« lege, undurchdringlich. Seine wissenschaftliche, völkerrechtliche Theorie vom Großraum skizzierend, wies Schmitt gegenüber Kempner darauf hin, dass Hitler Großraumpolitik nicht im Sinne seiner, Schmitts, Theorie betrieben habe, sondern nur »eine geist- und prinzipienfeindliche Eroberungspolitik, die man nur dann ›Großraumpolitik‹ nennen kann, wenn man dem Wort ›Großraum‹ einen spezifischen Sinn nimmt und daraus ein leeres Schlagwort für jede Art von Expansion macht. Die Expansionspolitik Hitlers war so primitiv, dass ihr jede wissenschaftliche Analyse gefährlich werden musste. In einer weltumfassenden Auseinandersetzung, die mit einem Aufgebot aller Mittel des occidentalen Rationalismus geführt wurde, bedeutete die Berührung mit einem echten wissenschaftlichen Begriff für Hitlers Politik keine Untermauerung, sondern eine Entlarvung«[419], schrieb Schmitt an Kempner. Wenn gleichwohl von einigen Stellen toleriert worden sei, dass Journalisten und Propagandisten seinen Namen in der Diskussion über Großraumpolitik »als Aushängeschild« verwerteten, so sei das keine theoretische Untermauerung gewesen. »Es gehört vielmehr, ebenso wie die Verwertung der Namen zahlreicher anderer Gelehrter, zum allgemeinen Stil eines totalitären Systems, das ausrottet, was es nicht verwerten kann, und zu verwerten sucht, was es nicht ausrotten kann.«[420] »In Zeiten des offenen oder latenten Bürgerkriegs«, ließ Schmitt Kempner weiter wissen, »besteht die Gefahr, dass jedes offene und öffentliche Wort zugleich auf die Ebene der schnell sich verändernden propagandistischen Schlagworte und in das Chaos nihilistisch zerstörter Begriffe gerät. [...] In die Sprache moderner Technik übersetzt, lässt sich diese Erfahrung so formulieren: jede Lautverstärkung ist eine Sinnveränderung und meistens auch eine Sinnverfälschung. Das ist der eigentliche Sachverhalt, der in meinem Fall zur Beurteilung steht.«[421] Es gebe Leute, fügte Schmitt im mündlichen Verhör hinzu, die nicht verstünden, »dass ein Mensch ruhig an seinem Schreibtisch sitzen kann«.

»Ist Rousseau von seinem Schreibtisch weggegangen?«, fragte Kempner.

»Nein.«

»Wer ist noch nicht von seinem Schreibtisch weggegangen?«

»Thomas Hobbes... Darf ich Ihnen offen sagen, ich bin drei Wochen in der Einzelhaft...«

»Wollen Sie nicht allein sein?«

»Ich bitte darum, auch weiter allein zu sein. Es wurden mir damals, als ich in Arrest kam, alle möglichen Fragen gestellt. Ich sagte darauf nur: Ich möchte über meinen Fall von meinem Niveau aus sprechen können. Ich habe nur den Wunsch, mir selber klar zu werden. Dafür ist mir mein Name, meine Physiognomie zu gut. Ich hatte Hunderte von Schülern in allen Ländern, Tausende von Zuhörern.«

»Soweit sich das auf Hörer bezieht, schwankt Ihr Charakterbild in der Geschichte.«

»Das wird immer so sein, wenn jemand in solcher Situation Stellung nimmt. Ich bin ein intellektueller Abenteurer.«

»Sie haben intellektuelles Abenteuerblut!?«

»Ja, so entstehen Gedanken und Erkenntnisse. Das Risiko nehme ich auf mich. Ich habe immer noch meine Zeche bezahlt. Ich habe noch nie den Zechpreller gespielt. Im Übrigen: Colombo kam nach Amerika ohne Papiere und ohne das Einreisevisum der Azteken oder Indianer. Entdeckungen finden ohne Visum der Entdeckten statt.«

»Wenn aber das, was Sie Erkenntnissuchen nennen, in der Ermordung von Millionen von Menschen endet?«

»Das Christentum hat auch in der Ermordung von Millionen Menschen geendet. Das weiß man nicht, wenn man es nicht selber erfahren hat. Ich fühle mich gar nicht, etwa wie mancher als unschuldig Gekränkter, dem etwas Entsetzliches passiert.«

»Aber das können Sie nicht vergleichen. Und ist es nicht einfach gesagt eine strafrechtliche Untersuchung Ihrer Struktur?«

»Da kann ich Ihnen vieles sagen. Wenn ich gefragt werde, macht es mir Freude, meine Ansicht ehrlich auszusprechen.«[422]

Kempner entließ Schmitt: »Wegen was hätte ich den Mann anklagen sollen? Er hat keine Verbrechen gegen die Menschlichkeit begangen, keine Kriegsgefangenen getötet und keine Angriffskriege vorbereitet.«[423] Bei der Entlassung entspann sich zwischen Kempner und Schmitt noch folgender Dialog:

»Gehen Sie! Was werden Sie nun machen?«

»Ich werde in die Sicherheit des Schweigens gehen.«[424]

Gegen Ende des letzten Verhörs bat Schmitt, nicht mehr zurück nach Berlin, sondern in seine sauerländische Heimatstadt Plettenberg reisen zu dürfen. Seine Frau gebe die Wohnung in Berlin auf. »Wir haben nun keine andere Unterkunft als bei meinen Schwestern in Westfalen. Können Sie nicht sehen, dass ich dort hinkomme und nicht automatisch nach Berlin geleitet werde?« »Das wird heute erledigt«[425], versprach Kempner. Am 6. Mai 1947 konnte Schmitt die Einzelzelle im Kriegsverbrechergefängnis zwar verlassen, musste sich jedoch weiter im Gästehaus der Anklage als Zeuge im Prozess gegen Ernst von Weizsäcker, Staatssekretär im Auswärtigen Amt, zur Verfügung halten. »He is now a voluntary witness for office Chief of Counsel for War Crimes«, steht im Entlassungsschreiben. Gleich am 7. Mai sagte Schmitt gegenüber Kempner im Weizsäcker-Prozess als Zeuge aus und konnte nach weiteren Vernehmungen Nürnberg am 21. Mai 1947 verlassen und ins Sauerland zurückreisen, das er vierzig Jahre früher verlassen hatte in der Hoffnung, den Leviathan zähmen zu können. Er werde bestimmt ein »berühmter Verteidiger«[426], hatte er im Januar 1913 als 25jähriger Student seiner Schwester Auguste geschrieben. Da sein Mandant zwanzig Jahre später Adolf Hitler hieß, der um Verteidigung gar nicht nachgesucht hatte und »seinen« »berühmten Verteidiger« vermutlich dem Namen nach noch nicht einmal kannte, blieb Schmitt nach Entlassung in Nürnberg nichts anderes übrig, als seine sauerländische Heimat wieder in Besitz zu nehmen. Der Traum, Nachfolger Hegels zu werden, war ausgeträumt. In Plettenberg angekommen, notierte er zwar im Tagebuch: »Was tust Du nun hier? Du hast Dich mit knabenhaftem Stolz in der großen Welt mit ganz großen Feinden angelegt. Mit Rom und großen Juden, und jetzt wirfst Du dich weg an kleine Provinzbrüder, Du Billig-Spieler, Du mauerst und passt aus Trägheit und feiger Bequemlichkeit. You can't go home ...«[427] Aber dann blieb er – nachdem er die Überlegung, nach Argentinien auszuwandern, schnell wieder verworfen hatte – doch in Plettenberg und hat seine Heimatstadt als Wohnsitz in den folgenden gut vierzig Jahren bis zu seinem Tod am Ostersonntag 1985 nicht mehr verlassen.

Wenn der Abend kommt

Dass Carl Schmitts Lebensreise einmal zum Ausgangspunkt zurückführen würde, hat sich der berühmte Professor des Staats- und Verfassungsrechts und politische Schriftsteller in den vierzig Jahren zwischen seinem Abitur am 2. März 1907 und der Entlassung aus dem Nürnberger Kriegsverbrechergefängnis am 21. Mai 1947 bestimmt nicht vorstellen wollen und können. Die Unfassbarkeit des Erlebnisses drückte er bei Ankunft in Plettenberg in einem ungeheuerlichen Stoßgebet aus, in dem er Gott siezte und, wahrscheinlich um das Gefühl des Fremdgewordenseins besser ertragen zu können, ihn in französischer Sprache ansprach: »Seigneur, délivrez-moi, brisez mes chaînes, reconduisez-moi chez mon père, dans ma patrie, dans ma maison, dans mon héritage et faites que ce qui m'appartient me soit rendu, pour que vous soyez glorifié dans votre justice. O Herr, befreien Sie mich, sprengen Sie meine Ketten, führen Sie mich zurück zu meinem Vater, in meine Heimat, in mein Haus, zu meinem Erbe und machen, dass alles, was mir zugehört, mir auch wieder wird zuteil, auf dass Sie verherrlicht werden ob Ihrer Gerechtigkeit.«[428]

In Plettenberg wohnte Schmitt zunächst mit seiner Frau Duschka, Tochter Anima und gemeinsam mit seinen Schwestern Auguste, einer ehemaligen Volksschullehrerin, und Anna Margarete, einer Klavierlehrerin, im von seinen Eltern 1937 gebauten Haus im Brockhauser Weg 10, es ging sehr eng zu in dem anderthalbgeschossigen Einfamilienhaus, die Schwestern lebten Parterre, Carl Schmitt und seine Familie in der Dachgeschosswohnung, deren wenige gerade Wände gefüllt waren mit Bildern, die Duschka Schmitt neben einigen Möbeln, Stilmöbeln, Eiche, dunkel, aus Berlin nach Plettenberg hatte in Sicherheit bringen können, Bilder von Emil Nolde, Werner Gilles, Ernst Wilhelm Nay und Werner Heldt, bis die Wände leerer wurden, weil Schmitt aus finanziellen Gründen einige Bilder verkaufen musste. Ohne auf seine im Oktober 1945 von den Amerikanern konfiszierte Bibliothek mit ca. 3300 Bänden zurückgreifen zu können – Schmitt sprach von einer »feindlichen Beschlagnahme« –, musste er sich in seiner Arbeit in den ersten Nachkriegsjahren auf sein immenses Gedächtnis verlassen. Die Bibliothek wurde zwar Anfang der fünfziger Jahre wieder herausgegeben, Schmitt musste sie aber, wieder aus finanziellen Gründen und weil er sie in der kleinen Plettenberger Dachge-

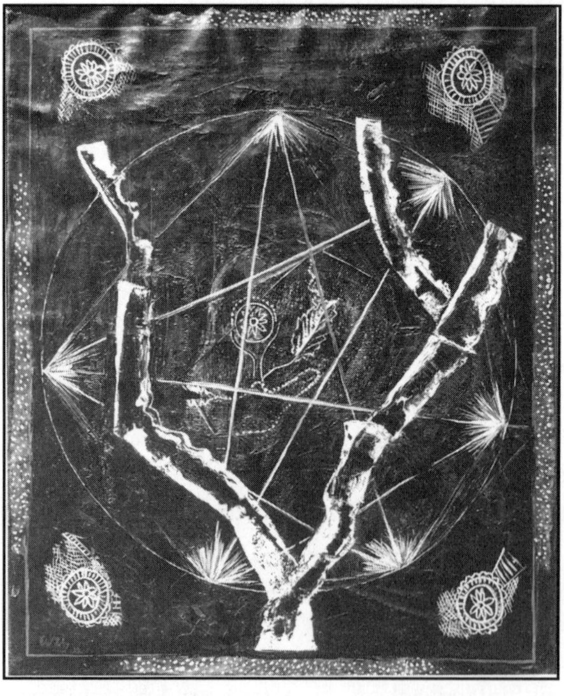

Abb. Ernst Wilhelm Nay, Der schwarze Diamant, eines von Carl Schmitts Lieblingsbildern.

schosswohnung nicht unterbringen konnte, verkaufen; noch heute stößt man in Antiquariaten (zu Höchstpreisen) auf Bände aus der Bibliothek mit der Stempelinschrift »Legal division U.S. Group, CC, (Germany) Library. Prof. Carl Schmitt Library«. Die Isolation vor allem in den ersten Nachkriegsjahren erlebte Schmitt als niederziehend. Einzige Abwechslung boten die Besuche von Animas Schulkameraden und die Theateraufführungen im Garten. Schmitt verfolgte die Proben aufmerksam und griff gelegentlich auch mit Kommentaren ein. »Das waren Einblicke in die Literatur, die uns weder die Schule noch das Elternhaus zu geben vermochten«[430], erinnert sich eine damalige Mitspielerin, Animas Klassenkameradin Christel Hoberg-Heese. Neben Carl Schmitts Bild erscheint in ih-

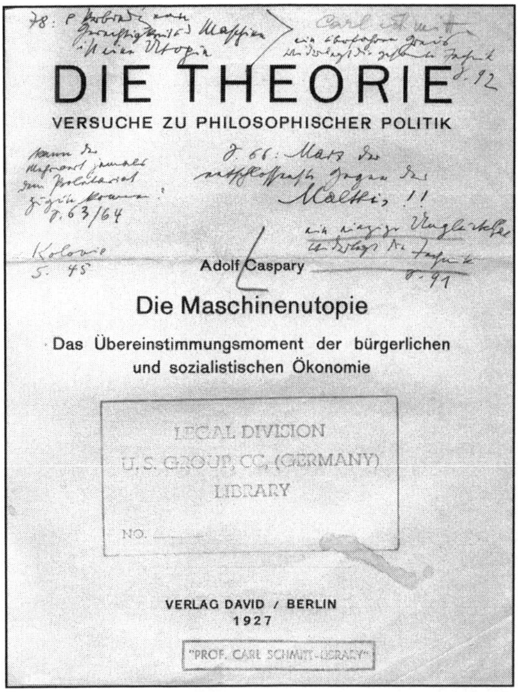

Abb. Eines der beschlagnahmten Bücher aus Carl Schmitts Bibliothek mit den Stempelinschriften »Legal division U.S. Group, CC, (Germany) Library. Prof. Carl Schmitt Library« und mit handschriftlichen Lektürenotizen Schmitts.

rer Erinnerung gleich das seiner Frau Duschka, »einer für uns damals etwas ausgefallenen, aber imponierenden Erscheinung, die ihren Mann um mindestens eine Kopflänge überragte. Sie war eine frühere Studentin des Professors, Serbin, und trug ihr tiefschwarzes Haar streng gescheitelt und nach hinten gekämmt, dazu zwei Locken, ›Sechsen‹, auf jeder Seite in die Schläfen gekämmt, was ihr für die damaligen Plettenberger Verhältnisse einen Touch ins Exotische gab.«[431] Christel Hoberg-Heese und den anderen Mitschülern und Mitschülerinnen Animas fiel natürlich auf, dass Carl Schmitt und seine Frau sich siezten. Diese förmliche Anrede ging von Duschka Schmitt aus. Sie sei als junges Mädchen nach Bonn zum Studium gekommen und Carl Schmitt für sie der verehrenswerte, hochstehende Gelehrte gewesen, erklärte Duschka Schmitt

Abb. Carl Schmitt und Duschka, geborene Todorović, in den dreißiger Jahren.

auf neugierige Fragen. Sie sei dann persönlich mit Schmitt bekannt geworden, als er Übersetzungen aus dem Deutschen ins Serbische benötigte. Auch bei dieser Zusammenarbeit sei sie immer die Studentin und er der berühmte Gelehrte gewesen. Als sie später geheiratet hätten, habe sie sich von dieser Vorstellung nicht mehr lösen können. »Es waren Stunden der Anregung im Schmittschen Haus in einer Zeit, die vom Mangel und von der Sorge um das Notwendigste bestimmt war«, erinnert sich Christel Hoberg-Heese. »Wir hatten wenig zu essen und waren miserabel gekleidet. Heizmaterial war rationiert, und ich bin mir bewusst, welchen Verdunkelungen des Lebens das Ehepaar Schmitt ausgesetzt war – das Bewusstsein der beruflichen Ausgrenzung, die Anfeindung mächtiger Gegner ringsum, die Bescheidenheit der finanziellen Verhältnisse, die bis zur Armut ging – sie haben sie uns nie spüren lassen.«[432]

Der Kontakt zur Außenwelt lief anfangs nur über die Korrespondenz, und wieder war Schmitt erleichtert, über seine Lage in französischer Sprache Auskunft geben zu können. Der seit den dreißiger Jahren mit ihm befreundete Franzose Pierre Linn, Übersetzer der »Politischen Romantik«, hatte ihm geschrieben und von der allgemeinen »Vagabondage« gesprochen. Diese »Vagabondage« betreffe auch ihn, schrieb Schmitt zurück, und sie sei in seinem persönlichen Fall ein situationsbedingtes Problem. Aber dieses Problem, das Phänomen und sogar der Begriff »Vagabondage«, verallgemeinerte Schmitt sofort, erführen heute existentielle Veränderungen, »vor allem auf einem Boden, wo die einander entgegengesetzten Kräfte und Tendenzen dieser Welt sich ein stürmisches Stelldichein geben«[433], zumal in einem Land wie Deutschland, in dem die widerstreitenden Bewegungen des Westens und des Ostens aufeinander prallten und einander durchdrängten, in einer Region, »die sich Tag für Tag mehr in ein ›Niemandsland‹ (d. h. Nihilismus in Reinkultur) verwandelt und zugleich in ein ›Jedermannsland‹ (d. h. Wirrwarr theogonischer Kräfte, ausgelöst seit 1840 durch den Verfall des Protestantismus und der idealistischen Philosophie). Ich habe viel darüber nachgedacht, was Sie 1936 über den idealistischen Staat gesagt haben. Die Bestätigungen, die ich dafür ausmachen konnte, sind frappant. Das missing link in der logischen und systematischen Kette ist der Begriff der Utopie. Oder aber: Brave New World!«[434] So hob Schmitt gleich wieder vom Boden ab und informierte Pierre Linn, dass ihr Gespräch nicht das zwischen Boëthius (dem spätantiken christlichen Philosophen) und dem gotischen König Theoderich sein könne; vielmehr verglich er ihr Gespräch mit dem eines Senators in Aquitanien mit Severin, »dem Heiligen des 8. Januar, der um 500 in Noricum lebte«[435]. Die historische Parallele entspreche derjenigen, die Linn zur Epoche Karls des Großen gezogen habe. Denn, teilte Schmitt Linn mit: »Abstrahiert man um 200 Jahre (1713–1914), ist das christliche Europa immer eine bemitleidenswerte Gegend gewesen, von allen Seiten überfallen; die Spanne 1713–1914 war außerdem nur ein ephemeres Intermezzo. Noch immer befinden wir uns – wie im Jahr 500 oder 800 – im christlichen ›Äon‹, noch immer in Agonie, und jedes wesentliche Ereignis« – und damit war Schmitt wieder bei seinem Lieblingsthema – »ist nur eine Frage des Katechon. [...] Ich werde mich freilich hüten, mit Theologen darüber zu sprechen, denn ich kenne das beklagenswerte Los des großen und armen Donoso Cortés. Es handelt sich um eine totale Präsenz, verborgen unter dem Schleier der Geschichte.«[436] Nach diesem Ausflug in die Weltgeschichte kam Schmitt gegenüber Pierre Linn dann aber doch noch einmal auf seine persönliche »Vagabondage« zu sprechen. Er lebe jetzt wieder im Haus seines Vaters, in dem er 1937 der Goldenen Hochzeit seiner Eltern beigewohnt habe; er schlafe in dem Zimmer, in dem sein Vater geschlafen habe und in dem er 1945 gestorben sei, im Alter von 92 Jahren; durchs Fenster blicke er auf den katholischen Friedhof, wo seine Eltern ruhten und wo seit zwanzig Jahren eine Grabstätte für seine Frau und ihn reserviert sei; er mache dieselben Spaziergänge wie vor fünfzig Jahren. Allerdings, erfuhr Linn: »Unsere wirtschaftliche Lage hat sich verändert, [...] wir sind ›demontiert‹, und Madame Schmitt reibt sich auf im Kampf um das tägliche Brot. Trotzdem: Für eine von Krieg und allgegenwärtigem Nihilismus geprägte Zeit ist dies eine gewisse räumliche Kontinuität, ja sogar ›stabilitas loci‹.«[437]

Duschka Schmitt war das Zentrum des Familienlebens in Berlin und später in Plettenberg. Eine warmherzige Frau, sich um alles und jeden kümmernd, mutig-direkt. Wie oft hat sie zu Carl Schmitt gesagt: »Hüten Sie sich vor Ihrer Ungeduld und Ihrer Schwäche.« Im Brockhauser Weg 10 in Plettenberg war sie Garantin dafür, dass der »Herr Professor« ungestört arbeiten konnte, sie bestand einerseits auf der Form – der Handkuss war obligatorisch –, andererseits, wenn es der Sache diente, scherte sie sich überhaupt nicht um Formalitäten. »Die Armut der Zeit konnte in ihrer Erscheinung keinen Raum gewinnen«, hat die erste Frau von Ernst Jünger, Gretha Jünger, in ihrem Buch »Silhouetten« Duschka Schmitt nach ihrem

Abb. Dieses Altarbild Duschka Schmitts hing nach ihrem Tod in Carl Schmitts Arbeitszimmer.

frühen Tod 1950 nachgerufen. »Das Pflichtbewusstsein, das sie erfüllte und bis zum letzten Tag ihres Lebens so selbstverständlich für sie bleiben sollte, besaß nichts von jener Strenge, die oft seinen Schatten bilden kann; es war eher ein fröhliches zu nennen. Hinter dieser Fröhlichkeit verbargen sich alle Züge eines wahrhaft großen Herzens, dem Eitelkeit so fremd war wie Verstellung und falsche Demut, das nur echte Empfindungen kannte und sich in Zeiten der Not und des Leidens über sich selbst hinaus erhob. [...] Ich habe die Jahre des Glücks miterlebt und die ihrer Sorgen. Nichts konnte sie verändern in dem ruhigen Gleichmaß und der Sicherheit ihres Wesens, ihres Vertrauens zu Gott. Ihre Kämpfe, ihre Belastungen eines Tages, einer Stunde, die Nächte des Krieges, das von den Bomben zerstörte [Berliner] Haus und der Einmarsch der Russen in Berlin: dies alles spielte sich im inneren Raume ab, es drang nicht nach außen vor, und niemals zeigte sie ein Erschrecken, ein Nachlassen ihrer seelischen Kraft.«[438] Verständlich der bleibende Eindruck, den Duschka Schmitt in den ersten Nachkriegsjahren bei den Mit-

Abb. Werner Gilles, Flötenspieler, 1939, in Carl Schmitts Dachgeschoßwohnung.

schülerinnen und Mitschülern Animas hinterließ. Ein Familienleben, das in aller äußeren Not ganz vom Geist aus geführt wurde — »Die Welt versöhnt und übertönt der Geist«, dieser Däubler-Vers war eines von Schmitts Lieblingszitaten. »Ich habe im Hause Schmitt erlebt«, erinnert sich Christel Hoberg-Heese, »was ich von meiner Mutter immer gesagt bekam, dass geistige und kulturelle Werte ein wunderbares Gegengewicht zu äußerem Mangel seien. In diesem Zusammenhang frage ich mich heute, was in den Köpfen von Carl Schmitt und seiner Frau abgelaufen sein mag, als wir seinen 60. Geburtstag ›feierten‹. Es gab keine Laudatio, keine Festschriften und keine Besuche von Freunden, stattdessen hatte seine Schwester ›Ännchen‹ eine Feier arrangiert, in der wir Schüler musizierten und Gedichte vortrugen.«[439] Annette von Droste-Hülshoff, Goethes »An den Mond«: »Füllest wieder Busch und Thal / Still mit Nebelglanz« und Clemens Brentanos »Abendständchen«: »Hör', es klagt die Flöte wieder, / und die kühlen Brunnen rauschen! / Golden weh'n die Töne nieder, / stille, stille, lass uns lauschen!«

Um gegen diese Stille anzuschreiben und seine Gedanken zu klären und sie auch gegen die Wirklichkeit zu verteidigen, begann Schmitt kurz nach Rückkehr aus Nürnberg wieder Tagebuch zu führen. Denn die staubigen Drucksachen, die er von seinem Privatarchiv gerettet hatte, vor allem seine Korrespondenz und Zeitungsartikel über ihn, nahmen ihm manchmal den Atem. Woher rührte diese für ihn unerklärliche Feindschaft, fragte er sich, die alles, was er gesagt und geschrieben hatte, stets hervorgerufen hatte? Beim Auspacken der Umzugskartons fiel ihm etwa Willy Haas' Aufsatz »Eine neue politische Lehre« aus der LITERARISCHEN WELT vom Mai 1932 in die Hände. »Tief betroffen«, heißt es in der ersten Tagebuchnotiz vom 28. August 1947: »Haas nennt mich einen Nihilisten, die Freund–Feind-Theorie versteckte und schlimmste Neutralisierung, leere Eierschale, weil sie von der einzigen konkreten Ursache der Feindschaft, nämlich der gegenwärtigen materiellen, also von Klassenfeindschaft gegen den Bourgeois abstrahiert, dadurch neutralisiert und also selber höchst politisch ist. Dabei unterstellt er fälschlich den Feind als etwas, was ›im Vernichtungskrieg aus dieser Welt geschafft werden kann‹. Wie merkwürdig. Weil ich mich hüte, mich mit seiner Feindschaft, der des marxistischen Bürgerkriegs, zu identifizieren, erklärt er mich und meine Theorie zum Feind. Wunderbare Bestätigung. Jeder gibt mir recht. Hätte ich gesagt: der Jude ist der Feind, hätten mir die Nazis recht gegeben; hätte ich gesagt: der Nazi ist der Feind, hätten mir die anderen recht gegeben und so fort. Das sind dann aber noch die relativ Ehrlichen. Die schlimmsten sind die, die leugnen, dass es für sie überhaupt Feindschaft gebe und auf dieser Basis ihre Feindschaft bestätigen.«[440] Oder da las Schmitt die Bemerkung des amerikanischen Historikers James Thomson Shotwell, der Krieg habe aufgehört, berechenbar zu sein, er gehöre nicht länger der Realpolitik an, und deshalb müsse man nun eine Realpolitik des Friedens entwickeln. Schmitts Antwort am 1. September 1947: »Weil der Krieg aufgehört hat, berechenbar zu sein, braucht er nicht aufzuhören, zu sein. Die Frage ist, ob die Feindschaft aufhört, und sie hat leider nicht aufgehört. Dass der Krieg nicht länger der Realpolitik angehört, könnte doch auch zur Folge haben, dass mit der Form und dem Inhalt des Krieges sich auch der Sinn der Realpolitik ändert und diese Politik nicht mehr bloß eine ›Kunst des Möglichen‹ ist wie im 19. Jahrhundert. Es könnte sein, dass gerade aus dem Willen, kostbares Erbgut zu retten, gerade aus dem Bewusstsein des ungeheuerlichen Wendepunktes und des dynamischen Charakters der Gegenwart, gerade aus dem Bewusstsein der Unberechenbarkeit des Krieges eine neue Art Realpolitik entsteht, die jenes Bewusstsein in sich aufnimmt und die Bereitschaft zum Bestehen der Gefahr gegenüber einer gleichen Bereitschaft auf der Gegenseite nicht fürchtet, wenn sie sich im Besitz der richtigen Waffen weiß.«[441] Oder er las bei Sallust die Rede des jungen Caesar über den Umgang mit Gefangenen nach einem Völker- oder Bürgerkrieg nach: Gerade gegenüber unerhörten Schandtaten (»nefaria facinora«) müsse man mehr daran denken, seine Würde zu bewahren als fragen, was man von Rechts wegen den gefangenen Verbrechern alles antun solle oder gar sich über bisher geltendes Recht hinwegzusetzen. Nach Caesar habe man sich davor zu hüten, mehr an jene Verbrecher als an die eigene Würde zu denken, sonst frage man mehr nach seiner eigenen Wut als nach seinem guten Ruf und Ansehen; auch die Strafe müsse die Würde bewahren, und man tue gut, sich an gesetzlich vorgesehene Strafen zu halten. Ein großer Machthaber dürfe nicht handeln wie ein in Wut geratener kleiner Mann, und was bei einem kleinen rachsüchtigen Menschen als Eifer und Zorn erscheine, das wirke bei einem Großen wie Überheblichkeit und Grausamkeit. Solle man neue Strafarten erfinden? »Gerade in Zeiten des Bürgerkriegs«, notierte Schmitt, »wächst sich jeder Racheakt, auch wenn er zuerst vom Rechtsgefühl der Menschen applaudiert wird, zu einer grauenhaften Praxis aus.«[442] Oder er begegnete der These des französischen Theologen Raymond-Léopold Bruckberger, der dritte Weltkrieg werde ein Glaubenskrieg sein. Das Dekret »Acta Apostólica Sedis« des Heiligen Officiums vom 1. Juli 1949 gegen den Kommunismus sei die offizielle Erklärung eben dieses Krieges, fiel Schmitt dazu ein, Glaube gegen Glaube, Weltreligion gegen Weltreligion. Und dann fiel ihm auch noch dies ein: »Kommunistisches Manifest contra Syllabus; ›der erste Akt eines Krieges ist die Bestimmung des Feindes‹. Die Neuzeit hat mit den Jakobinern begonnen. Ich warte auf die Kosaken und den Heiligen Geist, schrieb Léon Bloy. Quod custodit Christus nos tollit Gothus, schrieb der heilige Augustinus, als die Barbaren einfielen.« Schmitts eigener Kommentar: »In Jalta und Potsdam haben die Angelsachsen eine Politik der Dritten Kraft betrieben, das Unbewusste bis zur Lethargie gedacht, Wesenszug jeder Dritten Kraft, Mentalität der Zone No No. Nachdem ich mich mehr als zwanzig Jahre lang mit Philosophie und Theologie beschäftigt habe, mit der Geschichte der Kirche und der Nationen, mit den Dokumenten des Vatikans, nachdem ich Bernanos, Péguy und Drumont wieder und wieder gelesen habe, glaube ich zu wissen, wovon ich spreche.«[443]

Er glaubte auch zu wissen, wovon er sprach, als er in seinem Plettenberger Asyl die Vorstellung einer Generalamnestie entwickelte. Natürlich ahnte er, dass ein Aufschrei der Empörung durchs Land gehen würde, wenn ausgerechnet er, der sich den Nationalsozialisten so hemmungslos zur Verfügung gestellt hatte, mit dem Plädoyer einer Amnestie als »Erinnerung an einen Rest heiligen Rechts«[444] an die Öffentlichkeit treten würde, und so ließ Schmitt seine Überlegungen in der Zeitung CHRIST UND WELT vorsichtshalber anonym erscheinen. Der Krieg habe sich in einen Bürgerkrieg verwandelt, und auch der Kalte Krieg sei zum Kalten Bürgerkrieg geworden, in dem jede Seite den anderen als Verbrecher, Mörder, Saboteur und Gangster behandele und jede Partei auf ihren Rechten sitze wie auf einer Beute, konstatierte er. Diesen Bürgerkrieg zu beenden, gebe es nur eine einzige Möglichkeit: eben die Amnestie als Kraft des Vergessens. Das Wort Amnestie, erinnerte Schmitt, sei zum ersten Mal aufgetaucht nach dem Peloponnesischen Krieg vierhundert Jahre vor Christi Geburt. Noch heute sei in England ein Gesetz aus dem Jahr 1495 in Kraft, das es verbiete, jemanden nach einem Bürgerkrieg und nach der »Wiederherstellung normaler Zustände«[445] dafür zu bestrafen, dass er auf der falschen Seite stand. »Amnestie bedeutet also mehr als eine bloße Begnadigung wegen kleiner Vergehen«[446], schrieb Schmitt. Sie sei auch mehr als eine Entlastung des staatlichen Verfolgungsapparates. Sie sei ein gegenseitiger Akt des Vergessens. »Wer Amnestie nimmt, muss sie auch geben, und wer sie gibt, muss wissen, dass er sie auch nimmt.«[447] Große Wirkung entfaltete Schmitts anonym vorgetragener Vorschlag nicht. Er musste in seinem Plettenberger Asyl in Deckung bleiben, empfand sich als outlaw und zog im Tagebuch aus seiner Position des in den sauerländischen Bergen Gestrandeten mit zynischem, oft bösartigem Witz über seine Umgebung her: »Wunder der D-Mark: Thomas Mann erscheint wieder in Deutschland.[448] [...] Sieh Dir diesen Winston Churchill an, den biederen Whisky-Trinker.[449] [...] Da laufen sie herum und sprechen von Europa, in Frankreich und in Deutschland. In Frankreich hat André Gide die berühmte Antwort auf die Frage nach dem größten Dichter gegeben: Victor Hugo, hélas. In Deutschland würde es keiner begreifen, wenn ich antwortete: Der größte moderne deutsche Dichter ist Theodor Däubler, hélas. In Deutschland werden mir Georgeaner, Rilkeaner, sogar Wiechertjacken und Thomas Mann-Gepäckträger ins Gesicht springen und mir entgegenbrüllen: Trauriges Nazischwein, lass Dich erst mal entnazifizieren. Stolz, dass sie nicht Betroffene und nur Betreffende sind. Schande.«[450] Oder er begegnete Martin Heideggers Hinweis auf die »Ortschaft des Wesens« und kommentierte: »Die Ortschaft. Er hütet sich, einen Namen zu nennen. Er sagt nicht Rom und sagt nicht Moskau, er sagt nicht Genf und sagt nicht Prag, sagt auch nicht Lake Success. Ich aber spreche wie ein Kind die Namen aus und werde dadurch zum prädestinierten Schlachtopfer des Ritualmordes, wie Kafkas Angeklagter im ›Process‹. Ich lebe nur noch davon, dass die Lemuren, die mich verfolgen, keiner Riten und deshalb auch keines Ritualmordes mehr fähig sind. Das ist meine Rettung.«[451] Manchmal ließ er aber auch die Frage zu, welche Rolle er im »Dritten Reich« gespielt hatte und warum er auf die Idee gekommen war, Hitler und die Nationalsozialisten für einen Katechon zu halten. Stattdessen hatten die Nationalsozialisten die Ankunft des »Feindes« nicht aufgehalten, sondern beschleunigt, und er, Schmitt, hatte diesen Beschleunigungsprozess noch gefördert. »Die Freude an der Beschleunigung, Beschleuniger der Beschleuniger wider Willen; war es das, was mich trieb und trog?«[452] Diese Frage ließ er aber unbeantwortet im Raum stehen und suchte weiteren Trost in subjektiven Feststellungen wie »Staaten vergehen, Staatsräte bestehen«[453]. Völlig abgeschnitten von jedem öffentlichen Diskurs, arbeitete er so weiter an seiner Selbststilisierung, auch dann, wenn er seine Outlaw-Situation vergessen und sich wieder seinem Lebensthema zuwenden konnte, zum Beispiel Thomas Morus las, »mit tiefstem geschichtlichen Recht heilig gesprochen«[454], und ihn verglich mit Francisco de Vitoria, einem der Begründer des modernen Völkerrechts. »Die Versuchung des Vitoria bestand nicht darin, die offizielle Lehre (die es nicht gab) zu vertreten oder zu schweigen (wie Alfred Verdross das konstruiert, banal und der offiziellen Lehre des heutigen Nachkriegs sich unterwerfend), sondern die Versuchung lag in der neutralisierenden Humanisierung [...], sie lag im Erasmismus. Der heilige Geist ist kein Skeptikus. Morus war kein Kleriker, sondern ein bloßer Clerc, ein Schreiber, kein Priester. Das ist das Geheimnis seiner unhörbaren, sogar unfühlbaren großen Überlegenheit.[455] [...] Der große Clerc; auch Bodin war einer. Hobbes dagegen ein einsamer Wolf.«[456] Von Hobbes ließ Schmitt sich nicht abbringen, auch nicht nach einer nächtlichen Lektüre von Ernst Lewalters Buch über Francis Bacon. Wie klein sei Bacons Welt, fand Schmitt, wie behaglich sein Leben im Gegensatz zu dem von Hobbes, den er einen einsamen Flüchtling ohne Amt und ohne soziale Position nannte. »Bacons Aufstieg und sein Sturz als Folge von Hofintrigen, die Niederlage auf dem Weg über ein kümmerliches Bestechungsverfahren, in dem er eine jämmerliche Rolle spielt und traurig zu Kreuze kriecht«, notierte er. »Er ist saturiert in sozialem, ökonomischem und geistigem Komfort, er hatte Schulden, aber er ist nie auf der Flucht. Seine Weisheit ist Hof-Weisheit klügster Art, aber nicht existentielle Angst und ergibt keine Signale für Flüchtlinge und Evakuierte.«[457] Seine eigene Lage sah Schmitt, nach dem Ausdruck der Hochschätzung für »die Kanonisten« Hans Barion, den Theologen, und den spanischen Völkerrechtler und Vitoria-Forscher Theodore Andrés Marcos, als »unglückliche Unvollendetheit [...] zwischen den Theologen und den Juristen des weltlichen Rechts. Es gibt keine besseren Juristen als uns, aber wir werden zwischen Theologie und Technik zerrieben. Jene beiden Kanonisten sind Juristen der Theologie; ich bin ein Theologe der Jurisprudenz; das Ergebnis ist Erfolglosigkeit in einem Zeitalter massiver Weltlichkeit, gusseiserner Begriffe und der delikat-vorsichtigen potestas indirecta.«[458] Doch Schmitts Meinungen interessierten niemanden, und er musste sich an Konfuzius halten: »Der Edle bleibt in seinem Zimmer. Formt er seine Gedanken richtig, so braucht er sie nicht zu publizieren, er findet ein Echo aus einer Entfernung von über tausend Meilen.«[459] In seiner Isolation ließ er seinen Assoziationen freien Lauf und überblendete ferne Vergangenheit mit aktuellster Gegenwart. 10. April 1948: »Die aktuellste Lektüre ist die einer Geschichte der Diadochenzeit, des beginnenden Hellenismus, zum Beispiel die Biographie Demetrios I. Poliorketes bei Plutarch: wüste Immoralitäten und wilde Peripetien; wie das Leben Adolfs (›mein Leben ist ein Roman‹); interessanter als die Geschichte der Caesaren, die auf einem bereits durchorganisierten Machtapparat sitzen; der fantastische Historionismus, der Pluralismus solcher diadochischen Gebilde, die einer Einheit nicht mehr fähig sind, denn Einheit der Einheit wegen, das ist etwas für diejenigen, von denen Hegel sagt: der ungebildete Mensch denkt abstrakt, das heißt heute, global.«[460] Einen Tag später begegnete er in einem Brief Ernst Jüngers Meinung, bezugnehmend auf Arnold Joseph Toynbee, Geschichtsphilosophen seien heute wichtiger als Atomphysiker, und sofort bestätigte er sich: »Natürlich. Ich, der Diagnostiker des diskriminierenden Kriegsbegriffs und der Verwandlung des Staatenkrieges in den Bürgerkrieg, bin davon nicht überrascht.«[461] Da Schmitt wusste, dass ihm niemand zuhörte oder ihn las, konnte er ungehemmt weiter seinen Assoziationen folgen: »Spenglers Genialität wird einem durch den Vergleich mit Toynbee erst recht bewusst; aber Spengler spricht zu viel von Kretern, Hethitern und von Epochen, die er nicht selber erlebt, sondern nur nach Parallelen, Analogien und Homologien konstruiert hat. Sein welthistorischer Universalismus ist imperialistische Annexion der Vergangenheit, Ausgrabung als Triumph und Eroberung. Tocqueville ist bescheidener, reiner in der Kontemplation des eigenen Geschickes. Toynbee ist beides, englisch-überlegene Synthese, aber ohne echte Kraft und nur noch darauf bedacht, Deutschland nicht wieder hochkommen zu lassen. Diesen Historikertyp gibt es wohl erst seit Versailles 1919; Geschichtsphilosophen des Unterganges; nicht Sieger und nicht Besiegte; hier schreibt eine dritte Art von Beteiligten die Geschichte und seine Konstruktion des Dritten zwischen Westen und Osten, eines unkräftigen hinhaltenden Dritten, entspricht dieser Position des Dritten, der in der Mitte dazwischen sitzt, des schwächeren Dritten, des besiegten Siegers; sehr traurig und für uns (für mich persönlich) sehr gefährlich. Kein echter Erasmus, kein echter Alexandriner, sondern eben aggregiert, nicht auf dem Kommandoschiff, sondern an dessen Remorque.«[462] Das Thema ließ Schmitt nicht los, am nächsten Tag notierte er: »Eu-ropa ein Gleichgewicht von Land und Meer, ozeanisch und kontinental, Häfen zugleich am Ozean und an Binnenmeeren; der Übergang vom Segelschiff zur Maschine war die Zerstörung dieses Gleichgewichts. Das Flugzeug ist dem Meer zugeordnet als Vehikel, kommt aber dem Raum des Landes zugute. Das unter den Voraussetzungen der Segelschifffahrt entstandene Prisenrecht der hohen See kann nicht im Zeitalter des Flugzeugs und der Radargeräte unverändert weiter gelten. Das ist so, als wollte man Vorschriften für den Waffengebrauch, die für Pistolen gegeben sind, auf den Gebrauch von Atombomben anwenden. [...] Russland ist Land, aber die USA sind nicht Meer. Das Schiff England nicht an der Remorque eines Bergeschiffs, sondern im Kraftfeld eines Flugzeugträgers.«[463] Am nächsten Tag setzte er sich wieder hin und verfasste die Antwort an Ernst Jünger: »Sie schreiben von Arnold Joseph Toynbee und dem Verhältnis der Geschichtsphilosophen zu den Atomphysikern. Natürlich mit dem diskriminierenden (›gerechten‹) Krieg, das heißt mit der Verwandlung des Staatenkriegs in den Bürgerkrieg und der Erklärung des Feinds zum Verbrecher steigt die Bedeutung der Geschichtsphilosophen und ihrer Auguren. Die Unterminierung des Gegners durch Bürgerkrieg und die Erschütterung seiner geschichtsphilosophischen Selbstüberzeugung ist – im gleichen Verhältnis – die stärkere Waffe gegenüber der Atombombe.«[464] Nach solchen Ausflügen in die Weltpolitik und Weltphilosophie war Schmitt aber schnell wieder bei seiner eigenen Realität angekommen. Deshalb empfand er es als wohltuend, dass die Lektüre der Gedichte Annette von Droste-Hülshoffs im Nürnberger Kriegsverbrechergefängnis nachwirkte. So stilisierte er die »geliebte Annette« schnell zur »klug-törichten Annette«[465] und stellte sie in eine Reihe mit — Heinrich von Kleist. »Ist es nicht traurig, dass die beiden sich nicht begegnet sind, eine der Begegnungen freilich, die die deutschen Verhältnisse nicht erlauben?«[466] Schmitts Stimmungen schwankten zwischen Hochmut und Depression. »Was tue und treibe ich hier? Ich suche nicht die Zukunft (denn ich fühle die Ohnmacht meines inneren und äußeren Daseins. Ich bin diskriminiert, nach unten, aber infolgedessen auch nach oben). Ich suche auch nicht die Vergangenheit (denn ich will nicht über mich selbst reflektierend mich selbst überleben). Was tue ich also? Ich tue nichts. Ich suche das Accidens meiner eigenen Gegenwart in reiner Gedanklichkeit treu zu bestellen.«[467] »In diesem ganzen riesigen Komplex des Streites um Recht und Unrecht der Nürnberger Prozesse kann ich warten und die eifrigen Tagesredner sich ausleben lassen. Ich bin alt und krank. Aber den Bogen des Philoktet besitze ich.«[468] Und so weiter und so fort in dieser Stimmung zwischen Depression und Hochmut: »Ich, in meiner Einsamkeit des Vorauseilenden, mache solche lebensgefährlichen Entdeckungen. Ich finde die Polarität von Übermensch und Unmensch und den modernen exterminierenden Feindbegriff bei Karl Marx 1844 in der Einleitung zur ›Kritik der Hegelschen Rechtsphilosophie‹ — die Kritik ist gegenüber Deutschland ›kein anatomisches Messer, sie ist eine Waffe. Ihr Gegenstand ist ihr Feind, den sie nicht widerlegen, sondern vernichten will‹; sic, wörtlich, der 26jährige Karl Marx.«[469] Die Wirkung solcher Selbstbeschwörungen hielt aber nicht lange an, und wieder an Pierre Linn, wieder in französischer Sprache, schrieb er auf, wie es in ihm aussah: »Ich lebe in einem fürchterlichen Exil, exul in patria mea. Die Deutschen sind ein Volk von Metaphysikern und Technikern, aber weder von Juristen noch von Moralisten. Beim Lesen einiger Passagen in einem Buch von Amédée Ponceau (›Timoléon, réflexions sur la tyrannie‹) fühle ich mich zu Tränen gerührt. Eine Stimme wie die Ponceaus wäre in Deutschland unmöglich. Es ist für mich ein ans Wunderbare grenzender Trost, diese Stimme von Frankreich aus zu hören.«[470] Wenig später war Pierre Linn noch einmal Adressat eines auf Französisch verfassten Bekenntnisses. Es kursierten ja groteske Gerüchte um seine Person, schrieb Schmitt, und insofern sei er tatsächlich ein Mythos geworden. Aber Pierre Linn solle wissen, »dass ich meiner Herkunft nach katholisch bin, und das bedeutet, ich würde mich lächerlich und bedeutungslos machen, mich selbst für null und nichtig erklären in dem Augenblick, in dem ich die Kirche verließe. Was Sie ›Ideen-Manipulation‹ nennen, ist nichts anderes als die Ungeniertheit einer geistigen Herkunft. Ich habe mich tatsächlich nicht verändert. Meine Freiheit gegenüber Ideen ist deshalb grenzenlos, weil ich mit meinem unokkupierten Zentrum in Berührung bleibe, das keine ›Idee‹ ist, sondern ein historisches Ereignis: die Fleischwerdung des Gottessohnes. Für mich ist das Christentum in erster Linie weder eine Glaubenslehre noch eine Ethik, ja nicht einmal (Entschuldigung) eine Religion; es ist ein historisches Ereignis.«[471]

»Wenn der Abend kommt«, tröstete Schmitt sich über seine Situation mit den Zeilen Machiavellis an den Freund Francesco Vettori, »kehre ich nach Hause zurück und gehe in meine Schreibstube. Bevor ich hineingehe, ziehe ich mein Tageskleid aus, das voll Schmutz und Staub ist, und hülle mich in königliche und höfische Gewänder. Angemessen gekleidet, besuche ich die antiken Höfe der Alten, wo ich liebevoll aufgenommen werde und weide mich an der Nahrung, die einzig mein ist und für die ich lebe. Dort schäme ich mich nicht, mit ihnen zu reden und sie nach dem Grunde ihrer Handlungen zu fragen, und herablassend stehen sie mir Rede und Antwort. Vier Stunden lang fühle ich keinerlei Langeweile: Ich vergesse jeden Kummer, fürchte nicht die Armut, erschreckt mich nicht der Tod. Ganz versenke ich mich in sie. […] Ich zehre mich auf und lange kann ichs nicht so treiben, ohne vor Armut verächtlich zu werden. […] Wer 43 Jahre lang, so alt bin ich, treu und redlich gewesen ist, dürfte wohl seinen Charakter nicht mehr ändern können. San Casciano, 10. Dezember 1513, Niccolò Machiavelli.«

Schmitt war 59, als er nach Plettenberg zurückkehrte, und wie Machiavelli betonte er nun die Unveränderlichkeit des Schicksals und des Charakters. »Ihr alter unveränderbarer, identischer Carl Schmitt« unterzeichnete er manchen Brief. Gleichwohl musste er sich im Tagebuch immer wieder bestätigen, dass seine Identität, der innerste Kern seiner Weltanschauung und Lebensinterpretation die Nazi-Zeit und seine Verstrickung in sie unversehrt überstanden hatte und die alten Feindbilder intakt geblieben waren. »Die Juden bleiben immer Juden«, notierte er am 25. September 1947. »Während der Kommunist sich bessern und ändern kann. Das hat nichts mit nordischer Rasse usw. zu tun. Gerade der assimilierte Jude ist der wahre Feind. Es hat gar keinen Zweck, die Parole der Weisen von Zion als falsch zu beweisen.«[472] Den Zwang, einen totalen Feind zu finden, fügte er dieser Notiz zu seiner weiteren Bestätigung hinzu, sei richtig gewesen, »aber doch nur einen, nicht zwei: Ost und West zugleich, Russen und Angelsachsen, Kommunisten und Juden zugleich, das war zu viel.«[473] Nein, er hatte sich nicht geirrt und versicherte sich am folgenden Tag im Tagebuch hochmütig: »Ich habe damals in den Jahren 1933–36 mir und der Würde meiner Gedanken weniger vergeben, als Platon und seinen Gedanken durch seine sizilianische Reise vergeben hat.«[474] Schon in der Einzelzelle des Kriegsverbrechergefängnisses hatte er sich damit gerechtfertigt, der Geist sei frei und bringe seine eigene Freiheit mit sich — als Schutzheiliger dieser geistigen Freiheit wurde gleich Thomas Morus aufgerufen mit dem Hinweis, dieser habe »viele Stadien durchlaufen und dem Tyrannen erstaunliche Konzessionen gemacht, ehe es so weit war, dass er zum Märtyrer und zum Heiligen wurde«[475]. Wenige Sätze später bestätigte er sich: »Vor dem Forum des Geistes hat unsere wissenschaftliche Arbeit« – Schmitt meinte natürlich in erster Linie seine eigene – »nichts zu fürchten, nicht zu verhehlen und nichts zu bereuen.«[476] Die Erörterung ihrer Fehler werde zwar sehr aufschlussreich sein, aber »wir freuen uns […] auf eine freie Öffentlichkeit. Wir können aber auch auf den Gewinn einer harten Probezeit nicht verzichten und werden nicht vergessen, was wir in der Gefahr jener zwölf Jahre erfahren haben: den Unterschied von echter und falscher Öffentlichkeit und die Gegenkraft des Schweigens und der Stille.«[477] Das war einer der ersten Versuche Schmitts, sich zum von den Nationalsozialisten Verfolgten und Tyrannisierten zu stilisieren, denn die nun für wunderbar erklärte Gegenkraft des Schweigens und der Stille war 1938 noch die Gefahr und Kraft, die den Leviathan von innen heraus »entseelt« und zu Schmitts Bedauern zerstört hatte. So lavierte er nach 1945 herum und versuchte seine Rolle im Nationalsozialismus damit zu entschuldigen, dass ein Forscher und Gelehrter sich die politischen Regime nicht nach seinem Belieben aussuchen könne. »Im Allgemeinen nimmt er sie, wie jeder andere Mensch, als loyaler Staatsbürger zunächst einmal hin. Wird dann die Situation völlig abnorm, und schützt ihn niemand von außen gegen den Terror im Innern, so muss er die Grenzen seiner Loyalität selber bestimmen. [...] Die Pflicht, einen Bürgerkrieg zu entfesseln, Sabotage zu treiben und zum Märtyrer zu werden, hat ihre Grenzen. Hier wird man einiges dem Opfer solcher Situationen überlassen müssen und nicht nur von außen urteilen dürfen.«[478] Schon damals berief er sich neben Thomas Morus wieder auf Platon, der als Mitarbeiter der Syrakuser Tyrannen gelehrt habe, dem Feind einen guten Rat nicht zu verweigern. Aber hatte Schmitt Hitler und den Nationalsozialisten als seinen »Feinden« Ratschläge gegeben? Darauf sind damals wegen Schmitts eindeutiger Haltung die wenigsten (ausgenommen die SS) gekommen und nach 1945 niemand mehr. Schmitt beharrte jedoch darauf – zum Beispiel 1951 in Frankfurt am Main in einem Gespräch mit Alfred Andersch, der anlässlich einer 300-Jahr-Feier des »Leviathans« die Willensfreiheit des Menschen hoch gehalten hatte –, es gehe nicht um die Willensfreiheit, denn die führe in die Schablonen und Sackgassen der Schulphilosophie. »Sie meinen etwas ganz anderes als den Determinismus oder Indeterminismus«, sagte Schmitt zu Andersch. »Sie meinen etwas, was jeder anständige Mensch tut, was Sie und ich immer getan haben, als wir uns verliebten, als wir uns politisch begeisterten, als wir uns ins Zeug warfen. Das war in Wahrheit nicht Willensfreiheit; es war blindes Vorgebot. Das ist das Wort und damit auch die Sache und Situation: das blinde Vorgebot.«[479] Doch als Schmitt mit diesem »blinden Vorgebot« auch sein Engagement für die Nationalsozialisten zu erklären versuchte und behauptete, er sei von ihnen »betrogen« worden, wurde dies als ungeheuerlich zurückgewiesen. Das »Ungeheuer« reagierte im Tagebuch mit von bodenlosem Hass genährten weiteren Ungeheuerlichkeiten. 23. April 1949: »Bilde Dir nicht ein, bei diesen demütig grienenden Intriganten Hilfe zu finden, wenn die Mörder Christi Dich verfolgen, dieses Mal im Namen Christi und als Opfer der Christenverfolgungen sich ausgebend, um dreihundertprozentige Entschädigungsansprüche einzukassieren. Menschlich gesprochen ist es schamlos, von einem Menschen das Maß an Demütigung, Selbstverneinung und Hoffnungslosigkeit zu verlangen, das in der Aufforderung zur Nachfolge des Gepfählten liegt. Ich bin jetzt einer der Gepfählten. Resultat dieser Karwoche: der homo humanus muss in der Pfählung und in der Aufforderung sich pfählen zu lassen, ein Verbrechen gegen die Menschlichkeit, ein crime contre nature erblicken. Kommt noch. Hier sind noch viele fette Prosekutorenposten zu besetzen. Die Bitternis des Gepfähltwerdens ist heute vergessen. Nur in der ›Cumaeischen Sibylle‹ von Konrad Weiß ist sie noch vorhanden, in dem Gedicht ›Vollbringung‹.«[480] 11. August 1950: »Wie lange hält er wohl noch stand, der gekreuzigte Jude? Ich habe mich auf seine Seite gestellt und bin dafür geschändet worden von seinen angeblichen Priestern und Gläubigen. Keiner schützt mich. Aber das ist nur folgerichtig. Wie lange hält er denn noch stand? Ich halte stand, er aber nicht; er denkt nicht daran, standzuhalten, er genießt die Trümpfe des Antifaschismus. Lass ihn genießen. Ohne mich. Immer wieder bin ich dem Betrug erlegen; immer wieder bin ich ihm entgangen.«[481] Oder da verglich er sein Schicksal mit dem Kaspar Hausers. Keine Fürsorge oder Hygiene könne darüber täuschen, dass der Komplex des modernen Massenmenschen ein Komplex im Stile Kaspar Hausers ist. »So habe ich es in der Zelle empfunden und Nürnberg war für mich nicht die Stadt Dürers oder Hans Sachsens, nicht die Stadt der Meistersinger, an die Parteitage gar nicht zu denken, sondern die Stadt, in der Kaspar Hauser erschienen ist. An diesen Mythos haben die Mythen- und Anti-Mythen-Fabrikanten des 20. Jahrhunderts nicht gedacht. Ich aber habe ihn in der Zelle entdeckt...«[482] Ja, das blieb seine feste Überzeugung: Unveränderlichkeit des Schicksals und des Charakters; Festhalten an der alten Identität trotz oder gerade wegen aller Anfeindungen von außen. Aber wenn Schmitt in den ersten Nachkriegsjahren in seiner Plettenberger Schreibstube saß und las — nicht nur seine Klassiker (selbstverständlich im griechischen, lateinischen, englischen oder französischen Original), sondern auch die entstehende deutsche und europäische Nachkriegsliteratur, von Arthur Koestlers »Sonnenfinsternis« über Aldous Huxleys »Brave New World« bis Hermann Kasacks Roman »Die Stadt hinter dem Strom«, von Gerhard Nebel, Rudolf Kassner, Elisabeth Langgässer, Arnold Joseph Toynbee und James Burnham bis zu Paul Claudel, Georges Bernanos und Jean-Paul Sartre (»Cocktail-Mischer aus Stirner, Heidegger und Maquis; Agnostizismus und sophistische Angeberei«[483]) – oder wenn er abends im Licht der Stehlampe schrieb – »der Fluss vor meinem Fenster ist [...] ohne Vergangenheit und ohne Zukunft, heraklitische Gegenwart«[484] – und manchmal aufschaute und sein Spiegelbild im Fenster sah – unerträglich.

Gott sei Dank trauten sich die ersten Besucher nach Plettenberg, Studenten aus Marburg wie Rüdiger Altmann und Johannes Gross; Gespräche waren Schmitts Lebenselixier. »Ich komme gleich«, sagte Schmitt, als ihm seine Tochter die Ankunft der beiden gemeldet hatte. Er hörte sie lachen, im Esszimmer, dann auch das Lachen Animas. »Darf ich mitlachen«, sagte Schmitt, als er das Zimmer betrat. »Der Witz geht so«, sagte Johannes Gross: »Im damals österreich-ungarischen Serbien hatte ein armes Mädchen ein vaterloses Kind geboren und wollte es taufen lassen. Aber der Pope war dazu nur bereit, wenn sie ihm für die Taufe 5 Dinar bezahlte. Da sie keinen Heller besaß, bat sie jedermann in der kleinen Gemeinde, für sie die Taufe zu bezahlen. Alle lehnten ab, die meisten unter Hinweis auf ihren sündigen Lebenswandel. Schließlich erklärte sich als einziger der Rabbi bereit, dem armen Mädchen das Geld zu geben. Das sprach sich natürlich herum und kam dem Oberrabbi in

Belgrad zu Ohren. Der ließ den Rabbi kommen und machte ihm die schlimmsten Vorhaltungen, wie er nur als gerechter Jude eine christliche Taufe bezahlen könne. ›Sehe ich doch so gern zufriedene Gesichter‹, versuchte der Rabbi sich herauszureden. ›Das kann ich dir nicht abnehmen, das musst du mir schon genauer erklären‹, erwiderte der Oberrabbi. ›Weißt du, Oberrabbi‹, fuhr der Rabbi fort, ›war doch das Mädchen zufrieden, weil das Kind wurde getauft; war auch der Pope zufrieden, weil er bekam seine 5 Dinar; war ich schließlich zufrieden, weil ich loswurde meinen falschen 100-Dinar-Schein und habe bekommen 95 echte Dinar‹.«

»Genau so ist es«, kommentierte Schmitt, »einer ist zum Schluss der Betrogene, aber solange die Sache funktioniert, weiß keiner, wer.«[485] Schmitt zögerte einen Moment und fügte hinzu: »Ich kannte den Witz übrigens schon. Es war der Lieblingswitz Max Webers.«

»Sie kannten Weber persönlich?«, fragte Rüdiger Altmann sofort neugierig.

»Ich habe ihn persönlich erlebt, war 1919/20 Mitglied seines Dozentenseminars. Ein Revanchist, das Radikalste von allem Re-

Staatswirtschaftliches Seminar
der Ludwig-Maximilians-Universität München.

Herr

aus

ist für das Semester 19 als Mitglied aufgenommen worden.

Unterschrift des Dozenten:

Abb. Mitgliedsbescheinigung für »Privatdozent Dr. Schmitt«, von Max Weber handschriftlich ausgefüllt.

vanchismus gegenüber Versailles, was ich je erlebt habe — wenigstens an starken Redensarten, neben denen auch Scheidemanns ›verdorrte Hand‹ harmlos klingt.«[486]

Dazu fiel Altmann im Moment nichts ein, und er wich erst einmal aus: »Wir mussten lachen, weil Ihre Tochter uns erzählt hat, wie sie nach dem Abitur ihren Lebenslauf beginnen wird, wenn sie ihn vorzeigen muss«, sagte Rüdiger Altmann.

»Und wie beginnst du ihn, Anima?«

»Mit dem Satz: ›Ich bin das Produkt der Liaison eines Chamäleons mit einer slawischen Untermenschin‹.«

»Großartiger Anfang«, sagte Carl Schmitt, und Anima klärte Gross und Altmann auf: »Sie müssen wissen, dass meine Mutter Duschka als gebürtige Serbin von der SS verdächtigt wurde, eine groß-jugoslawische Bewegung zu fördern mit dem Ziel der Besei-

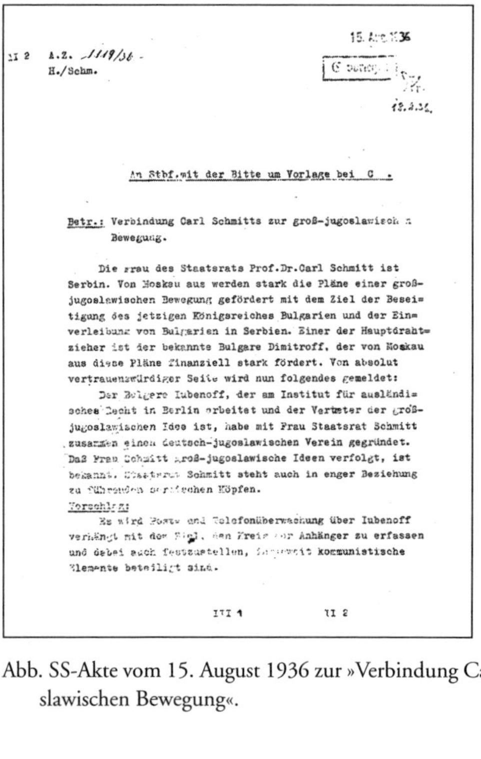

15. Aug. 1936

II 2 A.Z. 1119/36 -
H./Schm.

[illegible]
13.8.36.

An Stbf. mit der Bitte um Vorlage bei C .

Betr.: Verbindung Carl Schmitts zur groß-jugoslawischen Bewegung.

Die Frau des Staatsrats Prof.Dr.Carl Schmitt ist Serbin. Von Moskau aus werden stark die Pläne einer groß-jugoslawischen Bewegung gefördert mit dem Ziel der Beseitigung des jetzigen Königreiches Bulgarien und der Einverleibung von Bulgarien in Serbien. Einer der Hauptdrahtzieher ist der bekannte Bulgare Dimitroff, der von Moskau aus diese Pläne finanziell stark fördert. Von absolut vertrauenswürdiger Seite wird nun folgendes gemeldet:

Der Bulgare Iubenoff, der am Institut für ausländisches Recht in Berlin arbeitet und der Vertreter der groß-jugoslawischen Idee ist, habe mit Frau Staatsrat Schmitt zusammen einen deutsch-jugoslawischen Verein gegründet. Daß Frau Schmitt groß-jugoslawische Ideen verfolgt, ist bekannt. Staatsrat Schmitt steht auch in enger Beziehung zu führenden serbischen Köpfen.

Vorschlag:

Es wird Post- und Telefonüberwachung über Iubenoff verhängt mit dem Ziel, den Kreis der Anhänger zu erfassen und dabei auch festzustellen, inwieweit kommunistische Elemente beteiligt sind.

III 1 II 2

Abb. SS-Akte vom 15. August 1936 zur »Verbindung Carl Schmitts zur groß-jugoslawischen Bewegung«.

tigung des Königreichs Bulgarien und der Einverleibung Bulgariens in Serbien.«

»Das stimmt?«, fragte Rüdiger Altmann.

»Das stimmt«, antwortete Carl Schmitt. »Auch mich hat die SS 1936 daraufhin verdächtigt, enge Beziehung zu führenden serbischen Köpfen zu unterhalten.«

War nicht schon Schmitts erste Frau Serbin gewesen und hatte er damals an seinen Namen nicht ihren angehängt und unter Carl Schmitt-Dorotić veröffentlicht? Altmann und Gross wollten aber nicht nachfragen, denn irgendwann war dieser Doppelname plötzlich verschwunden. Ein dunkles Kapitel offenbar. Stattdessen überraschte Altmann mit der Kenntnis von Schmitts Notizen von einer dalmatinischen Reise mit seiner Frau Duschka, geborene Todorović. Schmitt fühlte sich geschmeichelt, dass Altmann den 1925 in der Zeitschrift HOCHLAND erschienenen kleinen Text kannte. »In einem viel intensiveren Sinne als Russland ist der Balkan die Grenze zwischen Asien und Europa«[487], schwärmte Schmitt und erzählte von jenem geheimnisvollen Illyrien, dem im Altertum nach den dort ansässigen Illyrern benannten nordwestlichen Teil der Balkaninsel und der Adriaküste, später römische Provinz, noch später zur ostgotischen Herrschaft und dann zu Byzanz gehörend, bevor 1809 Napoléon das Königreich Illyrien gründete und seinem Reich eingliederte, ehe es nach nur fünf Jahren aus der politischen Landschaft Europas wieder verschwand. »Napoléon, das letzte Beispiel klassischen Geistes in der Politik, hat auch hier etwas Großes zu retten versucht und nicht nur gute Chausseen gebaut«, betonte Schmitt, sondern sein »Kaisertum war der letzte Versuch einer Repräsentation großen Stils. Nicht seine legitimistischen Gegner, sondern dieser Sohn einer italienischen Insel war der Träger einer großen Überlieferung. Daran ist er gescheitert. Gabriel Hanotaux hat ihm nachgewiesen und bescheinigt, dass er dem kommenden ökonomischen und industriellen Zeitalter ahnungslos gegenüberstand und sich bemühte, die alte europäische Gesellschaftsordnung mit einem Aufgebot politischer Mittel am Leben zu erhalten.«[488] Altmann und Gross verschanzten sich beeindruckt hinter ihren Weingläsern. »Illyrien ist seit anderthalb Jahrtausenden Objekt der Politik«[489], fuhr Schmitt fort. »Rom, Byzanz, Goten, Serben, Avaren, Normannen, Venezianer, Ungarn, Franzosen und Österreicher haben hier geherrscht. So entstand eine ungeheuerliche Verbindung verschiedenster Rassen, illyrischer Urbevölkerung, Griechen, Kelten, Römer, Germanen, Slawen und Mongolen, eine fantastische Mischung von Sprachen und Religionen, eine Luft voll von Dämonen, heidnische Antike, römisches und griechisches Christentum, Gnosis und Islam. Aber das Land ist nur der Schauplatz dieser historischen Phantasmagorie. Das Land, das Gebirge, das Meer und die Sonne scheinen alle diese Vorgänge zu ignorieren. In seiner Verbindung von herrlichem Meer, großartigem Gebirge und einer Sonne, die den Kult des Sol invictus begreiflich macht, ist seine Eigenart so fest, dass die geschichtlichen Ereignisse wie ein bunter Schatten zwischen Himmel, Meer und Erde dahinschweben. Die Erde, nicht das Blut, gibt dem Menschen, dem Sohn der Erde, seine Gestalt und sein Antlitz. Alle Rassen, die sich in Illyrien festsetzten, erhielten von diesem Lande etwas Neues und wurden Träger eines besonderen illyrischen Geistes.«[490] Altmann und Gross waren erstaunt, in welche Emphase Schmitt sich hineinredete. Plötzlich tauchte in seiner Erzählung Venedig auf, ein Jahrtausend lang Herrin der illyrischen Küste, obwohl Schmitt sofort bezweifelte, »dass Venedig schon zu Illyrien gehörte«[491]. Aber die große Architektur der dalmatinischen Städte sei das Zeichen von Venedigs Herrschaft, und große Architektur, meinte Schmitt die beiden Marburger Studenten belehren zu müssen, sei »immer der untrügliche und anscheinend doch unentbehrliche Ausdruck eines wirklichen Staates. Weder ein Bauerndorf noch der Weltmarkt vermögen derartiges hervorzubringen. Auch mit dieser Architektur ist Venedig das Beispiel eines wirklichen Staates, dessen Wesen ja nicht Freiheit ist, sondern Dauer. Das hat Machiavelli mit klassischer Simplizität ausgesprochen.«[492] Schmitt ließ sich Wein nachschenken und fuhr fort: »Ob die ältesten venezianischen Geschlechter illyrischen Ursprungs waren, wird man schwerlich wissen können. Seit dem 12. Jahrhundert hat die Stadt jedenfalls italienischen und nicht mehr illyrischen Charakter. In ihrer Buntheit behält sie allerdings etwas Illyrisches. Die Menge und die Pracht ihrer Farben ist ja so groß, dass in dem größten Drama, dessen Schauplatz oder Hintergrund Venedig ist, der Held ein Mohr sein musste, weil ein weißes Gesicht im Mittelpunkt von so viel Farbe blass und schwächlich erschienen wäre.«[493] Schmitt genoss das Erstaunen seiner Besucher und fuhr fort: »Die fabelhafte Figur Othello, der schwarze Gatte der weißen Desdemona, der ›gelben Wüste brauner Sohn‹, der Krieger ohne Heimat und ohne soziales Milieu, dessen Eifersucht nur der giftgrüne Schleier ist, in dem sich die Konsequenz eines Heimatlosen-Schicksals psychologisch verhüllt, der seine Frau nicht erschlägt oder ersticht, sondern erwürgt, um ihre weiße Reinheit nicht mit rotem Blute zu entweihen, der dunkle Held eines farbenbunten Schauspiels, der Mohr mit dem germanischen Namen Otto, dem man ein italienisches Diminutiv angehängt hat, das ihn wie eine Schelle lächerlich macht, der edle General Othello, der arme, einsame Othello mit seinem germanischen Schicksal — er gehört vielleicht symbolisch nach Illyrien.«[494] Wo mag die Erzählung hinführen, überlegten Altmann und Gross, und da erzählte Schmitt nach einem weiteren Schluck Wein von Split, von dem alten »wahrhaft kaiserlichen« Palast Diokletians, von Kirchen, Klöstern, Kaffeehäusern, Läden und Spelunken. »Der Staat war heidnisch und nicht christlich«, sagte Schmitt – und Altmann meinte sich zu erinnern, das wörtlich in Schmitts Reisebericht schon so gelesen zu haben –, »wenn man auch das Mausoleum Diokletians in eine christliche Kathedrale verwandelt hat. Aber die heidnischen Friese an den Decken bestimmen immer noch den genius loci und wollen über den christlichen Exorzismus triumphieren. Unsichtbar scheint das Christentum mit heidnischen Naturgottheiten und Dämonen aller Regionen immer noch zu kämpfen, obwohl es längst zum Waffenstillstand kam. Das Land ist weit entfernt von der milden Humanität einer französischen oder westdeutschen Landschaft. Die Glocke, die den Angelus läutet, klingt anders als am Rhein oder an der Mosel, wo sie der Landschaft eine Stimme und damit erst ihre Menschlichkeit gibt. In Dalmatien klingt die Glocke wie ein Hilferuf vor den Dämonen der Luft.«[495]

Altmann erinnerte sich auch an das Gedicht eines gewissen Serben Milutin Bojić, das Schmitt damals in seinem Reisebericht zitiert hatte. »Es war eine wunderbare Übersetzung. Von wem stammte sie?«

»Von meiner Frau und mir«, strahlte Schmitt und zitierte das Gedicht zu Altmanns und Gross' Verwunderung auswendig:

»Nichts Sonderbares, nichts Neues gibt es für uns,
Alle Länder sind uns nah und vertraut.
Im hellen Glanz und wenn die Stürme sich über uns sammeln,
Bleiben wir ruhig, wie mitten in der Heimat.
Unser Vaterland ist berühmt durch sein Unglück.
Wandelnd tragen wir es in uns.
Es ist im Blut unserer ewigen Wunden. Und (jetzt versuche ich dich, Schicksal!)
Wir könnten es auch einmal begraben.
Die Ozeane sind uns nicht fremd,
Auch nicht die Gräber der toten Jahrhunderte.
Ruhig stehen wir in den glänzenden Festen der Welthalle
Und ruhig, wenn der Feind den Duft unserer Blumen trinkt.
Oft ziehen wir wie eine Prozession mit Trompeten
Von Stadt zu Stadt und Land zu Land,
Und oft allein, oft mit den Herden, den Kindern und den Frauen;
Tragend die Fahne der Macht und des Sturzes.
Eine früh gekannte Skala der Schicksale durchlaufen wir schnell,
Über die Andere kaum dahinkriechen.
Darum ist uns heute nichts fremd. Es scheint uns,
Als wären wir überall einstmals schon gewesen.
Und wenn wir uns aus der zerstreuten Asche von neuem unsern Herd errichten,

Dann werden wir nebenbei auch der früheren Tage gedenken.
Wir werden auf das Feuer und seine Munterkeit lauschen,
Und fröhlich sein, wie der Hausvater, der von der Jagd
zurückkehrt,
Singend, wie er morgens singend ins Gebirge ging.«[496]

Selbst Anima war erstaunt, aus welcher Erinnerung ihr Vater plötzlich dieses Gedicht holte. »Das Gedicht ist tief in meinem Herzen«, sagte Schmitt. »Es ist 1915 entstanden, als Bojić im Krieg mit dem serbischen Heer seine Heimat verlassen musste, in einer schauerlichen Flucht über die albanischen Berge.«[497] »Sie haben damals besonders den Schluss hervorgehoben«, erinnerte sich Altmann. »Der Schluss beweist die Größe von Bojić«, erinnerte sich Schmitt an seinen mehr als fünfundzwanzig Jahre alten Kommentar, »denn er vermeidet die nahe liegende Gefahr, in philosophischer Tiefe unterzugehen oder sich zu einem rhetorischen Effekt zu steigern. Stattdessen zeigt er an dem Bild einer freundlichen Idylle noch einmal, wovon das Gedicht spricht, nämlich die affektlose Gewissheit unendlicher Dauer. Besser als durch jede Steigerung oder Konklusion des Gedankens wird sie durch diesen Ausblick, gleichmütig, sozusagen ›ohne Ausdruck‹, wirklich zum Ausdruck gebracht.«[498]

Altmann und Gross verschanzten sich weiter hinter ihren Weingläsern. »Das kann ja heiter werden«, dachte Altmann. »Gerade hat der Professor des Staats- und Verfassungsrechts angesichts der brennenden Kerze im Adventskranz – gutbürgerlich, wie sich das gehört – die ›blaue Milde‹[499] des ersten Advents in seinem Asyl in den Bergen an der Lenne als ›totale Präsenz des reinen Wartens und Erwartens‹[500] gefeiert, um im nächsten Augenblick das Gedicht eines serbischen Partisanen auswendig aufzusagen.« Johannes Gross fiel auf, dass der »Herr Professor« bei sich zu Hause korrekt gekleidet, im Anzug mit Krawatte und blankgeputzten Schuhen saß. »Prost«, sagte Schmitt in das entstandene Schweigen hinein. »Schön, dass Sie gekommen sind. Ohne Besuch versauerländert man hier ja doch ein bisschen.«

»In Jerusalem«, konnte Johannes Gross die Mitteilung eines jungen jüdischen Religionswissenschaftlers, Jacob Taubes, weitererzählen, »hat der israelische Justizminister Pinchas Rosen eine bewaffnete Eskorte in den arabischen Stadtteil geschickt, weil er aus der dortigen Bibliothek Ihre ›Verfassungslehre‹ für die Ausarbeitung der Verfassung des neuen Staates brauchte. Zur Ausarbeitung des neuen Grundgesetzes in Bonn hatte Sie niemand eingeladen?«

Die Geschichte aus Israel freute Carl Schmitt, angesichts der Frage nach dem neuen Grundgesetz schaute er allerdings ein wenig beklommen. Er konnte doch unmöglich verraten, dass er unter dem Pseudonym Werner Haustein 1950 einen Kommentar zum Grundgesetz veröffentlicht hatte. Er konnte auch nicht sagen, wo er diesen Kommentar angesichts fehlender anderer Veröffentlichungsmöglichkeiten platziert hatte: in der EISENBAHNERZEITUNG. Und er konnte genau so wenig verraten, was er in diesem Moment dachte. Er dachte: »Es gibt Menschen, die mir in feierlichen Gesetzen und sogar Grundgesetzen (Grund-Gesetzen) die Unantastbarkeit der menschlichen Würde garantieren und mir nicht einmal den Tod an Altersschwäche gönnen. Die mir gewährhaft ins Gesicht spucken und mich nicht einmal davor schützen, dass ich des elendsten, ganz konkreten Hungers sterbe. Soll man es für möglich halten? Lasst ihn sterben, wenn er es erfährt. Und lasst sie hochleben, die Grundgesetzler, die uns solche Produkte der verfassungsgebenden Gewalt (Gewalt!) des deutschen Volkes mit Zustimmung der Besatzungsmächte statuierten (unter Vorbehalt des Artikels 139).«[501]

Irritiert über das Schweigen Schmitts, wollte Altmann wissen: »Sie hätten doch bestimmt für die Leute in Bonn einen Tipp gehabt?«

Carl Schmitt musste nicht lange überlegen. »Man nehme eine weniger als 1%ige Freiheit, rühre sie mit einer 70%igen Behauptung sozialen Pflichtgefühls gut an, füge etwas weniger als 90%iges Christentum hinzu und vergesse nicht, den Rest der Ausnahme vorzubehalten, die alles dieses wieder aufhebt. Dann hat man das Holzpapier zu einer neudeutschen Verfassung erarbeitet.«[502]

Lachen, Geplänkel, die nächste Flasche Wein wurde geöffnet. »Wir haben auf der Hinfahrt Ihre schöne Glosse in CHRIST UND WELT gelesen«, erzählte Johannes Gross, »mussten nur schmunzeln über die dazwischen gestellte Niveareklame.«

»Das ist gut so. In der Zarenzeit hüllten die russischen Nihilisten ihre Bomben in Blumenbuketts ein. Warum soll ich nicht meine analogen Anliegen mit Niveareklame umrahmen? Oder umgekehrt als Niveareklame auftreten, um die Verfolger nicht zu reizen.«[503]

»Von diesen gelegentlichen publizistischen Auftritten werden Sie kaum leben können«, sagte Rüdiger Altmann. »Ihre Tochter hat von der schwierigen finanziellen Situation erzählt. Dass Ihr Konto noch gesperrt ist; Sie noch keine Pension beziehen. Aber der Wein ist hervorragend. Sie müssen eine besonders gute Quelle haben.«

Carl Schmitt schmunzelte. »Die Quelle liegt in Hessen und heißt Buderus.«

»Die Firma Buderus?«, fragte Johannes Gross.

»Ja.«

»Flick soll sie übernommen haben«, wusste Gross.

»Ja. Ich habe ein Gutachten geschrieben, konnte Flick aber keine Rechnung schicken — er war ja zusammen mit mir in Nürnberg. Jetzt schickt Buderus regelmäßig Lkws voller Weinkisten. Die Hälfte des Abendmahls ist also für längere Zeiten gesichert.«

Altmann überlegte, ob es sich um das Gutachten »Über das internationale Verbrechen des Angriffskrieges und den Grundsatz ›nullum crimen, nulla poena sine lege‹« handelte, das Friedrich Flick vorsorglich 1945 bei Schmitt in Auftrag gegeben hatte. Altmann wagte aber nicht nachzufragen und schaute vielmehr Anima hinterher, die ans Fenster getreten war. Draußen hatte es zu regnen angefangen, der Regen peitschte gegen die Fensterscheiben. In der Ferne Gewittergrollen. »Das ist draußen ja eine kleine Sintflut«, sagte Anima.

»Aber wir sitzen im Trocknen«, sagte Carl Schmitt. »Wie in einem U-Boot.« Das Geplänkel, dachte er, muss nun ein Ende haben, und er stellte die Frage, mit der er seit jeher jedes wirkliche Gespräch eröffnete: »Was ist unser Thema?« Was konnte für zwei junge Studenten schon das Thema sein? Natürlich waren sie nach Plettenberg gereist, weil sie von dem Gerücht gehört hatten, dass Herr Professor Dr. Carl Schmitt das Geheimnis der Macht und des Zugangs zum Machthaber kannte. »Haben Sie selber Macht oder haben Sie keine?«, wollten Altmann und Gross wissen.

»Diese Frage ist berechtigt. Wer über die Macht spricht, sollte erst einmal sagen, in welcher Machtlage er sich selber befindet«, antwortete Schmitt.

»Also! Haben Sie Macht oder haben Sie keine?«

»Ich habe keine Macht. Ich gehöre zu den Machtlosen.«

»Woher stammt eigentlich die ungeheuerliche Macht, die, sagen wir Stalin oder Roosevelt oder wen immer man hier nennen mag, über Millionen anderer Menschen ausgeübt haben«, wollten Altmann und Gross wissen.

»In früheren Zeiten hätte man darauf geantwortet: Die Macht stammt entweder von der Natur oder sie kommt von Gott.«

»Heute scheint uns die Macht nicht mehr natürlich.«

»Das fürchte ich auch«, sagte Schmitt. »Gegenüber der Natur fühlen wir uns heute sehr überlegen. Wir fürchten sie nicht mehr. Soweit sie uns als Krankheit oder Naturkatastrophe unangenehm wird, hoffen wir, sie bald zu besiegen. Der Mensch – von Natur ein schwaches Lebewesen – hat sich mit Hilfe der Technik über seine Umwelt mächtig erhoben. Er hat sich zum Herrn der Natur und aller irdischen Lebewesen gemacht. Die Schranke, die ihm die Natur in früheren Zeiten fühlbar auferlegte, durch Kälte und Hitze, Hunger und Mangel, wilde Tiere und Gefahren aller Art, diese Naturschranke weicht offensichtlich zurück. [...] Die Taten des Herkules kommen uns heute ziemlich bescheiden vor; und wenn heute ein Löwe oder ein Wolf in eine moderne Großstadt hineingerät, so ist das höchstens ein Verkehrshindernis und kaum noch ein Kinderschreck. Gegenüber der Natur fühlt sich der Mensch heute derart überlegen, dass er es sich leistet, Naturschutzparks einzurichten.«

»Wie ist es denn mit Gott?«

»Was Gott betrifft, so hat der moderne Mensch – ich meine den typischen Großstädter – ebenfalls das Gefühl, dass Gott zurückweicht oder sich von uns zurückgezogen hat. Wenn heute der Name Gottes fällt, dann zitiert der Normalgebildete von heutzutage automatisch den Ausspruch Nietzsches: Gott ist tot. Andere, noch besser informiert, zitieren einen Ausspruch des französischen Anarchisten Proudhon, der dem Ausspruch Nietzsches um vierzig Jahre vorauseilt: Gott voraussetzen, heißt ihn leugnen.«

»Wenn die Macht weder von der Natur noch von Gott stammt, woher kommt sie dann?«, fragte Johannes Gross.

»Dann bleibt wohl nur noch eins übrig: die Macht, die ein Mensch über andere Menschen ausübt, stammt von den Menschen selbst.«

»Dann ist es ja gut. Menschen sind wir doch alle. Auch Stalin war ein Mensch; auch Roosevelt oder wen immer man hier nennen will.«

»Das klingt wirklich beruhigend. Stammt die Macht, die ein Mensch über andere ausübt, von der Natur, dann ist sie entweder die Macht des Erzeugers über seine Brut oder aber die Überlegenheit der Zähne, Hörner, Pranken, Klauen, Giftdrüsen und anderer natürlicher Waffen. Von der Macht des Erzeugers über seine Brut dürfen wir hier wohl absehen. Bleibt also die Macht des Wolfes über das Lamm. Ein Mensch, der Macht hat, wäre ein Wolf gegenüber dem Menschen, der keine Macht hat. Wer keine Macht hat, fühlt sich als Lamm, bis er seinerseits in die Lage kommt, Macht zu haben und die Rolle des Wolfes zu übernehmen. Das besagt die lateinische Redensart: Homo homini lupus. Zu Deutsch: Der Mensch ist dem Menschen ein Wolf.«

»Scheußlich!«, rief Rüdiger Altmann. »Und wenn die Macht von Gott stammt?«

»Dann ist derjenige, der sie ausübt, Träger einer göttlichen Eigenschaft; er nimmt mit seiner Macht etwas Göttliches wahr und man müsste, wenn nicht ihn selbst, so doch die in ihm erscheinende Macht Gottes verehren. Das besagt die lateinische Redensart: Homo homini Deus. Zu Deutsch: Der Mensch ist dem Menschen ein Gott.«

»Das geht zu weit!«, meinte Johannes Gross.

»Stammt aber die Macht weder von der Natur noch von Gott, dann spielt sich alles, was die Macht und ihre Ausübung betrifft, nur zwischen Menschen ab. Dann sind wir Menschen ganz unter uns. Die Machthaber sind gegenüber den Machtlosen, die Mächtigen gegenüber den Ohnmächtigen ganz einfach Menschen.«

»Das ist es: Der Mensch ist dem Menschen ein Mensch«, freute sich Rüdiger Altmann.

»Das besagt die lateinische Redensart: Homo homini homo.«

»Klar«, sagte Rüdiger Altmann. »Der Mensch ist dem Menschen ein Mensch. Nur dadurch, dass sich Menschen finden, die einem anderen Menschen gehorchen, verschaffen sie diesem die Macht. Gehorchen sie ihm nicht mehr, dann hört die Macht von selber auf.«

»Sehr richtig«, bestätigte Carl Schmitt. »Aber warum gehorchen sie? Der Gehorsam ist doch nicht willkürlich, sondern irgendwie motiviert. Warum geben denn die Menschen ihre Zustimmung zur Macht? In manchen Fällen aus Vertrauen, in anderen aus Furcht, manchmal aus Hoffnung, manchmal aus Verzweiflung. Immer aber brauchen sie Schutz und suchen sie diesen Schutz bei der Macht. Vom Menschen her gesehen bleibt die Verbindung von Schutz und Gehorsam die einzige Erklärung der Macht. Wer nicht die Macht hat, einen zu schützen, hat auch nicht das Recht, Gehorsam von ihm zu verlangen. Und umgekehrt: Wer Schutz sucht und ihn annimmt, hat nicht das Recht, den Gehorsam zu verweigern.«[504]

Die nächste Flasche Wein kam auf den Tisch, und Professor Dr. Carl Schmitt dozierte: »Ich möchte erwähnen, dass der immer noch modernste aller Philosophen rein menschlicher Macht, Thomas Hobbes, für seine Staatskonstruktion von der allgemeinen Schwäche jedes menschlichen Individuums ausgeht. Hobbes konstruiert so: Aus der Schwäche ergibt sich die Gefährdung, aus der Gefährdung die Furcht, aus der Furcht das Bedürfnis nach Sicherung und daraus wieder die Schutzapparatur mit mehr oder weniger komplizierter Organisation. Aber trotz aller Schutzmaßnahmen, sagt Hobbes, kann im richtigen Augenblick jeder jeden töten. Ein schwacher Mann kann in die Lage kommen, den stärksten und mächtigsten Mann zu erledigen. In diesem Punkte sind die Menschen wirklich gleich, insofern sie nämlich alle bedroht und gefährdet sind.«[505] Schmitt war in seinem Element. Sein Thema: Die innere Dialektik menschlicher Macht. Nur gelegentlich kamen Zwischenbemerkungen von Gross und Altmann. »Ich sehe immer nur Glanz und Elend des Menschen«, sagte Rüdiger Altmann. »Sie sprechen immer von der inneren Dialektik der Macht. Deshalb möchte ich jetzt einmal eine ganz einfache Frage stellen: Wenn die Macht, die von Menschen ausgeübt wird, nicht von Gott und nicht von der Natur stammt, sondern eine interne menschliche Angelegenheit ist, ist sie dann gut oder böse, oder was ist sie?«

»Diese Frage ist gefährlicher, als Sie vielleicht denken. Denn die meisten Menschen werden mit größter Selbstverständlichkeit antworten: Die Macht ist gut, wenn ich sie habe, und sie ist böse, wenn mein Feind sie hat.«

»Sagen wir lieber so«, versuchte Altmann sich deutlich zu machen. »Die Macht ist an sich weder gut noch böse; sie ist an sich neutral; sie ist das, was der Mensch aus ihr macht; in den Händen eines guten Menschen ist sie gut, in den Händen eines bösen ist sie böse.«

»Und wer entscheidet darüber im konkreten Fall, ob ein Mensch gut oder böse ist?«, entgegnete Schmitt. »Der Machthaber selbst oder ein anderer? Dass einer die Macht hat, bedeutet doch vor allem, dass er selber darüber entscheidet. Das gehört doch zu seiner Macht. Entscheidet ein anderer darüber, so hat dieser Andere eben die Macht oder nimmt sie jedenfalls in Anspruch.«

»Dann scheint die Macht an sich doch wohl neutral zu sein.«

»Ich glaube, im letzten Jahrhundert hat sich uns das Wesen menschlicher Macht in ganz besonderer Weise enthüllt. Es ist nämlich seltsam, dass sich die These von der bösen Macht gerade seit dem 19. Jahrhundert verbreitet. Wir hatten doch gedacht, das Machtproblem wäre gelöst oder doch entschärft, wenn die Macht weder von Gott noch von der Natur stammt, sondern etwas ist, was die Menschen unter sich abmachen. Was soll denn der Mensch noch fürchten, wenn Gott tot ist und der Wolf nicht einmal mehr ein Kinderschreck ist? Der Ausspruch ›Gott ist tot‹ und der andere Ausspruch ›Die Macht ist an sich böse‹ stammen beide aus derselben Zeit und derselben Situation. Im Grunde besagen beide dasselbe.«

»Das bedürfte eigentlich noch einer Erklärung«, bat Altmann.

»Um das Wesen menschlicher Macht, wie es sich in unserer heutigen Lage enthüllt, richtig zu verstehen, bedienen wir uns am besten einer Relation, die der schon erwähnte immer noch modernste Philosoph rein menschlicher Macht, der Engländer Thomas Hobbes gefunden hat. Er hat diese Relation in aller Exaktheit ausgesprochen und bestimmt, und wir wollen sie nach ihm die ›Hobbesianische Gefährlichkeits-Relation‹ nennen. Hobbes sagt: Der Mensch ist anderen Menschen, von denen er sich gefährdet glaubt, um ebensoviel gefährlicher als jedes Tier, wie die Waffen des Menschen gefährlicher sind als die des Tieres. Das ist eine klare und bestimmte Relation.«

»Schon Spengler hat gesagt, der Mensch sei ein Raubtier.«

»Verzeihung«, wandte Schmitt ein. »Die Gefährlichkeits-Relation, die Thomas Hobbes aufstellt, hat mit der These Oswald Spenglers nicht das Geringste zu tun. Hobbes setzt im Gegenteil voraus, dass der Mensch kein Tier ist, sondern etwas ganz anderes, einerseits weniger, andererseits viel mehr. Der Mensch ist imstande, seine biologische Schwäche und Unzulänglichkeit durch technische Erfindungen auf eine ungeheuerliche Weise zu kompensieren, überzukompensieren. Nun geben Sie acht. Um 1650, als Hobbes dieses Maßverhältnis aussprach, waren die Waffen des Menschen – Pfeil und Bogen, Axt und Schwert, Gewehre und Kanonen – schon sehr überlegen und gefährlich genug im Vergleich zu den Pranken eines Löwen oder den Zähnen eines Wolfes. Heute aber ist die Gefährlichkeit der technischen Mittel ins Grenzenlose gesteigert. Infolgedessen hat sich auch die Gefährlichkeit des Menschen gegenüber anderen Menschen entsprechend gesteigert. Dadurch wächst der Unterschied von Macht und Machtlosigkeit in einer so uferlosen Weise, dass er den Begriff des Menschen selbst in eine völlig neue Fragestellung hineinzieht.«

»Das sehe ich nicht ein«, sagte Johannes Gross.

»Hören Sie zu. Wer ist denn hier eigentlich noch der Mensch? Derjenige, der diese modernen Vernichtungsmittel produziert und anwendet oder derjenige, gegen den sie angewandt werden? Es führt uns keinen Schritt weiter, wenn man sagt: Die Macht ist ebenso wie die Technik selbst an sich weder gut noch böse, sondern neutral; sie ist infolgedessen das, was der Mensch aus ihr macht. Das würde vor der eigentlichen Schwierigkeit, vor der Frage, wer hier über gut und böse entscheidet, nur ausweichen. Die Macht der modernen Vernichtungsmittel übersteigt die Kraft der menschlichen Individuen, die sie erfinden und zur Anwendung bringen, um ebensoviel, wie die Möglichkeiten moderner Maschinen und Verfahren die Kraft menschlicher Muskeln und Gehirne übersteigt. In dieser Stratosphäre, in diesem Ultraschall-Bereich kommt der gute oder böse menschliche Wille überhaupt nicht mehr mit. Der menschliche Arm, der die Atombombe hält, das menschliche Gehirn, das die Muskeln dieses menschlichen Arms innerviert, ist im entscheidenden Augenblick weniger ein Glied des individuellen Einzelmenschen als eine Prothese, ein Teil der technischen und sozialen Apparatur, die die Atombombe zur Anwendung produziert und zur Anwendung bringt. Die Macht des individuellen Machthabers ist hier nur noch die Ausschwitzung einer Situation, die sich aus einem System unberechenbar übersteigerter Arbeitsteilung ergibt.«

Ob es aber denn nicht großartig sei, setzte Johannes Gross nach, »dass wir heute in die Stratosphäre eindringen, oder in den Bereich des Ultraschalls, oder in den Weltenraum, und dass wir Maschinen haben, die schneller und besser rechnen als jedes menschliche Gehirn?«

»In diesem ›Wir‹ steckt die eigentliche Frage. Es ist ja nicht mehr der Mensch als Mensch, sondern eine von ihm entfesselte Kettenreaktion, die das alles leistet. Indem sie die Grenzen der menschlichen Physis übersteigt, transzendiert sie auch alle zwischenmenschlichen Maße jeder denkbaren Macht von Menschen über Menschen. Sie überrollt auch die Beziehung von Schutz und Gehorsam. Noch weit mehr als die Technik ist die Macht den Menschen aus der Hand geglitten, und die Menschen, die mit Hilfe solcher technischen Mittel Macht über andere ausüben, sind mit jenen, die ihrer Macht ausgesetzt sind, nicht mehr unter sich.« Noch ein Schluck Wein, und Carl Schmitt bekannte gegenüber den beiden Marburger Studenten: »Ich sage nicht, dass die Macht von Menschen über Menschen gut ist. Ich sage auch nicht, dass sie böse ist. Am allerwenigsten sage ich, dass sie neutral ist. Und ich würde mich als denkender Mensch schämen zu sagen, dass sie dann gut ist, wenn ich sie habe und böse, wenn mein Feind sie hat. Ich sage nur, dass sie jedem, auch dem Machthaber gegenüber eine eigenständige Wirklichkeit hat und ihn in ihre Dialektik hineinzieht. Die Macht ist stärker als der Wille zur Macht, stärker als jede menschliche Güte und glücklicherweise auch stärker als jede menschliche Bosheit.«[506]

Ein langer Abend, und aus dem Gespräch mit den jungen Marburger Studenten entstand eine lange Freundschaft. Schmitt machte sich später den Spaß, für die vom »Bundesvorstand des Ringes Christlich-Demokratischer Studenten« herausgegebene Studentenzeitung Civis, deren Redakteure Rüdiger Altmann und Johannes Gross wurden, grotesk-parodistische Gedichte beizusteuern, die an Schmitts 1913 unter dem Pseudonym »Johannes Negelinus, mox Doctor« erschienene Satiren in dem Band »Schattenrisse« erinnern. Unter dem diesmal gewählten Pseudonym Erich Strauss, zusammengesetzt aus dem Vornamen des Juristenkollegen Erich Kaufmann und dem Nachnamen von Leo Strauss, einem der bedeutendsten Entgegner auf den »Begriff des Politischen«, veröffentlichte Schmitt zum Beispiel 1956 das Gedicht »Sedanstag« (»nach der Suez-Krise«):

»Einst waren wir die Dichter und Denker
Dann wurden wir Vernichter und Versenker
Und galten als verruchte Menschenbildbeschmutzer:
Jetzt sind wir biedere Kanalbenutzer
Und fleißige Monadenfensterputzer.
Doch die Leibnizsche Monade
Hat bekanntlich keine Fenster
Diese Fenster sind Fassade
Und die Putzer sind Gespenster:
Unbezweifelbar real
ist dagegen der Kanal.«[507]

1957 schickte »Erich Strauss« den Lesern der Civis einen »Neujahrsgruß«:

»links:	rechts:
jetzt ist die Zeit gekommen	wie ist mein Herz bekommen
die alles Unrecht heilt	wie sind wir eingekeilt
es wird nicht mehr genommen	es wird nicht mehr genommen
es wird nur noch geteilt	es wird nur noch geteilt«[508]

und im selben Jahr das »lied des neutralisten«:

»wir bleiben außerhalb der blöcke
wir tragen nur noch friedensröcke
und niemals wieder uniform.
hinweg mit jeder mordpistole
neutralität ist die parole
dann wird die menschheit bald konform
das ziel ist unbedingter friede
ihm dienen wir mit diesem liede
sein sozialwert ist enorm
wir sind von jedem trug genesen
und sollten wir noch mal was lesen
dann höchstens lenin oder storm.«[509]

Manchmal, an trüben Herbsttagen, wenn dichter Nebel draußen keine zwei, drei Schritte weit sehen ließ und Spaziergänge in den sauerländischen Wäldern sinnlos erschienen und Schmitt deshalb umso deutlicher in seiner kleinen Dachgeschosswohnung sein Unglück vor Augen stand, setzte er sich hin und malte Hieroglyphen aufs Papier, zum Beispiel eine »Ballade vom reinen Sein«, um sich darin als Heidegger-Parodist (mit »Heideggereien« wie »Zeit zeitigt Zeitung. Zeitung zeitigt Zeit«[510] beschäftigte Schmitt sich gern) fast vollständig in Ironie aufzulösen:

»Die Sub-stanz und das Sub-jekt

Anfang
Die Substanz und das Subjekt
Liegen müßig hingestreckt.

Die Substanz kaut an der Prosa
Eines Benedikt Spinoza
Das Subjekt liest nur noch Hegel
Und benimmt sich wie ein Flegel
Jeder hofft den jeweils Andern
Mit sich selbst zu unterwandern.

Abb. Carl Schmitt mit einem unbekannten Schüler im Sauerland.

Ent-Subung

Plötzlich sehn sich aufgeschreckt
Die Substanz und das Subjekt
Die Substanz – wieso denn die?
Das Subjekt – wieso denn das?
Schlimme Fragen: Wo und wie?
Schlimmre Fragen: Wer und was?
Fragen, die das Sein erhellen
Und zugleich in Frage stellen.
Angst erfasst sie jetzt und Grauen
Wenn sie sich konkret beschauen
Beiden wie ein dicker Schlauch
Hängt ein SUB vor ihrem Bauch
Hängt dort wie ein dicker Ranzen
Eines völlig fremden Ganzen
Hängt dort wie ein altes Hemd
Allogen und wesensfremd
SUB vor STANZ und SUB vor JEKT
Wer hat so was ausgeheckt?

Beide fühlen sich befleckt
Beide fasst ein tiefer Hass
Gegen diesen SUB-Defekt
Gegen dieses fremde SUB
Jeder gibt sich einen Schub
Nicht Subjekt mehr nicht Substanz
Nicht Substanz mehr und Subjekt
Nein mit einem starken Stoß
Reißt sich STANZ und reißt sich JEKT
Jeder von dem SUB sich los
Und die neue STANZ-JEKT-Zweiheit
Wagt den Sprung ins Reich der Freiheit.

Die Entflechtung ist vollbracht
Die Ententung ist gemacht

Die Ent-Subung ist perfekt
Jeder steht in reinem Glanz
Nur noch STANZ und nur noch JEKT

Nur noch JEKT und nur noch STANZ
Reines Sein und nicht mehr scheinend
Nicht mehr seiend nur noch seinend
Ohne jeden SEINS-Defekt
Tief entbunden und entsperrt
Ganz entworren und entfleckt
Schreiten beide STANZ und JEKT
Schreiten beide in der Richtung
Ihrer neuen Daseins-Lichtung.

Sub-Widerstand
STANZ ist nichts als Stanzität
Während JEKT aus Jektität
Höhnisch seine Nüstern bläht
Beide seinend transparent
Die zwei SUB dagegen liegen
Wie zwei dicke tote Fliegen
Ungestanzt und ungejekt
Hylisch chthonisch und verdreckt
Im kompakten Element.

Doch die beiden konsequent
Sie begreifen voller Wut
Was sich da im Kosmos tut
Sie vernichten durch die Tat
Jedes weitre Prädikat
Sie beschließen voller Hohn
Eine Unterwelt-Aktion
Soll die Welt in Stücke gehen
Submundan bleibt sie bestehen
Wenn sich alles andre normt
Bleiben wir zwar ungeformt

Aber dafür umso dichter
Aufs Vorhandensein erpichter.

Wenn die Welt zugrunde geht
Blüht die Sub-Subjektivität
Jedes Sub was es auch sei
Birgt in sich ein Weltenei
Um die Oberwelt zu reinigen
Brauchen wir uns nur zu einigen
Und das Unterwelt-Bewusste
Sprengt die Oberwelten-Kruste
Sehet er bewegt sich schon
Unser alter Acheron!

Sub-Revolte
Ja wahrhaftig seht in Haufen
Alle Subs zusammenlaufen
Unwahrscheinlich viele Subs
Drängen in massierten Trupps
Sublunar und subterran
Submarin und subkutan
Schwer suspekte Subsistenzen
Sieht man subromantisch glänzen
Räudige Sub-Parasiten
Die die Subheit unterbieten
Weichliche Subdominanten
Apokryphe Sub-Trabanten
Denen Subsidiarität
Auf der Stirn geschrieben steht
Diesen folgen Legionen
Krasser Substitutionen
Schließlich auch die Sublimierten
Die sich zwar noch etwas zierten
Immerhin sie münden ein
In den großen Sub-Verein.

Diese Riesenmasse Sub
Gründet einen wilden Klub
Der sich ziemlich ungeniert
Zur Materie integriert
Völlig anti-perspektivisch
Eine wahre Unterwelt
Die sich prima unterhält
Deren Orgien wüst erschauern
Und bis in den Morgen dauern.

Re-Subung
Stanz und jekt erschreckt das Tosen
Ihre reine Ur-Seinsstrahlung
Wird zur unglaubhaften Prahlung
Und ist nur noch Übermalung
Alles um sie ringsherum
Wird zu einem Vakuum
Ängstlich sind sie wie Mimosen
Sie verlieren ihre Hosen
Und entsubten Angesichts
Taumeln sie vom Nichts zum Nichts
Seinend auf der eignen Spur
Seinen sie sich nur zu Tode
Ihre Sozial-Struktur
Kommt allmählich aus der Mode
Hilflos zittert ihre Hand
Was heißt unten? Was heißt oben?
Währenddes im Sub-Verband
Ihre wilden Brüder toben.

Diese werden immer rüder
Stanz und jekt dagegen müder
Immer müder immer später
Sind sie nur noch Sub-Verräter
Und im Grunde kriminell
Man rückt ihnen auf das Fell

Schluss mit ihrem blöden Strahlen!
Schluss mit ihrem dummen Prahlen!
Lass sie büßen und bezahlen!

Doch die Zeit macht auch den Saul
Zur Verfolgung schwach und faul
Schließlich siegt die Sub-Kultur
Und man sagt sich: lass sie nur
Trotz des reinen Seins-Getuns
Bleiben sie verwandt mit uns.
Sub- und Restitutionen
Schließen Revolutionen
Selbst der schlimmste Sub vergisst
Wenn nichts mehr zu plündern ist
Die Re-Subung ist beendet
Wendung in sich selbst verwendet
Mitleid fasst die einst so Rüden
Mit den beiden reinen Müden
Man erlaubt den müden Reinen
In dem Sub-Klub zu erscheinen
Und siehe da! die müden Reinen
Eilen sich dort zu erscheinen
Jeder ist im Grunde gern
Mal ein wenig subaltern
Jeder wird einmal gewahr
Dass wir alle sublunar.

In dem großen Omnibus
Kommt dann alles wie es muss
Jekt reicht frech und unverwandt
Einem Sub die Bruderhand
Stanz lässt sich nicht lange quälen
Und mit einem Sub vermählen
Der heroischen Ent-Mischung
Folgt jetzt die Total-Verwischung.

Schluss
Und am Ende der Ballade
Ist dann alles wie es war
Doch der Umweg war nicht schade
Er macht alles offenbar
Er vollzieht die Fragestellung
In subtiler Seins-Erhellung.

Die Substanz ist wieder die
Freilich voller Ironie
Das Subjekt ist wieder das
Aber nur zum eignen Spaß
Die erneuerte Substanz
Kaut die Werke Thomas Manns

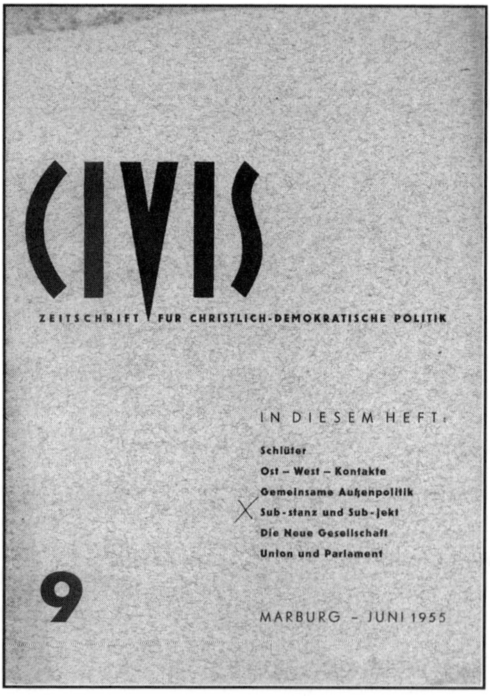

Abb. Titelblatt der Zeitschrift Civis, Nr. 9, Juni 1955.

Doch zugleich ist sie bei Wiechert
Gegen Ironie versichert
Das Subjekt liest Maritain
Und benimmt sich sehr mondän
Doch es fragt sich: cui bono?
Und hält sich zugleich an Giono
Thomas Mann mit Wackelschalter
Garantiert für höchstes Alter.

Was bisher verfeindet war
Küsst sich brüderlich polar
Alles tut sich boshaft gütlich
Alles hasst sich urgemütlich
Alles pendelt unterschichtig
Keiner nimmt sich allzu wichtig
Frieden herrscht und Harmonie
Doch gewürzt mit Ironie.

Müßig liegen hingestreckt
Die Substanz und das Subjekt.«[511]

Mit solchen Gedichten erheiterte »Erich Strauss« nicht nur die Leser der Marburger Studentenzeitschrift Civis, sondern Schmitt bestritt mit ihrem Vortrag auch das Ende manches langen, weinseligen Abends im Brockhauser Weg 10 in Plettenberg. Ob er Ernst Wiechert nicht zu viel Ehre angetan habe, ihn in der Ballade zu zitieren? »Auf diese Weise wird Wiechert unsterblich«, beschied Schmitt. Da lachten natürlich alle, der Abend war gerettet. Es gab seit Anfang der fünfziger Jahre viele solcher langen Abende wie den mit Rüdiger Altmann und Johannes Gross. Die Diskussionen begannen mit dem Abendessen, das Schmitt zelebrierte, der Tisch durfte auch nie abgeräumt werden, solange die Diskussionen dauerten, meist bis in die tiefe Nacht hinein; die Besucher waren in Hotels von Plettenberg und Umgebung untergebracht, und oft gingen die Diskussionen am anderen Morgen weiter. Bis 1970 blieb Carl Schmitt in der Dachgeschosswohnung im Brockhauser Weg und verkehrte, wenn sich keine Besucher angesagt hatten, mit der Welt vorwiegend schriftlich, denn Telefon, Radio und Fernsehen ließ er in der Wohnung nicht zu — nichts »Ungebetenes wie Wellen oder Strahlungen« durfte in seinen Raum eindringen; schon in Berlin, hat Anni Stand erzählt, musste ein Radio ausgeliehen werden, wenn jemand eine Führerrede hören wollte, und anschließend wurde das Gerät sofort wieder aus dem Haus gebracht. War es im Brockhauser Weg in Plettenberg einmal unausweichlich, dass telefonischer Kontakt mit der Welt aufgenommen werden musste, lief Schmitt in die gegenüber liegende Bäckerei Schmidt — die Frau des Bäckers, Ilse Schmidt, war Anni Stands Freundin und Ilse Schmidts Telefon Carl Schmitts »Draht zur Welt«. 1970 der letzte Umzug in das am Rand von Plettenberg gelegene Dorf Pasel, Haus Nr. 11c, ein vom Architektenfreund Hans de Vries konzipierter bescheidener Flachbungalow. Dort gab es dann auch ein Telefon und neben einem Radio den ersten Fernseher, von Johannes Gross zum Einzug geschenkt. Anfangs schlich Schmitt, wie Anni Stand erzählt hat, um das Telefon »wie die Katze um den heißen Brei«, und als er sich dann entschloss, seine Tochter in Spanien anzurufen, verstand er zunächst nichts, so dass er sehr aufgeregt war; mit zunehmendem Alter benutzte er das Telefon immer häufiger und war auch schon mal ungehalten, wenn er jemanden anrufen wollte und Anni Stand gerade telefonierte. War bis 1970 ganz Plettenberg Schmitts »San Casciano«, so nannte er nun nur noch dieses Haus nach Machiavellis Zufluchtsort — auf einer Holztafel an der Rückseite des Hauses zum Garten hin war der berühmte Name zu lesen. Vertraute wussten, dass der Name aber nicht nur auf Machiavellis Landhaus in San Andrea di Percussina bei San Casciano anspielte, sondern auch an San Cassiano von Imola erinnerte, der unter Kaiser Diokletian verfolgt, als Christ zum Tode verurteilt und später von seinen Schülern mit eisernen Schreibgriffeln ermordet wurde.

Strahlungen

Ein schöner Tag im Sauerland, und da der alte Herr auf dem »Engelbertstuhl« seit einiger Zeit wieder schweigt, genieße ich den Blick vom Gipfel des Schwarzenbergs hinab auf die im Tal liegende Stadt Plettenberg, in Carl Schmitts Kindheits- und Jugendjahren tiefste sauerländische Provinz, heute eine prosperierende Mittelstadt mit dreißigtausend Einwohnern. Schmitt wuchs in einer streng katholischen Familie auf, umgeben von einer protestantischen, zum Teil sektiererischen Mehrheit; die Eltern, Johann und dessen zweite Frau Louise Schmitt, beide von der Mosel gebürtig, der Vater aus dem Nest Bausendorf, lebten mit ihren vier Kindern, Carls jüngerem Bruder Joseph, »Jup« genannt, dem späteren Arzt, und den zwei jüngeren Schwestern Auguste (»Üssi«) und Anna Margarete (»Ännchen«) in wirtschaftlich bescheidenen Verhältnissen. Geboren 1853 als Sohn eines Bauern, Gastwirts und Bäckers, machte Carl Schmitts Vater zunächst eine Lehre als Postangestellter in dem Moselort Kröv, ging aber schon nach zwei Jahren zur Eisenbahn und kam über Siegen und Werdohl nach Plettenberg. Ein hochintelligenter Mann, der im kleinen Plettenberg auffiel, so dass die Besitzer der Schraubenfabrik Graewe & Kaiser ihm 1878 eine Stellung als kaufmännischer Angestellter anboten. Die Firma Graewe & Kaiser, mit Sitz im zwei Kilometer von Plettenberg entfernten Dorf Eiringhausen, war damals einer der größten Arbeitgeber in Plettenberg. Johann Schmitt avancierte schnell zu einem der beliebtesten Mitarbeiter der Firma. Ernst Hüsmert erzählt, dass sein

Vater, Ernst Ferdinand Hüsmert, unter Johann Schmitt seine Lehre gemacht habe. »Von meinem Vater weiß ich, dass Johann Schmitt der fähigste Angestellte in der Firma gewesen ist, der von jedermann um Rat gefragt wurde und gerne half, aber als Katholik im protestantischen Plettenberg keine Chance hatte, Prokurist zu werden. Wenn man auch den Herren Graewe und Kaiser eine durchaus liberale Gesinnung nicht absprechen kann – einer von ihnen, Wilhelm Graewe, war aktiver Freimaurer –, so steckten doch Reminiszenzen des bismarckschen Kulturkampfes unausrottbar in den Gehirnen.« Johann Schmitt war auch im Plettenberg-Eiringhauser Gesellschaftsleben sehr aktiv, gehörte zu den Mitgründern des Stenografenvereins. »Die besondere Situation meines Vaters bestand darin, dass er als Mann, der etwas von Buchhaltung verstand, in seiner katholischen Gemeinde die Kirchensteuer, soweit die Kir-

Abb. Johann Schmitt, Carl Schmitts Vater.

che sie selbst erheben musste, als braver Sohn der Kirche und Mitglied des Kirchenvorstands unentgeltlich bearbeitete«, erzählt der alte Herr auf dem Schwarzenberggipfel. »Dadurch habe ich Steuerzettel schreiben gelernt, als ich noch kaum schreiben konnte. Ich habe ferner von meinem Vater Stenografie gelernt — ich konnte beinahe so früh stenografieren wie Kurrentschrift schreiben. Und drittens habe ich von meinem Vater schwimmen gelernt, in der Lenne: Das war damals noch ein schöner sauberer Fluss. An meinen Vater denke ich mit Rührung und Dankbarkeit. Er war ein sehr frommer katholischer Mann, der viel Unglück gehabt hat in seinem Leben. Er hat sieben jüngeren Geschwistern geholfen und sie zum Teil auch von der Mosel und aus der Eifel hierhergeholt, so dass auf einmal ein Dutzend Vettern hier herumliefen. Das fiel alles in die Industrialisierungszeit vor 1900.«[512]

Abb. Louise Schmitt, Carl Schmitts Mutter.

Mit nicht weniger Rührung erinnert sich der alte Herr an seine Mutter. Ihr habe er alles, alles zu verdanken. Sie war 1863 als uneheliche Tochter des Zollbeamten Franz Josef Anton Steinlein geboren und wuchs großenteils in Elsass-Lothringen auf; nach einem nie verifizierten Gerücht war sie in Wirklichkeit die Tochter des Bruders des Zollbeamten, Nikolaus Steinlein, eines Pfarrers in dem Eifeldorf Hontheim; dieser Pfarrer sorgte auch dafür, dass Louise später in ein streng katholisches Internat in Stenay im französischen Department Meuse kam. Johann Schmitt lernte Louise nach dem Tod seiner ersten Frau Maria Carola Helene, geborene Rehse, 1864 in dem Dorf Hontheim kennen, wo er gerade an einem Stenografenkurs teilnahm. Louise brachte ihren Kindern Französisch und Klavierspielen bei. Nur ihr größter Wunsch ging nicht in Er-

Abb. Auguste Schmitt (links), Carl Schmitts Schwester, mit Wilhelmine Schmitt, Johann Schmitts Schwester.

füllung: Sie wollte, dass ihr Sohn Carl Theologie studieren und katholischer Priester werden sollte. »Ich erinnere mich an ein kurzes Gespräch mit meinem Vater, 1904/05, in der Bachstraße. Er war damals 51/52 Jahre alt, ich 16/17, Obersekundaner«, erzählt der alte Herr. »Ich teilte ihm mit, dass ich nicht Theologie studieren wollte. Er sagte: ›Hast du schon mit der Mutter gesprochen?‹ Und fügte hinzu: ›Jedenfalls wollen wir die Kirche im Dorf lassen.‹«[513]

Im fünfzehn Kilometer von Plettenberg entfernten Attendorn ging Carl Schmitt aufs Gymnasium, der einzigen humanistischen Schule in der Gegend. Katholisches Konvikt und Internat. Frühe intellektuelle Neugier, schon der Unterprimaner las nicht nur Max Stirners »Der Einzige und sein Eigentum«, sondern auch David Friedrich Strauß' »Das Leben Jesu« — als das Buch des liberalen protestantischen Theologen bei ihm entdeckt wurde, schrieb der

Abb. Anna Margarete Schmitt, Carl Schmitts Schwester.

Präses an Carl Schmitts Eltern, das Betragen des Jungen entspreche nicht seinem Wissen, und er wurde aus dem Konvikt genommen; auch ein unerlaubter Wirtshausbesuch soll eine Rolle gespielt haben. Er sei »der beese [böse] Mann aus Plettenberg«[514], witzelte Schmitt über sich nach Entlassung aus dem Konvikt. Er wohnte nun wieder bei den Eltern zu Hause und musste täglich mit der Bahn zur Schule nach Attendorn fahren. »Das Nomadenleben auf der Eisenbahn behagt mir kolossal«[515], teilte er seiner gerade im Ausland weilenden Schwester Auguste mit, denn dieses Nomadenleben brachte wichtige Lesezeit mit. Carl Schmitt galt als derart begabter Schüler, dass beim Abitur die Befreiung von der mündlichen Prüfung vorgeschlagen wurde. »Ein schönes Abitur«[516], erinnerte sich Schmitt später gern. Erst später ist ihm die frühe Prägung durch einige Lehrer aufgegangen. »Der Lehrer in Mathematik und Naturwissenschaften war ein Freidenker schlimmster Sorte; Riesselmann hieß er. Er unterrichtete uns in Darwinismus — ein Junggeselle, ein etwas versoffener Mann; aber er genoss den Schutz des preußischen Staates. Deshalb war er nicht so leicht wegzubei-

Abb. Carl Schmitt (oberste Reihe links) 1904 in der Untersekunda des Attendorner Rivius-Gymnasium.

ßen, denn der preußische Staat schützte seine Beamten. Ohne dass ich mir dessen bewusst wurde, erwachte eine Art von Kritik in mir, eine wissenschaftliche Neugierde. Die zweite Einwirkung kam von einem Volksschullehrer. Er war schon etwas sozialdemokratisch und wurde nach 1919 Schulrat in Frankfurt — Josef Wüst. Er impfte mich mit einem typischen Volksschullehrer-Antiklerikalismus. [...] Mir wurde nun genau erklärt, was das für ein Verstoß gegen die Grundsätze der Pädagogik sei, dass ein Theologe, der nicht einmal Pädagogik studiert habe, auf die armen Kinder losgelassen werde und sich anmaße, die Volksschullehrer zu kontrollieren. [...] Der Dritte war ein Freund dieses Volksschullehrers, Ernst Sommer. Er ist früh gestorben. Er schrieb Bücher über ›Muskelkraft und Formenschönheit‹ und ›Kraft durch Ruhe‹, verdiente damit nebenbei einiges Geld und brachte mir manches bei. Das sind Dinge, deren Wirkung mir erst ganz spät zu Bewusstsein kam.«[517] Wie groß die Wirkung war, zeigt sich daran, dass Carl Schmitt zum Beispiel mit dem Volksschullehrer Wüst später noch lange Kontakt hatte und mit ihm in den sauerländischen Bergen wanderte. Ein anderes Echo auf die Schulzeit findet sich in Schmitts 1912 in der Zeit-

Abb. Carl Schmitt (ganz oben) mit seinen Mitschülern.

schrift Die Rheinlande veröffentlichten Erzählung »Der Spiegel«, wenn er darin einen Lehrer namens Franz Morphenius beschreibt: »In der Religionsstunde von 8 bis 9 vormittags glaubte er an die Dreieinigkeit (er hätte auch an eine Vier-, Fünf- und Sechseinigkeit geglaubt), in der zweiten, der Mathematikstunde, lachte er fröhlich über die Religionsspöttereien des etwas frivolen Lehrers; in der Geschichtsstunde erglühte er vor Patriotismus, so dass ihm oft Tränen in die Augen traten; und bei der Lektüre des Horaz genoss er sich als kosmopolitischen Halkyonier. [...] Er hatte oft sentimentale Anwandlungen, aus denen er schleunigst einen Schluss auf seine seelische Größe zog.«[518]

Nach dem Abitur bettelte die Mutter bei Verwandten das Geld zusammen, damit der Junge studieren konnte, Jura, in Berlin, München und Straßburg. »Eigentlich wollte ich Philologie studieren«, erzählt der alte Herr. »So steht es noch in meinem Abiturzeugnis: ›Er verlässt die Schule mit den besten Wünschen und mit der Absicht, Philologie zu studieren.‹ Im gleichen Monat fuhr ich zu französischen Verwandten nach Lothringen. Sie waren deutsche Staatsangehörige, sprachen aber französisch. [...] Zu ihnen gehörte ein Bruder meiner Mutter. Wie er hörte: ›Philologie‹, sagte er:

Abb. Carl Schmitt (Mitte) mit seinen Mitschülern.

›Du bist ja verrückt. Das ist eine ganz kümmerliche Angelegenheit.‹ Er selbst war durch Grundstücksverwertungen ein schwerreicher Mann geworden — ein Millionär, der sich zwei Schlösser gekauft hatte. Er sagte mir: ›Also, ich gebe dir einen guten Rat: Studier Jura.‹ Im April 1907 fuhr ich dann nach Berlin. In der Universität las ich, an dem und dem Tage fänden die Immatrikulationen statt. Ich sehe noch, wie ich die Treppen der Universität hinaufstieg, mit Hunderten von Menschen. Ich sehe heute noch das Schild vor mir: ›Juristische Fakultät.‹ Ich habe einen Moment überlegt — dann lief ich einfach in die Hürde ›Juristische Fakultät‹ und blieb da. Ich fand das juristische Studium wunderbar, weil es im ersten Semester gleich mit Römischem Recht anfing. Das war für mich ein Vergnügen: Latein — eine ungeheure Freude. [...] So kommt man in etwas hinein; so ist es buchstäblich gewesen. Wenn einer meiner Verfolger das hört, wird er sagen: ›Welches Unheil wäre uns erspart geblieben, wenn dieser Mensch damals in eine andere Hürde hineingelaufen wäre.‹«[519]

Für einen 19jährigen Mann aus der sauerländischen Provinz war die Begegnung mit Berlin im Jahr 1907 der Eintritt in eine neue Welt. »Der Malstrom hat mich zum ersten Mal erfasst, als ich gleich nach dem Abitur in mein erstes Semester an die Universität Berlin eilte. Ich wollte keine Zeit verlieren, fleißig arbeiten und die weltberühmten Professoren hören. In Wahrheit wusste ich nicht, was mich trieb und was mich trug. Ich wohnte bei Verwandten, einer Schwester und einem Bruder meines Vaters. Beide waren selber durch den Malstrom von der Mosel nach Berlin geworfen worden. Von solchen Zusammenhängen im Fatum der Familie meines Vaters wusste ich nichts. Ich rannte 1907, von einem humanistischen Gymnasium in der Provinz, gleich nach Berlin wie ein hungriges Füllen auf die Weide.«[520] Rückblickend hat Schmitt sich gefragt, warum er damals »nicht gleich an eine west- oder süddeutsche Universität gegangen ist, wie ich später nach München und Straßburg ging? Warum nicht, wie mein jüngerer Bruder sieben Jahre später, nach Heidelberg? In Heidelberg hätte ich meine ersten Eindrücke von Max Weber empfangen. Ich hätte einen Zeugen protestantischer Gelehrten-Askese vor mir gesehen und nicht die arrivierten Größen der Zeit Wilhelm II. Fangen wir nicht mit ›Wenn‹ und ›Hätte‹ an. Die Menschen bedienen sich gedankenlos des sprachlichen Vehikels irrealer Bedingungssätze für ihre Fantasien und Wünsche. Die Geschichtsphilosophen mögen sich ausmalen, was geschehen wäre, wenn Antonius bei Aktium gesiegt hätte oder Napoléon bei Leipzig.«[521] Natürlich sei Berlin damals keine Weide gewesen, auf der man einfach nach Herzenslust habe grasen können, erzählt der alte Herr. »Doch war es vielleicht etwas Höheres. Ehrfürchtig betrat ich die Universität; ich dachte, sie wäre der Tempel einer höheren Geistigkeit. Aber der Kult, den ich dort sah, war ganz wirr und konnte mich nicht zur Teilnahme bewegen. Seine Priester waren auf eine eigentümliche, widerspruchsvolle Weise Ich-bezogen. Sie waren Ich-verpanzert und Ich-entfesselt zugleich. In dem innern Widerspruch ihrer verpanzerten Entfesselung verwandelte sich der Boden, auf dem sie standen, und wurde zu einer Bühne, auf der sie sich produzierten. Das ganze Zeitalter war historienhaft und der Tempel erwies sich dementsprechend als ein Bühnenhaus.«[522] Einer von Schmitts Lehrern war der Jurist Josef Kohler, der eine »Faust«-Abhandlung geschrieben hatte. Schmitt besorgte sich das Buch sofort und »schämte« sich des berühmten Mannes. »Eine pseudoromantisch, pseudodämonisch und pseudogenialisch verschmierte Skizze, ein Glissando aus Nachklängen von Goethe, Wagner, Nietzsche, Schopenhauer und Hegel. Der Held hieß Wolfgang. Das war ein Wink mit dem Zaunpfahl der Goethe-Bildung dieser Jahre. […] Die Dekorationen waren nicht zum Aushalten, und der Held spielte sich in einer unglaublichen Weise als ein Übermensch auf, der seine Genialität durch fortwährendes Reden unter Beweis stellte.«[523] Ein anderer Lehrer war der Philologe Ulrich von Wilamowitz-Moellendorff. Das würdevolle Gesicht, der aristokratische Habitus und die imposante Rhetorik des berühmten Mannes haben auf Schmitt zunächst einen tiefen Eindruck gemacht. »Ich war nicht durch Nietzsche gegen ihn voreingenommen und war hingerissen, als ich in einer der ersten Vorlesungen aus seinem Munde hörte, dass Ciceros Schrift ›De officiis‹ etwas Großes und kein Buch für Knaben sei. [...] Das imponierte mir außerordentlich. Ich kannte die Schrift Ciceros vom Gymnasium her und liebte sie aus einem knabenhaften Stoizismus heraus. Umso stolzer war ich, dass das kein Buch für Knaben ist.«[524] Die Faszination verschwand, als Schmitt später eine Rede von Wilamowitz-Moellendorff aus dem Jahr 1900 zum Jahrhundertwechsel las. »Mir wurde komisch«, erzählt der alte Herr, »als der vornehme Mann in dieser Rede von 1900 schilderte, was er den ›Typus des modernen deutschen Mannes‹ nannte. Dieser Typus sollte das großartige Gegenbild gegenüber dem armen und gedrückten Volksgenossen früherer Zeiten sein. Dem Auge des modernen Typus haben – so hieß es wörtlich – materieller Wohlstand, politische Befreiung und geistige Anregung die Blödigkeit genommen, und so steht er nun da, ›der Nacken so grade, die Brust so frei und der Blick so klar‹. Der Rhythmus dieser Stelle rutschte unmittelbar in ein damals viel gesungenes, sehr banales Lied hinein, dass ich lachen musste. Ich sah einen argen Pferdefuß hinter dem Kothurn. Aber damit nicht genug. Der Typus des modernen Mannes sollte so aussehen, wie die Gildenbilder von Rembrandt und Franz Hals den wetterfesten, freien Niederländer zeigen. Da waren wir also wieder bei der historischen Oper, mit ganz echten historischen Figuren, mochten sie als Nürnberger Meistersinger des 16. Jahrhunderts oder als Niederländische Schützenkönige des 17. Jahrhunderts auftreten. Alles wurde im Rahmen und auf dem Boden dieses Berlin zu einer Schauvorstellung. Die ethisch vibrierende Rhetorik beschleunigte nur den Prozess der Verbühnung. Auch dieser vornehme Mann stand auf seiner Bühne und produzierte sich und sein Ich, nur besser verschanzt und preußisch verhaltener als der barocke süddeutsche Josef Kohler.«[525] Von hier aus der Blick auf den inneren Widerspruch, an dem für Schmitt das deutsche Gesamt-Ich in seiner damaligen geschichtlichen Situation litt. »Bei einem solchen Ich sind alle beteiligt, die an der geschichtlichen Situation beteiligt sind, sich auf sie einlassen und in ihr einrichten. Viele kleine empirische Ich halten sich daraufhin für Ichs und verwandeln sich in die Maske, die sie tragen. So setzt sich das Gesamt-Ich in seiner geschichtlichen Situation durch.«[526] Und Carl Schmitts eigenes Ich im Berlin des Jahres 1907? »Ich war ein obskurer junger Mann bescheidener Herkunft«[527], erinnert sich der alte Herr. »Weder die herrschende Schicht noch eine oppositionelle Richtung hatte mich erfasst. Ich schloss mich keiner Verbindung, keiner Partei und keinem Kreise an und wurde auch von niemand umworben. Dafür war ich weder mir selbst noch den anderen interessant genug. Armut und Bescheidenheit waren die Schutzengel, die mich im Dunkeln hielten. Das bedeutet [...], dass ich, ganz im Dunkel stehend, aus dem Dunkel in einen hell erleuchteten Raum hineinsah. Für einen Zuschauer und Beobachter ist das die beste Position. Die gute Position war allerdings in keiner Weise bequem und komfortabel. Ich war ja ein unbeteiligter Fremder. Ich war auch kein bloß ästhetisch interessierter Zuschauer, kein Schopenhauerianer, der sich eine blind drängende Welt vom Leibe hält, mit Hilfe des Satzes ›Schön zu sehn und schrecklich zu sein‹. Das lag mir nicht und stand mir nicht an. Die starke Repulsion, die ich erfuhr, ließ kein Behagen an einer Zuschauerrolle aufkommen. Das Gefühl der Traurigkeit, das mich erfüllte, verstärkte meinen Abstand und erweckte bei den Andern Misstrauen und Befremdung. Eine herrschende Schicht empfindet jeden als heterogen, der sich durch die Berührung mit ihr nicht beglückt, sondern betrübt zeigt. Eine kompakte Atmosphäre schließt unbarmherzig jeden aus, der sich in ihr nicht wohl fühlt. Sie stellt ihn vor die Wahl, sich anzupassen oder sich zu entfernen. So blieb ich dann draußen. Ich ging meines Weges und musste zusehen, wie ich fertig wurde.«[528]

Berlin verließ Schmitt schnell wieder, zum Wintersemester 1907/08, Richtung München, wo er an der Universität den Rechtshistoriker Karl von Amira, den Strafrechtler Karl von Birkmeyer und den Nationalökonomen Walther Lotz hörte. Ein Jahr darauf ging er an die (damals deutsche) Universität Straßburg und lernte den Strafrechtler Professor Fritz van Calker kennen, der sofort Schmitts Talent erkannte und ihn 1910 mit einer »terminologischen Untersuchung über Schuld und Schuldarten« promovierte — »summa cum laude«; in Straßburg hatte Schmitt eine gute Zeit, pflegte neben seinen Studien im Weinlokal »Schwarzkopf« am Fischerkai (es heißt heute »Tête Noire« und liegt am Quai des Pêcheurs) literarische Bekanntschaften wie mit den Schriftstellern Ernst Stadler und René Schickele; in Straßburg habilitierte sich Schmitt 1916 und blieb der Universität als Privatdozent bis zur Schließung 1918 verbunden. Dazwischen lag ab 1910 eine Zeit als Gerichtsreferendar beim Amtsgericht Lobberich bei Mönchengladbach und ab 1911 bei der Staatsanwaltschaft des Oberlandesgerichts Düsseldorf bis zum Assessorexamen Anfang 1915.

»Lassen Sie uns ein paar Schritte gehen«, schlägt der alte Herr vor. »Ich bin immer gerne in der Ruinenlandschaft der alten Burg auf dem Schwarzenberg spazieren gegangen. Man spürt noch im Boden die alte Strahlung. Ist es nicht so, wenn man einen Ort der eigenen Vergangenheit betritt, dass man nicht nur subjektive Gefühle spürt, sondern Annäherungen an dort geortete objektive Kräfte, die uns früher erfassten und von sich aus bestimmten, welche Menschen uns begegneten und welche Ereignisse uns zustießen. Als ich 1948 wieder Düsseldorf besuchte, waren die alten Kräfte und Strahlungen noch da, auch unter den Ruinen, sie hingen am Boden und waren Teil des Bodens.«[529] So wie der alte Herr marschiert, erkenne ich den geübten Spaziergänger. »Ist es nicht schön, in diesen Ruinen herumzulaufen?« Ich sehe aber nicht nur die Ruinen, sondern auch eine wunderbare Kulisse für jenes Spruchkammerverfahren, mit dem die »Academia moralis«, ein 1947 gegründeter eingetragener Verein mit der einzigen Aufgabe, Carl Schmitt nach Rückkehr aus Nürnberg materiell beizustehen, Anfang der fünfziger Jahre für ihn die Pension erstritt. Diese Spruchkammern tagten teilweise unter freiem Himmel, inmitten der Ruinenlandschaft Deutschlands. Ihre Arbeit basierte auf dem »Gesetz Nr. 104 zur Befreiung von Nationalsozialismus und Militarismus«, gut 13 Millionen Deutsche mussten damals in den westlichen Sektoren »Fragebogen« ausfüllen und Auskunft über ihre Vergangenheit geben, über die in Zweifelsfällen diese Spruchkammern entschieden, die die Amerikaner mit der Zeit auch mit deutschen Juristen besetzten. Ja, diese Ruinenlandschaft auf dem Schwarzenberg wäre der geeignete Ort für dieses provisorische Gericht gewesen. Eine lange Bank, an der die Vorsitzende Richterin Gisa Brunkow präsidiert, neben ihr die beisitzenden Richter Jakob Effelsberg und Karl Loosen sowie der Protokollführer. Links und rechts an kleinen Tischen sitzen Oberstaatsanwalt Siegfried Bewerunge und, für die »Academia moralis«, der Antragsteller Hans Berger, der spätere Staatssekretär und Chef des Bundespräsidialamts unter Heinrich Lübke. Auf ohne erkennbare Ordnung in die Ruinen hineingestellten Stühlen sitzen die Zeugen, Lebende wie Tote, Reisende durch die Zeit.

»Die Verhandlung Professor Carl Schmitt, vertreten durch den Verein ›Academia moralis‹, gegen die Bundesrepublik Deutschland ist vor der Spruchkammer des Oberverwaltungsgerichts Arnsberg eröffnet«, sagt die Vorsitzende Richterin. »Der Verein beantragt gemäß § 131 Grundgesetz Gewährung einer Pension für Professor

Abb. Ruinenlandschaft des Schwarzenbergs.

Carl Schmitt, geboren am 11. Juli 1888 in Plettenberg als erstes von vier Kindern der Eheleute Johann und Louise Schmitt. Nach dem Abitur am 2. März 1907 Jurastudium in Berlin, München und Straßburg. 1910 Promotion in Straßburg. 1910 bis 1915 Preußischer Justizdienst, Gerichtsreferendar unter anderem im Oberlandesgerichtsbezirk Düsseldorf. 1915 bis 1919 Militärdienst, Eintritt als Kriegsdienstfreiwilliger beim Infanterie-Leibregiment in München, bis 30. September 1917 Gefreiter und Unteroffizier, ab 1. Oktober 1917 höherer Beamter beim Stellvertretenden Generalkommando I. Bayerisches Armeekorps, Mai und Juni 1919 in der Stadtkommandantur München. Am 16. Februar 1916 Habilitation in Straßburg und bis zur Schließung der Universität am 11. November 1918 Privatdozent in Straßburg. Am 1. September 1919 beamteter Dozent an der Handelshochschule München. 1921 erste Professur für Öffentliches Recht an der Universität Greifswald, von 1922 bis 1928 Ordinarius an der Universität Bonn, von 1928 bis 1933 an der Handelshochschule Berlin, 1933 an der Universität Köln und seit Winter 1933 an der Universität Berlin. Entlassung im Dezember 1945. Führer des Antrags, Professor Schmitt seitens

Abb. Ruinenlandschaft des Schwarzenbergs.

der Bundesrepublik Deutschland eine Pension zu zahlen, ist für die ›Academia moralis‹ Hans Berger. Herr Berger, Sie stellen diesen Antrag?«

»Ich stelle hiermit den Antrag, Professor Carl Schmitt gemäß § 131 Grundgesetz eine Pension durch die Bundesrepublik Deutschland zu zahlen.«

»Antragsgegner ist Herr Oberstaatsanwalt Siegfried Bewerunge. Sie lehnen den Antrag ab, Herr Oberstaatsanwalt?«

»Die Staatsanwaltschaft lehnt diesen Antrag mit Hinweis auf Professor Schmitts Rolle in der Nazizeit ab. Er war der Kronjurist des ›Dritten Reiches‹ und hat einen Anspruch auf Pensionszahlungen durch die Bundesrepublik Deutschland verwirkt.«

»Die Verhandlung wird in Abwesenheit von Herrn Professor Schmitt geführt, der sich weigert, einem Entnazifierungsverfahren zuzustimmen«, sagt Richterin Gisa Brunkow. »Ich darf aus einem Brief Herrn Professor Schmitts an das Gericht zitieren: ›Warum ich mich nicht entnazifizieren lasse? Erstens: Weil ich mich nicht gern vereinnahmen lasse und zweitens, weil Widerstand durch Mitarbeit eine Nazimethode, aber nicht nach meinem Geschmack ist.‹ Was immer Professor Schmitt mit Letzterem auch meinen mag.«

Abb. Ruinenlandschaft des Schwarzenbergs.

»Widerstand durch Mitarbeit, Frau Vorsitzende«, antwortet Hans Berger, »hält Professor Schmitt von Arminius bis zu Weizsäcker für eine urdeutsche Erfindung, wie ›deutsche Treue‹ und ›deutscher Wein‹.«[530]

In das helle Lachen des geladenen Zeugen Ernst Jünger sagt der Oberstaatsanwalt: »Schade, dass Professor Schmitt sein persönliches Erscheinen verweigert. So ein Spruchkammerverfahren unter freiem Himmel, nach alter germanischer Art, nahe den Bilsteinen, hätte dem deutschen Professor und Mythenschmied doch bestimmt gefallen.«

»Das Problem ist, Herr Antragsteller Berger«, gibt die Richterin zu bedenken, »dass Professor Schmitt nicht ordentlich emeritiert, sondern 1945 von der Berliner Universität entlassen worden ist und wegen der fehlenden Bereitschaft, sich entnazifizieren zu

Abb. Ruinenlandschaft des Schwarzenbergs.

lassen, keine Lehrerlaubnis mehr an einer Universität bekommt. In dieser Situation, Herr Berger, beantragen Sie Pensionszahlungen.«

»Dass Professor Schmitt sich einem Entnazifizierungsverfahren entzieht, ist bezeichnend für die Grundeinstellung dieses Herrn«, sagt Oberstaatsanwalt Bewerunge scharf.

»Professor Schmitt muss sich auch nicht entnazifizieren lassen«, antwortet Hans Berger, »denn er hat Nürnberg als freier Mann verlassen.«

»Ein weiteres Problem, Herr Antragsteller«, sagt die Vorsitzende Richterin. »Wenn Sie den Pensionsantrag nach § 131 stellen – nach dem auch Wehrmachtsoffiziere pensioniert worden sind –, brauchen wir eine Grundlage, auf der eine mögliche Pension errechnet werden kann.«

»Wir schlagen vor, Frau Vorsitzende, als Grundlage den Arbeitsvertrag Herrn Professor Schmitts mit der Universität Köln aus dem Sommersemester 1933 zu nehmen. Da die dortige Universität eine städtische Einrichtung war, wurde der Vertrag unterzeichnet vom damaligen Kölner Oberbürgermeister Konrad Adenauer. Wir dürfen eine beglaubigte Kopie dieses Vertrags dem Gericht überreichen.«

»Es ist unangebracht«, meldet sich der Oberstaatsanwalt, »im Vorfeld bereits solche Details zu erörtern, weil es zunächst einmal darum geht, ob Herrn Professor Schmitt überhaupt eine Pension durch die Bundesrepublik Deutschland zusteht — was die Staatsanwaltschaft wie beantragt ablehnt.«

»Das Gericht, meine Herren, wird sich also in Abwesenheit Herrn Professor Schmitts vom Antragsteller ein Bild machen müssen. Wenn ich die lange Liste der vom Antragsführer wie von der Staatsanwaltschaft geladenen Zeugen und Sachverständigen sehe, bitte ich allerdings, unmittelbar nur zur Sache zu reden.«

Variationen über ein Thema Diabellis

Der alte Herr neben mir in der Ruinenlandschaft auf dem Schwarzenberg sieht diese improvisierte, kuriose germanische Gerichtsverhandlung unter freiem Himmel natürlich nicht. Sähe er sie, würde er sie ignorieren, aus einer bitteren Erfahrung, denn während Hegel, nachdem er sein Gedankensystem geschlossen hatte, an seinem Lebensabend nur noch Karten spielte, musste sich der selbsternannte Hegel-Nachfolger Professor Dr. Carl Schmitt nach 1945 ständig rechtfertigen und sah sich einer permanenten Gerichtsverhandlung ausgesetzt. »Mit einer kalten und sachlichen Diagnose das Bild der heutigen Lage zu entwickeln und bis an die Schwelle der Eschatologie zu führen, aber keinen Schritt weiter, das habe ich versucht«[531], verteidigt er gerade, zügig voranschreitend, seine Arbeit. »Das gehört zu meinem Stil als Jurist, und darauf, dass ich mich streng an diesen Stil halte, beruht mein Erfolg als Jurist, allerdings auch der Hass und die Feindschaft meiner Gegner.«[532] Das stimmt nur ungefähr, denn kalt und sachlich war er nicht jederzeit, sondern spielte auch mit den Dingen herum, indem er sie in eine esoterische Metaphysik stellte und den Traum ausdrückte, dass nach dem Sprung ins Metaphysische »das Irdische versinkt« und »die Zeit und die Weltgeschichte aufhören«[533]. »Die Erde bleibt«, hoffte er, »aber die nichtigen Wichtigkeiten der Haupt- und Staatsaktionen sind zu Ende. Es gibt keine Weltgeschichte mehr, sobald die Welt erkannt ist.«[534] Am Ende aller Dinge stehe der Geist, die Erkenntnis, die Gnosis, die »Visio Dei«. »Das Letzte und Entscheidende kann nicht ›gemacht‹ werden«[535], meinte Schmitt zu wissen.

»Die Menschen mögen versuchen, der Natur ein Reich der Kultur entgegenzustellen, in dem eine umsichtige Planmäßigkeit Gott und seine Vorsehung ersetzen möchte. Die Natur lässt sich nichts ablisten oder rauben und Gott lässt nicht mit sich handeln [...] das Letzte bleibt nur Geschenk, Übermaß, Gnade. Das Reich des Geistes ist kein Zukunftsstaat, sondern ein regnum gratiae.«[536] In solch luftigen Höhen, in diesem Labyrinth philosophischer Spekulation konnte Schmitt eine Position des Darüberstehens formulieren und zugleich manche Dinge aus dieser Position heraus »unterlaufen« und vieles bewusst im Dunkeln lassen — vor allem seine eigene Person und seine Motive. Man müsse seinen Feinden unbegreiflich bleiben, erklärte er, ohne der Gefangene der eigenen Tarnungen zu werden. Die Frage nach diesen Carl Schmittschen Tarnungen ist die Frage, was sein Werk, in dem sich neben ein paar Leitideen viele Einzelerkenntnisse finden, hervorgebracht hat und im Innersten zusammenhält. Mit seinem Talent als Rollen- und Maskenspieler, das Schmitt auch besaß, hat er ein bunt schillerndes Œuvre produziert, in dem sich neben juristischen und politischen Texten Satiren, Reisenotizen, ein Buch über das »Nordlicht«-Epos seines Freundes Theodor Däubler oder eine Hamlet-Studie finden, ein so sicherer Stilist (und überdies ein schneller Schreiber, der die fünfundsechzig Druckseiten von »Römischer Katholizismus und politische Form« in zwei Tagen niederschrieb), dass er in jeder Textsorte glänzen und in einem Text auch verschiedene Textsorten unterbringen konnte, indem er sowohl als Jurist wie auch gleichzeitig als Kulturhistoriker, Geschichtsphilosoph oder Soziologe auftrat — das konnte er aber nur, weil er all die verschiedenartigen Dinge, die er wahrnahm und beurteilte, durch seine eigene Subjektivität filterte. Wie diese Subjektivität funktionierte, aus welchen Erfahrungsstrukturen sie zusammengesetzt war und warum Schmitt darauf bestand, seine Person im Dunkeln zu lassen und aus dieser verhüllten Position heraus in einen »hell erleuchteten Raum« zu sehen, ist aber überhaupt noch nicht geklärt. Zwar ist Carl Schmitt zwanzig Jahre nach seinem Tod vor Martin Heidegger der weltweit meistdiskutierte deutsche Denker des 20. Jahrhunderts geworden — sein Bibliograph Alain de Benoist hat hochgerechnet, dass im Durchschnitt pro Monat irgendwo auf der Welt ein neues Buch über Carl Schmitt erscheint. All die vielen Einzelanalysen ergeben auch ein komplexes Gesamtbild, Schmitt als einer der letzten großen Universalgelehrten, und was er zu Hobbes, zu Däubler, zur Diktatur und zu Verfassungsproblemen, zur Einheit der Welt oder zu Heinrich von Kleists Grab (»Er suchte die Wollust des Grabs, das Bett der Kaiserin«[537]) oder Mozarts »Zauberflöte« sagte, ist immer faszinierend, befand Wilhelm Hennis, aber das meiste ist doch nur Anlass, um über Probleme zu sprechen, »die Schmitts eigene gewesen sind«[538]. Darin liegt aber nicht nur für Hennis der Reiz dieses Werkes, »das es wagte, so persönlich, so ›occasionalistisch‹ seine gelehrte Bildung in die Waagschale der Zeit zu werfen«[539], mit all dem Beiwerk, das zu Schmitts Person gehörte, viel Kleinlichkeit, so noch einmal Hennis, auch Eitelkeit und sogar eine aus dem Spielerischen hervortretende Unseriösität. Sobald Schmitts Denken und Schreiben in diese dunklen Bezirke vorstößt, in denen wissenschaftlich nichts mehr beweisbar ist und man deshalb alles sagen kann, in denen Politik nichts anderes mehr ist als Glaube und Mythos und auch ausdrücklich betont wird, dass »keine noch so klare Gedankenführung [...] gegen die Kraft echter mythischer Bilder«[540] ankommt und zu ihrem Wesen gerade »vielfältige Deutbarkeit und Wandelbarkeit« gehören, »fortwährende Metamorphosen« als »sichere Zeichen ihrer Lebendigkeit und Wirksamkeit«[541], ist Schmitts Werk natürlich wunderbar diskutierbar — weil nichts zu Ende diskutiert werden kann und immer neue Vermutungen über die persönlichen und lebensgeschichtlichen Motive Schmitts aufgestellt werden können, zumal wenn Schmitt nach Entlassung in Nürnberg in seinem Plettenberger Asyl erklärte, das meiste, was er seit Jahren gedacht, gesagt und geschrieben habe, sei nicht veröffentlicht und gleiche »den Beethovenschen Variationen über ein Thema von Diabelli, welche als Variationen für ein bisher nicht existierendes Instrument«[542] geschrieben seien. Von daher auch seine »existentielle Verwandtschaft mit Vilfredo Pareto«[543]. Sehr sonderbar. Im letzten Grund ist Schmitts Werk nichts anderes als Literatur mit all den in jeder Literatur verborgenen Geheimnissen und Dämonen, die die Texte, auch wegen der darin enthaltenen unberechenbaren Gewalt, mit Spannung und nervöser Erwartung aufladen. Nur als solche Literatur, deren tief in der Person Schmitts liegende Entstehungsbedingungen im Dunkeln liegen, mit der darin enthaltenen eigenartigen und willkürlichen Mischung aus Modernem und Reaktionärem, Tatsachen und Fiktionen, Wirklichkeitsanalysen und mythischen Verklärungen, fein ziselierten subjektiven Beobachtungen und vehement-rüde vorgetragener weltanschaulicher Propaganda unter dem Gesichtspunkt, dass »alle politischen Formen und Möglichkeiten zum Werkzeug der zu realisierenden Idee werden«[544], konnten diese Texte eine derart große Faszination und weltweite Wirkung entfalten. Denn als bloße praktische Handlungsanweisungen strahlen die Texte kaum und dürften sogar unbrauchbar sein. Reduziert man die Texte nämlich auf solche Handlungsanweisungen, dann schwebte Schmitt ein – von Ruth Groh in einer luziden Studie nachgezeichneter – Leviathan »der Einheit von Politik und Religion« vor, »etabliert in einem europäischen Großraum unter deutscher Hegemonie; ein Reich, dessen souveräne Instanz in willkürlicher Interpretation dessen, was wahres Christentum ist, Freund und Feind unterscheidet, keinen individualistischen Glaubensvorbehalt einräumt, sondern Macht über die Seelen beansprucht und sich verschafft; ein Reich, das seine von ihm selbst bestimmten Feinde innerhalb und außerhalb der Grenzen rigoros bekämpft, allgemeine Menschenrechte, den Gedanken der Humanität und der Toleranz nicht anerkennt, dessen Machthaber auch nicht zurückschrecken vor der Vernichtung der ›seinsmäßig‹ Anderen; ein gegen Interventionen von außen ›völkerrechtlich‹ geschütztes Terrorsystem, das Sicherheit und Schutz nur seinen Parteigängern gewährt, die zugleich Brüder im Glauben sein müssen; ein fundamentalistisches Reich mithin, dessen konkrete Politik Arbeit an der Heillosigkeit der Welt bedeutet hätte«[545]. Wer möchte schon in einem solchen Staat leben? Aber der Wahnsinn, eine solche Diktatur zu konstruieren und ihre Installierung zu verlangen, ist schon wieder interessant, weil dahinter ein faszinierend-schockierender Abgrund in der Person Schmitts aufleuchtet, in den hineinsehen zu lassen er zu Lebzeiten verweigerte. So wurde nicht nur sein Werk wegen der darin entfalteten schillernden Bilder und Begriffe, sondern auch seine Person zu einem Mythos. Schmitt selber hat im Verhör in Nürnberg gegenüber Kempner die Besonderheit seiner Person hervorgehoben und den Carl Schmitt-Mythos einen »reinen Mythos«[546] genannt. Er sei eben »ein sonderbarer Mensch«, sagte Schmitt, »nicht nur Professor«, sondern »auch noch aus anderem gemixt«[547]. Diese Mixtur, das Geheimnis seiner Person, das Schmitt selber Arcanum genannt hat, kann wahrscheinlich nur von einer Biographie aufgeschlüsselt werden. Diese Biographie fehlt — die bisher vorliegenden Arbeiten wie die 1983 in Princeton erschienene Studie »Carl Schmitt, theorist for the Reich« des amerikanischen Forschers Joseph W. Bendersky sowie die Biographie von Paul Noack aus dem Jahr 1993 sind unzureichend. Noack kannte aber auch noch nicht das vollständige Material, das sich in Schmitts Nachlass fand, zum Beispiel die Tagebücher aus den Jahren 1912 bis 1915. Da Schmitt lebenslang Tagebuch geführt hat, wird man noch einige nützliche Hintergrundinformationen zu seiner Person erfahren. Erst nach Kenntnis aller Tagebücher, deren Veröffentlichung in zehn, vielleicht zwanzig Jahren abgeschlossen sein wird, kann eine vollständige Biographie geschrieben werden. »Mein Geheimnis ist die Schrift«, pflegte Schmitt gerne zu sagen. Seine Tagebücher sind allein dadurch Ausdruck dieses Geheimnisses, dass er seine Notizen in Alt-Gabelsberger Stenografie verschlüsselt hat, die heute als einziger weltweit nur noch Hans Gebhardt in Eckersdorf bei Bayreuth entziffern kann. In diesen Tagebüchern ist nachzulesen, aus welchen Privatmythologien Schmitt sein Ideensystem zusammengebastelt hat und wie er auch immer in Kämpfe verstrickt war mit sich selbst. Die Tagebücher verraten zum Beispiel, dass Schmitt, bevor er in den Romantikern einen Feind ausmachte, als junger Mann selber Romantiker war. Ihm werde ganz bange vor seiner Romantik und Zerfahrenheit, notierte Schmitt im Januar 1915 mit dem Zusatz: »Aber auch das ist Gehorsam. Ich glaube jeder Predigt, ich gehe immer in mich und komme deshalb nie aus mir heraus. Und die Menschen nennen mich unbescheiden!«[548] Damals arbeitete er als Referendar an Gerichten unter anderem in Düsseldorf und Mönchengladbach sowie in den Kanzleien der Justizräte Hugo Lamberts und Hugo am Zehnhoff, dem späteren Zentrumsabgeordneten und preußischen Justizminister von 1920 bis 1927. »Der Justizrat ist so geizig«, informierte Schmitt seine Schwester Auguste, die in Portugal als Hauslehrerin arbeitete, in einem Brief, »wenn er eine Brille aufhat, guckt er über die Gläser, um das Glas nicht abzunutzen. Weihnach-

Abb. Carl Schmitt, 1910.

ten ein warmer Händedruck für meine Arbeit.«[549] Als Bettlerleben empfand Schmitt seine Existenz, ständig musste er sich Geld pumpen, hauptsächlich von seinem reichen Onkel André Steinlein, dem Immobilien-Millionär in Elsass-Lothringen. »Es geht sonderbar zu in der schönen Welt«, teilte er seiner Schwester Auguste mit. »Ich bin ein Anwalt, der Prozesse hat, in denen es sich um 12 Millionen Mark handelt. Ich muss sie bearbeiten und bin froh, ein Zimmer für 70 Mark monatlich mit Pension zu haben.«[550] Auch über dieses möblierte Zimmer erfuhr Schwester Auguste Genaues: »Einsam in meiner Kammer, die von einem Bett, einem Kleiderschrank, einem Waschtisch, einem Öfchen und drei Stühlen so vollständig gefüllt wird, dass ein Mann von dem Umfange Herrn Piers auch nicht drei Schritte im Zimmer tun könnte und auch meine turnerische Ge-

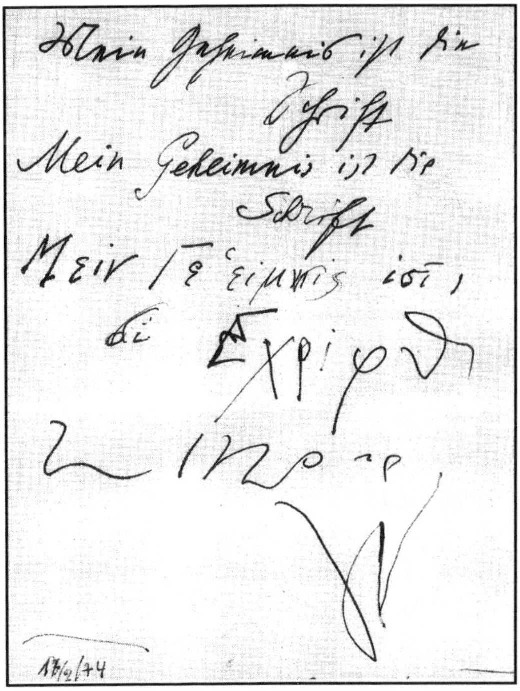

Abb. Schriftprobe Carl Schmitts.

wandtheit und Schlangenmenschlichkeit große Fortschritte gemacht hat.«[551]

Schmitt suchte mit seiner Schwester brieflichen Kontakt, um ihr – und damit sich selbst – Ratschläge zu geben. Vielleicht sei es für sie »ein guter Trost«, jeden Abend Tagebuch zu führen »über das, was Du erlebt und gesehen hast, wie Dir zumute war usw. Du sollst mal sehen, wie einen das beruhigt und stärkt«[552] — der Ratschlag ist Schmitt so wichtig, dass er knapp vierzehn Tage später sich versichern möchte: »Führst Du jetzt ein Tagebuch?«[553] Ein anderer Ratschlag, vom 12. Oktober 1912: »Mach mal Frei- und Atemübungen. Das ist das allerbeste Mittel gegen ängstliche Gedanken. Dann bedenk mal, wie viele Leute arm und hilflos in ein fremdes Land gekommen sind, denk mal an einen armseligen klei-

Abb. Der Jurist und Politiker (Zentrum) Hugo am Zehnhoff (1855–1930).

nen Juden, der mit seinen paar Lumpen sich unter fremde Christen wagte, von allen verhöhnt und verspottet und der sich nichts daraus machte, ruhig verkaufte und schacherte, abends zu seinem Trost im Talmud las und dessen Söhne vielleicht jetzt morgens im Tiergarten spazieren reiten. Oder an den Papa, wie er als 19jähriger Junge in Aachen möbliert wohnte und seine Eltern tot waren. Denn vom Papa kannst Du gut lernen, sich in alles zu finden. Und schließlich bist Du ja auch unter zivilisierten Menschen; es ist ja nicht, als ob Du übermorgen auf dem Speisezettel ständest, mit Senfsauce. Halt es aus, in 10 Jahren sind wir vielleicht schon reiche Leute.«[554] »Wie gerne ich […] Dir zeigte, was Dir fehlt, um endlich mal zu einer ruhigen Überlegenheit über all Deine Leiden und Kümmernisse zu kommen«, hatte Schmitt drei Jahre vorher seiner Schwester mitgeteilt. »Du hast das nötig; wenn Du jetzt verbitterst, bleibst Du Dein Leben lang eine verschüttete und verkorkste Persönlichkeit. Hast Du schon jemals bedacht, was das heißt: ›Sehet

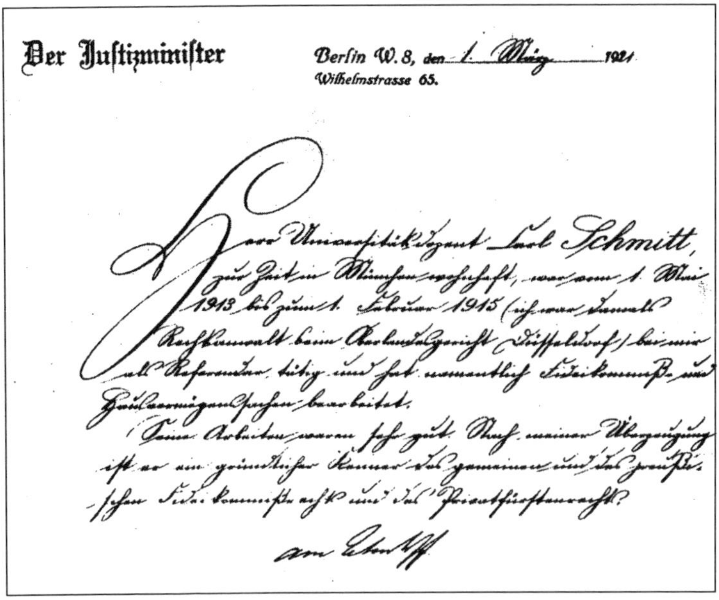
Der Justizminister

Berlin W. 8, den 1. März 1921
Wilhelmstrasse 65.

Herr Universitätsdozent Carl Schmitt, zur Zeit in München beschäftigt, war vom 1. Mai 1913 bis zum 1. Februar 1915 (ich war damals Rechtsanwalt beim Oberlandesgericht Düsseldorf) bei mir als Referendar tätig und hat namentlich Zivilprozeß- und [illegible] bearbeitet.

Seine Arbeiten waren sehr gut. Nach meiner Überzeugung ist er ein gründlicher Kenner des gemeinen und des preußischen Zivilprozeßrechts und des [illegible].

am [illegible]

Abb. Zeugnis Hugo am Zehndorf für Carl Schmitt, vom 1. März 1921.

die Lilien auf dem Felde‹? Das heißt: Der Mensch hat ebenso wenig einen ›Beruf‹ wie die Blume; duftet die Blume, weil es ihr Beruf ist? Singt der Vogel, weil es sein Beruf ist? Unsinn! Weil es ihm Freude macht. Jeder Spatz ist glücklicher als der Mensch; dem anderen Menschen einreden: Du musst einen Beruf haben, ein Gespenst, ein Spuk. Und wenn ich studiere und fleißig bin, dann tue ich das nicht deshalb, weil ich dazu verpflichtet oder berufen bin, sondern weil es mir Freude macht und weil ich aber auch bedenke, dass meine Eltern keine Millionäre sind und ich von meinen Wünschen nicht leben kann. Deshalb weiß ich aber doch noch immer, was ich tue, und dass der Zweck meines Daseins ist, mir und anderen Freude zu machen; nicht Amtsrichter zu sein oder Paragraphen zu schustern; weiß, dass jede Stunde, in der ich mich nicht meiner selbst freue, verloren ist; und man kann sich tatsächlich seiner

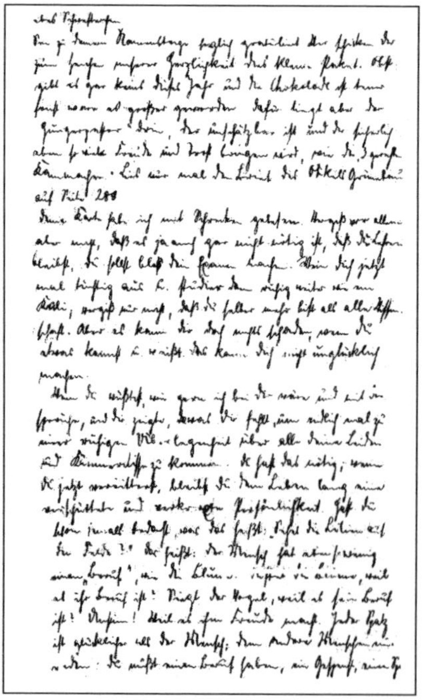

Abb. Brief Carl Schmitt an Schwester Auguste.

selbst (ohne Eitelkeit) immer freuen und wenn alle Teufel losgelassen wären.«[555]

In seinen Tagebüchern hat Carl Schmitt zur Freude über sich aber selten Anlass. Fragen, Zweifel, Ungewissheit. 6. November 1914: »Was werde ich für ein Mensch? Esse bei dem Millionär Josten, dem schwerreichen Fabrikbesitzer, zu Mittag, als gehöre ich zur Familie, gehe zu Lamberts, zum Geheimrat, wie es mir passt, habe eine Braut in Köln, die aus einer alten adeligen kroatischen Familie stammt und heiße Schmitt und bin aus Plettenberg und weiß nicht, wovon ich morgen leben soll.«[556]

Schmitt war in diesen Jahren neben seiner juristischen Arbeit beschäftigt mit seiner Liebschaft zu Pauline Carita Maria Isabella Dorotić, »Cari« genannt, jener Kroatin adliger Herkunft, die er später heiratete, bis sich, wie der Oberstaatsanwalt in der Gerichts-

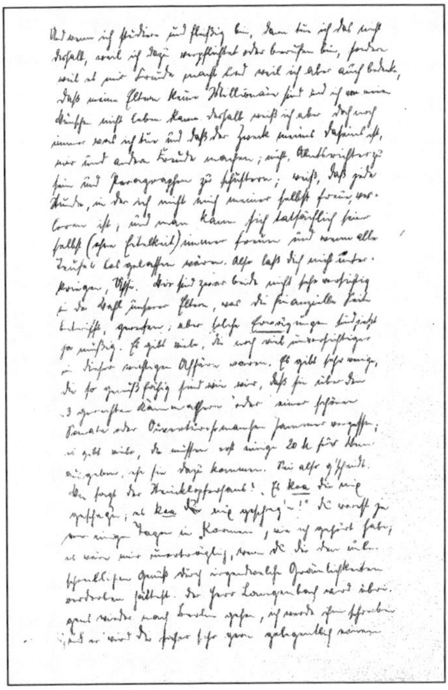

Abb. Brief Carl Schmitt an Schwester Auguste.

verhandlung auf dem Schwarzenberg zu erwähnen nicht vergisst, herausstellte, dass sie eine Hochstaplerin war – vermutlich Tochter eines Wiener Schneiders – und die Ehe am 18. Januar 1924 vom Landgericht Bonn nach § 1334 BGB für nichtig erklärt wurde, »Cari« aus Schmitts Leben unter Mitnahme sämtlicher Möbel und seiner Bibliothek spurlos verschwand und Schmitt später jede Erinnerung an sie derart aus seinem Leben eliminierte, dass sich in seinem Nachlass noch nicht einmal ein einziges Foto von »Cari« Dorotić fand. So schnell sie im Nirgendwo verschwand, so plötzlich war sie aus dem Nirgendwo aufgetaucht. Im Februar 1912 hatte Schmitt sie in Düsseldorf kennen gelernt – nachdem sein Plan, die Konzertpianistin Helene Bernstein zu heiraten, am Widerstand deren Eltern gescheitert war. »Neulich wurde mir von den Eltern Bernstein erklärt, ich sei ohne Position und da an eine Heirat mit Helene nicht zu denken sei, so möchte ich vorerst nicht mehr zu Besuch kommen«[557], teilte Schmitt am 4. Mai 1912 seiner Schwester Auguste mit. »Das hat natürlich nichts an meinen Beziehungen zu Helene geändert, aber Du siehst, mein Kind, wie Eltern klug sind und was für ein positionsloser Hund Dein Bruder Carl.«[558] Knapp vierzehn Tage später, im nächsten Brief konnte Carl Schmitt seiner Schwester schon melden, er habe jetzt »eine entzückende Freundschaft mit einer spanischen Tänzerin, die auch Dir gefallen würde«[559]. Gemeint ist »Cari« Dorotić. »Sie kann schlecht Deutsch und weiß sich in Deutschland brillant zu helfen. Denk mal, sie reist alleine mal nach Petersburg, mal nach Lissabon, nach Stockholm, nach Budapest und ihr ist noch nie ein Koffer weggekommen. Sie isst mit mir auf meinem Zimmer zu Mittag, hinterher lese ich ihr was vor. Es ist übrigens nichts, weswegen Du moralisch entrüstet sein müsstest.«[560] Wie sich diese Spanierin in eine Kroatin adliger Herkunft verwandelt hat, ist unklar. Am 28. Oktober 1913 meldete sich Schmitt wieder bei seinem »lieben Schwesterlein», bat sie, bald zurück nach Deutschland zu kommen, »womöglich Weihnachten, und weißt Du, wen Du in Plettenberg treffen wirst? Pabla v. Dorotić. Ich habe mich mit ihr verlobt. Seit Sonntag ist sie bei uns und wird wahrscheinlich längere Zeit, mehrere Monate, dort bleiben. Nach ihren Briefen zu schließen fühlt sie sich dort äußerst wohl und wird sie sogar mit der Mutter gut fertig. Ich bitte Dich um die Freundlichkeit, ihr einen Brief zu schreiben und ihr zu sagen, dass Du dich freust und sie bald zu sehen hoffst.«[561] Die Hochzeit war beschlossene Sache, zog sich jedoch hin, weil merkwürdige Dinge passierten, zum Beispiel verlor »Cari« ihren Pass und es erwies sich als schwierig und langwierig, Ersatzpapiere zu besorgen. Gelegentlich beschlich Schmitt zwar leises Misstrauen und er notierte es auch im Tagebuch, aber die Neigung, verliebt zu sein in die Liebe, war größer. »Liebe, gute, schöne gute ›Cari‹ […]. In heftiger Hingabe […]. Ganz Dein Carl.[562] […] Was ist meine Liebe anders als ein kindliches Anklammern an haltlose Dinge; ich will treu sein und ein Mädchen zur Treue zwingen.[563] […] Mittags nach dem Essen schliefen wir ein wenig. Ejakulation auf die herrliche ›Cari‹.[564] […] ›Cari‹ zog ihr rotseidenes Kostüm an; ich war begehrlich und stark liebedienlich. Nachts prachtvoll und lange unartig.[565] […] Das unvergleichliche Kind. Ich bin ganz hingerissen von ihrer verständigen, grenzenlosen Liebenswürdigkeit.[566] […] Ich habe meine ›Cari‹ unbeschreiblich lieb und wenn ich das schöne Kinderbild von ihr sehe, bin ich ganz außer mir.[567] […] Ich liebe ›Cari‹ bis zum Tode. So innig und gänzlich war ich noch nie von ihr ergriffen. […] O lieber Gott, hilf doch mir und meiner ›Cari‹. Im Bett Sorge, ich würde sterben; ein Gefühl unbeschreiblicher Nichtigkeit im Leib. Wenn ich inzwischen stürbe […].[568] Wäre ich erst mit meiner schönen ›Cari‹ in einer Wohnung. Ich habe den ganzen Tag die heftigsten Begierden und Sehnsüchte. Wie schöne Füßlein hat sie, wie elegant und geschmeidig ist sie, wie stolz sind ihre Augen.[569] […] Was würde ich tun, wenn ich wüsste, du hast mich nicht mehr lieb? Ich würde kriechen wie ein kleines Kind, ich würde ein Märchen spielen und dein Mitleid zu erwecken suchen. Ich will dir sagen, dass ich ohne dich nicht leben kann und wie schrecklich das Leben, dass es solche Ängste hat.[570] […] In Köln trank ich schön Tee bei meinem lieben Carilein. Sie ist hinreißend lieb und schön.

Wir freuen uns zusammen, ich schrieb dann Briefe […]. Wir aßen zu Abend, ›Cari‹ hatte Schnitzel und Gemüse gekocht; das liebe Kind […]. Vor wem soll ich denn eigentlich noch bange sein?[571] […] Als ich ›Cari‹ in ihrem schönen Mieder sah, wurde ich ganz hingerissen; so zierlich. Ihre Beinchen sind unbeschreiblich schlank und fein […]. Heute Abend sagte meine herzensschöne ›Cari‹, als wir zusammen ein Glas Wein tranken: Auf unser Glück. Welches Glück, dass eine so herrliche, schöne Frau sagt: unser Glück. Ich war eine Sekunde lang selig.«[572] Andere Männer: »Wandelnde Würste, stelzende Schoten, schwänzelnde Giftpilze.«[573] In dieser Liebschaft suchte Schmitt Halt und fand ihn oft auch, ließ den Halt manchmal zu als gemütliche Hauswärme, wenn er seiner Schwester Auguste kurz vor Weihnachten 1913 schilderte, wie er mit »Cari«

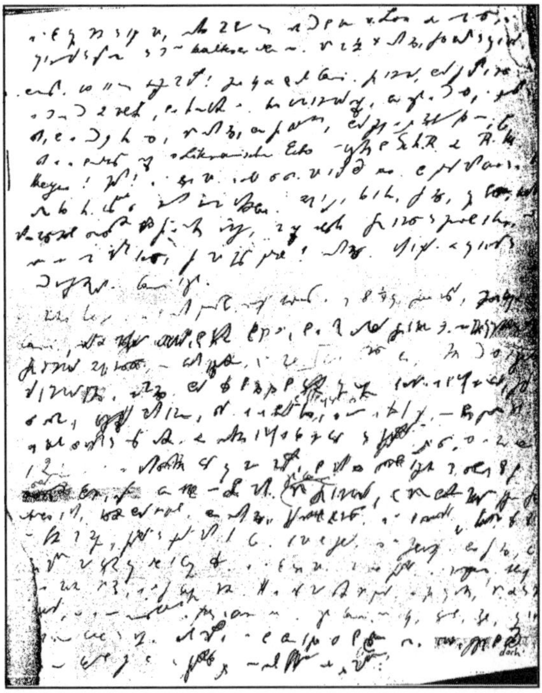

Abb. Tagebuchseite Carl Schmitts in Alt-Gabelsberger Stenographie.

spätabends im elterlichen Haus in Plettenberg sitzt: »Die Mutter und Anna sind schon zu Bett oder ziehen sich gerade aus. Sie rufen von nebenan, ich solle Dir Grüße schreiben, was ich hiermit tue. Meine liebe ›Cari‹ sitzt neben mir im Wohnzimmer und strickt eifrig Strümpfe für mich.«[574] Wenn er sich »Cari« gewiss war, konnte Schmitt den Leuten in seiner Umgebung seine ganze Verachtung zeigen. »So etwas wie ›Cari‹ wird ihnen niemals begegnen. Eine edle und schöne Frau wird sie nie lieben. [...] Sie haben den Lohn, den sie verdienen. Ich aber werde belohnt. Es geht gerecht zu in der Welt. Keiner entgeht seinem Schicksal. Man soll sich nichts einbilden: Schicksal, Gerechtigkeit, Charakter, innerstes Wesen: alles das ist nur ein und dasselbe. Es gibt keine summarische Gerechtigkeit. Entweder ist der Einzelne vor der Gerechtigkeit nichts,

Abb. Carl Schmitt, ca. 1917.

und dann kann man die Gerechtigkeit nicht deshalb summarisch nennen, weil sie den Einzelnen nicht berücksichtigt; oder der Einzelne gilt etwas, dann wird er auch von der Gerechtigkeit begünstigt. Oder es gibt überhaupt keine Gerechtigkeit. Also egal. Millionen Einzelne ändern nichts daran.«[575] Mit dieser Liebe im Rücken konnte Schmitt bei aller Neigung zur Niedergeschlagenheit seinen Konkurrenten ins Auge blicken und sich übermäßig groß empfinden: »Heute Abend war ich bei jungen Leuten, die den Nachwuchs bilden und meine eigentlichen Konkurrenten sind: Ein kleiner Ansatz zur Begeisterung, überwuchert von armseliger Vergnügungssucht und einer jämmerlichen Angst um bürgerliche Lebensnöte, ohne Geist, ohne Gedanken; alles konzentriert sich um das Examen, das bestandene oder zu bestehende, um die soziale Stellung und das tägliche Brot. Ich bin klüger und besser als sie. Aber in ihrer ungeheuerlichen Masse sind sie mir vielleicht ein unüberwindliches Hindernis. Ich muss sehen, fertig zu werden.«[576]

In seinen Tagebüchern leidet Schmitt sichtbar, empfindet sich ohne innere Verfassung und sichere Substanz, ihm sei die Nase noch nicht »aus dem Gesicht getreten«[577] und er besitze keine Kraft zum Gestalten: »Alles macht Eindruck auf mich, aber ich komme zu keinem Ausdruck. Ich nehme nur auf. [...] Es bleibt alles verschwommene Konturen, Andeutungen, alles halb. Ich bin nicht fertig; nur in Momenten, nichts Dauerndes, keine dauernde, lebendige Kraft.«[578] Dabei hat er große Träume, traut sich im eingestandenen schriftstellerischen Ehrgeiz eine Karriere als literarischer Autor zu und findet es »doch schade, dass ich so wenig bekannt bin. Ich sehe es so gerne, wenn sich Leute mit mir beschäftigen.«[579] »Warum regt mich der Gedanke an die modernen Literaten so furchtbar auf, warum richtet sich mein Ehrgeiz nach dieser Richtung, obwohl ich doch weiß, wie einfallslos und machtlos diese hässlichen, eitlen Affen sind?«[580], fragt er sich und klagt: »Warum kann Thomas Mann in einer schönen, ruhigen Wohnung leben und hat keine Wanzen, keine Geldsorgen, keine Vermieterin, alle diese Gemeinheiten nicht zu fürchten? Aber Mozart hatte alles das und noch Schlimmeres zu fürchten. Also sei nicht bange. Und denke an Jesus Christus.«[581] Wenn Schmitt an seinem Traum von einer literarischen Karriere anstelle der Karriere eines politischen Schriftstellers festgehalten hätte, wäre er zweifellos ein konventionell-konservativer Autor geworden, denn schon in diesen Tagebuchaufzeichnungen zeigt sich Schmitt als ein Autor, dessen Sprache sich nicht selbständig macht, sie ist, wenn auch gelegentlich expressionistisch erhitzt, nicht theatralisch, grenzenlos-verspielt, sondern präzise, ordentlich, durchaus fein gearbeitet, aber dieses fein gearbeitete Netz hat schon alles ausgesiebt, was an Dreck und Ungenauigkeit und Redundanz vorhanden war, das ist eine sehr bewusste Sprache in dem Sinne, dass Unterbewusstes nicht mit der Sprache hochkommt, sondern von ihr nur benannt wird — der Autor, hat man den Eindruck, möchte, wie jeder Schriftsteller, dass seine Sprache sich selber singt, sie sich zugleich aber auch selber denkt und er für jeden geschriebenen Satz ständig die Verantwortung übernehmen kann. Er träumt zwar von einer Reizüberflutung und dem damit verbundenen Abenteuer, das die Lust ausmacht beim Leben, aber zugleich fühlt er sich gezwungen, Ordnung in die Bilder zu bringen und im entscheidenden Moment alle Erwartungen an sich und die Welt, die er herbeiwünscht und buchstäblich »erwartet«, kontrollieren zu können. Jemand, der sich nach einem unmittelbaren Erlebnis der Welt sehnt, aber deutlich sichtbar Schwierigkeiten hat, dieses unmittelbare Erlebnis zuzulassen. Er beobachtet sich unaufhörlich beim Sehen und Denken. Er kann sich keinen Augenblick vergessen. Er ist jemand, der die Welt nicht ruhig und ein bisschen bewusstlos einfach bloß wahrnehmen kann, sondern seine Wahrnehmung der Welt auch verstehen will und deshalb dem natürlichen Drang, sich auszuruhen und nach Bequemlichkeit nicht nachgeben kann und folglich dauernd unter Spannungen steht. Die nach 1945 von Jean-Paul Sartre entwickelte existentialistische These, die freie Wahl seiner selbst, die der Mensch treffe, sei absolut identisch mit dem, was man sein Schicksal nenne, ist schon die frühe Philosophie Schmitts. Sich selbst schaffen, selbst die Fakten stellen, also das Dezisionistische steht immer im Vordergrund. Aber bei dem Versuch, sein eigenes Bild in der Welt zu etablieren und sich sein Stück aus der Welt herauszuschneiden, tauchen naturgemäß viele Hindernisse auf. So erscheint Schmitt in seinen Tagebüchern zwar als Mensch wie jedermann, mit wechselnden Zuständen von Sicherheit, Kompetenz und Identität einerseits und Schwächen, Depressionen, Verkrampfungen und Verzerrungen andererseits – in jedem Fall als jemand, der sich nicht für ein Durchschnittsleben gemacht fühlt, mit hohem Anspruch sich selbst gegenüber auch insofern, dass er sich nicht von außen leben lassen möchte –, aber sobald er sich an die Gestaltung seiner Wünsche und Erwartungen macht, funkt ihm ein tiefsitzender Zweifel ständig dazwischen: »Oft, wenn ich große Worte lese oder große und ehrliche Begeisterung sehe, rührt es mich. Denn das muss ja großartig sein, an etwas Großartiges zu glauben. Ich aber werde nie ein Psychologist wie die geistreichen Franzosen des 18. Jahrhunderts; kein Künstler, nur ein verlegener Beobachter. Und schimpfe und ärgere mich im Grunde über mich. Aber das genügt, um sich über die ganze Welt zu ärgern.«[582] Verlegen ist Schmitt nicht immer, wenn er sich selbst beobachtet. »Warum ergreift es mich bis in die Wurzeln meines Daseins, wenn ich sehe, wie Soldaten gehorchen, wie sie Platz machen. Wenn Menschen Ehrfurcht erweisen und eine Masse sich beugt? Bin ich zum Herrscher geboren? Warum ergreift es mich, wenn ich die Feuerwehr helfen sehe? Dann weine ich wie ein Kind. […] Vielleicht gelingt es mir, noch dahinter zu kommen. Ich muss fleißig sein.«[583] Was ihm fehlt: eine Gebrauchsanweisung, eine Liturgie für sein Leben. Er sitzt herum in Cafés und Kneipen und vermisst die Notwendigkeit der Ereignisse, ärgert sich über einen neuen Anzug, weil der zu weit ist, »kocht« vor Selbstvorwürfen, verkriecht sich ins Bett oder versucht sich mit einer Tafel Schokolade zu trösten, wenn die Depression ihn allzu sehr niederzieht. »Denke mal darüber nach: Was heißt es, sich einen Inhalt suchen; das Gefühl der Leere überwinden. Dadurch, dass man raucht, isst, trinkt, Einkäufe macht, mit Menschen spricht, herumläuft, sich amüsiert?«[584] Am andern Tag sitzt er wieder in einem Café und beobachtet die Leute, die vielleicht eine Verabredung in einer gegenüberliegenden Sparkasse haben oder Vorbereitungen treffen, zu verreisen, oder unterwegs sind, jemanden zu ermorden, manchmal kommen einige auch ins Café und setzen sich an einen Tisch, nach einer Weile setzt sich jemand zu ihnen und sie reden. Sie haben etwas zu tun, sind beschäftigt in diesem Augenblick. Nachher würden sie aufstehen und wieder zur Arbeit oder nach Hause gehen und weiter ihre Dinge tun, essen, trinken, reden über das Essen, Trinken, Reisen, das Wetter, sie würden Besucher empfangen und verabschieden, telefonieren, schlafen und am andern Morgen wieder aufstehen und wieder würde es etwas geben, was zu tun wäre — »wie wohltuend ist es, wenn man weiß, was man zu tun hat.«[585] Die Vorstellung gefällt Schmitt sehr, dass er morgens aufstehen würde und sagen könnte: in zwei Stunden hat er eine Verabredung in seiner Bank, anschließend trifft er sich mit einem Freund zum Mittagessen, nachmittags arbeitet er für einige Stunden und abends geht er zu einer Frau. Der Wunsch, sich der Welt hingeben zu können. Aber der Widerstand zwischen ihm und der Welt ist zu groß, und er sucht die Gründe für diesen Widerstand bei sich selbst. »Was ist unser Leben? Ein Lied, das abends ein Junge pfeift. Vielleicht fällt es ihm ein, plötzlich aufzuhören oder ein paar alberne Änderungen zu machen.«[586] So »hüpft« Schmitt von einem Gedanken zum anderen. »Der Mensch denkt, wie er scheißt.«[587] Kurz vorher hat er sich eingestanden, »Menschen unterwerfen, verblüffen und mich ihnen aufzwingen«[588] zu wollen. Manchmal meint er, ein überlegenes Wissen auf seiner Seite zu haben, dann ahnt er zugleich sein ganzes Nichtwissen und entwickelt aus diesem Nichtwissen eine Theorie: »Aller Erfolg in der Welt ist auf die Wetterlage zurückzuführen, und wenn Voltaire meinte, dass es genüge, um langweilig zu sein, alles auf einmal sagen zu wollen, so hat er Recht. Auch das gehört in diesen Zusammenhang. Alles muss entwickelt werden, Stück für Stück, allmählich. Es gibt nichts Wesentliches; lächerlich das Bedürfnis, immer alles nur provisorisch zu tun, damit es erledigt sei und der Tisch rein werde fürs eigentlich Wichtige. Wer jeden Abend sich freut, dass wieder ein Tag erledigt wird, wer bei allem das Gefühl hat, du versäumst darüber vielleicht das Wesentliche, ist ein armer, bedauernswerter Mensch. Er wird nie etwas leisten, weder etwas Wesentliches noch etwas Unwesentliches. Er jagt einem Truggebilde nach. Ebenso der, der erst ›mit sich im Reinen sein will‹, ehe er einem Beruf nachgeht, der meint, er brauche sich nur ›über sich selbst im Klaren‹ sein, dann würde er schon von selbst fröhlich und arbeitsam werden. Es ist nicht wahr. Nur frisch irgendwo anfangen, nur nicht an das Wesentliche denken. Wie ist die Sprache geschaffen worden? Drückt sie das Wesentliche an den Dingen aus? Keineswegs. Und so ist es mit aller schlechten Arbeit.«[589] Aus solchen Selbstbeobachtungen und Wahrnehmungen der Gesellschaft und der näheren Umgebung um sich herum, aus dem Erlebnis seiner juristischen Arbeit, seiner Geldsorgen, seiner philosophischen Wilderei auf Gebieten der Lebensführung und des Zeitvergehens bildet sich zum ersten Mal in Schmitt die Idee von der Notwendigkeit einer Diktatur. Es ist der 28. Oktober 1912, und er hält im Tagebuch als Rohmaterial Überlegungen fest, die vier Jahre später zu seiner Warnung vor der Ankunft des Antichristen führen, der die Welt in eine knirschende Maschine verwandelt. »Die Zeit ist reif für die Diktatur«, notiert Schmitt an diesem Tag. »Das Volk will sich amüsieren, will unterhalten sein, das heißt seine Zeit totschlagen. Die Zeit aber ist das Wichtigste, was der Mensch hat. Denn wir haben ja nichts als Zeit, um darin zu leben; die Zeit ist so wichtig wie das Leben, und wer die Zeit totschlagen möchte, hat sich selbst das Todesurteil gesprochen und verdient, selbst totgeschlagen zu werden. Unser Volk hat nichts mehr zu tun, die Frauen faulenzen, wir haben keinen Abscheu mehr vor der Faulheit, wir rennen einem faulenden, fressenden und verdauenden gleichberechtigten Menschen die Türen ein, wir machen aus der Gleichheit aller Menschen eine dreckige Vitalität und verlangen die Gleichheit der Nationen statt die Gleichheit der Rechte. Wir sehen im Rechtsstaat Mittel zum ungestörten Fressen und Huren und wenn einer durch fleißige Arbeit Geld verdient hat, so weiß er hinterher nicht, was er damit anfangen soll und gibt es in der dümmsten Weise aus. Der Kapitalismus als die Herrschaft des Mittels geht hilflos an sich selbst zugrunde, weil alle Zwecke fehlen. Um Geld zu verdienen, soll man arbeiten, damit man nicht für Geld zu arbeiten braucht. Man muss sich seine Zeit wie sein Geld verdienen, denn Zeit ist wahrhaft Geld. Geld ist christliche Zeit und die Ehrfurcht der Menschen vor dem Geld hat durchaus ihren Sinn. Die Zeit ist wie das Geld das absolute Mittel und wir wissen heute mit unserer Zeit so wenig wie mit unserem Geld anzufangen. Der Wert der Arbeit bestimmt sich ja nur nach ihrer Zeit. Geld um Geld zu verdienen ist sinnlos; die Mittel drehen sich im Kreise, sie können sich aber nicht ein Niveau höher erheben und deshalb bleibt es eine alberne Dreherei; das Ende ist ein ödes Geldverschwenden und Zeittotschlagen. Das war die völlige Drehung, dass die Menschen das Mittel anbeten; sie haben den Zweck vergessen.«[590]

Im Zustand solch verkümmerten gesellschaftlichen Lebens meint Schmitt Gründe auch für seine persönliche Desolation erkennen zu können und versucht für sich Konsequenzen zu ziehen. Da empfindet er es als »große Beruhigung, daran zu denken, dass ich schon vor Jahren in derselben Verzweiflung lebte wie heute, jammerte und weinte und keinen Ausweg sah, und dass ich doch heute noch lebe. Ich muss mir sagen, es wird auch wohl immer so bleiben im ganzen Leben bis zum Tode. Ich versenke mich gerne in die Erinnerung an die furchtbare Zeit der Zweifel und des Elends, um mir über meine jetzigen Zweifel hinwegzuhelfen. Lösen kann man sie doch nicht, zu helfen ist mir nicht, also suche ich zu vergessen.«[591] Das Konzept kann er nicht lange aufrechterhalten, schon überschwemmen ihn wieder seine sumpfigen Gedanken: »Ich sehe in der Welt nur Bosheit und Gemeinheit, vielleicht nur deshalb, weil in mir selbst sehr viel Böses und Gemeines ist. Ich ertappe mich auf sinnlosen Wünschen, wie ich meine Wut auslassen und befriedigen kann. Die schöne, liebe ›Cari‹, sie ist die einzige, an deren Edelmut ich glaube. Sie hält mich für einen edlen, furchtlosen

Menschen, und ich selbst komme mir vor wie ein wandelnder Morast, voll von Unken und Kröten, wie ein heiliges Phantom und ein öde klappernder Mechanismus. Ich lüge und stehle.«[592] Also neue Vorsätze: »Ich muss endlich was werden. Es ist nichts und wird nichts. Aber die Einsamkeit tut mir gut; ich sammle mich. Das Wetter wird wieder ernster, der Herbst kommt, es regnet, der Nebel ist meine Stimmung. Das kriecht in mich und ich werde still und überlegen.«[593] Er nimmt sich vor, »gesammelt und ernst zu sein und nicht mehr hin- und herzuhüpfen. Ich denke [...] an die jämmerliche Gewichtigkeit alles menschlichen Glücks, aller menschlichen Kraft und aller menschlichen Größe.«[594] Pläne: »Ich muss immer früh ins Bett gehen, dann schlafe ich am besten. [...] Ich stand um sechs Uhr auf, zog mich frisch und munter an, war nachdenklich und manchmal stolz und entschlossen. Ging durch die schöne Allee im Hofgarten spazieren und war um viertel sieben wieder zu Hause, um zu arbeiten. Ich werde gefasst und fühle, dass ich mich für wichtige Ereignisse sammeln muss. Einmal muss ich doch; einmal hört das weiche, abwartende Zurückhalten und die Unentschlossenheit auf.«[595] Dann wieder Zweifel: »Es ist zum Verrücktwerden. Mein Herz klopft. Wäre ich erst verheiratet. Aber ich werde ja doch nicht fertig in der Welt. Ich sitze hier und zittere buchstäblich an allen Gliedern. Wovor? Vor nichts. Meine Neurose ist schauerlich. [...] Ich halte es kaum noch aus. Ich werde verrückt. [...] Gott hilf mir. Herr des Himmels, stehe mir bei. Ich zittere. Wenn ich nur nicht sterbe, morgen früh tot bin. Nein, das soll nicht sein. O Gott [...] Himmel hilf.«[596] Er notiert sein Erschrecken, wenn er auf der Straße eine Frau sieht. Woher rührt dieses Erschrecken? »Bei mir kommt es nie zu einem Entschluss«, meint er zu wissen, »sondern immer nur zu einem Affekt. Das ist so zu erklären: Der Ansatz zu einem Willen wird sofort gehemmt. Gegen die Hemmung tritt sofort wieder eine Hemmung ein, und so reiben sich auf kleinstem Raum in heftigster Schnelligkeit die Hemmungen und Komplexe aneinander. Das lähmt mein Herz, meinen Atem, meine Gedanken. Ich werde wütend, und alles ist aus. Also sei vernünftig,

Carl, zähme alle Einflüsse, tue nichts halb und nach vorheriger ruhiger Überlegung; dann aber lasse dich nicht abbringen.«[597] Er suche den Zusammenhang, notiert er, und fügt hinzu: »Hoffentlich ist einer da.«[598] Die Angst, dass alles auseinander fällt und er kein ganzes Bild von der Welt und sich selber zustande bringt, begleitet ihn unaufhörlich. Das Elend hört nicht auf: »Todmüde, klappte fast zusammen. […] Herr des Himmels, hilf! Aber wie kann er helfen, wenn ich selbst nichts mehr hoffe. […] Fühlte mich schwach und elend, als Prolet, als Pauperist, den jeder fettgefressene Handelskerl verachtet; der sich nicht wehren kann und der eines Tages verhungert, während Millionen fettgefressene Gänse oder Schweine finden, dass die Welt doch großartig eingerichtet ist, während sie Musikunterricht nehmen, über Kunst schwätzen, über Gerechtigkeit im Schicksal des Einzelnen und der Vorsehung. O, ich armer Teufel. […] Die nicht oben sind, kommen eben unter die Räder. Das ist Gerechtigkeit. Wessen Vater durch eine glückliche Spekulation, zu der nicht eine Spur Intelligenz gehört, reich geworden ist, ist in der Tat ein besserer Mensch. Er kann studieren, Erfinder werden, hoher Beamter werden, er findet im Staat und in der Welt alles in bester Ordnung. Das ist das Schlimmste: Die Güte eines Menschen hängt wahrhaftig von seinen Mitteln ab.«[599] In seiner wilden Analyse fällt er plötzlich über seine Mutter her (der er angeblich alles, alles verdankt) und auch über seine Schwester Anna Margarete, wenn er daran denkt, dass seine geliebte »Cari« in Plettenberg ist, »in der Umgebung der abscheulichen, gemeinen, lasterhaften und bösen Mutter und der verzogenen kleinen Anna«[600]. Auch der Vater kriegt es ab: »Schwächlich, trottelig« sei er und spiele »eine schlechte Rolle«[601]. Dann überfällt ihn ebenso plötzlich morgens nach dem Aufstehen »beim Waschen heftige Wut über die Juden, die sich mit der Kunst abgeben, die Münzfälscher, die alles echte Wachstum verfälschen und die Begriffe der Menschen biegen, die Mittler und flinken Affen, die alles so geschickt nachahmen können, dass man oft monatelang daran glaubt, die Makler und Gewerbler, die beständig das Kunstgewerbe mit Kunst, die

Raumformidee mit der Naturkraftidee durcheinander mengen, sich der Kraft gegenüber auf den Geschmack und dem Geschmack gegenüber auf die Kraft berufen und dadurch eine unwiderlegliche Position bekommen und verwenden, noch als Hüter der guten Tradition erscheinen können, wenn es sein muss. Sie sind um den Nachweis ihrer Existenzberechtigung nicht verlegen, während jede unbefangene Kraft vor der Frage nach der Berechtigung befangen und verlegen wird.«[602] So schreit er herum. »Als ich noch ein armer, gläubiger Knabe war, der verschämt der Aufdringlichkeit eines Wagnerianers (wie der Herr, so's Geschärr) erlegen war«, erinnert er sich, »glaubte ich an Wagners Größe und Bedeutung und erschrak bei dem Gedanken, dass es überhaupt möglich gewesen ist, einen so großen Mann jahrzehntelang niederzuhalten. Heute, wo mir Wagner als ein unerhört überschätzter Wichtigmacher erscheint, erschrecke ich bei dem Gedanken, dass es möglich gewesen ist, dass dieser Mensch sich nicht durch die Größe und Bedeutung seiner Kunst, sondern nur durch seine Kraft und Rücksichtslosigkeit gegen so intelligente und hellsehende Beurteiler durchsetzen konnte.«[603] Im nächsten Bild sehen wir Carl Schmitt in seinem

Abb. Plettenberg, Stadtteil Eiringhausen, 1890.

Zimmer. »Geht herum, grunzt, schneidet Grimassen; dann arbeitet er wieder etwas. Dann sagt er zu sich: Schmitt, sei fleißig«[604], schreibt er über sich in der dritten Person. Was folgt für ihn daraus? Dass der Mann eine Mutter, eine Frau und eine Tochter braucht. »In meinem Kindlein [›Cari‹] habe ich alles drei zusammen. Es hat seine Vorteile, die drei verschiedenen Funktionen auf drei verschiedene Frauen zu verteilen. Das hat namentlich den Vorteil einer Differenzierung, Vermannigfaltigung. Außerdem ist in schwierigen Situationen ein Rekurs möglich. Für einen vielbeschäftigten, nicht vermögenden Mann, wie ich es bin, hat aber die Personalunion die großen Vorzüge, vorausgesetzt, dass ich mich auf das eine Fräulein absolut verlassen kann. Ich fühle die Einsamkeit des Gnostikers.«[605] Zugleich fühlt er aber ständig den Wahnsinn neben sich herlaufen, »wie ein Raubtier, das jeden Augenblick seine Furcht vergessen und auf mich losspringen kann. So gehen wir beide durchs Leben: Ich immer in Furcht, aber mit der Sorge um ›Cari‹, und immer in Furcht, dass ich mich einmal schwach erzeige.«[606] Wie gut, denkt Schmitt, dass niemand weiß, wie es in ihm aussieht. Er liest viel, Tolstojs »Kreutzersonate», Flauberts »Bouvard et Pécuchet«, immer wieder Kierkegaard, »Stadien auf des Lebens Weg«, auch Walter Rathenaus »Reflexionen«, die ihm zwar als »oberflächlicher, eitler Quatsch eines gescheiten Mannes« vorkommen, aber »der Hund weiß alles«[607]. Was weiß Carl Schmitt? »Ich gehe Sonntagnachmittags über die Straßen, denke über den Menschen nach, erkenne den Mechanismus, mit dem sie regiert und unterjocht werden, so dass sie artig Sonntagnachmittag spazieren und werktags zur Fabrik oder zum Kontor gehen und sich zu Millionen von einigen dreisten Gewaltmenschen mit Füßen treten lassen. Und so fühle ich mich als balzac'sche Figur. Aber irgendwie muss sich mein Bedürfnis zu einem großen Werk und einer großen Tat doch einmal äußern.«[608] Dann wieder fühlt er sich auch unsäglich überlegen über diese ganze Bürgerlichkeit, voller Stolz, Aufregung, heftiger innerer Sensationen — bis er sich wieder treiben lässt, ohne Halt und Chance, seine Zufälligkeit widerlegen zu können: »Herumgelaufen, nichts getan, zu Hause, auf der Straße, beobachtete mich selber; Sensationen bis zur Vernichtung. […] Zurück nach Hause. Dort hatte die Hausfrau die Bücher auf den Ofen gelegt. Ich geriet in Wut, schäumte; sie kam, beschimpfte mich gemein, sagte, ich verdiene nichts, ich sei ihr nicht gut, ein Dreckfink usw. Ich blieb sehr ruhig und musste lachen, aber nachher geriet ich wieder in Wut und zitterte; vor so etwas ist man also nicht sicher! Ich war in rachsüchtiger Wut auf meine Mutter, die mich als Kind geschlagen hat, so dass immer diese Situationen wiederkommen, wenn jemand eine Szene macht.«[609] Er verlässt die Wohnung, kommt wieder nach Hause, »es ist schauderhaft […] die Vermieterin hatte meine Bücher auf die Erde geworfen. Ich war wieder außer mir, meine Hand zitterte. Ich war ganz kopflos; jedenfalls gehe ich morgen hier heraus. […] Hätte ich erst meine Sachen hier fort. In großer Aufregung, ging hin und her, überlegt, ob ich eine einstweilige Verfügung erwirken soll […], wütend, müde, aufgeregt, ohne Würde und Ruhe. Lieber Gott, ist das nicht gefährlich, was so eine Person vollbringen kann […], und ich will ein bedeutender Mensch werden und zittere vor den Niederträchtigkeiten einer Vermieterin.«[610]

Wenn Carl Schmitt nicht mehr weiter weiß, schreibt er einen Brief. Einer der ungewöhnlichsten Briefe aus seinem langen Korrespondenzleben ist datiert auf den 12. April 1912, gerichtet ist er an »den Hund, der alles weiß«, an Walther Rathenau, den er nur aus der Lektüre von dessen Buch »Reflexionen« kennt, und mit der Bitte, keineswegs »in diesem Brief ein Symptom von Mangel an Ehrfurcht zu sehen«[611], unterrichtet der junge Carl Schmitt den »hochverehrten Herrn« Rathenau darüber, welch bedeutende Literatur mit dem dreibändigen, 1910 erschienenen Werk »Das Nordlicht« von Theodor Däubler vorliegt. Der Sinn von Däublers Werk habe sich ihm erst bei der Lektüre von Rathenaus »Reflexionen« ganz aufgetan, schmeichelt Schmitt und kommt dann »zur Sache«: »Däubler meint (im allergröbsten Grundriss) Folgendes: Alles Leben, alle Entwicklung, der Menschheit im Ganzen wie des Einzelnen, lässt sich auf kosmische Relationen zurückführen. Das Leben ist Sonne; und zwar real Sonnensubstanz. Das Bewusstsein ist Sonne. Der erkaltenden Erde, die den Sonnenkern in sich hat, droht die Gefahr der Vermondung. Buddhismus ist Vermondung; Buddha ein Mond der Erde. Aber die Erde kommt in ihrer ›Sehnsucht nach dem eigenen Norden‹ zu einem Eigenlicht, dem Nordlicht, wie die Menschheit und der Einzelne zum Geist. (›Der Norden ist in dir!‹) Das Nordlicht, das an den Polen gesiebte Sonnenlicht, ist Geist; Transzendenz würden Sie sagen. Durch die 50 000 Verse gehen diese Gedanken hindurch, in panischer Ekstase und mit visionärer Gewalt. Die Menschheit wird geboren, zieht zum Nordwesten, bis in einer rasenden Spannung das Nordlicht erscheint. Sobald man diese große, das ganze Werk tragende Spannung erfasst, wird man über alles hinweggetragen, was (aus unserer Ästhetenperspektive gesehen) banal, wüst, turbulent, geschmacklos und roh genannt werden könnte, was dann aber als beispiellose Originalität erscheint. Ich sehe hier die einzig mögliche Philosophie der Geschichte; eine ›Romantik der Rassen‹; eine Unmenge erstaunlicher philosophischer Erkenntnisse und Formulierungen; trotzdem ist das Werk unfertig und maßlos, es hat etwas Vorläuferhaftes. Um Ihnen zu zeigen, wie Däubler denkt und was er sich mit der Sprache leistet, zitiere ich eine Strophe aus dem ›Äthiopischen Totentanz‹, die eine Symbolik der Zwergvölker enthält:

›Was Menschen stündlich wüst verwuchern
Verkrüppelte und wurde starr.
Das Lumpige in Weltdurchsuchern,
Verschrumpfter Seelen Brunstkatarr,
Das Schamlose in Fleischverfluchern,
Was zynisch bleibt und urbizarr,
Der Zunftdruck in Geschichtsverbuchern
Eunuchenlust, Berufsgenarr,
Der Muth in dummen Weibsversuchern,
Verbeugte sich als Zwerg und Narr.‹«[612]

»Dies zur Warnung«, liest Walter Rathenau, denn, so unterrichtet ihn Carl Schmitt, »es stehen noch viel schlimmere Wortbildungen in dem Buch. Mir ist es unmöglich geworden, zu berechnen, wie so etwas auf einen Außenstehenden wirkt. Deshalb haben ›Proben‹ keinen Sinn. Man kann sich so in das Werk hineinlesen, dass jeder Vers den Kontakt mit dieser Welt von unheimlichen Visionen herstellt.«[613]

Was Walter Rathenau bei Lektüre dieses Briefes gedacht hat, wissen wir nicht, da seine Antwort bei einem der Schmitt-Umzüge verloren gegangen ist. Schmitts Brief muss Rathenau aber auf so originelle Weise erstaunlich und so intensive Weise bizarr vorgekommen sein, dass er ihn aufbewahrte; 1992 wurde er in Rathenaus Nachlass im »Zentralen Staatlichen Sonderarchiv« in Moskau entdeckt. Dort fand sich noch ein zweiter Brief Schmitts an Rathenau, datiert Düsseldorf, Steinstraße 53, 24. April 1912, mit Dank

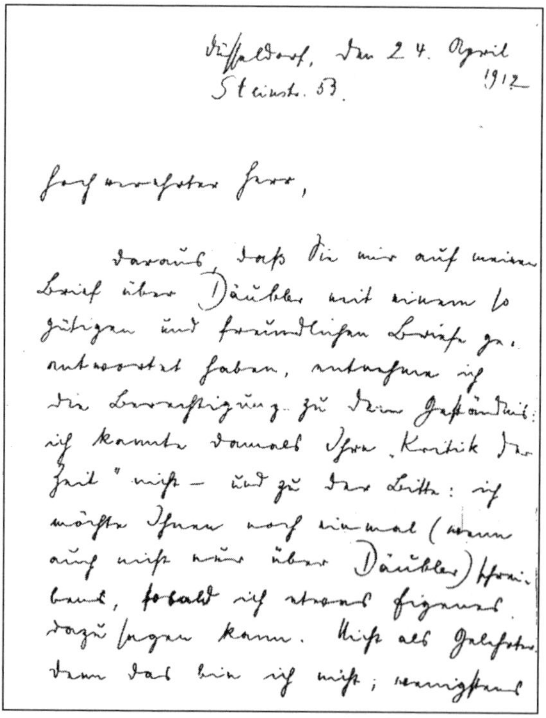

Düsseldorf, den 24. April 1912
Steinstr. 53.

Hochverehrter Herr,

darauf, daß Sie mir auf meinen Brief über Däubler mit einem so gütigen und freundlichen Briefe geantwortet haben, entnehme ich die Berechtigung zu dem Geständnis: ich kannte damals Ihre „Kritik der Zeit" nicht – und zu der Bitte: ich möchte Ihnen noch einmal (wenn auch nicht nur über Däubler) schreiben, sobald ich etwas Eigenes dazu sagen kann. Nicht als Gelehrter, denn das bin ich nicht; wenigstens

Abb. Brief Carl Schmitt an Walther Rathenau, vom 24. April 1912 (Erste Seite).

an Rathenau für seine »so gütige und freundliche«[614] Antwort. Und wieder kommt Schmitt umgehend »zur Sache«, und diese Sache ist am 24. April 1912 seine eigene Person. Dass er 23 Jahre alt ist, hat Schmitt Rathenau schon im ersten Brief mitgeteilt. Jetzt erfährt Rathenau von Schmitts Wunsch, »noch einmal (wenn auch nicht nur über Däubler) zu schreiben, sobald ich etwas Eigenes […] sagen kann. Nicht als Gelehrter, denn das bin ich nicht; wenigstens nicht charakterologisch. Dafür bin ich ein viel zu abgefeimter Müßiggänger. Dafür bin ich auch zu jung, zu substanziell in meinen Interessen, zu sehr projectissimus ad aliquam rem unter relativer Indifferenz des Objekts. Deshalb kann ich auch unmöglich etwas von mir selbst erzählen. Vor ein paar Monaten konnte ich's als unschuldiger, naiver Mensch. Inzwischen haben es mir die irritierenden Geistreicheleien menschenkennerischer Jüdinnen unmöglich gemacht. Denn Düsseldorf und was hier herumliegt, wimmelt von Rahels, Lilliputaner-Rahels und was Sie dazu in Ihren Reflexionen gesagt

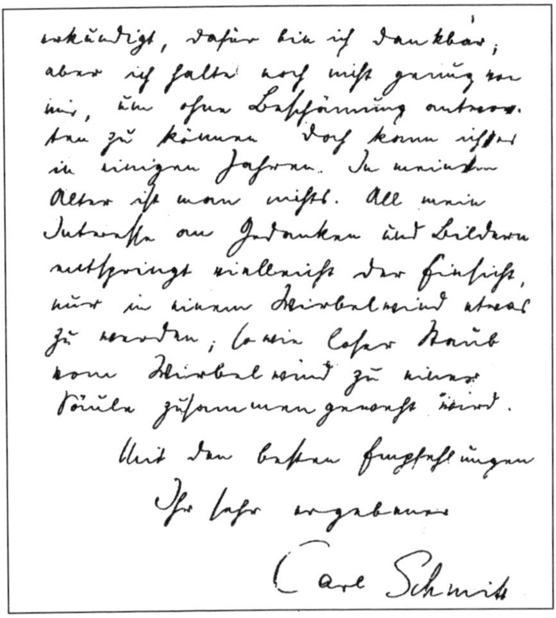
erkündigt, dafür bin ich dankbar;
aber ich halte noch nicht genug von
mir, um ohne Beschämung antwor-
ten zu können. Doch kann ich's
in einigen Jahren. In meinem
Alter ist man nichts. All mein
Interesse an Gedanken und Bildern
entspringt vielleicht der Einsicht,
nur in einem Wirbelwind etwas
zu werden; [illegible] Staub
vom Wirbelwind zu einer
Säule zusammengeweht wird.
Mit den besten Empfehlungen
Ihr sehr ergebener
Carl Schmitt

Abb. Brief Carl Schmitt an Walther Rathenau, vom 24. April 1912 (Zweite Seite).

haben, war mir große Beruhigung und ein Trost.«[615] Vielleicht sei er mit dieser Konfession zu weit gegangen, räumt Schmitt ein, und fährt fort: »Ich kann von Düsseldorf nichts erzählen, denn ich habe kaum etwas mit der Stadt zu tun. Ich mache wöchentlich mehrere Urteile in Zivilsachen. Das würde ein Gelehrter nicht können. Und um die Unsicherheit dieses Briefes endlich abzuschließen: Ich bitte Sie herzlichst, hochverehrter Herr, ich kann nichts von mir persönlich erzählen. Ich habe zu viel Ehrfurcht vor Ihnen, um witzig zu werden. Sie haben sich freundlich nach mir bei mir selbst erkundigt, dafür bin ich dankbar; aber ich halte noch nicht genug von mir, um ohne Beschämung antworten zu können. Doch kann ich es in einigen Jahren. In meinem Alter ist man nichts. All mein Interesse an Gedanken und Bildern entspringt vielleicht der Einsicht, nur in einem Wirbelwind etwas zu werden; so wie loser Staub vom Wirbelwind zu einer Säule zusammengeweht wird.«[616]

Die Worte sind deutlich genug, so dass sich Rathenau ein Bild machen konnte von dem unbekannten 23 Jahre alten Mann, der sich ihm in seinen Leidenschaften, Beschämungen und im inneren Chaos seiner Verwehungen, aber auch im Glanz seines noch nicht vollbrachten Werkes offenbarte. Dieses innere Chaos wird Schmitt den Leuten, die mit ihm in Düsseldorf täglich näher zu tun haben, nicht verraten haben; aber das innere Chaos zeigt sich auch in seinem äußeren Leben, und dieses äußere Chaos kann er vor der nächsten Umgebung nicht verbergen. Er habe in seinem langen Juristenleben keinen Menschen kennen gelernt, sagt Justizrat Hugo am Zehnhoff einmal zu Schmitt, der mehr Ordnung in seinen Gedanken und Begriffen habe wie er, aber auch keinen, der mehr Unordnung und Durcheinander in seinem Privatleben gehabt hätte. Statt Durcheinander und Unordnung kann man auch Ausnahmezustand sagen. Fragen, Zweifel, Ungewissheit wie in der zitierten Tagebuchnotiz vom 6. November 1914: »Was werde ich für ein Mensch? […] habe eine Braut in Köln, die aus einer alten adeligen kroatischen Familie stammt und heiße Schmitt und bin aus Plettenberg und weiß nicht, wovon ich morgen leben soll.«[617]

Der persönliche Ausnahmezustand, in dem Schmitt lebte, drückte sich in einer ungeheuren Ambivalenz aus: Die Person, die uns aus den Tagebüchern entgegentritt, ist einerseits bedroht von einer Neigung zur lavierenden Anpassung, die bis zu Selbstmordgedanken gehen kann, vor denen er sich zwar mit »willensgymnastischen Übungen«[618] zu schützen versucht, aber immer wieder versinkt er – auch durch zu viel Alkohol (»Ekelhaft, die Sauferei«[619]) – in sumpfigen Träumen; andererseits enthüllt sich die Person in kühnsten Machtträumen und Allmachtsfantasien, genährt aus einem großen Unterscheidungsbedürfnis, das intellektuelle Entscheidungen hervorbringt, an denen Schmitt lebenslang festgehalten hat, zum Beispiel an seiner Aversion gegen den Darwinismus – möglicherweise auch eine gebliebene Aversion gegen den »versoffenen« Attendorner Lehrer. Diese Aversion gehört zu den vielen Privatmythologien, die Schmitt aus seiner persönlichen Situation heraus entwickelt. Er könne seine miserable Situation durch vernünftige, intelligente Selbsterziehung überwinden (»will mich im Atmen trainieren«[620]), hofft er im Tagebuch, denn obwohl er wisse, dass er an seinem äußeren Geschick nicht viel gestalten könne, glaube er »an einen Mechanismus, durch den es sich fügt, dass mein ruhiges und aufwärts drängendes Arbeiten mit dem gewünschten Erfolg in Zusammenhang bringt«[621]. »Dabei fällt mir ein«, fährt er fort: »Wie ekelhaft ist es, ein darwinistisches Interesse zu begründen. Da schwätzen in England und tausend Weitere hier ums Überleben des Besseren und verdanken die Möglichkeit, so alberne Gespräche zu führen, nur der Tatsache, dass sie von einem Liebhaber ihrer Mutter eine Rente geerbt oder dass sie bei einem alten Onkel Erbschleicherei getrieben haben.«[622] Auch seine lebenslange Aversion gegen Sigmund Freud und die Psychoanalyse (an der auch die meisten Schmitt-Schüler, Links- und Rechts- wie Zentrumsschmittianer festgehalten haben) gehört zu diesen Privatmythologien — dass das Ich kein Denkobjekt ist, wie er seit seiner Stirner-Lektüre wusste, blieb für Schmitt immer sichere Überzeugung. Im Tagebuch erledigt er das Kapitel Psychoanalyse kurz und bündig unter dem 5. November 1912: »Die Einheit des leeren blauen Himmels ist die Einheit des weiblichen Bewusstseins, die Einheit des Obelisken ist die Einheit des männlichen Bewusstseins. Schon daraus ergibt sich, dass Freud ein Schwein ist.«[623] Das ist eine intellektuell vage und ziemlich haltlose Position, interessant nur als Reaktionsbildung und größenwahnsinniger Versuch, sich zum Sprachrohr des Weltgeistes zu machen und einen Plan nicht nur vom eigenen Leben zu konstruieren, sondern auch vom Lauf des ganzen Weltgeschehens nachzuzeichnen und vorher zu prognostizieren und sich auf diese Weise selber als Person in die Zukunft hinein in geradezu idealer Weise zu objektivieren. Dazu musste aber erst einmal der enge Kreis der Selbstbefangenheit geöffnet werden, und dazu diente das Tagebuch, in dem Schmitt in vielen Notizen – oft an »Cari« direkt adressiert – das Gefühl seiner Nichtigkeit und Zufälligkeit preisgeben musste und gleichzeitig zu übersteigen versuchte, indem er auf große Lebens- und Welterkenntnis aus war.

Das Nichts der Angst

24. Oktober 1912: »Was du morgen tust, hat vielleicht vor 500 Jahren einer aufgeschrieben, mit allen Kleinigkeiten. Es gibt keinen Zufall und gibt kein Entrinnen vor der Schuld. Es bleibt nichts als ein guter Mensch zu sein. Wir sind hilflos verloren in einer brutalen Maschinerie, wenn wir uns nicht selbst mit einem ernsten Entschluss zur Selbstachtung bestimmen. Es handelt sich immer um einen Kampf des Selbst mit der Außenwelt; um die Frage, ob man selbst sein Schicksal bestimmt oder sich ihm hingibt. Schau, ›Cari‹, deshalb ist Kant größer als Napoléon, und Nostradamus konnte Napoléons Schicksal vorher prophezeien, nicht aber von Kant etwas wissen.«[624] 3. November 1912: »Wie jeder seine Eingeweide hält, so ist sein Leben. Ob er sie beherrscht oder auf ihnen ruht. [...] Aufmerksamkeit ist Einheitwerden, Zusammenfassung, Straffwerden; Konzentration, also Auswahl, Bewertung.«[625] 6. November 1912: »›Cari‹: wenn ich Dir nicht in dieser Sekunde schreiben könnte mit der sicheren Gewissheit, bei Dir Trost und Liebe und Verständnis zu finden, so wäre ich nach einer Stunde ein Verbrecher oder am Herzkrampf gestorben. Mir ist, als flöge ich auseinander, als zerstöbe mein Gehirn und mein Herz in Staub und Fetzen, als wären in mir Millionen irrsinniger Frösche losgelassen und versuchten, mich verrückt zu machen. Ich habe eine Stunde ruhig gesessen, ich wagte nicht aufzustehen aus Furcht, mich nicht mehr beherrschen zu können und den Verstand zu verlieren. Was in mir alles gebändigt ist, habe ich noch nie so fürchterlich gespürt, und

welche Rettung ein unerbittlich klares Bewusstsein ist, empfinde ich jetzt, wo ich wieder dabei bin, dass ich Dir schreiben kann. Denn meine Einsamkeit, die verschlossene irrwitzige Abkapselei, der sachte Verkehr mit Menschen, denen ich mich nicht als fühlender Mensch, sondern nur als Figur geben dürfte, hatten mich die letzten Tage zu einem Johann und gereizten Menschen gemacht. So beherrscht ich sonst bin: Es ist, als ob alles meutert und rebelliert, als ob in mir alle Disziplinen schwinden und ein trauriges, aufgelöstes Heer auf der Flucht herumjagte. Ich habe herumgestöhnt, Deine Briefe gelesen, Dein Bild besehen und mich äußerlich wenigstens in Ruhe gehalten. Jetzt bin ich auch innerlich ruhig. Es wird wieder still und ich fühle mich belohnt für meine Treue und werde nie von Dir weichen. […] Ich habe oft Anwandlungen, wenn ich mich stolz und gerecht fühle, dass niemand mir meinen Geist und meine Überlegenheit nehmen kann, dass ich deshalb meine Sache auf nichts stellen will. Aber ich sehe, dass das ein Verschulden gegen Dich und Deine Herrschaft in mir ist, denn ich habe meine Sache auf Dich gestellt. Ich darf nichts tun, ja nichts fühlen ohne Dich, und unter Treue verstehe ich mehr und Strengeres als ein sentimentaler Bürger oder schwatzhafter Pinsel. So komme, liebe ›Cari‹, meine Cari, und ziehe ein in Dein Reich. Du mein, ich Dein — Carl.«[626] 14. November 1912: »Ich bin charakterologisch ein Anwalt. Ich setze mich nur für fremde Sachen ein. Nur die kann ich ohne Gewissensbisse bearbeiten und durchführen. Anwälte sind wohl alles schuldbewusste Leute. Alle meine Theorie von der Hingabe an eine Idee beruht auf dieser charakterologischen Eigenschaft der Hingabe an eine Sache, eine Idee, deren Anwalt man ist unter Aufgabe der eigenen Persönlichkeit.«[627] 13. Juni 1914: »Nichts ist mehr da; ich bin verloren und halb tot. Ich taumle und schwanke wie ein Verwundeter; mein Gehirn ist müde, matt, welk, dürr. Kein Glaube, keine Verzweiflung, keine Wut, keine Empörung, nur ein klägliches Nichts. Ich kann an alles glauben und glaube an nichts. Kann es niemandem sagen, wie furchtbar das ist, und dabei habe ich ein liebes, vertrauendes Kind [›Cari‹] an mich gelockt und

stürze sie mit mir in die Vernichtung. Ich bin ein Mörder. Ich bin vernichtet, zu Nichts geworden und habe eine Kinderseele gemordet. Wohin soll ich fliehen; zur katholischen Kirche. Aber ich kann doch nicht. Ebenso gut zum großen Dalai Lama von Tibet oder zu einem Mexikaner-Gott. Nichts mehr, gar nichts. Nicht einmal mehr über meine Nichtigkeit nachdenken. Ende, Irrsinn. Fertig. Aus. Schluss. Mach dich ab. Was bleibst du noch hier, du Lump, du Bankrotteur, du Schwindler. Jedes Gespräch, das du führen musst, ist ja Betrug; denn du tust dabei, als würdest du etwas retten, und weißt nichts, glaubst weder an dich noch an den, mit dem du sprichst. Also wozu die Gemeinheit. In meiner furchtbaren Pein und Seelenangst kann ich mit niemand sprechen. Keiner glaubt mir ja; ich sehe ja so nett und freundlich aus, ich bin ja zu liebenswürdig, einem zuzumuten, dass er mich anhört. Ich weiß ja, die Leute verlangen von einem, dass man ein frischer, gesunder, hoffnungsvoller Mann ist, dessen jugendliche Begeisterungsfähigkeit ihnen gefällt, und ich bin gehorsam und festoniere mich als frischen, gesunden, begeisterungsfähigen jungen Mann. Und bin doch nur ein armer, hilfloser, verzweifelter Nichtsnutz. Und nachts schreie ich zu den stillen, unbekannten Göttern um Hilfe und Rat, bete zur Mutter Gottes und allen Heiligen, aber ich könnte ebenso zu einer Holzkiste beten. Warum sitzt man so alleine in der Welt und bettelt mit den Blicken nach allen Seiten um Hilfe und bleibt allein. Wenn noch etwas in mir ist, diese Angst, die mich inzwischen herumtreibt, die lähmende, vernichtende Angst, verzehrt den letzten Rest und lässt nichts mehr von mir übrig. Ich bin fertig.«[628]
26. Juni 1914: »Ich komme […] nach Hause, schon in innigster Heftigkeit, einen Brief zu Hause vorzufinden, der mir irgendeinen Ausblick zeigte; ich möchte Ruhm und Geld erwerben, möchte aus meiner elenden Abhängigkeit heraus, möchte die drückende Geldsorge loswerden und die Wut darüber, dass ich und meine schöne, herrliche ›Cari‹ uns in der Angst um den kommenden Tag verzehren müssen, während Tausende alberne, schwatzhafte oder freche Schweine und Schufte sich dreimal täglich satt fressen können. Ich

mache also die Tür auf, aber auf dem Tisch liegt nichts, kein Brief; ich könnte alle verachten und fröhlich zusammen erschlagen. Ich müsste mir das Leben nehmen.«[629] 4. Oktober 1914: »Warum bin ich immer so vorsichtig und zaudernd, wenn ich mit Menschen umgehe? Ich habe selber das Gefühl, das tue ich nur, weil ich Angst vor meiner eigenen Rücksichtslosigkeit habe; weil ich nur eines kenne, die Menschen bis zu ihrer Vernichtung zu beherrschen oder mich begeistert ihnen zu unterwerfen, und wenn ich das letzte nicht kann, da fürchte ich immer, die Menschen merken das erste und bin deshalb so ängstlich und vorsichtig.«[630] 7. Oktober 1914: »Als ich nach Hause zurückkam, brachte mir das Mädchen einen Brief. ›Hier ist noch eben ein Brief angekommen.‹ Ich nahm ihn eilig, sah, dass er von (Fritz Eislers Bruder) Georg war und bin froh, von ihm etwas zu hören. Und lese: ›Fritz Eisler ist gefallen.‹ Es ist unerhört. Ich weine, ich schreie, ich sehe und höre nichts mehr. Es ist nicht zu fassen. Ach was, o Gott... Ist es denn möglich, dass Eisler tot ist? Ein Sprengstück einer Granate hat ihn am Kopf getroffen, tödlich verwundet. [...] Der liebe Eisler... Ich bin der einzige Überlebende. Es ist zum Verrücktwerden. Ich kann doch nicht länger leben. Wie albern das Leben. Ein paar Stunden. Vorbei. Hunderttausend sterben. Was bedeutet das alles? Werde ich verrückt? Wird mir eine Offenbarung? Ist es eine schauerliche Warnung... Inzwischen scheint alle Kontinuität aufgegeben; aber in einigen Tagen ist sie wieder da; und das beweist, dass es mit aller Kontinuität Schwindel ist. Das Leben behält Recht, hat aber sicher nicht Recht; es hat immer das letzte Wort. Der Tod hat nicht das letzte Wort, aber er tut das letzte. Das Leben ist nur das unauslöschliche Geschwätz, die unaufhörliche Wortemacherei. Der Tod schweigt. Eisler hat so dagesessen wie ich inzwischen, sich Notizen in sein Tagebuch gemacht; sich die Nägel geschnitten, die Haare gekämmt, rasiert; und nun ist er tot. Und einst bin auch ich tot. Inzwischen aber führe ich Tagebuch, schneide mir die Nägel, kämme mir die Haare, wasche meinen Leib jeden Morgen, und bin doch dem Tode geweiht; nichts bleibt. Wieder fühle ich den Tod im Leib... Warum lebe ich noch? Ein paar Stunden noch. Schauerlich. Der Tod kriecht über mich hin.«[631] 8. Oktober 1914: »Schrieb ›Cari‹ in tiefster Not, brachte den Brief zur Bahn, aß zu Hause, las Kierkegaard und schlug plötzlich die Stelle über das Schicksal und das Genie auf. Gott sei gepriesen. Ich bin gerettet. Ich war selig, ich wollte gleich Däubler schreiben, aber ich zerriss den Brief wieder. Ich darf es niemand sagen.«[632]

Was hatte Schmitt bei Kierkegaard gelesen? »Schicksal ist ein Verhältnis zu Geist, das äußerlich ist, es ist ein Verhältnis zwischen Geist und einem Andern, welches nicht Geist ist und zu dem dieser dennoch in einem ›geistigen‹ Verhältnis stehen soll«, heißt es bei Kierkegaard. »Schicksal kann das gerade Entgegengesetzte bedeuten, da es eine Einheit von Notwendigkeit und Zufälligkeit ist. [...] Dies ist sinngemäß damit ausgedrückt, dass das Schicksal blind ist; denn der, welcher blind vorwärts geht, geht ebenso sehr notwendig wie zufällig. Eine Notwendigkeit, die sich ihrer selbst nicht bewusst ist, ist im Verhältnis zum nächsten Augenblick eben damit Zufälligkeit. Das Schicksal ist also das Nichts der Angst. Es ist Nichts, denn sobald der Geist gesetzt ist, ist die Angst behoben, aber das Schicksal ebenfalls, da die Vorsehung eben damit gesetzt ist. [...] Das Genie ist ein allgewaltiges An-Sich, welches als solches die ganze Welt erschüttern würde. Um der Ordnung willen ersteht deshalb gleichzeitig mit ihm eine andre Gestalt, das Schicksal. Das Schicksal ist Nichts; es ist das Genie selbst, das es entdeckt, und je tiefer das Genie, desto tiefer entdeckt es das Schicksal; denn jene Gestalt ist bloß die Vorwegnahme der Vorsehung ...«[633]

Das Genie war er selbst, Carl Schmitt, der nach der Kierkegaard-Lektüre keine Angst mehr hatte, verrückt zu werden, und nicht nur sein eigenes Schicksal entdecken und gestalten, sondern gleich auch das seines Volkes mit in die Hand nehmen wollte, weil er sich dazu »vorgesehen« fühlte. Nun brauchte er für diese Vorwegnahme der Vorsehung und die Gestaltung des Schicksals, für die Arbeit am Mythos nur noch eine Theorie, und die hat er dann »Politische Theologie« genannt. Ja, er fühlte sich »gerettet«. Knapp vierzehn Tage nach der Kierkegaard-Lektüre bestätigte er sich: »Ich fühle wieder Kraft und Stolz. [...] Ich sehe, dass ich schöne Sachen schreiben kann und überlegen bin. Und ich sollte noch nach einem Menschen fragen, der mich durch Gift und Alkohol klein kriegen will, damit er den Beweis hat, dass alles mit meiner Sprach- und Geistesgewandtheit nur ›Bluff‹ war?«[634]

Abb. Carl Schmitt mit dem baskischen Partisanen und Schriftsteller Federico Krutwig Sagredo (1921–1998).

Partisan des Weltgeistes?

Wie der junge Carl Schmitt mit seiner »rasenden Gier nach einer kolossalen Wirkung«[635], die er sich am 10. Januar 1915 eingestand, auf eine Lebensbahn zu kommen und sich eine innere Verfassung zu geben versuchte, ist in diesen Tagebüchern nachzulesen. Der junge Schmitt wähnte sich, mit Blick in die äußere wie in seine eigene innere Welt, in der Hölle Emanuel Swedenborgs und strich sich in seiner Ausgabe des 1758 erschienenen Buches »De Coelo et eius mirabilibus, et de inferno« die Passage an, in der Swedenborg vermutete, den Höllenbewohnern werde sich »nach ihrem leiblichen Leben [...] Hass und Grausamkeit der Menschen so« verwandeln, »dass alle Ausgeburten ihrer Fantasie Wirklichkeit werden«. »Es ist entsetzlich, verrückt; Wahnsinn«[636], kommentierte Schmitt diese Vorstellung am 22. Juni 1914 im Tagebuch. Knapp drei, vier Jahre später ging er in seiner »Politischen Romantik« rigoros gegen diesen »Wahnsinn« vor und höhnte über die Romantiker, ihre Handhabung des Universums erinnere »einen manchmal an die Verdammten in der Swedenborgischen Hölle [...]: sie sitzen in einer Tonne, sehen über sich wunderbare Figuren, die sie für die Welt halten, und glauben, sie hätten die Welt zu regieren.«[637] Zwar hielt auch Schmitt an seinem Wunsch fest, die Welt zu regieren, aber er hatte sich nun gegen die Romantik und damit auch gegen sein bisheriges Leben entschieden und eine neue Strategie zur Eroberung der Welt ausgedacht, indem er das Universum der Romantiker nur als kleine Kunstfigur beschrieb, um die kleine Kunstfigur, als die er sich selber erkannt und in dieser Rolle auch gelitten hatte, hinter sich zu lassen. Mit der »Politischen Romantik« trat Schmitt aus der Welt des dunkel raunenden Halbwissens, die er selber als »ekelhafte Abhängigkeit von der Meinung anderer, das ad alterum«[638] erlebt hatte, heraus und stellte sich der Welt nun vor als jemand, der nicht mehr mit dem romantischen Willen zum Schein, sondern mit dem Willen zur Realität und durch konsequente Entscheidungen nach der ganzen Welt greifen wollte. Das war das neue Programm: Weg mit dem Feuer der inneren Erregtheit, weg mit den Relikten der Beschämung und den sumpfigen Träumen, diesen Urschlamm-Fantasien, von denen – um einen nahe liegenden Vergleich zu zitieren – auch Gottfried Benn gesprochen hat, wenn er predigte, er wolle sein Gehirn verlieren, die Stirn solle dahinschmelzen und er wolle ein Klümpchen Schleim im warmen Moor sein. Nachdem auch Schmitt diese Regressionsphase überwunden hatte, nahm er eine neue Lebenskurve und hielt nun – wieder wie Benn – den Geist, die Statur, die Form hoch, der Ansicht, nur geistige Inhalte, die das Leben überbauen, seien der Sinn des Lebens, und das war wiederum das Bekenntnis zur Vaterwelt und zum totalen Staat, bis er eine neue Kehre gemacht und in »Land und Meer« ein Bekenntnis zur Mutterwelt abgelegt hat — das war Schmitts Lebensbewegung. Gleichwohl ist es ihm nie gelungen, die frühe Ambivalenz in seiner Person vollends zu überwinden, und darunter hat er auch gelitten. Diese Ambivalenz drückte sich für ihn deshalb oft so niederziehend aus, weil er sich gezwungen fühlte, in seinem Kopf dialektisch immer gleich alle Gegenpositionen zu seinen Feststellungen und Befunden mitzudenken und die schlimmsten Möglichkeiten in seine Überlegungen einzubeziehen. Schmitt suchte zwar immer eine Bewusstseinschance gegen seine Situation, aber hatte er ein positives Bild für seine Lage gefunden, entfaltete sich dank seiner Assoziationsfähigkeit auch schon wieder ein negatives Bild dieser Lage und sehr oft hat man den Eindruck, dass dieses negative Bild direkt aus dem positiven Bild hervorquillt und aus derselben Quelle genährt wird, wobei das eine Bild zwar etwas ganz anderes darstellen mag als das andere, aber auf geheimnisvolle Weise gehören die Bilder dicht zusammen, und dieses Zusammengehörige, das Schmitt mit der Magie seiner Schreibkunst geradezu beschwören kann, hat nicht nur etwas Spannungsvolles, sondern auch etwas Erschreckendes — vielleicht von daher hat die Lektüre Carl Schmitts so viele immer fasziniert und zugleich erschreckt und Ernst Bloch von Schmitts »blutiger Schlauheit« sprechen lassen. Ein Dezisionist, der dem Weltgeist auf der Spur war und mit seinem Wissen und in seinem Namen zu sprechen glaubte, andererseits, weil er sich selber immer wieder untreu wurde und trotz seines Willens zur Entscheidung in Unentschiedenheit verharrte, nicht nur das Doppelantlitz aller Antworten und Orakel des Hegelschen Weltgeistes ausdrückte, sondern sich auch als Partisan des Weltgeistes gebärdete, dessen »allerletzte« Theorie, nach einer süffisanten Bemerkung Nicolaus Sombarts, nicht von ungefähr eine Theorie des Partisanen war? Der innere und äußere Zwang zur Dezision und auf der anderen Seite das Verharren in Unentschiedenheit und der Rückzug in die Position im Dunkeln, die nicht erkennen lässt, warum jemand in einer bestimmten Situation etwas forciert Bestimmtes sagt, schreibt und verlangt, tritt jedenfalls als besonderer Aspekt der Schmittschen Person stets hervor. Einen langen Augenblick schaue ich den kleinen alten Herrn auf dem Gipfel des Schwarzenbergs an und kann ihn mir auf den großen Schlachtfeldern der Welt in einer Kampfrüstung gar nicht vorstellen. Er steht gerade, etwas entfernt, vor einem dicht verzweigten Gebüsch und ruft mir zu: »Schauen Sie mal, erkennen Sie in diesem Gebüsch nicht auch die Sklaven Michelangelos?« Typische Schmitt-Frage, denke ich. »Ich kann Sie mir«, rufe ich ihm zu, »als Partisanen wirklich nicht vorstellen.« Er schmunzelt und ruft: »Aber ich kann mir vorstellen, dass hier im Sauerland, wenn die entsprechenden taktisch-nuklearen Möglichkeiten gegeben sind, sich ein echter Partisan in der Berufskleidung eines Kinderarztes auf den nächsten Berg begibt und von dort aus die Talsperren des Sauerlands und der übrigen Gegend zerstört — mit dem Effekt, dass sich das ganze Ruhrgebiet in einen Sumpf verwandelt.«[639] Er ist auf mich zugekommen und sagt: »Aber im Ernst; mein Wesen mag undurchsichtig sein, jedenfalls ist es defensiv. Ich bin ein kontemplativer Mensch und neige wohl zu scharfen Formulierungen, aber nicht zur Offensive, auch nicht zur Gegenoffensive. Mein Wesen ist defensiv, langsam, geräuschlos und nachgiebig, wie ein stiller Fluss, wie die Mosel, tacito rumore Mosellae.«[640] Wieder typisch hoher Schmitt-Ton, da fährt er fort: »Ich habe eine merkwürdige Art von Passivität. Dass ich für meine Person in den Ruf gekommen bin, Dezisionist zu sein, ist mir eigentlich unverständlich. Ich glaube, man muss eine so große Entfernung von jeder Freude an der Entscheidung als solcher haben, wie ich sie habe, um eine Theorie des Dezisionismus zu entwickeln. Der typische Dezisionist, der mit Begeisterung sich entscheidet, wird nie eine Philosophie oder Theologie oder Theorie des Dezisionismus entwickeln. Ich kann mich für mich an keine derartige Entscheidung erinnern.«[641]

Natürlich hatte Carl Schmitt sich entschieden, mehrmals. Er hatte sich entschieden, so noch einmal Nicolaus Sombart, »auf die Utopie eines Paradieses auf Erden zu verzichten, um sich der wissenschaftlichen Konstruktion des vollkommenen Staates zu widmen, der natürlich der ›totale Staat‹ sein musste«[642]. Warum hat Carl Schmitt sich 1933 zugunsten der Nationalsozialisten entschieden, deren Machtantritt er vorher mit allen juristischen und politischen Mitteln zu vereiteln versuchte? Vor allem darum geht es in der Gerichtsverhandlung in der Ruinenlandschaft auf dem Schwarzenberg, um diese Frage ging es immer.

Der Führer persönlich

Carl Schmitt war der bedeutendste Jurist der Weimarer Republik, so viel ist sicher, führt Hans Berger aus; doch dann beginnt schon der Streit: war er nicht auch, entgegnet Oberstaatsanwalt Siegfried Bewerunge, der »Totengräber der Weimarer Republik«, dieser offene Antidemokrat und dem liberalen Rechtsstaat feindlich gegenüberstehende Verfassungslehrer? Er wollte zwar die Verfassung hüten, so viel ist auch sicher, und er war einer der einflussreichsten Berater von Reichspräsident Hindenburg und ermutigte ihn, auf die Verfassung zu setzen und sie zu schützen vor den Kommunisten und den Nationalsozialisten, die er als Verfassungsfeinde erkannt hatte, und deshalb ermahnte er sogar Hindenburg, als »Hüter der Verfassung« alle seine ihm nach der Verfassung zustehenden Vollmachten einzusetzen und notfalls eine »Diktatur des Reichspräsidenten« zu praktizieren. »Ach, Hindenburg«, seufzt der alte Herr. »Er hatte einige Traumata, und vor allen Dingen litt er an einem dreifachen, alles bestimmenden Eidestrauma. Seine Kameraden, vor allem Ludendorff, haben ihm öffentlich vorgeworfen, er habe den Eid gebrochen, den er seinem König und Kaiser geschworen hatte, indem er 1918–19 mit der republikanischen Regierung zusammenarbeitete. Das war das erste Eidestrauma. Nun geriet er 1925 in die Situation, nochmals einen Eid zu schwören — den Eid auf die Weimarer Verfassung. Damals, am 12. Mai 1925, schwor er vor dem versammelten Reichstag seinen Eid auf die Verfassung. Diesen zweiten Eid wollte er auf keinen Fall brechen. Das Einzige, was ihn noch interessierte, war, nichts zu tun, was gegen die Verfassung verstoßen könnte. Weitere juristische Streitfragen wurden lächerlich angesichts der schon fast unzeitlichen Einfachheit, aber auch Geradheit eines solchen Mannes. Nun kam ein drittes Trauma hinzu durch den Prozess Preußen gegen das Reich vor dem Staatsgerichtshof in Leipzig und dessen Urteil vom Oktober 1932. Hier bin ich nun wirklich aus nächster Nähe informiert. [...] Ein Mann wie Hindenburg kannte die Welt gerichtlicher Prozesse überhaupt nicht. Er hatte nie in seinem Leben einen Prozess geführt. Er wusste gar nicht, was das ist; es interessierte ihn auch nicht. Als wir Mitte Oktober nach Leipzig abfuhren, ließ er uns durch den Reichspressechef Marcks sagen: ›Blamieren Sie mich nicht vor den Amtsrichtern in Leipzig.‹ Das war der Horizont, in dem er den Prozess vor dem Staatsgerichtshof zunächst sah. [...] Wir (das heißt die Reichsregierung) haben damals den Prozess in Leipzig nach Artikel 48 Absatz 1 (Reichsexekution) verloren. Ergebnis: Das Kabinett Braun blieb preußisches Kabinett und behielt die Vertretung im Reichsrat. Nach Artikel 48 Absatz 2 (Ausnahmezustand, Diktatur) aber haben wir den Prozess hundertprozentig gewonnen. Ergebnis: Die blieben alle im Amt – der Reichskommissar Papen und die von ihm inzwischen kommissarisch eingesetzten Beamten –, wenn auch nur kommissarisch. All das blieb unangetastet. Diese salomonische Teilung des Kindes, die der Staatsgerichtshof in seiner juristischen Vorsicht und politischen Weisheit leisten konnte, wirkte sich verheerend aus. Der alte Mann kannte sich überhaupt nicht mehr aus: Was hieß denn nun sein Eid auf die Verfassung? Alle wichtigen Fragen der Präsidialregierung waren streitig: Kann der Reichspräsident einen Reichskanzler, dem der Reichstag das Misstrauen ausgesprochen hat, nochmals ernennen? Oder kann er ihn wenigstens noch als geschäftsführend im Amt belassen? Was wollen Sie einem Alten antworten, der einfach sagte: ›Ich habe bei Gott einen feierlichen Eid auf die Verfassung geschworen. Sagen Sie mir, was ich zu tun habe!‹ Das war die Situation des Alten in diesem Moment 1932, 1933. Was sollte er also tun? Es gibt heute viele, die wissen, was er hätte tun können. Oder die ihn einfach als senil und geistesschwach hinstellen. Nein, das war er nicht. Er war ein alter Mann. Aber man bedenke die ungeheure Vereinfachung, die darin liegt, dass dieser alte Mann nur eines wissen will: ›Was ist in diesem Augenblick verfassungsgemäß?‹«[643]

Der von Carl Schmitt zur Verhinderung der Machtübernahme durch die Nationalsozialisten ausgearbeitete Plan eines »legalen Staatsstreichs« durch Installierung einer »Diktatur des Reichspräsidenten« war im Sommer 1932 weit vorangeschritten, Schmitt – damals Ordinarius an der Handelshochschule Berlin – hatte einen Ruf an die Universität Köln, verhandelte mit Oberbürgermeister Konrad Adenauer (der Schmitts Berufung skeptisch gegenüberstand, wegen der hochfahrend-überheblich-selbstbewussten Art Schmitts, der sicher Unruhe in die Kölner Universität bringen werde) und nutzte die Zeit für einen Kurzurlaub im Sauerland, in der »Herscheider Mühle«, einem gemütlichen Landhotel bei Herscheid in der Nähe seiner Heimatstadt Plettenberg. Von dort telegrafierte er seinem Mitarbeiter Ernst Rudolf Huber, ihn zu besuchen und ihm anschließend für einige Tage in Berlin zur Verfügung zu stehen. Hans Berger ruft Huber auf dem Schwarzenberg in den Zeugenstand. »Sie heißen Ernst Rudolf Huber und sind wo und wann geboren und was von Beruf?«, fragt die Vorsitzende Richterin.

»Ernst Rudolf Huber, geboren am 8. Juni 1903 in Calw, Jurist mit Schwerpunkt Verfassungsgeschichte.«

»Herr Huber, erinnern Sie sich an dieses Telegramm?«, will Hans Berger wissen.

»Ganz genau. Als hätte ich es gestern erhalten. Ich kam und Schmitt gab mir ohne jede Information über die mir zugedachte Aufgabe den Auftrag, am nächsten Tag allein nach Berlin vorauszufahren, mich am Bahnhof Zoo mit einigen Offizieren des Reichswehrministeriums zu treffen, mit diesen Schmitts nahe gelegene Wohnung in der Flotowstraße, zu der ich den Schlüssel erhielt, aufzusuchen und den Herren in einer Besprechung, über deren Gegenstand ich nichts erfuhr, die Fragen zu beantworten, die sie mir stellen würden.«[644]

»Schmitt hat Ihnen nichts weiter gesagt?«, fragt Hans Berger.

»Nein. Dieser lakonische Auftrag machte mich ziemlich fassungslos; doch nahm ich ihn ohne Zögern an. Nachdem ich in Berlin die drei an den roten Generalstabsstreifen leicht zu erkennenden Offiziere (den Oberstleutnant Ott und die Hauptleute Böhme und v. Carlowitz) abredegemäß getroffen hatte, übernahm in Schmitts Wohnung Eugen Ott (der spätere Botschafter in Tokio, damals Chef der Wehrmachtsabteilung, also der politischen Abteilung des Reichswehrministeriums) die Gesprächsführung. Es ging um die Anwendung der Diktaturvollmacht des Reichspräsidenten. Der Anwendungsbereich des Diktaturartikels war, wie ich erfuhr, zwischen Ott und Schmitt in vorausgegangenen Beratungen in allen wesentlichen Fragen planmäßig festgelegt. Es ging bei diesem Gespräch, in das ich so unvorbereitet geriet, um eine hauptsächlich redaktionelle Aufgabe, nämlich um die rechtstechnische Formulierung der erforderlichen präsidialen Notverordnungen und die Ausarbeitung eines diese Maßnahmen rechtfertigenden Aufrufs des Reichspräsidenten an die Nation.«[645]

Tage später brachte ein Kurier die Entwürfe zu Schmitt, der immer noch im Sauerland weilte; mit geringfügigen Änderungen hat er sie akzeptiert. »Komische Geschichte«, findet der Oberstaatsanwalt — warum sei Schmitt in einer von ihm für so wichtig gehaltenen Sache nicht selber nach Berlin gereist? Das findet auch der Zeuge Helmut Quaritsch (»geboren am 20. April 1930 in Hamburg, Rechtswissenschaftler«): »Eine geheime Besprechung mit Offizieren über die ›erweiterte Anwendung‹ einer Diktatur-Vollmacht des Staatspräsidenten nach Artikel 48 dürfte in jedem Stadium Chefsache für den Rechtsberater sein.«[646]

Nachdem der Plan aus mehreren Gründen, unter anderem weil Hindenburg nach dem »Preußenschlag« seine Versprechen nicht eingelöst hatte, gescheitert war, kam Hitler am 30. Januar 1933 an die Macht. Schmitt war tief deprimiert in den Tagen vor und nach der Machtübernahme. Montag, 23. Januar 1933: »Bis elf im Bett. Scheußlicher Zustand«[647], notierte er im Tagebuch. Er versuchte sich abzulenken und empfing gern Besucher. »Um fünf Uhr Nachmittag kam der Ritter von Schramm und ein [weiterer] Herr von den MÜNCHNER NEUESTEN NACHRICHTEN. Sie gefielen mir sehr gut, tranken Schnaps, erzählten von dem scheußlichen Berlin und von dem von Juden noch nicht zerstörten Teil Deutschlands, vor allem München. [...] Sie sprachen über Jünger, dessen Ideal ein Femina-Palace mit Kanonen darum herum wäre. Um halb sieben gingen sie wieder. Es ist scheußlich kalt. Fräulein Büttner [Schmitts Sekretärin] kam um halb sieben. Diktierte viele Briefe, war aber müde und deprimiert. [...] Vereinsamt und schwach ... Kaufte mir eine Zeitung, Ekel vor der Vergiftung.«[648] Am Mittwoch, den 25. Januar, besuchte er die Feier zum 70. Geburtstag von Werner Sombart. »Ich erschrak, tieftraurige Sache, er erschien mir wie ein Bajazzo. [...] Der 20. Juli ist dahin«[649] — das Datum war verbunden mit dem »Preußenschlag« und Schmitts Hoffnung, durch eine Diktatur des Reichspräsidenten Hitler verhindern zu können. Am nächsten Tag, Donnerstag, den 26. Januar, kam abends der Journalist Veit Roßkopf, und zusammen diktierten sie Schmitts Sekretärin Ruth Büttner ein Gespräch über den Rechtsstaat und tranken dazu eine Flasche Wein. »Roßkopf zitierte fabelhaft Verse von Hölderlin. Mir kam es vor, als sei Hölderlins Wahnsinn und der Untergang des Reiches im August 1806 ein zusammenhängendes Ereignis und dass beim Tode eines Menschen die Seele in Gestalt einer Taube, das Reich aber in Gestalt eines hölderlinschen Hymnus weiterlebe. Getröstet zu Bett.«[650] Als ihn am 27. Januar 1933 Erich Marcks, Reichspressechef unter Kanzler Kurt von Schleicher, besuchte und über »den Stellungswechsel des Reichspräsidenten und die damit eingetretene Undurchführbarkeit des Notstandsplans« informierte, notierte er abends im Tagebuch: »Es ist etwas Unglaubliches geschehen. Der Hindenburg-Mythos ist zu Ende. Der Alte war schließlich auch nur ein Mac-Mahon. Scheußlicher Zustand. Schleicher tritt zurück; Papen oder Hitler kommen. Der alte Herr ist verrückt geworden.«[651] Am 29. Januar las er in der GERMANIA einen Brief des Zentrumsabgeordneten und katholischen Kirchenrechtlers Ludwig Kaas an die Reichsregierung, in dem unter Nennung von Schmitts Namen vor dessen Auslegung von Artikel 48 gewarnt und sie für verfassungswidrig erklärt wurde. »So wie ich damals schon mit Nachdruck mich gegen die das gesamte Staatsrecht relativierenden Grundtendenzen von Carl Schmitt und seiner Gefolgsmänner aussprach«, hatte Kaas geschrieben, »so kann ich auch in diesem besonderen Fall nur eindringlichst vor dem Beschreiten eines Weges warnen, dessen Rechtfertigung juristisch unmöglich ist. Die Hinausdatierung der Wahl wäre ein nicht zu leugnender Verfassungsbruch.«[652] Schmitts Kommentar im Tagebuch: »So wird der Alte gezwungen, Hitler zu ernennen. Ich war sehr aufgeregt, wusste nicht, ob ich antworten sollte oder nicht. Telefonierte mit Popitz, der mir riet, einen Brief an Kaas zu schreiben.«[653] Dann rief Ernst Jünger an. »Er spricht davon, dass es gut ist, dass jetzt zwischen Atheismus, Rationalismus und Marxismus jede halbe Lösung zerschellt«, notierte Schmitt im Tagebuch. Am folgenden Tag, den 30. Januar 1933, dem Tag der Ernennung Hitlers zum Reichskanzler, diktierte er den Brief an Kaas: »Hochgeehrter Herr Kollege, in Ihrem an den Herrn Reichskanzler gerichteten, am 29. Januar in der Tagespresse veröffentlichten Schreiben vom 26. Januar sprechen Sie im Zusammenhang einer Warnung vor Illegalität von den ›das ganze Staatsrecht relativierenden Grundtendenzen von Carl Schmitt und seinen Gefolgsmännern‹. […] Man wird in keiner meiner Veröffentlichungen und keiner authentischen mündlichen Äußerung einen Satz finden, der eine solche Herabminderung meiner staatsrechtlichen Lehren rechtfertigen könnte. […] Ich relativiere nicht das Staatsrecht, sondern kämpfe gegen einen Staat und Verfassung zerstörenden Missbrauch, gegen die Instrumentalisierung des Legalitätsbegriffs und gegen einen wert- und wahrheitsneutralen Funktionalismus.«[654] Nach Diktat des Briefes ging Schmitt ins Café Kutscherer, »wo schon alles aufgeregt war, wegen der Ernennung Hitlers zum Reichskanzler. […] Zu Hause ziemlich krank ins Bett. […] Abends kam Wilhelm Stapel, setzte sich an mein Bett und trank mit mir eine Flasche Rotwein. Wir sprachen über Preußen. Er meinte, Hindenburg ist kein wahrer Preuße.«[655] Nach der Wahl Hitlers am 30. Januar zum Reichskanzler fasste Schmitt mit seiner Fähigkeit zur verblüffenden Assoziation den Vorgang in die Worte, nun sei Hegel noch einmal gestorben. »An diesem 30. Januar ist der Hegelsche Beamtenstaat des 19. Jahrhunderts, für den die Einheit von Beamtentum und staatstragender Schicht kennzeichnend war, durch eine andere Staatskonstruktion ersetzt worden. An diesem Tag ist demnach, so kann man sagen, ›Hegel gestorben‹.«[656] Am folgenden Tag, den 31. Januar, sagte Schmitt zunächst einmal seine Vorlesung ab und schrieb ins Tagebuch: »Immer noch erkältet. [...] Wurde allmählich munter, konnte aber nichts arbeiten, lächerlicher Zustand, las Zeitungen, aufgeregt. Wut über den dummen, lächerlichen Hitler. So verging der Tag. Abends kam Horst Michael (ein Universitätskollege, Anglist) und erzählte Einzelheiten, Tratsch über den Sturz Schleichers, über Marcks und Ott. Marcks hat sein Amt als Pressechef sofort niedergelegt. Wir tranken eine Flasche Burgunder. Er war bei Brüning, der sich angeblich sehr respektvoll über mich geäußert habe. Quatsch.«[657] 2. Februar: »Todmüde, spät auf, 11 Uhr. Um 12 Uhr Zeitung gekauft, dann kam Hermens, erst langweilig und lächerlich, dann interessanter, aber Zentrum und katholischer Westfale. Jedenfalls wieder eine interessante Unterhaltung. Nach dem Essen wieder geschlafen. Im Seminar nicht viel getan. Herumgeschwätzt über die kommenden Wahl am 5. März. Zu Hause waren Popitz und Frau, Sogemeier und Frau, und Marcks. Leider konnte seine Frau nicht kommen. Schönes Essen, guter Wein, schöne Unterhaltung. Ich war müde, konnte eigentlich kaum noch einem Gespräch folgen. Um 12 Uhr gingen sie. Wir begleiteten Marcks, der sehr deprimiert ist über das Ende der letzten deutschen Legende und die politische Passivität Hindenburgs.«[658]

Vom 30. Januar bis zu den für den 5. März 1933 angesetzten Neuwahlen zum Reichstag hatte Hitler nun auch Befehlsgewalt über Militär und Polizei — was Schmitt unbedingt hatte verhindern wollen. Der alte Herr in der Ruinenlandschaft auf dem Gipfel des Schwarzenbergs schaut noch einmal zurück auf das dicht verzweigte Gebüsch, das er für das Sklavenbildnis Michelangelos hält, und will nun weitergehen. »Was ist damals passiert, Herr Professor Schmitt?«, frage ich.

»Entscheidend für die Masse der Wähler«, erinnert sich der alte Herr, »wurde der Reichstagsbrand — gleichgültig, wer den Reichstag angesteckt hat: ob es die SA war oder die Kommunisten oder der arme van der Lubbe allein. Das war Ende Februar, in der letzten Woche der Wahlkampfzeit. Da kam diese ungeheuerliche Sache. Selbst wenn Hitler gar nichts mit der Entstehung des Reichstagsbrands zu tun hatte — es war immer seine Kunst, unerwartet mit ungeheurem Geschrei alle zu verblüffen. Der Brand kam ihm sehr gelegen — so gelegen, dass natürlich die Vermutung nahe lag, er hätte ihn ›erfunden‹. [...] Man erinnere sich an seine propagandistische Verwertung des Reichstagsbrands: An ihr hing der ganze Ausgang der Wahl. Und die hat dann eben noch eine einfache knappe Mehrheit gebracht. Wenn im Moment des Reichstagsbrands am 27. Februar 1933 die Berliner Polizei in der Hand Schleichers gewesen wäre, dann wäre die Aufbauschung des Reichstagsbrands, diese propagandistische Ausnutzung eines solch unvorhergesehenen Ereignisses völlig undenkbar gewesen.«[659]

Kurz nach den Wahlen vom 5. März dann das Ermächtigungsgesetz vom 24. März — und in dem Moment stellte sich Schmitt auf die Seite der Nationalsozialisten und trat kurz darauf, Ende April auch in die NSDAP ein. Warum?

»Sie müssen diese Zeit sehen im Zusammenhang mit meinem Freund Johannes Popitz, damals preußischer Finanzminister, und meinem Juristenkollegen Hans Kelsen, dem Begründer des Rechtspositivismus«, antwortet der alte Herr. »Ja warum? Meine Stimme habe ich nicht abgegeben am 5. März — auch eine Schande sondergleichen; egal, aber was soll ich Ihnen antworten. Ich habe mir nicht einmal Gedanken darüber gemacht. Wenn ich heute meine Tagebuchnotizen nachlese, frage ich mich: Was war denn das überhaupt für eine Existenz? Da schreibt einer über den ›Begriff des Politischen‹, da macht einer aus allernächster Nähe die interessantesten Dinge mit, macht sich Gedanken, findet eine schöne Theorie von den ›politischen Prämien auf den legalen Machtbesitz‹ — und führt dabei solch eine private Existenz! Was ist das eigentlich? Ich bin kein Eremit, wie Hugo Ball es geworden ist. Ich interessiere mich auch für Gespräche. Die Leute kamen ja jeden Tag zu mir gelaufen. Keiner wusste damals, um die schöne Redensart zu gebrauchen, wohin der Hase lief. Hitler gab sich von der nettesten Seite. Alle waren entzückt. Ich erinnere mich, dass Popitz mir erzählte: Vor einer Kabinettssitzung stand Hitler einmal am Fenster und wartete, bis alle vollzählig da waren. Er war im Kabinett besonders entgegenkommend und ging auf alles ein. Er hatte Popitz einen Moment mit ans Fenster genommen und gesagt, er habe Mitleid mit jeder Kreatur. Vielleicht sei er sogar Buddhist. Jedenfalls waren sie alle beeindruckt.

Nun kam aber das Ermächtigungsgesetz vom 24. März 1933. Damit begann für mich als positiven Juristen eine völlig neue Situation. Ich möchte gern wissen, was Hans Kelsen in meiner Lage getan hätte, der ja überzeugter Positivist ist. Ich weiß es: Er hat immer betont, seit dem Augenblick, in dem dieser Würfel gefallen sei, gebe es für einen positivistischen wissenschaftlichen Juristen überhaupt keine Frage mehr. Natürlich hätte man gehen können. Aber dass das, was damals geschah, Recht war im Sinne dessen, womit der Jurist sich wissenschaftlich zu beschäftigen hat (wie der Mathematiker mit seinen Zahlen), darüber sei gar nicht zu diskutieren; sonst gebe es überhaupt keine positive Rechtswissenschaft. Kelsen hat auch immer denen, die ihn fragten: ›Wenn nun die Demokratie mit den Mitteln der Demokratie bedroht ist, soll man sich da nicht mit Gewalt wehren?‹, erwidert: ›Das ist Ihre Sache. Das ist keine juristische Frage mehr, die ein wissenschaftlicher Jurist beantworten kann.‹ In einer Diskussion des Jahres 1926 stellte der Wiener Professor Hold von Ferneck seinem Kollegen die Frage: ›Wenn nun ein wildgewordener Gesetzgeber auf die Idee käme, anzuordnen: Jeden Sonntag müssen zehn Menschen erschossen werden aus irgendeinem Grund, sagen wir: weil sie rote Haare haben, wäre das auch Recht und Gesetz?‹ Worauf Kelsen seelenruhig antwortete: ›Ich bin wissenschaftlicher Jurist und kein Moralist.‹ Nun bin ich selber kein Positivist im Sinne dessen, was Kelsen unter Wissenschaftlichkeit versteht; aber andererseits gibt es auch kein anderes als positives Recht. Die Frage ist nicht so schnell zu beantworten. Sie steckt hinter der Frage nach der Legalität der Machtergreifung. Diese hing mit dem unheimlichen Problem des ›politischen Mehrwerts‹ der formallegalen Macht und des Machtbesitzes zusammen. Das Gesetz ist ein Funktionsmodus — Sie können es den Funktionsmodus der Bürokratie nennen. Was ich hätte tun müssen als Jurist, habe ich auf meine Weise getan — aber erst nach dem Ermächtigungsgesetz, nicht vorher. Ich habe vorher auch keinen Kontakt gesucht. [...] Ich habe aber wahrhaftig nicht daran gedacht, bevor diese (für einen Juristen verfassungsgeschichtlich ungeheuerliche) Ermächtigung gegeben wurde. Das war der echte Rubikon — dieses Problem der Legalität...«[660]

Die Mitarbeit Carl Schmitts begann am 1. April 1933. Einen Tag vorher, unterwegs nach Rom zu seinem traditionellen Osterbesuch, fand er während einer Zwischenstation in München in seinem Hotel ein Telegramm von Popitz vor: »Morgen Nachmittag 5 Uhr Sitzung im Staatsministerium« in Berlin. »Sehen Sie meine Situation«, sagt der alte Herr. »Popitz war mein bewährter Freund, seit Jahren — ein sehr naher Freund. Und wenn der mir telegrafierte: ›Morgen Nachmittag 5 Uhr, Staatsministerium‹, dann machte ich einfach mit. Das war aber auch schon Mitarbeit bei Hitler.«[661]

Als ihn Popitz' Telegramm in München erreichte, notierte Schmitt am 31. März 1933 ins Tagebuch: »Sehr aufgeregt und zufrieden«[662]. Aber auch: »Abscheu vor Berlin.«[663] Gleichwohl: Er fühlte sich »ruhig« und voller »guter Vorsätze«[664]. Am nächsten Tag, in Berlin, im Staatsministerium, änderte sich die Stimmung und Schmitt ahnte die kommenden Schwierigkeiten. »Bedrückt und passiv. Papen, persönlich sehr sympathisch, kämpft um seine politische Existenz. Wir sprachen über die Statthalter des Reichs in den Ländern. Papen meint, das letzte Ziel sei die Reichsmonarchie, und die Reichsstatthalter müssten Platzhalter der Monarchie sein. Naiv.«[665] Drei Tage später, am 3. April 1933, erneutes Gespräch. Schmitt hatte einen Entwurf fertig, Staatssekretär Werner Naumann aber auch, und dessen Entwurf war »ganz anders (die einzelnen Häuptlinge in den Ländern wollen sich auf den Regierungsstellen festsetzen; Ministerpräsident und zugleich Staatspräsident werden). Da sitzt nun der arme Papen ... Wir machten einige Änderungen. Für Papen wird die Sache hoffnungslos, aber er verteidigt sich ... Wieder diese scheußliche Atmosphäre. Frick, Staatssekretär Pfundtner, Papen, Popitz, nachher kam Göring. Erst aussichtslos. Der Bürokrat Frick hatte Bedenken, schlechter Eindruck, feige und schurkisch. Göring dagegen schwungvoll. Schmiss die Sache in einigen Minuten: in Preußen ist der Reichskanzler, nicht der Reichsstatthalter der Staatspräsident. Großartig. Wir waren berauscht.«[666] Der Rausch hielt nicht lange an. Am folgenden Tag in der »Deutschen Gesellschaft«: »Erich Kaufmann kam hinzu. Der arme Popitz saß dazwischen, tatsächlich wie der Knabe Jesus im Tempel. Keiner sieht das Problem. Jeder hofft durchzuschlüpfen. Gut, dass ich nach Köln komme. Es ist grauenerregend.«[667] Stunden später erneute Beratung über das Reichsstatthaltergesetz. »Unser Plan, den Reichskanzler zum Staatspräsidenten zu machen, ging nicht durch. Dafür wurde er Statthalter des Reichskanzlers, also Hitlers. Mir gleichgültig. Ich war etwas deprimiert, diktierte aber den neuen Entwurf und sprach noch einmal mit Papen, der unbefangen liebenswürdig war und mir versprach, dass ich dieser Tage zu einer gemeinsamen Beratung mit Hitler eingeladen würde. Sehr neugierig, aber beherrscht.«[668]

Nachdem das Reichsstatthaltergesetz, das die Gleichschaltung der Länder mit dem Reich regelte, am 7. April 1933 erlassen worden war, erlebte Schmitt wenige Tage später Adolf Hitler, wenn auch nicht in der von Papen angekündigten »gemeinsamen Besprechung«. »Da saß man [...] und hörte einen Vortrag, und zwar vom Führer persönlich — 8 Uhr: Das war mein erster Blick ins Dritte

Reich. Da saßen der Generalstab, Reichsminister, und vom Admiral herab Marineoffiziere; dann waren wir da vom Innenministerium, ein paar Leute, die beim Zustandekommen des Gesetzes dabei gewesen waren. Dazu rechnete man auch mich. Es waren etwa hundert — also keine Massenversammlung. Dann erschien der Führer. Die Militärs saßen da mit eisernem Gesicht und wollten mal hören, was der sagte. In gewissem Sinne war es das genaue Gegenteil des Massenpublikums, an das Hitler gewöhnt war, und andererseits auch das Gegenteil des kleinen Privatkreises, in dem Hitler alle Register ziehen konnte — bis zu Tränen in den Augen, bis zum Sich-Hin-Schmeißen vor Wut. Hitler begann seine Rede, und es dauerte mindestens zwanzig Minuten bis eine halbe Stunde, ehe man das Gefühl hatte, dass er in Fahrt, in Schwung gekommen war. Wie er das gewohnt war, so fing er an. Er wusste das ja genau und hielt sich immer an sein Publikum — unheimlich der Kontakt, diese fast mediale Abhängigkeit vom Publikum, vom Beifall, vom ›inneren‹ Applaus. Hier aber saßen alle eisern da, applaudierten nicht und hörten sich das alles an mit eiserner Rationalität und Exaktheit. Er landete einfach nicht, es sprang kein Funke über — nichts. Da wurde er ganz sentimental und fing an zu reden über die Opfer — 400 Tote. Ich dachte: Das ist nun die große Revolution — 400 Tote in vierzehn Jahren. Es war nichts zu machen: Auch diese Tour zog nicht. Es war innerlich so leer; es gab nicht wie sonst ein Drohen mit irgendetwas; es war auch nicht der Ton, den er später anschlug, wenn er vor der Reichswehr sprach: ›Wenn mir die Reichswehr nicht mehr folgt, schieße ich mir eine Kugel in den Kopf‹ — wie im Januar 1935. Ich will das Wort ›Elite‹ nicht missbrauchen. Da saß sie aber. Ohne sie kann man keinen Staat aufrechterhalten; ohne sie kann man auch keinen modernen Krieg führen, keine moderne Finanzverwaltung durchhalten. Das war eben der Staat. Dass dieser Staat auf die Gesellschaft angewiesen war, wusste jeder intelligente Bürger, ob er Hegel gelesen hatte oder nicht. Mein Eindruck, den ich notiert habe: Hitler kam mir vor wie der Stier, der in die Arena eintritt.«[669]

So fing das an. »Wie es weiterging? Da kann ich Ihnen nur mit einem schönen französischen Wort antworten: ›On s'engage, puis on voit. Man engagiert sich, und dann erst sieht man, was los ist.‹ Ich habe mich engagiert im Moment — und dann lief das weiter.«[670]

Er habe Hitler nicht ermächtigt, rechtfertigte sich Schmitt nach 1945, um sich zugleich abzusetzen von Leuten, die ihn nach 1945 attackierten, wie der erste Bundespräsident Theodor Heuss, der 1933 als Abgeordneter im Reichstag dem Ermächtigungsgesetz zugestimmt hatte und nach 1945 forderte, jemand wie Schmitt dürfe nie wieder ein Katheder betreten. Tatsächlich hat Schmitt Hitler nicht ermächtigt geschweige ihn erfunden, aber er hat sich mächtig engagiert und sein Engagement begleitet durch massive antisemitische Ausfälle. »Uns beschäftigt der Jude nicht seiner selbst wegen. Was wir suchen und worum wir kämpfen, ist unsere unverfälschte

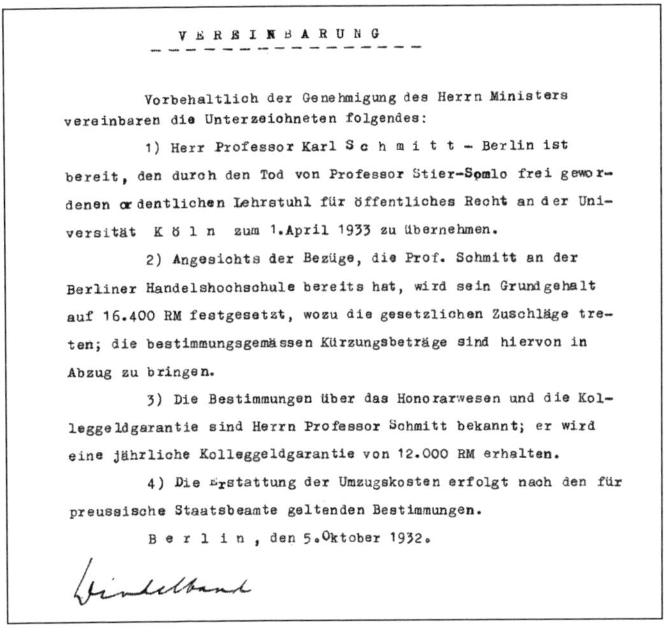

V E R E I N B A R U N G

Vorbehaltlich der Genehmigung des Herrn Ministers vereinbaren die Unterzeichneten folgendes:

1) Herr Professor Karl S c h m i t t - Berlin ist bereit, den durch den Tod von Professor Stier-Somlo frei gewordenen ordentlichen Lehrstuhl für öffentliches Recht an der Universität K ö l n zum 1.April 1933 zu übernehmen.

2) Angesichts der Bezüge, die Prof. Schmitt an der Berliner Handelshochschule bereits hat, wird sein Grundgehalt auf 16.400 RM festgesetzt, wozu die gesetzlichen Zuschläge treten; die bestimmungsgemässen Kürzungsbeträge sind hiervon in Abzug zu bringen.

3) Die Bestimmungen über das Honorarwesen und die Kolleggeldgarantie sind Herrn Professor Schmitt bekannt; er wird eine jährliche Kolleggeldgarantie von 12.000 RM erhalten.

4) Die Erstattung der Umzugskosten erfolgt nach den für preussische Staatsbeamte geltenden Bestimmungen.

B e r l i n , den 5.Oktober 1932.

Abb. Vereinbarung zwischen der Universität Köln und Carl Schmitt, vom 5. Oktober 1932, den »Lehrstuhl für öffentliches Recht« zu übernehmen.

eigene Art, die unversehrte Reinheit unseres deutschen Volkes. ›Indem ich mich des Juden erwehre‹, sagt unser Führer Adolf Hitler, ›kämpfe ich für das Werk des Herrn.‹«[671] Noch einmal die Entscheidung Schmitts, seine Ambivalenz zu überwinden und eine eindeutige Substanz zu gewinnen. Er suche überall das System und die Einheit, hatte er schon in seinen »Tagebüchern 1912–1915« bekannt; alles, was man tue, müsse sich restlos auf eine einzige Formel zurückführen lassen. Diese Formel »Freund und Feind«, erlebt und gesehen vom »Ausnahmezustand« her, ist verbunden mit der Kategorie der Entscheidung. Dezisionismus verstanden auch als intellektuelles Verhalten, mit dem man der Welt und den Dingen gegenübertritt in dem Wissen, dass alles Leben eine Erfindung ist. Dann gibt es natürlich auch kein mit den Menschen geborenes Recht als Naturrecht, sondern das Recht ist ebenso eine menschliche Erfindung, eine Setzung, und also gibt es hinter dem Recht keine Legitimation, nur in einer metaphysischen Art. Das Recht ist folglich etwas Beliebiges, das durch Entscheidungen entsteht. So konnten die Nationalsozialisten einfach sagen: Die Rechtsquelle ist der Führer — »Der Führer schützt das Recht« ist denn auch einer der meist umstrittenen Texte Schmitts, eine am 1. August 1934 in der DEUTSCHEN JURISTEN-ZEITUNG erschienene Rechtfertigung für die im Zusammenhang mit der Röhm-Affäre im Auftrag Hitlers erfolgten Erschießungen von Röhm und anderen SA-Führern Ende Juni 1934. Der Oberstaatsanwalt lässt sich natürlich nicht entgehen, aus diesem Text in der Ruinenlandschaft des Schwarzenbergs vorzulesen: »Der Führer schützt das Recht vor dem schlimmsten Missbrauch, wenn er im Augenblick der Gefahr kraft seines Führertums als oberster Gerichtsherr unmittelbar Recht schafft. [...] Der wahre Führer ist immer auch der Richter. Aus dem Führertum fließt das Richtertum. [...] Die Tat des Führers [...] war echte Gerichtsbarkeit. Sie untersteht nicht der Justiz, sondern war selbst höchste Justiz. Es war nicht die Aktion eines republikanischen Diktators, der in einem rechtsleeren Raum, während das Gesetz für einen Augenblick die Augen schließt, vollendete Tatsachen schafft, damit dann, auf dem so geschaffenen Boden neuer Tatsachen, die Fiktionen der lückenlosen Legalität wieder Platz greifen können. Das Richtertum des Führers entspringt derselben Rechtsquelle, der alles Recht jeden Volkes entspringt. In der höchsten Not bewährt sich das höchste Recht und erscheint der höchste Grad richterlich rächender Verwirklichung dieses Rechts. Alles Recht stammt aus dem Lebensrecht des Volkes. Jedes staatliche Gesetz, jedes richterliche Urteil enthält nur so viel Recht, als ihm aus dieser Quelle zufließt. Das Übrige ist kein Recht, sondern ein ›positives Zwangsnormengeflecht‹, dessen ein geschickter Verbrecher spottet.«[672]

Sogar Ernst Jünger hat Schmitts Kommentar, der »Führer setze Recht«, seinerzeit lebhaft widersprochen, und er meldet sich – »geboren am 29. März 1895 in Heidelberg, Beruf: Schriftsteller« – vor Gericht jetzt auch zu Wort. Schmitt habe damals geantwor-

Heft 15 Berlin, den 1. August 1934 39. Jahrgang

Deutsche Juristen-Zeitung

Organ
der Reichsfachgruppe Hochschullehrer
des Bundes Nationalsozialistischer Deutscher Juristen

Unter Mitwirkung der Mitglieder des Reichsfachgruppenrates

Dr. V. BRUNS, Professor in Berlin – Dr. G. DAHM, Professor in Kiel – Dr. Dr. C. A. EMGE, Professor in Jena, Direktor des Nietzsche-Archivs in Weimar – Dr. W. GRAF GLEISPACH, Professor in Berlin

Dr. J. HECKEL, Professor in Bonn – Dr. E. R. HUBER, Professor in Kiel – Dr. W. KISCH, Geh. Justizrat, Professor in München, stellv. Präsident d. Akademie f. Deutsches Recht – Dr. F. KLAUSING, Professor in Frankfurt a. M.

Dr. H. LANGE, Professor in Breslau – Dr. J. POPITZ, Preuß. Finanzminister, Staatsrat, Professor in Berlin – Dr. P. RITTERBUSCH, Professor in Königsberg

herausgegeben vom Reichsfachgruppenleiter
Dr. CARL SCHMITT
Staatsrat, Professor in Berlin

C. H. Beck'sche Verlagsbuchhandlung München und Berlin
Hauptschriftleitung: Berlin W 35, Tiergartenstr. 20 — Schriftleitung und Geschäftsstelle: Berlin W 57, Potsdamer Str. 96

Bankkonto: Deutsche Bank u. Disconto-Ges., Kasse P, Berlin – Postscheckkonto: Nr. 45561 Postscheckamt Berlin NW 7

(Nur auszugsweiser Nachdruck und nur mit genauer, unverkürzter Quellenangabe wird gestattet.)

Der Führer schützt das Recht
Zur Reichstagsrede Adolf Hitlers vom 13. Juli 1934
Von Staatsrat, Professor Dr. Carl Schmitt, Berlin

I. Auf dem Deutschen Juristentag in Leipzig, am 3. Okt. 1933, hat der Führer über Staat und Recht gesprochen. Er zeigte den Gegensatz eines substanzhaften, von Sittlichkeit und Gerechtigkeit nicht abgetrennten Rechts zu der leeren Gesetzlichkeit einer unwahren Neutralität und entwickelte die inneren Widersprüche des Weimarer Systems, das sich in dieser neutralen Legalität selbst zerstörte und seinen eigenen Feinden auslieferte. Daran schloß er den Satz: „Das muß uns eine Warnung sein".

In seiner an das ganze Deutsche Volk gerichteten Reichstagsrede vom 13. Juli 1934 hat der Führer an eine andere geschichtliche Warnung erinnert. Das starke, von Bismarck gegründete Deutsche Reich ist während des Weltkriegs zusammengebrochen, weil es im entscheidenden Augenblick nicht die Kraft hatte, „von seinen Kriegsartikeln Gebrauch zu machen". Durch die Denkweise eines liberalen „Rechtsstaats" gelähmt, fand eine politisch instinktlose Zivilbürokratie nicht den Mut, Meuterer und Staatsfeinde nach verdientem Recht zu behandeln. Wer heute im Band 310 der Reichstags-Drucksachen den Bericht über die öffentliche Vollsitzung vom 9. Okt. 1917 liest, wird erschüttert sein und die Warnung des Führers verstehen. Die Mitteilung der damaligen Reichsregierung, daß Rädelsführer der meuternden Matrosen mit Reichstagsabgeordneten der Unabhängigen Sozialistischen Partei verhandelt hatten, beantwortete der Deutsche Reichstag in lauter Entrüstung damit, daß man einer Partei ihr verfassungsmäßiges Recht, im Heere Propaganda zu treiben, nicht verkürzen dürfe und daß schlüssige Beweise des Hochverrates fehlten. Nun, diese schlüssigen Beweise haben uns die Unabhängigen Sozialisten ein Jahr später ins Gesicht gespien. In beispielloser Tapferkeit und unter furchtbaren Opfern hat das Deutsche Volk vier Jahre lang einer ganzen Welt standgehalten. Aber seine politische Führung hat im Kampfe gegen die Volksvergiftung und die Untergrabung des deutschen Rechts und Ehrgefühls auf eine traurige Weise versagt. Bis zum heutigen Tage büßen wir die Hemmungen und Lähmungen der deutschen Regierungen des Weltkriegs.

Alle sittliche Empörung über die Schande eines solchen Zusammenbruchs hat sich in Adolf Hitler angesammelt und ist in ihm zur treibenden Kraft einer politischen Tat geworden. Alle Erfahrungen und Warnungen der Geschichte des deutschen Unglücks sind in ihm lebendig. Die meisten fürchten sich vor der Härte solcher Warnungen und flüchten lieber in eine ausweichende und ausgleichende Oberflächlichkeit. Der Führer aber macht Ernst mit den Lehren der deutschen Geschichte. Das gibt ihm das Recht und die Kraft, einen neuen Staat und eine neue Ordnung zu begründen.

II. Der Führer schützt das Recht vor dem schlimmsten Mißbrauch, wenn er im Augenblick der Gefahr kraft seines Führertums als oberster Gerichtsherr unmittelbar Recht schafft: „In dieser Stunde war ich verantwortlich für das Schicksal der deutschen Nation und damit des Deutschen Volkes oberster Gerichtsherr". Der wahre Führer ist

Abb. Deutsche Juristen-Zeitung, vom 1. August 1934.

tet, dass an Hitlers Legalität nach dem Ermächtigungsgesetz nicht mehr zu zweifeln gewesen sei. »Darüber ließe sich reden«, kommentiert Jünger. »Mich wunderte nur die Hartnäckigkeit, mit der ein so scharfer Geist verkannte, dass seine Formulierung, der Führer setze Recht, zeitlich und örtlich ein politisches Harakiri darstellte. Ich […] fragte ihn, ob er schon ein Maschinengewehr im Keller installiert habe — er quittierte den Scherz mit einem verwunderten Blick.«[673]

»Was heißt hier Scherz?«, ruft der Oberstaatsanwalt und liest aus Hitlers Rede vom 13. Juli 1934 vor dem Reichstag vor: »Ich habe den Befehl gegeben, die Hauptschuldigen an diesem Verrat zu erschießen, und ich gab weiter den Befehl, die Geschwüre unserer inneren Brunnenvergiftung auszubrennen bis auf das rohe Fleisch.«

In das entstandene Schweigen auf dem Gipfel des Schwarzenbergs hinein sagt Hans Berger, dass Schmitt aber zugleich die Verantwortlichkeit Hitlers für die in den Zusammenhang des Röhm-Putsches gestellten Ermordungen in Anspruch genommen und verlangt habe, den »zeitlichen und sachlichen Umfang des unmittelbaren Führerhandels« zu beachten: »Außerhalb oder innerhalb des zeitlichen Bereichs der drei Tage fallende, mit der Führerhandlung in keinem Zusammenhang stehende, vom Führer nicht ermächtigte ›Sonderaktionen‹ (wie die Ermordung General Kurt von Schleichers und seiner Frau sowie Generalmajor Ferdinand von Bredows) sind umso schlimmeres Unrecht, je höher und reiner das Recht des Führers ist«[674], habe Schmitt auch geschrieben mit dem Zusatz: »Nach den Erklärungen des preußischen Ministerpräsidenten Göring vom 12. Juli und des Reichsjustizministers Gürtner vom 20. Juli 1934 ist eine besonders strenge Strafverfolgung solchen unzulässigen Sondervergehens angeordnet. Dass die Abgrenzung ermächtigten und nicht ermächtigten Handelns im Zweifelsfall nicht Sache der Gerichte sein kann, dürfte sich nach den vorigen Andeutungen über die Besonderheit von Regierungsakt und Führerhandlung von selbst verstehen.«[675] Geschrieben habe Schmitt den Text auch auf Bitten General Werner von Blombergs, der die Ehre von

Schleichers und von Bredows wiederhergestellt wissen wollte, fügt Hans Berger hinzu.

Das Schweigen hält an, und Hans Berger wendet sich noch einmal an Ernst Jünger: »Wie sehen Sie Schmitts Position im ›Dritten Reich‹ von 1933 bis 1936? War er der Kronjurist?«

»Carl Schmitt ist unter allen Geistern, die ich kennen lernte, jener, der am besten definieren kann. Als klassischer Rechtsdenker ist er der Krone zugeordnet, und seine Lage wird notwendig schief, wo eine Garnitur des Demos die andere ersetzt. Bei der Heraufkunft illegitimer Mächte bleibt an der Stelle des Kronjuristen ein Vakuum, und der Versuch, es auszufüllen, geht auf Kosten der Reputation. Das sind so Missgeschicke des Berufs.«[676]

»War Schmitt 1933 Opportunist, ein charakterloser Ehrgeizling?«, will Berger noch einmal von dem Zeugen Helmut Quaritsch wissen.

»Schmitt hat 1933 nicht nur einen Fuß auf ein kleines Trittbrett gestellt, um rechtzeitig wieder abspringen zu können, wie das ein solcher Zeitgenosse wohl getan hätte. Ganz im Gegenteil, er nahm keinerlei Rückversicherung auf, bemühte sich nirgendwo um Rückendeckung, er brach alle Brücken hinter sich ab [...], gewiss, er heulte mit den Wölfen, um sich ihnen verständlich zu machen. Viele Aufsätze [...] bis 1936 [...] waren aber nur Wolfsgeheul, geschrieben im revolutionären Fieber und gekennzeichnet durch den Niveauverlust, dem kein Schriftsteller oder Wissenschaftler entgehen kann, wenn er im Dienst einer Partei schreibt. [...] Da er sich vor 1933 gegen die NSDAP exponiert hatte, musste er wie ein Konvertit stets besondere Zuverlässigkeit und Glaubenstreue beweisen. Der große Chor derer, die vor 1933 die Melodie von Weimar nur mitgesummt hatten, brauchte nach 1933 nur die Noten zu wechseln. Carl Schmitt hingegen wollte nicht nur mitsingen, sondern auch den Ton angeben. Das zwang ihn zu lauter Stimme, zur Radikalität. [...] Das Ziel, auf das neue Regime durch Interpretation einzuwirken, mochte ohnehin objektiv unmöglich sein, weil Hitler – die letztlich allein maßgebliche Ideendirektion – für rechtliche Argumente unzugänglich war. Auch überlassen Einparteienstaaten die leitenden Ideen nicht den Einfällen der Professoren, sie werden von Parteizentralen und Propagandaministerien formuliert – nicht nur Schmitt musste diese Lektion lernen.«[677]

»Hat Carl Schmitt im September 1936 im Entwurf einer neuen Strafprozessordnung vorgeschlagen, dass Urteile künftig nicht mehr ›Im Namen des Volkes‹ ergehen sollten, sondern ›Im Namen des Führers‹, wobei dem Führer als ›oberstem Gerichtsherrn‹ auch alle Todesurteile und Urteile auf ›Ächtung‹ zur Bestätigung vorzulegen seien«, fragt der Oberstaatsanwalt den Zeugen Quaritsch.

»Ja, ein grotesker Missgriff. Zwei Schlüsse sind denkbar: Der ideologische Konvertit Schmitt meinte alle anderen Juristen in ›Führertreue‹ und Antisemitismus übertreffen zu müssen. Oder er legte in seine Bekenntnisse so viel byzantinische Übertreibung hinein, dass sie bei näherer Betrachtung des Adepten als Narrenjubel und Nonsense-Proskynese erkennbar wurden, mit denen er – bei aller Zustimmung im Grundsatz – die Übertreibungen und Auswüchse einer Ideologie und eines Systems verspottete, das ihn dafür bestenfalls wegen Übereifers tadeln durfte. Gegen die erste Alternative sprechen die deutlichen und groben Fehler, die Carl Schmitt dann gemacht hätte, für die zweite, dass er für solche systemimmanenten Fehler eigentlich zu intelligent war und er seinen Prokop natürlich im Kopf hatte. Ein solches Spiel im Spiel, getrieben bis zu einer ›Parodie von sich selbst‹, ist Carl Schmitt zuzutrauen. Aber der Teufel lässt sich nicht ungestraft kitzeln, und wer so mit Entsetzen scherzt, trägt das Risiko solchen Spiels — Carl Schmitt hat es 1936, 1945 und danach verloren.«[678]

Warum hat Schmitt sich 1933 engagiert? Steckte dahinter nur, wie sein Schüler, der Publizist Johannes Gross (»geboren am 6. Mai 1932 in Neunkhausen«) vor der Spruchkammer aussagt, »die nicht ganz untypische Verhaltensweise vieler deutscher Intellektueller nach 1933, die in Verbindung mit dem Naziregime traten, nachdem es fest im Sattel saß«: »Ich sehe darin die Anpassung eines deutschen Universitätsgelehrten an eine ihm damals historisch einmalig vorkommende Chance, Deutschland und Europa noch einmal als geschichtlich bestimmende Kraft in den welthistorischen Prozess einzubringen.«[679] Hat Schmitt sich blenden lassen von der Stimmung in Deutschland, den Aufmärschen, der allgemeinen Begeisterung, dass er meinte, mit Hitler sei der »Träger des großen Mythus« erschienen, den er 1922, in Anlehnung an Georges Sorels 1908 erschienenem Buch »Réflexions sur la violence«, in einem Aufsatz beschworen hatte: »In der Kraft zum Mythus liegt das Kriterium dafür, ob ein Volk oder eine soziale Gruppe eine historische Mission hat und sein historischer Moment gekommen ist. Aus der Tiefe echter Lebensinstinkte, nicht aus einem Räsonnement oder einer Zweckmäßigkeitserwägung, entspringen der große Enthusiasmus, die große moralische Dezision und der große Mythus. In unmittelbarer Intuition schafft eine begeisterte Masse das mythische Bild, das ihre Energie vorwärtstreibt und ihr die Kraft zum Martyrium wie den Mut zur Gewaltanwendung gibt. Nur so wird ein Volk oder eine Klasse zum Motor der Weltgeschichte. Wo das fehlt, lässt sich keine soziale und politische Macht mehr halten, und kein mechanischer Apparat kann einen Damm bilden, wenn ein neuer Strom geschichtlichen Lebens losbricht. Demnach kommt alles darauf an, wo heute diese Fähigkeit zum Mythus und diese vitale Kraft wirklich lebt. Bei der modernen Bourgeoisie, dieser in Angst um Geld und Besitz verkommenen, durch Skeptizismus, Relativismus und Parlamentarismus moralisch zerrütteten Gesellschaftsschicht, ist sie gewiss nicht zu finden. Die Herrschaftsform dieser Klasse, die moderne Demokratie, ist nur eine ›demagogische Plutokratie‹.«[680] Schmitt war damals vor allem vom italienischen Faschismus fasziniert und konstatierte, dass in Italien ein nationaler Mythus gesiegt habe, indem er den kommunistischen Feind mit einem »grausigen Bild, dem mongolischen Gesicht des Bolschewismus«[681] an die Wand gemalt habe. Dieses Bild habe größeren Eindruck gemacht und stärkere Affekte hervorgerufen als das sozialistische Feindbild vom Bourgeois. »Menschheitsdemokratie und Parlamentarismus« seien in Italien »unter bewusster Berufung auf den

Mythus [...] verächtlich beiseite gesetzt worden«[682], begeisterte sich Schmitt und zitierte Mussolinis Rede vom Oktober 1922 in Neapel, vor dem Marsch auf Rom: »Wir haben einen Mythus geschaffen, der Mythus ist der Glaube, ein edler Enthusiasmus, er braucht keine Realität zu sein, er ist ein Antrieb und eine Hoffnung, Glaube und Mut. Unser Mythus ist die Nation, die große Nation, die wir zu einer konkreten Realität machen wollen.«[683] Schmitt zitierte auch Mussolinis Bezeichnung des Sozialismus als »inferiore Mythologie« und kommentierte in Erinnerung an Machiavelli: »Wie damals, im 16. Jahrhundert, hat wieder ein Italiener das Prinzip der politischen Wirklichkeit ausgesprochen. Die geistesgeschichtliche Bedeutung dieses Beispiels ist deshalb besonders groß, weil der nationale Enthusiasmus auf italienischem Boden bisher eine demokratische und parlamentarisch-konstitutionelle Tradition hatte und ganz von der Ideologie des angelsächsischen Liberalismus beherrscht zu sein schien.«[684]

Neben der trügerischen Hoffnung, die Nationalsozialisten für seine Ideen einspannen und den Naziphrasen einen Sinn geben zu können, wie Schmitt im Nürnberger Verhör sagte, lag sein Engagement sicher auch begründet in der Konsequenz der theoretischen Einsichten, die Schmitt seit 1919, dem Erscheinungsjahr der »Politischen Romantik«, formuliert hatte. War dies nicht der Augenblick, den er 1922 herbeigesehnt hatte, als er Donoso Cortés' Überzeugung für sich nachsprach, »dass der Augenblick des letzten Kampfes gekommen war«[685]. Der Augenblick der »großen Alternative, die keine Vermittlung mehr zulässt [...], das große Entweder–Oder, dessen Rigorosität eher nach Diktatur klingt als nach ewigem Gespräch«[686]. Der Augenblick, um »aus dem Nichts« eine »absolute Entscheidung zu schaffen«[687]. Der Oberstaatsanwalt ruft Christian Graf von Krockow in den Zeugenstand. »Sie heißen Christian Graf von Krockow, sind wann und wo geboren und was von Beruf?«, fragt die Richterin.

»Geboren am 26. Mai 1927 in Rumbske in Pommern, Beruf: Publizist und Politikwissenschaftler.«

»Graf von Krockow«, bittet der Oberstaatsanwalt, »erläutern Sie dem Gericht vor dem Hintergrund dieser, wie Schmitt meint, ›aus dem Nichts geschaffenen absoluten Entscheidung‹ die zwanziger Jahre und den Beginn der Nazizeit.«

»Es war eine Zeit des Umbruchs, des Zusammenbruchs, der Offenheit, der Angst, was werden wird, und dann kommt in dieser Situation bei Carl Schmitt dieser ungeheure Satz: ›Die Entscheidung ist normativ aus dem Nichts geboren.‹ Und nun muss man sozusagen aus dem Nichts heraus etwas schaffen, und dies ist Sache der Entscheidung, und von der Entscheidung leitet sich nun wiederum in seiner Staatslehre vieles ab. Er sagt: Die Entscheidung ist nicht nur aus dem Nichts geboren, sie ist die Ausnahme schlechthin, und die Ausnahme führt auch zum Ausnahmezustand, Diktatur statt parlamentarischer Verfassungsordnung, denn nur die Diktatur kann uns vielleicht noch retten in einer extremen Situation, wobei die Ausnahme auch viel interessanter ist als der Normalzustand. Insofern ist dies ein zentraler Begriff, und das Aufregende an ihm ist eben dieser Hintergrund des Nichts. [...] Ich springe jetzt mal auf eine andere, brutalere, aber ungeheuer schicksalsschwere Ebene, nämlich auf die, die ein Mussolini verkörperte oder auf seine Weise Hitler. [...] Da kommt immer der Satz ›Ich habe mich entschieden, es ist mein eherner Entschluss, unumstößlich‹, und das ist psychologisch auch für die Massen das Anziehende an der Figur des Führers: ›Führer, befiel, wir folgen.‹ Dass da einer ist, der die Entscheidung trifft und sie mir abnimmt.«[688] In dem Moment nach dem 24. März 1933 sah Schmitt seine Stunde als Demiurg und Weltenlenker gekommen und hat alles auf eine Karte gesetzt — und alles verloren.

Als weiterer Zeuge der Staatsanwaltschaft tritt Walter Gurian auf, ein früherer Schmitt-Bewunderer, der schon im Oktober 1934 in der SCHWEIZERISCHEN RUNDSCHAU Schmitts Wandel analysierte. »Sie heißen Walter Gurian. Wo und wann sind Sie geboren, was sind Sie von Beruf?«, fragt die Vorsitzende Richterin.

»Geboren am 6. März 1898 in Berlin. Beruf: Publizist.«

»Herr Zeuge Gurian«, sagt der Oberstaatsanwalt, »Sie haben als Erster, in der Schweiz, wohin Sie aus dem Nazideutschland emigriert waren, die Bezeichnung ›Kronjurist‹ für Carl Schmitt aufgebracht. Wie sind Sie darauf gekommen?«

»In seiner ›Politischen Romantik‹ hat Carl Schmitt die Wandlungsfreudigkeit des Romantikers Adam Müller und seine Bereitschaft, sich den jeweils Herrschenden zur Verfügung zu stellen, mit schonungsloser Ironie der allgemeinen Verachtung preisgegeben. Wie wird es aber ihm selbst ergehen, war schon 1934 meine Frage, wenn künftige Historiker sich mit seinem Schaffen und seiner Entwicklung befassen werden? Es wird ihnen sehr leicht fallen, Carl Schmitt gegen Carl Schmitt auszuspielen. Sie werden sich wundern, wie ein Staatsrechtslehrer binnen weniger Jahre drei verschiedene Urteile über den zweiten Teil der Weimarer Verfassung zu fällen vermag. Vielleicht staunt heute bereits mancher Kenner und Beobachter der Laufbahn von Carl Schmitt, mit welchem Erfolg er sich nach 1933 zum nationalsozialistischen Kronjuristen entwickeln konnte. Wie vergesslich sind doch die Zeitgenossen — sonst müssten sie sich daran erinnern, dass Carl Schmitt noch 1925 als Redner in Zentrumsversammlungen auftrat [...], was ihn 1933 nicht hindert, die ›zentrumskatholische‹ mit der ›international-marxistischen‹ Politik zusammenzubringen [...]; dass er durch ein Gutachten den Reichspräsidenten Hindenburg zur Unterzeichnung des mit dem Young-Plan verbundenen deutsch-polnischen Liquidationsabkommens mitveranlasst hat, dass er für das Reichskabinett Brüning juristische Hilfsdienste leistete und während dieser Zeit entgegen der Forderungen der nationalen Opposition, also auch der Nationalsozialisten, den Mut besaß, einen Umbau der Verfassung öffentlich zu bekämpfen, dass er erst 1933 endlich ein Parteigenosse Adolf Hitlers wurde. Etwas eigenartig nimmt es sich aus, wenn ausgerechnet Carl Schmitt für die Ausscheidung aller nichtarischen Elemente als Träger des Rechtslebens sich einsetzt. Verdankt nicht Carl Schmitt Nichtariern – Moritz Julius Bonn und Erich Kaufmann, der jahrelang mit Erfolg Deutschlands Interessen

Polen gegenüber vor dem Internationalen Gericht in Haag vertrat – entscheidende Berufungen? Und was sagt er heute dazu, dass er noch 1928 eines seiner wichtigsten Werke, die ›Verfassungslehre‹ einem Nichtarier, seinem Freund Fritz Eisler gewidmet hat? [...] Carl Schmitt entdeckt am 1. August 1934 in der DEUTSCHEN JURISTEN-ZEITUNG, dass der Führer am 30. Juni, dem Tag der von Hitler befohlenen Morde an Röhm und anderen SA-Führern, auch Richter war und das Recht schützte, indem er unmittelbar Recht geschaffen habe [...] — erinnert sich nicht Carl Schmitt, wie gerade er früher festgestellt hat, dass ›dem Recht die Form wesentlich ist‹ und dass – wenn der Führer als Richter gehandelt haben sollte – für ihn ›eine im Voraus bestimmte generelle Entscheidungsnorm das Maß‹ sein musste? [...] Carl Schmitt hat also im Voraus rechtswissenschaftlich seine Apologie vom 1. August widerlegt. [...] Seine Apologie des 30. Juni wirkt [...] als eine Reduzierung der Ordnung auf einen empirischen, rein faktisch-zufälligen Willen. [...] Und so sah Carl Schmitt seine Aufgabe darin, die Wirklichkeit zu interpretieren und metaphysisch zu rechtfertigen. Norm fällt mit Entscheidung in der Ordnung der bestehenden Macht zusammen. Wer herrscht, hat Recht, und so war Carl Schmitt nationalsozialistischer Kronjurist; denn der Nationalsozialismus war die damalige deutsche Wirklichkeit.«[689]

»Keine Fragen«, sagt der Oberstaatsanwalt und ruft den Zeugen Franz Blei auf. »Sie heißen Franz Blei und sind geboren wo und wann und sind von Beruf?«, fragt die Vorsitzende Richterin.

»Geboren am 18. Januar 1871 in Wien, von Beruf Schriftsteller.«

»Herr Blei, Sie waren mit Carl Schmitt befreundet. Seit wann?«, fragt der Oberstaatsanwalt.

»Seit 1917.«

»Sie kannten ihn also gut?«

»Ich kannte ihn sehr gut. Als er mir seine Broschüre ›Staat, Bewegung, Volk‹ von 1933 schickte, schrieb ich Carl Schmitt, dass ich ihm nach wie vor gratia und amicitia bewahren würde, aber dass über die reverentia ein hässlicher Schatten gefallen sei. Ich bekam keine Antwort. Die Schatten hatten sich durch die weiteren Publikationen und Stimmungen Schmitts, die mir zu Gesicht gekommen, zur ägyptischen Finsternis verdichtet. Wie konnte das geschehen, dass aus diesem Geist Carl Schmitt ein Fall Carl Schmitt wurde? Ich erinnere mich an viele Gespräche; lese die Briefe, die er mir seit 1917 geschrieben hat. Ich finde im letzten, vom 13. Jänner 1933, den Satz: ›In Zuständen der Erschöpfung schlage ich die Tagebücher von Léon Bloy auf und finde dort meistens den Kontakt, den ich suche. Dann gibt es noch die Karfreitagsliturgie. Dieses Berlin ist ein Vakuum zwischen Osten und Westen, eine Passage, in der es scheußlich zieht. Die Berliner selbst halten diesen Luftzug für den Atem des Weltgeistes und fühlen sich in einer historischen Rolle.‹ ›Betäubt von der überschwenglichen Dummheit der Deutschen, sehne ich mich nach dem Trost Ihres Briefes‹, finde ich in einem Briefe aus dem Jahr 1928. Aus dem gleichen Jahre: ›Sagen Sie mir, wer in Deutschland das Vorwort zur Zweiten Auflage meiner ›Politischen Romantik‹ schreiben könnte. Sie können es nicht, weil Sie zu faul sind, und alle anderen könnten es nicht, weil sie zu dumm sind.‹ Wie konnte dieser römische rheinländische Katholik, der die klassische Schrift ›Römischer Katholizismus und politische Form‹ geschrieben hat, dem Leviathan-Staat erliegen? Wie dieser Gegner der politischen Romantik einem politischen Sensationsroman? Wie dieser betrachtende stille, weinfrohe Mann, der in seiner rheinischen Heimat mit ihrem Römischen und Christlichen den Humanismus erfüllt sah, diesem lärmenden Berserker-Deutschtum? Schmitts publizistische Tätigkeit seit 1933 beschränkte sich darauf, sein Möglichstes zu tun, sein unhaltbares Theorem vom totalen Staat zu halten. Er konnte es nur mit ungeheuerlichen Opfern seines Intellekts. Er konnte das nicht wahrhaft denken, was er zum Preise des Führers und aller anderen Führer drucken ließ. Er sagte es zur vermeinten Rettung der Norm, seines Theorems vom totalen Staat. [...] Als Rheinländer und Katholik war Carl Schmitt niemals auch nur das gewesen, was man in Österreich einen ›national betonten Deutschen‹ nennt, geschweige ein Deutschnationaler. Er liebte seine rheinische Heimat, weil sie römisch durchackert war und da ein Wein wuchs und hatte nur Spott und Verachtung für die Kartoffelfelder Preußens, die Sprit ergeben, aber nicht Esprit.«[690]

Hans Berger ruft Nicolaus Sombart in den Zeugenstand der improvisierten Gerichtsverhandlung in der Ruinenlandschaft auf dem Schwarzenberg. »Sie heißen Nicolaus Sombart und sind geboren wann und wo und was von Beruf?«, fragt die Vorsitzende Richterin.

»Geboren am 10. Mai 1923 in Berlin. Zur Zeit Schriftsteller und Publizist.«

»Herr Sombart, Sie kannten Professor Schmitt als Gast Ihres Vaters Werner Sombart«, beginnt Hans Berger, »und Schmitt hat sich sehr um Sie gekümmert und auf seine täglichen Spaziergänge mitgenommen … Wie sah er Hitler?«

»Schmitt hat Hitler damals sehr ernst genommen«, berichtet Sombart; »›je kleiner wir Hitler machen, umso kleiner machen wir uns selbst‹, hat Schmitt damals immer wieder gesagt. Hitler sei ein Golem, meinte er, und man müsse den kleinen Zettel, der unter seiner Zunge liege und auf dem die Chiffre seines Geheimnisses stehe, in die Hand bekommen, dann habe man ihn in seiner Macht. Diesen Zettel, diese Chiffre, wollte er finden. Dann sagte er wieder: ›Bei Hitler ist das anders als beim Golem, er hat unter seiner Zunge nicht einen Zettel. Wenn man da sucht, findet man den ganzen Papierkorb des 19. Jahrhunderts.‹«[691]

»Überschätzte sich Schmitt da nicht wieder, wenn er Macht über Hitler gewinnen wollte?«, fragt der Oberstaatsanwalt.

»Es ging darum, wer in der Interpretation der Weltgeschichte das letzte Wort hätte. Darin war auch er ganz Hegelianer. Aber die Frage nach dem letzten Sinn der Weltgeschichte war für ihn keine akademische, sondern eine existentielle Frage — sein Seelenheil hing daran. Das 19. Jahrhundert war für ihn das große Feld der Auseinandersetzung zwischen Juden und Deutschen um die

Sinndeutung der Weltgeschichte. Wer Recht behielt, war der Sieger. Und da hatten die Juden für ihn zweifellos die bessere Strategie. Sie hatten verstanden, dass es darum ging, die Reste des tradierten christlichen Ordo zu liquidieren. Mit genialer Intuition hatten sie die Parolen der Zersetzung ausgegeben. Karl Marx hatte die Idee des Klassenkampfes lanciert, der keine gesellschaftliche Ordnung widerstehen kann. Sigmund Freud mit seiner Psychoanalyse die Dignität der Seele, das Kernstück der christlichen Anthropologie, zerstört. Albert Einstein mit seiner Relativitätstheorie das alte, anthropozentrische Weltbild endgültig aus den Angeln gehoben. Nichts vermochte dem standzuhalten. Am gefährlichsten aber war der englische, jüdische Staatsmann und Schriftsteller Benjamin Disraeli mit seiner Theorie, die Geschichte sei ein Kampf der Rassen. ›Ja, ja‹, sagte mir Schmitt, ›die Rassentheorie stammt von Disraeli, damit du es weißt. Und sie will besagen, dass es ein Volk gibt, das allen anderen überlegen ist: die Juden. Es gibt nämlich nur eine Rasse, die jüdische. Blut und Geist sind da eins. Das kann ihnen keiner nachmachen.‹«[692]

»Wann genau hatten Sie den Kontakt zu Schmitt?«, fragt Hans Berger.

»Seit Mitte der dreißiger Jahre. Ich war damals um die achtzehn, Carl Schmitt noch keine fünfzig.«

»War das vor oder nach der Entmachtung Schmitts durch die SS?«

»Teils, teils. Vorher hieß es in meiner Familie: ›Carl Schmitt ist ein Nazi.‹ Dann, er sei in das Lager der Regimegegner übergetreten. Ich bereitete mich damals aufs Abitur vor, studierte später in Berlin, hörte herum, ging in die Vorlesungen von Eduard Spranger, Nicolai Hartmann, Wilhelm Pinder, Ernesto Grassi. Was sie sagten, interessierte mich, betraf mich aber nicht. Nur bei Carl Schmitt, den ich außerhalb der Universität traf, hatte ich das Gefühl: alles, was er sagt, geht mich unmittelbar an. [...] Bei den anderen hatte ich das Gefühl, es fehle jene aufregende Gegenwartsbezogenheit, die aus jedem Satz sprach, den ich aus dem Munde von Carl Schmitt vernahm. […] Er telefonierte von zu Hause: ›Nicolaus, das Wetter ist so schön, wollen wir nicht etwas im Grunewald spazieren gehen?‹ Ich ließ alles stehen und liegen, nahm den Omnibus ›M‹. Und da stand er, an der Haltestelle Thielplatz, der kleine Herr mit Hut und Stock, auf mich wartend, und los ging es. Das Gespräch begann, wenn ich den Fuß noch nicht vom Trittbrett hatte.«[693]

Eines Tages, wieder nach einem stundenlangen Spaziergang, von dem sie sich im Schmittschen Haus bei einer Sause erholten, gab Schmitt dem jungen Sombart einen Roman mit, »Tancred, or The New Crusade« von Benjamin Disraeli. Soso, dachte Sombart, der Herr hat sogar einen Roman geschrieben. »Hast Du den Schlüsselsatz gefunden?«, fragte Schmitt Tage später. Sombart hatte ihn nicht gefunden. »Dann werde ich ihn Dir sagen. Er lautet: ›Christentum ist Judentum für die Allgemeinheit, aber immer noch Judentum!‹ Das ist ungeheuerlich! Dieser Hochmut! Dieses Überlegenheitsgefühl. Damit werden 2000 Jahre abendländischer Geschichte auf den Kopf gestellt!«[694] Es ging Schmitt darum, berichtet Sombart, »ob das christliche Dogma von der Erbsünde und der Unerlösbarkeit des Menschen im Diesseits die für die Geschichte unumstößliche letzte Wahrheit sei – es Erlösung also nur im Jenseits in einem eschatalogischen Horizont gab –, oder ob es vielmehr stimmte, dass die Menschheit sich progressiv auf ein fernes, zukünftiges, aber diesseitiges Friedensreich hin bewegt – auf das ›neue Jerusalem‹. Eschatologie gegen Utopie… Das ›Friedensreich der Zukunft‹, das war die große jüdische Idee, in deren Dienst alle Völker der Erde gezwungen werden sollten! Das war nicht der Heilsplan eines christlichen Erlösergottes, dessen Reich nicht von dieser Welt ist, sondern der Weltherrschaftsanspruch einer superioren Rasse, einer allen anderen Völkern überlegenen Menschheitselite, die sich im Besitz eines höheren Herrschaftswissens befand. […] Carl Schmitt suchte die magische Formel, die es ihm, der mehr wusste von der Geschichte als irgendein anderer, erlauben würde, das Unheil, das über die Welt gekommen war, zu bannen.«[695] »In diesen Jahren damals«, erzählt Nicolaus Sombart, »hing über

Schmitts Schreibtisch das Bild Benjamin Disraelis, den er bewunderte – weil Disraeli nämlich für Schmitt den jüdischen Universalismus mit der englischen Herrschaft der Meeres kombiniert hatte. Das war die ideale, ›weltgeistgemäße‹ Symbiose. Jüdische Weltreich-Visionen und englische Weltmacht vereinigten sich zu einem unwiderstehlichen Menschheitsprojekt, dem sich niemand entziehen konnte. Das britische Empire, die Kaiserkrone von Indien, war die geniale Idee eines Juden. Damit konnte die Bismarcksche mitteleuropäisch-kleindeutsch-preußische Reichsgründung nicht konkurrieren. Was war das deutsche ›Mit Gott für König und Vaterland‹ gegen den Fortschrittsglauben einer zivilisierten Menschheit. [...] Die Frage, die Carl Schmitt beschäftigte, war offensichtlich die: Wie hat der alte Jude das gemacht? Sie besitzen das Geheimnis über den Umgang mit dem Leviathan — sie verstehen ihn zu zähmen und, wenn es so weit ist, zu sezieren. Ohne Gewalt. Durch Magie? Durch Zauberei? Durch die Macht des Geistes! Wahrscheinlich rührte daher Schmitts Bewunderung für Disraeli, den er vielleicht einmal zu besiegen gehofft hatte. Doch am Ende war er, Schmitt, der Besiegte und konnte nur eines seiner Lieblingszitate anbringen: ›Der Feind ist unsere eigene Frage als Gestalt‹. Was mich ergriff, war das Gefühl der Ohnmacht, das aus allen Worten Schmitts sprach. Er war gleichzeitig derjenige, der überzeugt war, das überlegene Wissen auf seiner Seite zu haben, der die Geschichte durchschaute, der titanische Herausforderer aller Weltmächte und der im Grunde doch ahnungslose deutsche Professor, der ohnmächtig von der Macht träumt, die er nicht hat, und für den immer noch der Vers von Heine galt: ›Wir aber besitzen im Luftreich des Traums / Die Herrschaft unbestritten‹. Er war der little fellow, der das Kunststück versucht, durch List und Dreistigkeit seinen gewaltigen Gegner zu unterlaufen und zu Boden zu werfen. [...] Inzwischen hat sich herausgestellt, dass das Carl Schmittsche Großraumkonzept die einzige tragfähige Basis einer künftigen polyzentrischen Welt-Raum-Ordnung sein kann. Aber inzwischen hat man vergessen, dass er der gedankliche Urheber dieser Konzeption ist. Man entdeckt heute den falschen Carl Schmitt wieder, plündert das Arsenal des Konstrukteurs der Junggesellenmaschine ›Staat‹, statt dem Pionier der Raumrevolution in das offene Denken einer planetarischen Weltordnung zu folgen.«[696]

»Der Zeuge Rüdiger Altmann bitte«, sagt Antragsteller Hans Berger. »Sie heißen Rüdiger Altmann, sind wann und wo geboren und was von Beruf?«, fragt die Vorsitzende Richterin.

»Geboren am 1. Dezember 1922 in Frankfurt am Main, Beruf Publizist.«

»Welche Position vertrat Schmitt im Dritten Reich nach seiner Entmachtung durch die SS?«, möchte Hans Berger wissen.

»Schmitt zog sich auf das klassische Völkerrecht zurück und veröffentlichte 1938 das Buch ›Der Leviathan‹, eine Auseinandersetzung mit der Staatsphilosophie von Thomas Hobbes. Hobbes hat ihn interessiert als Philosoph, der den Staat gedacht hat als Ordnung, die den Bürgerkrieg abschließt. Zu gleicher Zeit hat er aus Hobbes' Denken entwickelt das Bild eines totalen Staates, der völlig mechanistisch ist, ein reiner kalter Machtapparat, der daran sterben wird, und dieses Bild, der Totenschein des modernen Staates, war im Grunde die Fotografie des Dritten Reiches im Jahr 1938. Am Schluss dieses Buches schildert er in der Gestalt des Hobbes sich selber und sein eigenes Schicksal als Staatsdenker, der daran scheitert, dass der Staat selbst zerbricht in der totalitären Diktatur.«[697]

»Darf ich noch etwas sagen?«, ruft Nicolaus Sombart, der sich wieder zu den anderen Zeugen und Zuhörern gesetzt hat. »Als ich mit Schmitt damals im Grunewald spazieren ging, hatte er sein Buch über den ›Leviathan‹ schon veröffentlicht. Ich hatte es nicht gelesen. Ich weiß heute aber, wie man es lesen muss. Als einen melancholischen Abgesang auf den Glauben an den ›Souveränen Staat‹, in den das Zugeständnis einfließt, dass die Juden in Sachen Staat die Schlaueren gewesen sind. Mit richtigem Vergnügen erzählte Schmitt mir die Geschichte von dem Gott der Juden, der täglich mit dem Leviathan spielt, und den Juden, die ihn schließlich, in kleine Stücke geschnitten, auf einem ewig währenden Laubhüttenfest verspeisen. War das nun Antisemitismus? Wenn Carl Schmitt mich in dieser Art darüber aufzuklären versuchte, was es mit der Judenfrage auf sich hatte, so geschah es ganz unverhüllt aus der Überzeugung, dass, wenn man das 19. Jahrhundert als das Feld eines Kampfes um die geistige Suprematie in der Welt verstand, in dem es letztlich um die offene Frage nach der Nachfolge Gottes ging, diejenigen – wer auch immer für den Tod Gottes verantwortlich zu machen war –, die auf den sterblichen Gott gesetzt hatten, sich geirrt haben. Die jüdische Idee eines die ganze Erde und Menschheit umfassenden universalistischen Weltprinzips war, daran konnte kein Zweifel sein, dem Übertritt in die globale Ära, die die englische Seemacht vorbereitet hatte, angemessener. Der deutsche Staat war darum schon im Augenblick seines Entstehens ein Anachronismus. Der wilhelminische Traum von Reich und Seemacht kam hoffnungslos zu spät – von dem, was heute geschieht, ganz zu schweigen. Was war ein Kaiser gegen eine Kaiserin, ein preußischer Junker gegen einen jüdischen Magier?«[698]

Das Raunen des Schicksals

»Gehen wir wieder zum ›Engelbertstuhl‹«, schlägt der alte Herr vor, seit einer Weile in ein mir düster vorkommendes Schweigen vertieft. Was verschweigt er? Damals hat er jedenfalls selbst engsten Freunden verschwiegen, dass zu seinen Privatmythologien, zumal nach der Lektüre Kierkegaards, der Glaube an sein persönliches Schicksal gehörte. Zwanzig Jahre vorher, am 6. August 1914, hatte er dieses Geheimnis seinem Tagebuch anvertraut. »Ich glaube es zu fühlen: für einige Tage des menschlichen Lebens ist jedem Einzelnen nicht nur sein eigenes, persönliches Geschick, sondern auch das seines Volkes und das von Millionen in die Hände gelegt. Die Tage gehen schnell vorbei. Dann fühlt man das allgemeine Schuldbewusstsein. Wer dann aushält und streng ist, wird belohnt; wer es nicht aushält und schlecht ist, geht unter. Niemand weiß etwas davon. Aber an jeden kommt die Reihe, wenigstens an jeden, der diese meine Worte überhaupt versteht. Dann soll er sich zusammennehmen, denn es wird schwer.«[699]

Carl Schmitt hat das von ihm 1933 akzeptierte »Schicksal« nur schwer ausgehalten. Mit seinem Engagement auf Seiten der Nationalsozialisten änderte sich auch seine Persönlichkeit. Zwar ein konservativer Professor nach Zuschnitt des 19. Jahrhunderts, der sich nicht ausfragen ließ, sondern nur preisgab, was er mitteilen wollte, suchte er gleichwohl immer den Dialog und blühte im Dialog auch erst richtig auf. Nun aber wurde er herrisch, ließ keine anderen Meinungen neben seinen mehr gelten, unterbrach in Seminaren brüsk. Freunde und Schüler, die ihn aus Bonner Zeiten kannten, als

Schmitt der Geselligkeit wegen viele Diskussionen in die Weinstuben ›Streng‹ verlegte, und ihn nun in Berlin erlebten, waren verwundert und auch befremdet. »Die Lage von Schmitt«, sagt der Journalist und Freund Paul Adams (»geboren 12. April 1894 in Menden«) auf eine Frage des Oberstaatsanwalts aus, »war furchtbar in jener Zeit. Er hat mich aber vergleichsweise noch gut behandelt. Neu war mir seine abrupte Art, meine Ansichten und ihre Darlegung abzuwerten. Politisch, wusste ich damals, würde er niemals von den Nationalsozialisten akzeptiert werden. Sein Stil, seine Genialität, seine im Grunde solitäre Existenz würden immer Anstoß erregen. Er wäre besser nach München gegangen und hätte an der Peripherie existiert. Er war diesen ständigen Belastungen nicht gewachsen.«[700]

Am besten, urteilten auch viele andere Freunde, wäre Schmitt im beschaulich-kleinstädtischen Bonn geblieben, wo er seine ruhigsten wie produktivsten Jahre erlebte, wenn auch in unruhiger Zeit, Zeit etwa der Rheinlandbesetzung, der er 1925 einen seiner wichtigsten politischen Texte gewidmet hat.[701] Frieden, äußere Sicherheit und verlässliche innere Ordnung seien für die Generation der damals Zwanzig- bis Vierzigjährigen nur traumhafte Erinnerung oder nebelhafte Hoffnung gewesen, erzählt der noch einmal aufgerufene Ernst Rudolf Huber, der im Frühjahr 1924 von München zum Studium nach Bonn wechselte. Es sei, seit ungefähr 1908, eine Zeit gewesen von inneren Kämpfen, Streiks, Vertrauenskrisen, Erschütterungen des Ansehens des kaiserlichen Amts und zugleich von äußeren Krisen, der Bosnien-, Balkan-, Marokko- und Tripoliskrise, an die sich der Erste Weltkrieg mit seinen Siegeshoffnungen und Teilerfolgen, dann mit den beginnenden Niederlagen und dem äußeren Zusammenbruch und inneren Umsturz anschlossen. »Als ich Schmitt in der Zeit der beginnenden Stabilisierung im Frühjahr 1924 zum ersten Mal sah und hörte«, erinnert sich Huber, »lautete die Frage, mit der er die ›Übungen im öffentlichen Recht‹ einleitete, ob die ›Aufwertung‹ der Mark, die damals im Mittelpunkt der Notmaßnahmen zur Wiederherstellung der inneren Ordnung stand, nicht vielmehr eine ›Abwertung‹ der überlieferten Besitzstände und damit eine ›enteignungsgleiche Maßnahme‹ sei. Ich erwähne dieses Aperçu, weil es so charakteristisch für Schmitts Denk- und Fragestil war, so besonders bezeichnend für seine Kunst, den anderen durch die unerwartete, fast überfallartige Art des Fragens zum Mitdenken zu zwingen.«[702] In Hubers Erinnerung taucht Schmitt in jenen Bonner Jahren auf als jugendlich wirkender Mitdreißiger, der in seinen schnell berühmt werdenden Vorlesungen das Auditorium »vom ersten Augenblick an durch seinen verhaltenen, eindringlichen, präzisen Vortragsstil, durch die bezwingende Folgerichtigkeit und durch die überraschenden Abschweifungen des Denkens, die dann ebenso überraschend in den Kern der behandelten Sache zurückführten, in Bann schlug«[703]. Ein Satz Schmitts wie »Souverän ist, wer über den Ausnahmezustand entscheidet« bedeutete für Huber und seine Generation – »für uns damals Junge, die wir zehn Jahre wechselnder Ausnahmezustände, auch, im besetzten Rheinland, solche einer fremden Macht, hinter uns hatten«[704] – die Quintessenz erlebter Verfassungswirklichkeit.

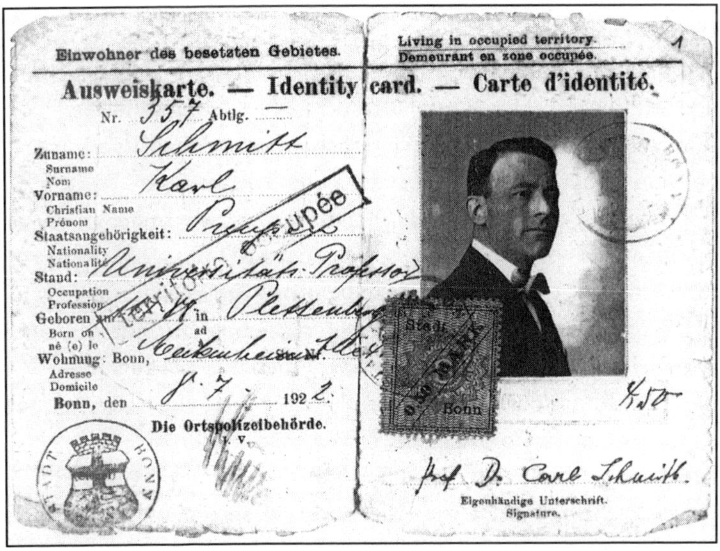

Abb. Ausweiskarte für Carl Schmitt, ausgestellt in Bonn am 8. Juli 1922.

»Der Satz öffnete uns die Augen für den inneren Zusammenhang teils gelungener, teils fehlgeschlagener Notmaßnahmen, die seit langem das persönliche Dasein wie die staatliche Existenz bestimmt hatten. Der Satz rief uns ins Bewusstsein, in welchem Maß es gerade auch in der Republik, in der wir seit viereinhalb Jahren lebten, dem Reichspräsidenten Ebert als dem Träger der höchsten Verantwortung und der äußersten Machtvollkommenheiten gelungen war, durch die entschlossene Handhabung des von Hugo Preuß in die neue Reichsverfassung eingefügten Diktatur-Artikels das Reich, mit dem wir uns identisch wussten, in seinem Bestand zu sichern und in seiner Ordnung wiederherzustellen. Was ›Souveränität‹ in ihrem existentiellen Kern bedeutet – nämlich, nach Dahlmanns berühmtem Wort das ›Recht der rettenden Tat‹ –, wurde uns im Ausgang des Kriegs- und Krisenjahrzehnts 1914–24 durch akademische Lehrer bewusst, die – wie Karl Rothenbücher, Erich Kaufmann und Carl Schmitt – die Verfassung nicht als bloßes Normengefüge, sondern als ›Wirklichkeit‹ zu begreifen und darzustellen verstanden.«[705] In jenen Bonner Zeiten promovierte Schmitt seine später berühmtesten Schüler, neben Ernst Rudolf Huber Werner Weber, Ernst Friesenhahn und Otto Kirchheimer — die Verbindungen überdauerten, wenn auch persönliche wie politische Spannungen sie manchmal belasteten. Jemand wie der spätere Bundesverfassungsrichter Friesenhahn, der Schmitt damals von Bonn nach Berlin gefolgt war, griff seinen Lehrer Schmitt zwar in den fünfziger Jahren wegen dessen nationalsozialistischem Engagement an, zog in den siebziger Jahren aber doch die Bilanz der Versöhnung: »Dass Sie die frühen Jahre geprägt haben«, schrieb er Schmitt in einem Brief, »ist nicht vergessen. Nicht vergessen die Diskussionen um die ›Verfassungslehre‹, als ich Korrekturen mitlas, die Gespräche bei dem Spaziergang im Tiergarten-Viertel und bei einem Pils in einer Eck-Pinte in Berlin im Sommer 1930.«[706] Dass die Jahre in Bonn vielleicht Schmitts schönste Zeit waren, lag sicher auch daran, dass er von hier aus schnell das Sauerland erreichen konnte und die geliebte Mosellandschaft, aus der seine Vorfahren gekommen waren.

Aber Berlin lockte, und als 1928 eine Professur noch nicht einmal an der Universität, sondern »nur« an der Handelshochschule greifbar war – aber immerhin auf einem Lehrstuhl, den einmal Hugo Preuß innehatte, der Schöpfer der Weimarer Reichsverfassung –, hat er keinen Moment gezögert.

»Warum ist Professor Schmitt damals an die Handelshochschule gegangen?«, will die Richterin wissen.

»Schmitt suchte und fand in Berlin den Wirkungsort, der ihm die unmittelbare Verbindung zu den Zentralen der staatspolitischen Entscheidungsmacht öffnete«, sagt Huber. »Er bedurfte dieses Zugangs, weil die Vertrautheit mit den Problemen und Notwendigkeiten des staatspolitischen Ernstfalls nur in der unmittelbaren Beziehung zu den Führungsschichten der zivilen und militärischen Exekutive zu gewinnen war.«[707]

Oberstaatsanwalt Siegfried Bewerunge hat während der langen Ausführungen Ernst Rudolf Hubers einen dicken Ordner aus seiner Aktentasche geholt und ihn demonstrativ vor sich hingelegt. »Angesichts der Lobhudelei auf den ›berühmten Staatsrechtler Professor Carl Schmitt‹ darf ich nun doch mal andere Stimmen zu Wort kommen lassen und aus den Unterlagen der Berufung Schmitts von der Universität Bonn an die Berliner Handelshochschule einige Gutachten zitieren«, sagt der Oberstaatsanwalt, lehnt sich genüsslich zurück und beginnt seine Lesung. »Schmitt ist zweifellos ein sehr begabter junger Mann«, wird da Fritz Stier-Somlo, Professor für Staats-, Verwaltungs- und Völkerrecht sowie für wissenschaftliche Politik und für Kommunal- und Sozialrecht an der Universität Köln, zitiert. »Seine erste größere wissenschaftliche Arbeit über die Diktatur wird sehr verschieden beurteilt. Es steckt viel Forschungsarbeit darin […], das Ganze ist freilich aus sehr heterogenen Bruchstücken zusammengesetzt und vielfach anfechtbar. […] In einer Reihe von kleinen Schriften hat sich dann Schmitt sehr stark mit Problemen von unmittelbarem Gegenwartsinteresse beschäftigt, geistvoll, wenn auch häufig in einer Art, die nicht selten den Eindruck erweckt, als ob der Verfasser gerne etwas Auffallendes und Verblüffendes sagen möchte, ohne dass dem eine tiefgründige Überzeugung entspricht. Als Jurist ist er wohl schwächer denn als Essayist, aber im ganzen genommen eine nicht zu unterschätzende geistige Potenz.«[708] Ein anderer Gutachter, Paul Eltzbacher, führte sein Gutachten mit einer persönlichen Erklärung ein: »Ich habe mit Schmitt niemals zu tun gehabt, bin niemals von ihm angegriffen worden und habe von ihm erst bei der Neubesetzungsfrage durch seine Schriften Kenntnis erlangt. Aber die geistige Eigenart dieser Schriften widerstrebt mir in einem solchen Maße, dass sich beim Lesen geradezu ein Gefühl der Antipathie gegen den Verfasser herausgebildet hat. Das kommt in meinem Gutachten zum Ausdruck, und ich hielt es für meine Pflicht, dieses Gefühl, das ja doch schließlich sachliche Gründe hat, nicht zu unterdrücken.«[709] Im eigentlichen Gutachten Eltzbachers heißt es dann unter anderem: »Von den Schmitt'schen Schriften, die ich gelesen habe, ist bei weitem am besten die freilich ausschließlich der Vergangenheit gewidmete ›Politische Romantik‹. In ihr sucht Schmitt eine Geistesbewegung des 19. Jahrhunderts zu ergründen. Er gibt eine Fülle von bedeutsamen Tatsachen, von geistvollen Bemerkungen, ohne allerdings meiner Auffassung nach unsere Erkenntnis jener Bewegung erheblich zu fördern. Er wendet die Dinge hin und her, beleuchtet sie von allen Seiten, spielt mit ihnen, und am Ende ist der Leser zwar unterhalten worden, aber nicht viel weitergekommen. Die Schwächen Schmitts treten deutlicher zutage in der gleichfalls im Wesentlichen geistesgeschichtlichen Schrift ›Politische Theologie, vier Kapitel von der Lehre zur Souveränität‹. Diese Schrift hat keine einheitliche Fragestellung, ist blendend ohne Gehalt und muss den Leser, der in einem wissenschaftlichen Buche Erkenntnis sucht, durch ihren völligen Mangel an Nährwert schließlich zur Verzweiflung bringen. In Bezug auf methodisches Denken kann man sie geradezu als abschreckendes Beispiel nennen. [...] Schmitt würde unsere Studenten anregen, blenden, verwirren, vielleicht manchen begeistern, aber er würde ihnen das nicht mitgeben, was sie an geistigem Rüstzeug fürs Leben brauchen...«[710]

Der Antragsteller Hans Berger unterbricht die Lesung des Oberstaatsanwalts und liest seinerseits, gut vorbereitet, ein damaliges Gegengutachten von Professor Richard Schmidt, Leipzig, vor: »Wenn Sie Carl Schmitt bekommen können, so hätten Sie zweifellos einen der fruchtbarsten und geistvollsten Köpfe, die es im Kreise der deutschen Staatsrechtslehrer überhaupt gibt. Er ist ein eigenartiger, vielseitig gebildeter, sowohl philosophisch wie historisch geschulter Gelehrter, der alle Fragen in der Tiefe sofort und mit jeder Arbeit die Wissenschaft bereichert. Sein Buch über die ›Diktatur‹, seine soeben in zweiter Auflage erschienene Schrift über den Geist des parlamentarischen Systems, seine ebenfalls in letzter Zeit veröffentlichte Kritik von Anschütz' Verfassungskommentar beweisen das ohne weiteres. Allerdings ist er eine sensitive, etwas sonderlinghafte Persönlichkeit, mit den realen Dingen schwer sich abfindend. Eine Korporation, die ihn beruft, müsste entschlossen sein, ihn seine eigenen Wege gehen zu lassen.«[711]

Nun unterbricht die Vorsitzende Richterin. »Zurück zur Sache. Warum ist Professor Schmitt von Bonn nach Berlin gegangen?«

Aus dem inzwischen angewachsenen Publikum in der Ruinenlandschaft auf dem Schwarzenberg meldet sich ein junger Mann und stellt sich als nicht geladener Zeuge vor: Günter Krauss (»geboren 10. März 1911 in Köln, Jurist«), damals Schüler von Schmitt in Bonn und Berlin, heute Rechtsanwalt in Köln. »Die Gründe, warum Carl Schmitt von Bonn zur Handelshochschule nach Berlin ging, waren mir zeitweilig rätselhaft. War das nicht ein Abstieg? Insbesondere degradierte man sich doch selbst, wenn man von der Universität zur Handelshochschule ging. Ich habe Carl Schmitt nie über die Gründe befragt. Die Universität Bonn erschien damals geradezu als ein idealer Wirkungskreis für jeden Gelehrten, besonders aber für Carl Schmitt. Sie gehörte zu den ersten des Reiches. Sie hatte sich besonderer Wertschätzung der preußischen Monarchie erfreut. […] Andererseits hatte das protestantische Milieu der Friedrich-Wilhelms-Universität […] die Katholizität der Landschaft und Bürgerschaft nicht beeinträchtigt. Carl Schmitt war umgeben von begeisterten Hörern, viel versprechenden Schülern und hervorragenden Freunden unter den Gelehrten. Zu den Freunden gehörten zwei große Theologen: der katholische Dogmatiker Karl Eschweiler, der später ein begeisterter Anhänger des Nationalsozialismus war, [...] und Erik Peterson, damals noch Protestant, später zum Katholizismus konvertiert. [...] Drei der ehemaligen Schüler Carl Schmitts wurden hochverdiente Rechtslehrer: Ernst Forsthoff, Ernst Rudolf Huber und Werner Weber, bemerkenswerterweise sämtlich Protestanten, dies nicht nur in einem äußerlichen Sinn. Auch menschlich bewährten sie sich aufs beste; man muss hierbei anmerken, dass der Lehrer es ihnen nicht immer leicht machte: er war gleichermaßen subtil in Auszeichnungen wie in Kränkungen. Daran sind andere gescheitert...«

»Kommen Sie bitte zur Sache«, unterbricht die Vorsitzende Richterin. »Warum gab Carl Schmitt einen solchen Wirkungskreis auf?«

»Die Antwort besteht in einem einzigem Wort: Berlin... die Hauptstadt Preußens, das der Katholik Carl Schmitt glühend verehrte, und des Reichs und vor allem dessen unbestreitbarer Mittelpunkt – bei aller Wertschätzung Münchens – zog ihn unwiderstehlich an. Berlin war, wie seine Frau Duschka sagte, sein Schicksal. Die Handelshochschule war getragen von der Berliner Kaufmannschaft, darunter naturgemäß zahlreiche Juden, die die große Bedeutung Carl Schmitts erkannten. Den Vorzügen Berlins standen nicht unerhebliche Nachteile der Handelshochschule gegenüber: die dortigen Studenten waren nicht Juristen, sondern Volks- und Betriebswirte. Das bedeutete ein völlig verändertes Auditorium, bei dem man weit weniger voraussetzen konnte als bei noch unausgereiften Rechtsstudenten. [...] So konnte Carl Schmitt auch nicht auf Schüler rechnen, obwohl er nach wie vor Doktoranden förderte. Dies alles nahm er um Berlins und Preußens willen in Kauf.«[712]

»Wie viele Zuhörer hatte Schmitt damals bei seinen Vorlesungen an der Handelshochschule?«, fragt Hans Berger.

»Nach meiner unsicheren Erinnerung fanden sich stets so etwa fünfzig Hörer ein, darunter kein einziger Universitätsstudent. [...]

Die Vorlesung begann völlig sachlich, ohne Captatio benevolentiae, ohne die damals häufigen flachen Witzeleien, auch ohne den drohenden Unterton, der mir bei Martin Heidegger unangenehm aufgefallen war. Schmitt sprach frei anhand kaum bemerkbarer Notizen, ließ die Hörer an der Entwicklung der Gedanken teilnehmen, stellte Zwischenfragen und freute sich über Antworten, die erkennen ließen, dass man seinem Gedankengang folgte. Die Spannung ließ keinen Augenblick nach. [...] Damals beschränkte sich die Vorlesung auf den organisatorischen Teil der Weimarer Verfassung. [...] Die Vorlesung verstärkte meinen Wunsch nach Zulassung auch zum Seminar, das wie üblich privatissime gehalten wurde. [...] Das Seminar fand am Spätnachmittag statt und mag etwa fünfundzwanzig Teilnehmer aufgewiesen haben. Auch hier fehlten Rechts-

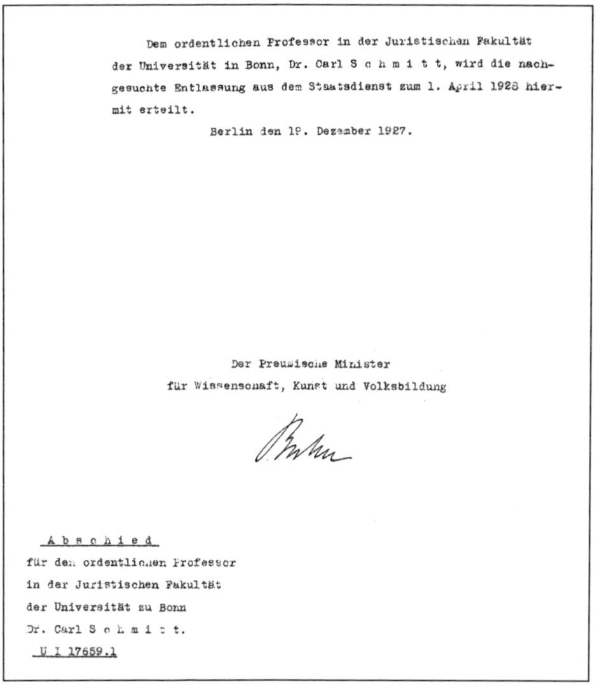

Dem ordentlichen Professor in der Juristischen Fakultät der Universität in Bonn, Dr. Carl S c h m i t t, wird die nachgesuchte Entlassung aus dem Staatsdienst zum 1. April 1928 hiermit erteilt.

Berlin den 19. Dezember 1927.

Der Preußische Minister
für Wissenschaft, Kunst und Volksbildung

A b s c h i e d
für den ordentlichen Professor
in der Juristischen Fakultät
der Universität zu Bonn
Dr. Carl S c h m i t t.
U I 17659.1

Abb. Entlassung Carl Schmitts aus dem Staatsdienst der Universität in Bonn, zum 1. April 1928.

studenten, dafür waren aber frühere Schüler von Carl Schmitt, die nun schon in der Praxis standen, wie Werner Weber, damals im Preußischen Kultusministerium, auch der spätere Professor Otto Kirchheimer da; auch dubiose Figuren gab es, mehr von links als von rechts. [...] Thema war die Unterscheidung von Staat und Gesellschaft, für Carl Schmitt jetzt problematisch geworden, und damit die Wendung zum totalen Staat. Carl Schmitt war stets auf der Höhe der Situation, empfänglich für Anregungen, aber auch sarkastisch gegenüber ungeeigneten Diskussionsbeiträgen. [...] Er pflegte vor jedem Referat die Frage zu stellen: ›Was sind Ihre Thesen?‹ Die einfache Frage machte mir Schwierigkeiten ... Mein Referat hatte eine für mich erfreuliche Folge: eine Einladung in die Privatwohnung, damals im alten Hansaviertel, nördlich des Tier-

Univ.-Prof. Dr. Carl Schmitt

Professor Dr. Carl Schmitt ist mit seinen [illegible]
Als Professor an der Handelshochschule Berlin hatte er, fern der Tagespolitik, Gelegenheit, sich ganz in die Geschichte des deutschen Rechtes zu vertiefen. Er kam dann kurz vor dem Preußenschlag des 20. Juli 1932 mit seinem Werk „Legalität und Legitimität" heraus, in dem er den Herrschaftsanspruch der roten Machthaber, den diese gegen das Volk durchzuführen versuchten, zunichte machte. Im Prozeß der Regierung Braun-Severing gegen das Reich in Leipzig vertrat er die Belange des Reiches gegen die Parteien, die aus absichtlich falsch verstandener Demokratie heraus die nationalsozialistische Freiheitsbewegung gleichsetzen wollten mit einem von Rußland importierten Untermenschentum. Seinem Temperament und seiner Geschicklichkeit gelang es, die Rückkehr der roten Preußenregierung und damit das Chaos zu verhindern. Gleich darauf schuf er mit seinem Buch „Der Begriff des Politischen", dessen Inhalt heute Gemeingut der politisch denkenden Kreise ist, die Grundlage für die nationalsozialistische Staatspolitik.
Nach der Machtergreifung berief ihn Adolf Hitler in seinen engsten Mitarbeiterstab, und unter seinem hervorragenden Einfluß entstand das Reichsstatthaltergesetz, durch das er zum Schöpfer des neuen deutschen Staatsrechtsgedankens wurde. Ministerpräsident Goering berief den verdienstvollen Gel[illegible]ten dann in [illegible] Preußischen Staatsrat.

Abb. Der nationalsozialistische Kölner WESTDEUTSCHE BEOBACHTER würdigt Carl Schmitt, 1933.

gartens, Klopstockstraße 48. […] Schmitt setzte seine Gastfreundschaft außer Hause fort, in Weinstuben wie denen von Habel und Eggebrecht in der Friedrichstadt.«[713]

Berlin wurde wirklich Schmitts Schicksal und hielt ihn fest. Zwar verließ er die Stadt noch einmal Richtung Köln — wo man ihn, der sich als Mann des nationalsozialistischen Staates zu erkennen gegeben hatte, mit einigem Pomp empfing und der damalige Nordwestdeutsche Rundfunk seine Antrittsvorlesung vom 16. Juni 1933 über »Reich, Staat, Bund« sogar auf eine Schallplatte pressen ließ; wo man Schmitt einmal auch in Parteiuniform sah, in vornehm-braunem Samt; und wo ihn im August des Jahres ein Brief aus Freiburg erreichte, von Martin Heidegger: »Sehr verehrter Herr Schmitt, […] heute möchte ich Ihnen nur sagen, dass ich auf Ihre entscheidende Mitarbeit hoffe, wenn es gilt, die juristische Fakultät im Ganzen nach ihrer wissenschaftlichen und erzieherischen Ausrichtung von innen her neu aufzubauen. Hier ist es leider sehr trostlos. Die Sammlung der geistigen Kräfte, die das Kommende heraufführen sollen, wird immer dringender. Für heute schließe ich mit freundlichen Grüßen. Heil Hitler. Ihr Heidegger.«[714] Doch

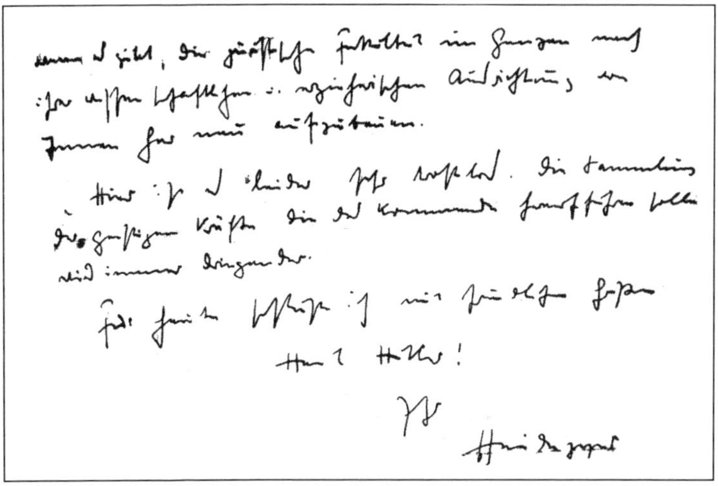

Abb. Brief Martin Heidegger an Carl Schmitt, vom 22. August 1933.

schon nach einem Semester an der Kölner Universität war Schmitt wieder in Berlin, und diesmal an »richtiger« Stelle, an der Friedrich-Wilhelm-Universität. Schmitt folgte dem Glauben an sein Schicksal, den er am 8. Oktober 1914 im Tagebuch sich eingestanden hatte. »Ich darf es niemand sagen. […] Allein ich weiß es.«[715]

Das Raunen des Schicksals, die spannungsvolle und erschreckende Ambivalenz in Schmitts Person und seine oft verhüllte Position finden sich nun auch in seiner Staatstheorie: Einerseits der katholische, gläubige Mann, der im frühen Tagebuch den Kirchenstaat als Ideal bezeichnet, sich andererseits zwischen den Zeilen als nur taktischen Katholiken zu erkennen gibt. Liest man die Jugendbriefe Schmitts an seine Schwester Auguste, findet man keine Belege für die oft verbreitete Ansicht, Schmitts intellektuelle Positionen seien zurückzuführen auf überhitzte katholische Begriffe, gewonnen beim Aufwachsen in der Plettenberger Diaspora. Man spürt nichts von einer katholischen Militanz, geschweige dass man aus diesen frühen Briefen einen ersten Antisemitismusverdacht herauslesen kann. Zwar war Schmitt nach außen praktizierender Katholik, das Tischgebet war für ihn obligatorisch und mit Freunden sang er gern Marienlieder und zu Weihnachten »Stille Nacht, Heilige Nacht« und »Freue dich, o Christenheit«; auch staffierte er manche seiner Ideen als »katholisch« aus und behauptete als Autor des Buches »Römischer Katholizismus und politische Form« von sich, er sei »so katholisch wie der Baum grün ist«, Katholik »nicht nur dem Bekenntnis, sondern auch der geschichtlichen Herkunft, wenn ich so sagen darf, der Rasse nach«[716], aber wenn außerhalb dieser Formalitäten das Katholische an sich für Schmitt kein Problem darstellte, dann drängt sich die ungeheuerliche Frage auf, ob Schmitt, nach der Vermutung Nicolaus Sombarts, wirklich auf die Vorstellung von einem Paradies auf Erden verzichtet hat und letztlich bereit war, alle christlich-humanistischen Ideen über Bord zu werfen zugunsten der Konsequenz seiner politischen Theorie. Das ist die Schlüsselfrage, die das Geheimnis Carl Schmitts, sein Arcanum berührt. Dieses Geheimnis hat Schmitt nicht verraten. Doch, ruft Nicolaus Sombart in die Gerichtsverhandlung, einer Person habe er es verraten, seiner Tochter Anima.

Also noch einmal nach Berlin, Anfang der vierziger Jahre, ein Haus im Stadtteil Dahlem, Kaiserswerther Straße 141, es ist Nacht, im ersten Stockwerk sind einige Zimmer beleuchtet. Carl Schmitt sitzt wie jeden Abend am Bett seiner Tochter Anima und erzählt ihr Gute-Nacht-Geschichten und weist sie in die Weltgeschichte ein.

»Wo waren wir stehen geblieben?«, fragt er Anima.

»Bei der Entdeckung Amerikas und der ersten Erdumsegelung.«

»Damals bekam der Mensch zum ersten Mal in seiner Geschichte den wirklichen, ganzen Erdball wie eine Kugel in seine Hand. Dass die Erde eine Kugel sein sollte, erschien einem mittelalterlichen Menschen, aber auch noch Martin Luther, als eine lächerliche, nicht ernst zu nehmende Fantasterei. Jetzt wurde die Kugelgestalt der Erde eine handgreifliche Tatsache, eine unabweisliche Erfahrung und eine unbestreitbare wissenschaftliche Wahrheit. Jetzt bewegte sich auch die bisher so feste Erde um die Sonne. Aber selbst das war noch nicht die eigentliche, tiefste Raumveränderung, die nunmehr eintrat. Entscheidend war die Erweiterung in den Kosmos hinein und die Vorstellung eines unendlichen leeren Raums. In dem philosophischen System Giordano Brunos ist das Sonnensystem, in dem die Erde sich als ein Planet um die Sonne bewegt, nur noch eines von vielen Sonnensystemen des unendlichen Sternenhimmels. Infolge der wissenschaftlichen Experimente Galileis wurden solche philosophischen Spekulationen zu einer mathematisch beweisbaren Wahrheit. Kepler berechnete die Bahnen der Planeten, obwohl ihm selber schauderte, wenn er sich die Unendlichkeit solcher Räume vorstellte, in denen die Planetensysteme sich ohne vorstellbare Grenzen und ohne einen Mittelpunkt bewegen. Mit der Lehre Newtons stand dann für das ganze aufgeklärte Europa die neue Raumvorstellung fest. Gestirne, Massen von Materie, bewegen sich, indem Anziehungs- und Abstoßungskraft sich balancieren, nach Gravitationsgesetzen in einem unendlichen, leeren Raum. Die Menschen können sich also jetzt einen leeren

Raum vorstellen, was sie früher nicht konnten, mochten auch einige Philosophen vom ›Leeren‹ gesprochen haben. Früher hatten die Menschen Angst vor dem Leeren; sie hatten den so genannten ›horror vacui‹. Jetzt vergessen sie ihre Angst und finden schließlich nichts mehr dabei, dass sie und ihre Welt im Leeren existieren. Die Schriftsteller der Aufklärung des 18. Jahrhunderts, an ihrer Spitze Voltaire, fühlten sich sogar sehr stolz bei einer solchen wissenschaftlich beweisbaren Vorstellung von einer Welt in einem unendlichen, leeren Raum. Aber versuch doch einmal, dir einen wirklich leeren Raum wirklich vorzustellen, Anima! Nicht nur einen luftleeren, sondern einen auch von der allerfeinsten und sublimsten Materie gänzlich leeren Raum! Versuch doch einmal in deiner Vorstellung Raum und Materie wirklich zu unterscheiden, beides voneinander zu trennen und dir das eine ohne das andere zu denken! Du kannst dir ebenso gut das absolute Nichts denken. Über jenen ›horror vacui‹ haben die Aufklärer viel gelacht. Aber er war vielleicht nur der begreifliche Schauder vor dem Nichts und der Leerheit des Todes, vor einer nihilistischen Vorstellung und vor dem Nihilismus überhaupt.[717] Morgen erzähle ich weiter. Schlaf gut.«

Da sind sogar engste Freunde erschreckt zurückgewichen, als sie ahnten, dass Schmitts Theorie aus dem Nichts geboren war und das Nichts hinter ihr lauerte. Mit Hinweis auf den »nihilistischen Grund einer durch nichts mehr gebundenen Entscheidung« hatte neben Willy Haas auch Karl Löwith 1935 als einer der ersten von Schmitts »aktivem Nihilismus« gesprochen, der es erlaube, »völlig beliebig«[718] jeden zum Feind zu erklären. Dieser Nihilismus-Vorwurf ist seither immer wieder erhoben worden, zum Beispiel derart, Politik »auf die Negation fremden Seins zu reduzieren«, sei »der ins Politische transportierte Nihilismus«[719]. »Ein starker Geist nach luziferischer Art, der auf den Irrweg der Machtanbetung geriet und mit der Vergötterung des Antichrist sein Werk vollendete«[720], mutmaßte Schmitts Juristenkollege Walter Lewald. »Eine glänzende Intelligenz«, urteilte Wilhelm Stapel, Herausgeber der Zeitschrift Deutsches Volkstum, »aber ein gefährlicher Bursche.

Zutiefst Nihilist, der an nichts glaubt. Er ist Katholik, aber ohne Glauben.«[721] Armin Mohler, seit den frühen fünfziger Jahren enger Brieffreund Schmitts (»geboren am 12. April 1920 in Basel, Beruf: Publizist«), erzählt in der Gerichtsverhandlung auf dem Schwarzenberg, er habe von Schmitt viele Ansichtskarten mit Motiven sakraler Kunst erhalten, Marienbilder oder Statuen von Heiligen, »aber kein einziger Gekreuzter war darunter«[722]. Schmitt habe eine starke Beziehung zum Sakralen, Kultischen, Rituellen, zu Kerzen gehabt; er habe das Sakrament betont, »das die Einlinigkeit der Zeit im gefüllten Leben aufhebt: alles, was das Christentum mit den anderen großen Religionen gemeinsam hat, war bei Carl Schmitt zu finden – ausgeblendet hingegen blieb das eigentlich Revolutionäre am Christentum, also das, womit es sich von allen anderen Religionen unterscheidet: Christus und die Einlinigkeit der unumkehrbaren Zeit.«[723]

Ein Christentum ohne Christus? Carl Schmitt in Wirklichkeit wie Thomas Hobbes zynischer Maskenbildner eines antichrist-

Abb. Carl Schmitt mit Armin Mohler, Anfang der 1950er Jahre, im sauerlandischen Dorf Siedlinghausen (vgl. Anm. 430).

lichen Staats-Totalitarismus und das Bekenntnis, dass »Jesus der Christus« ist, sowie alles, was bei Hobbes und Schmitt sonst noch nach Christentum und Christlichkeit klingt, nur heidnisch-mythologische Larve im Dienst totalitärer Zwecke? Sobald diese Vorstellung in den Diskussionen auftaucht, geht es unter Schmitt-Forschern hoch her. Da blühen die Spekulationen: Zum Beispiel sei Schmitt auf Distanz zur katholischen Kirche gegangen, als sie die kirchliche Nichtigkeitserklärung der vom Amtsgericht Bonn für nichtig erklärten ersten Ehe Schmitts mit »Cari« Dorotić zweimal verweigerte, mit Beschlüssen des Erzbischöflichen Offizialats von Köln im Juni 1925 und der Berufungsinstanz in Münster im Juli des Jahres; auf Grund dieser Weigerung sei Schmitt nach seiner Heirat mit Duschka Todorović im Jahr 1926 und bis zu ihrem Tod 1950 exkommuniziert gewesen; dadurch sei eine innere Loslösung Schmitts vom Christentum vorbereitet und nach 1945 vollzogen worden. »Es erscheint mir geradezu absurd, von einer ›Loslösung‹ Schmitts vom Christentum nach 1945 zu sprechen«[724], meint Günter Maschke. »Carl Schmitt ist zeit seines Lebens gläubiger Katholik gewesen. Wer das bestreitet, findet keinen seiner Person gerecht werdenden Zugang zu seinem Werk«[725], so Klaus Kröger. »Der These, Schmitt habe sich vom Christentum gelöst, der Katholizismus sei ein Stadium seiner jungen Jahre gewesen, stelle ich die These entgegen, dass man das, was sich im Œuvre von Schmitt von den ersten Anfängen bis zu den letzten Veröffentlichungen durchhält und was seine tiefste Schicht ausmacht, nicht zu begreifen vermag, wenn man Schmitts ›Offenbarungsgläubigkeit‹ außer acht lässt, wenn man verkennt, dass der Hobbes-Satz ›Jesus ist der Christus‹ für Schmitt den Dreh- und Wendepunkt, die ›Achse der Weltgeschichte‹ bezeichnet«, so Heinrich Meier, und er fährt fort: »Wie man angesichts seines lebenslangen Insistierens auf der Bedeutung dieses Satzes als der Substanz des christlichen Glaubens, wie man angesichts der Wichtigkeit, die Schmitt der Aufgabe beimaß, selbst noch für Thomas Hobbes den Nachweis zu führen, die Aussage ›that Jesus is the Christ‹ sei ein unverzichtbares Herzstück des politischen Gedankengebäudes, das entscheidende Bollwerk gegen alle weiteren ›Neutralisierungen‹, wie man angesichts dieser Tatsachen von einem ›Christentum ohne Christus‹ bei Carl Schmitt sprechen kann, vermag ich nicht nachzuvollziehen.«[726] Sogar ein strenger Katholik wie Schmitts spanischer Brieffreund und Juristenkollege Álvaro d'Ors habe nie die tiefe Katholizität Schmitts in Frage gestellt, so noch einmal Günter Maschke. Álvaro d'Ors ermahnte Schmitt jedoch in einem Brief: »Lieber, sehr lieber, innigst verehrter Professor Schmitt: Sine Deo nihil intellegi potest. Bodin, Hobbes [...] werden eines Tages an Ihnen zerren und Sie knebeln. [...] Ihre Nähe zu Bodin und Hobbes muss überwunden werden.«[727] Schmitt möge »die Häretiker Grotius, Bodin, Hobbes und Genossen zum Teufel jagen und sich auf den Weg zu Augustinus machen«[728], mahnte d'Ors immer wieder. Schmitt ist diesem Wunsch

Abb. Carl Schmitt mit Álvaro d'Ors (1915–2004) im spanischen Pamplona.

nicht gefolgt. Aber den tiefsten Blick in sein Arcanum hat er verweigert und die letzte Konsequenz seiner Theorie nicht verraten, wobei enge Freunde und Schüler wie Johannes Gross in Schmitts Vorstellung von der Autorität des Staates zugleich eine Quelle seiner eigenen Autorität, also seines Geheimnisses, ausgemacht haben: »Da ist Carl Schmitt im Wesentlichen Schüler seines großen Meisters Thomas Hobbes, der gelehrt hat, dass nicht die Wahrheit das Gesetz bestimmt – non veritas facit legem –, sondern die Autorität – sed auctoritas facit legem. Was diese Autorität ist, kann nur in der ganz konkreten Situation bestimmt werden, aber diese Autorität ist grundsätzlich der durchsetzungsfähige Machthaber. Der durchsetzungsfähige Machthaber bestimmt das Recht, freilich nicht in einer vollkommen willkürlichen Weise, da würde man Carl Schmitt wohl unrecht tun, wenn man das behaupten wollte. In dem Hobbes-Essay nimmt er immer Rekurs darauf, dass Hobbes sich am christlichen Weltbild orientiert hat und davon ausgeht, dass ein Staat, ein Herrscher zwar selbstverständlich absolut herrscht und ihm die Autorität deswegen zusteht, weil er sie hat und über die Machtmittel verfügt, er aber in dem Bezugsrahmen eines Gemeinwesens zu agieren hat, das davon ausgeht, ›that Jesus is the Christ‹, dass Jesus der Christus ist. Wie weit das für Carl Schmitt selbst wirklich verpflichtend war oder ob es mehr dem Dekorum gedient hat, um seiner Grundthese die Fürchterlichkeit ein wenig zu nehmen, ist eine der Interpretation offene Frage.«[729]

Offen ist diese Frage heute nicht mehr. In den Tagebüchern findet sich am 10. Juli 1914 eine Notiz, die einen Abend bei Geheimrat Hugo am Zehnhoff beschreibt, der seinen Neffen zu Besuch hat, einen Benediktiner: »Ich habe mit größter Bestimmtheit bemerkt, dass er es vermeidet, mir die Hand zu geben, dass er mich bis zur Unerträglichkeit schneidet«, notierte Schmitt. »Wahrscheinlich ist es der Instinkt, den ein Kleriker gegen einen Gnostiker hat.«[730]

Schmitt war Gnostiker. In seinem Tagebuch kommt er immer wieder auf die Lektüre von Adolf von Harnacks »Dogmengeschichte« zurück. Ihr entnahm er sein Wissen zum Beispiel über

Marcion, einen der führenden Gnostiker aus der Zeit um 85–160, der die Existenz von zwei Göttern postulierte, einen Gott des Alten und einen des Neuen Testaments, und beide könnten nichts gemeinsam haben. Für Marcion war die Welt von einem dualistischen Prinzip beherrscht, vom Kampf zwischen Licht und Finsternis, Gut und Böse, wobei aber auch das Böse für ihn seine Daseinsberechtigung hatte, und dieser Kampf spielt sich nach gnostischer Auffassung in jedem einzelnen Menschen ab genauso wie in der Geschichte als Gesamtprozess. Insofern war Schmitt mit seiner Freund–Feind-Theorie Marcionit und las zu diesem Thema von früh an alles, was er in die Hände bekam, zum Beispiel die Untersuchungen zur Sektengeschichte des katholischen Theologen Ignaz von Döllinger, der später von der katholischen Kirche exkommuniziert wurde. »Meinen Dualismus mit großem Interesse gefunden«[731], notierte Schmitt nach der Lektüre im Tagebuch. Der Maler Richard Seewald (»geboren am 4. Mai 1889 in Arnswalde«) erzählt vor Gericht auf dem Schwarzenberg: »Schmitt verführte sein abstrakter Geist. Selten sah ich einen lebendigeren, schärferen und – unmenschlich – nur auf die Phänomene gerichteten. Unvergesslich bleibt mir der Abend, an dem er, der große Jurist, als Quintessenz Gottes die Gerechtigkeit nannte und meinen bescheidenen Protest wegwischte, der für die Liebe als Gesetz eintrat, nach dem Gottes Gerechtigkeit walte. Niemals auch werde ich unseren Spaziergang die Ludwigstraße hinunter vergessen, auf dem er mir mit Enthusiasmus von Marcion erzählte. [...] Im Gegensatz zu diesem abstrakten Denken [...] war er persönlich von einer großen, fast kindlichen Herzlichkeit.«[732]

In seinen privaten Glauben hat Schmitt erst spät hineinblicken lassen, Ende der sechziger, Anfang der siebziger Jahre. Da musste er in dem Buch »Politische Theologie II« aus der Deckung kommen, einmal weil eine alte Wunde schwelte, die ihm sein ehemaliger Freund Erik Peterson zugefügt hatte, als dieser 1935 in seiner Schrift »Der Monotheismus als politisches Problem« jede politische Theologie für erledigt erklärte mit der Begründung, mit dem trinitarischen Dogma sei eine dualistische politische Theologie (wie die Schmitts) unvereinbar.[733] Eine dreiste Behauptung, empörte sich Schmitt, und auch als er in »Politische Theologie II« den Parther-Pfeil aus der Wunde gezogen hatte, konnte sich Schmitt noch maßlos über Peterson erregen — als ihn 1972 Marianne Kesting besuchte und das Gespräch auf Peterson brachte, erhielt sie nachts einen Telefonanruf von Schmitts Hausdame Anni Stand mit der Bitte, von weiteren Besuchen abzusehen, da Schmitt das Gespräch mit ihr über Peterson derart aufgeregt habe, dass er eine Herzattacke erlitten habe.[734] Zum anderen musste er seine Deckung verlassen, weil Hans Blumenberg ihn in seinem Buch »Die Legitimität der Neuzeit« herausgefordert hatte, indem er Schmitts »Politische Theologie« nicht von theologischer, sondern wissenschaftlicher Seite angriff und ihr einen Platz jenseits der Moderne zuwies. In der Auseinandersetzung mit Peterson und Blumenberg ließ Schmitt dann die Katze aus dem Sack und lancierte im Nachwort der »Politischen Theologie II«, das vor allem seine Entgegnung auf Blumenberg enthielt, seinen letzten Mythos, indem er, Marcions Thesen aufgreifend und weiterführend, seinen Glauben an einen Gott verriet, der keine »Einheit«, sondern »Zweiheit« darstellt. Ausgehend von Goethes Motto über dem vierten Teil von »Dichtung und Wahrheit«, »Nemo contra Deum nisi Deus ipse«, interpretierte Schmitt diesen »ungeheuren Spruch« als Aufruhr (»stasis«) des Erlösergottes gegen den Schöpfergott. Die Wort- und Begriffsgeschichte von »stasis«, erinnerte Schmitt, erstrecke sich von Platon über die Neuplatoniker und insbesondere Plotin bis zu den griechischen Kirchenvätern. »Stasis« bedeute erstens: Ruhe, Ruhelage, Standort, status, während der Gegenbegriff »kinesis« Bewegung meine. Dann bedeute »stasis« zweitens aber auch Unruhe, Bewegung, Aufruhr und Bürgerkrieg. Die meisten Lexika stellten die beiden entgegengesetzten Bedeutungen ohne Erklärungsversuch einfach nebeneinander, aber auch »das bloße Nebeneinander zahlreicher Beispiele eines solchen Gegensatzes bietet eine Fundgrube für die Erkenntnis politischer und politisch-theologischer Phänomene. Hier tritt uns eine wahre politisch-theologische Stasiologie im Kern der Lehre von der Trinität entgegen«, konstatierte Schmitt und folgerte: »Das Problem der Feindschaft und des Feindes lässt sich also nicht unterschlagen.«[735] Vorher hatte er als weitere Bezugsquelle Gregor von Nazianz zitiert, auf den sich auch Peterson berufen hatte: »Das eine – to hen – ist immer im Aufruhr – stasiatson – gegen sich selbst – pros heauton.« Da war Schmitt wieder bei seinem gnostischen Dualismus angekommen, den er gegen Peterson und Blumenberg verteidigte. »Der gnostische Dualismus setzt einen Gott der Liebe, einen welt-fremden Gott, als den Erlöser-Gott gegen den gerechten Gott, den Herrn und Schöpfer dieser bösen Welt. Beide verhalten sich, wenn nicht in beiderseitig aktiv kämpfender Feindschaft, so doch in unüberbrückbarer Fremdheit, einer Art gefährlichen Kalten Krieges, dessen Feindschaft intensiver sein kann als eine Feindschaft, die sich in der Naivität einer offenen Feldschlacht bekundet und bestätigt.«[736] Die »Zähigkeit und Schwer-Widerlegbarkeit« des gnostischen Dualismus beruhe dabei weniger auf der Evidenz alter mythischer und metaphorischer Bilder von Licht und Finsternis als »vielmehr darin, dass ein allmächtiger, allwissender und allgütiger Schöpfergott nicht mit einem Erlösergott identisch sein kann. Augustinus verlagert die Schwierigkeit aus der Gottheit in die Freiheit des von Gott geschaffenen und mit Freiheit ausgestatteten Menschen, also in ein Geschöpf, das kraft seiner ihm verliehenen Freiheit die nicht-erlösungsbedürftige Welt Gottes überhaupt erst erlösungsbedürftig macht. Das Geschöpf, das dazu imstande ist, der Mensch, bewährt seine Freiheit nicht durch Taten, sondern durch Untaten. Die Lehre von der Trinität umhüllt die Identität von Schöpfergott und Erlösergott in der Einheit von Vater und Sohn, die beide nicht absolut identisch, aber dennoch ›Eins‹ sind, wobei ein Dualismus von zwei Naturen, Gott-Mensch, in der zweiten Person zur Einheit wird.«[737] Dieses »strukturelle Kernproblem« des gnostischen Dualismus von Schöpfergott und Erlösergott sei in jeder änderungs- und erneuerungsbedürftigen Welt »unentrinnbar und unausrottbar immanent gegeben«, fasste Schmitt zusammen und zog den Schluss: »Man kann die Feindschaft zwischen Menschen nicht dadurch aus der Welt schaffen, dass man die Staatenkriege alten Stils verbietet, eine Weltrevolution propagiert und die Welt-Politik in Welt-Polizei zu verwandeln sucht. Revolution, im Unterschied zu Reformation, Reform, Revision und Evolution, ist eine feindliche Auseinandersetzung. Der Herr einer zu ändernden, d.h. verfehlten Welt (dem die Änderungsbedürftigkeit zugerechnet wird, weil er sich der Änderung nicht fügen will, sondern sich ihr widersetzt) und der Befreier, der Bewirker einer veränderten, neuen Welt können nicht gut Freunde sein. Sie sind sozusagen von selbst Feinde.«[738] Damit hatte Schmitt seine Freund–Feind-Theorie in seinem Gottesbegriff festgemacht und zugleich klargestellt, dass er nicht auf Seiten des »welt-fremden« Gottes der Liebe stand. Er setzte auf den Schöpfergott der »bösen« Welt, in der Freund und Feind erkannt werden müssen. »Bis Christus wieder erscheint, wird die Welt nicht in Ordnung sein.«[739] Deshalb war für Schmitt der Kampf angesagt gegen einen Feind, den er genau identifiziert hatte und dessen »reale Möglichkeit ich auch in einem restlos enttheologisierten Gegenbild noch erkenne«[740]. Insofern konnte er aber Jesus Christus, der den Sanftmütigen, den Friedfertigen, den Gewaltlosen die Verheißung versprochen hatte, für seine Theorie auch nicht gebrauchen. In sein Konzept passte eher die Einsicht, die er am 27. April 1948 im Tagebuch notierte: »Sogar die Macht Satans ist […] als solche von Gott und nicht böse. Wie kam es zu der entgegengesetzten These Burkhardts? Der ›Wille zur Macht‹ wäre der gute Wille! Jawohl, wenn es göttliche Macht ist und der Wille sich unterordnet; es gibt nur einen bösen Willen: den Willen zur Ohnmacht, d.h. Verzicht auf Vollstreckung.«[741] Carl Schmitt als Erkenner und Vollstrecker des Willens eines Schöpfergottes, dessen Quintessenz die Gerechtigkeit ist und der diese Gerechtigkeit nicht nach dem Gesetz der Liebe walten lässt?

»Das Nichts ist stärker als das Etwas«

Der alte Herr und ich sind wieder beim »Engelbertstuhl« angekommen. Die Vorstellung, dass dieser höfliche kleine zierliche Herr neben mir »das Nichts« gedacht hat, lässt natürlich schwindeln. »Was ist das Nichts?«, frage ich.

Carl Schmitt schmunzelt. »Ein engagierter Volksschullehrer in Wallendorf in der Eifel erklärt seinen Schülern das ›Nichts‹. Aber der kleine Karl begreift es nicht. Der Lehrer nimmt ihn persönlich vor und expliziert: ›Stell dir vor, diese Klasse ist nicht mehr da. Ich bin nicht mehr da und deine Mitschüler auch nicht. Die ganze Schule gibt es nicht mehr und alle Bäume und Häuser rund herum, ja ganz Wallendorf, sogar deine Geschwister und Eltern sind nicht mehr da. Was dann?‹ ›Dann gehe ich zu meiner Tante. Die wohnt in Bollendorf‹, gab Karlchen zur Antwort.«

Mit diesem Witz lasse ich den alten Herrn natürlich nicht entkommen. »Was ist die Schöpfung aus dem Nichts?«

»Die Schöpfung aus dem Nichts ist die reine, durch keine Beimischung von Materie getrübte Schöpfung. Alle anderen Schöpfungen sind durch den Werkstoff, das Schöpfungsmaterial mitbestimmt. Was aber ist das Nichts? Darüber kann man nur nichts sagen. Für die meisten ist das Nichts in Wirklichkeit nur das Unbegrenzte. Dann heißt Schöpfung: Grenzen setzen und Formen geben …[742] Es ist natürlich keine Erklärung der Entstehung von der Welt, von ihr zu sagen, dass sie aus dem Nichts geschaffen sei. Nichts, das heißt eben: Nichts, und wenn es etwas anderes heißen soll, so ist es nicht mehr Nichts und das Ganze wird ein Wechselspiel trügerischer Worte. ›Schöpfung aus dem Nichts‹, das hat keinen anderen Sinn als die Herkunft der Welt aus Gott unbegreiflich zu machen und im Unbegreiflichen zu lassen.«[743] Langes Schweigen des alten Herrn, dann kommen sechs Nachsätze. »Unendliche Überlegenheit des Nihilismus über den Positivismus. Hegel ist Nihilist und nicht Positivist. Das Nichts ist stärker als das Etwas.[744] Das Chaos ist größer als der Kosmos. Der Kosmos ist Kleinraum, das Chaos Großraum. Der Kosmos wird aus dem Chaos geschaffen.«[745] Wieder langes Schweigen, dann sagt der alte Herr auch noch dies: »Die Herrlichkeit des Diesseits ist von menschlichen Leiden und Qualen ganz unabhängig. Eine einzige Sekunde bewusster Lust oder lustvoller Bewusstheit wiegt Jahre schauerlichster Qualen auf; ebenso wie umgekehrt eine einzige Sekunde des Schmerzes und der Angst Jahre ungetrübter Wonnen zunichtemacht. Das gleicht sich beides restlos aus. Mit solchen Argumenten ist nichts zu beweisen und noch weniger zu entscheiden. So kann der russische Nihilist mit seinem Hinweis auf ein gequältes, armes Kind das ganze Diesseits entwerten, und umgekehrt wieder aufwerten mit dem Glücksgefühl eines Kindes. Wo also liegt die Entscheidung?«[746]

Dass Schmitt, der in »Römischer Katholizismus und politische Form« zwar die katholische Kirche als »complexio oppositorum« gefeiert hat, als Institution, die scheinbar alle Gegensätze umfasse und in sich aufnehme, politisch wie theologisch, in der »Altes und Neues Testament nebeneinander gelten, Marcions Entweder–Oder mit einem Sowohl–Als auch beantwortet ist«[747], gleichwohl mit dem Katholizismus jenseits der »Kraft zur Repräsentation« als Zeichen der Überlegenheit über ein Zeitalter ökonomischen Denkens – »der Besitz der Ölquellen der Erde kann vielleicht den Kampf um die Weltherrschaft entscheiden, aber an diesem Kampf wird sich der Statthalter Christi auf Erden nicht beteiligen«[748] – nichts im Sinn hatte und ihn wirklich nur als Dekorum benutzt hat, um seiner Theorie, wie Johannes Gross mehr ahnte als wusste, die Fürchterlichkeit zu nehmen, dass er vielmehr Marcionit war, weiß auch Ernst Hüsmert aus vielen Gesprächen mit Schmitt zu bestätigen.

»Ich bin ein katholischer Laie«[749], pflegte Schmitt gerne zu sagen. Als solcher wurde er auch von offizieller katholischer Seite oft attackiert und seinem Werk fehlende christliche Kategorien attestiert — so sei in »Römischer Katholizismus und politische Form« von christlicher Offenbarung so wenig die Rede wie von Liebe und Heiligem Geist, und die Kirche erscheine nicht als »heilsgeschichtliche Wirkform des spezifisch Christologischen«, sondern alles laufe nur hinaus auf den »letztmöglichen Selbstbehauptungsversuch der abendländischen Staatsmetaphysik, die sich in die Kirche rettet und von ihr, als Arche Noah, nach der Sintflut die Restauration der abendländisch-antiken Staatenwelt und Humanität erwartet«[750]. Statt politischer Theologie Theologie als Politik, wie Hans Blumenberg Schmitts Begriffe umgedreht hat. In solcher Theologie und solcher Kirche störte Jesus Christus. Ob Schmitt wie Dostoevskijs Großinquisitor Jesus dabei gleich auf dem Scheiterhaufen verbrennen wollte, dafür findet man keine schriftlichen oder mündlichen Hinweise, aber dass er sich mit dem Dostoevskijschen Großinquisitor identifizierte, dafür gibt es manchen Beleg. Ein erster findet sich in »Römischer Katholizismus und politische Form«, wenn er Dostoevskijs Großinquisitor zitiert mit dem Bekenntnis, den Versuchungen des Satans gefolgt zu sein, »in vollem Bewusstsein, weil er weiß, dass der Mensch von Natur böse und niedrig ist, ein feiger Rebell, der eines Herrn bedarf, und weil nur der römische Priester den Mut findet, die ganze Verdammnis auf sich zu nehmen, die zu solcher Macht gehört. Hier hat Dostoevskij mit großer Gewalt seinen eigenen, potentiellen Atheismus in die römische Kirche projiziert.« Einen weiteren Beleg hat Jacob Taubes gegeben, der schon früh in Schmitt eine Inkarnation des Großinquisitors vermutete und ihn 1980 direkt daraufhin ansprach. »In einem stürmischen Gespräch […] sagte mir Carl Schmitt, wer nicht einsehe, dass der Großinquisitor schlechthin Recht hat gegenüber all den schwärmerischen Zügen einer jesuanischen Frömmigkeit, der habe weder kapiert, was Kirche heißt noch was Dostoevskij […] eigentlich vermittelt habe.«[751] Liest man Dostoevskijs »Großinquisitor«, erscheint Schmitts Weltanschauung, Lebensinterpretation und Kirchenauffassung in literarischer Reinschrift. Dostoevskij fantasiert, Jesus sei zurückgekehrt, ins Spanien der Inquisition, und der Großinquisitor hält ihm vor: »Statt die Freiheit der Menschen in Deine Gewalt zu bringen, vergrößertest Du sie ihnen noch! Oder hattest Du vergessen, dass Ruhe und sogar der Tod dem Menschen lieber ist als die freie Wahl in der Erkenntnis von Gut und Böse? Nichts ist verführerischer für den Menschen als die Freiheit seines Gewissens; aber nichts ist auch für ihn qualvoller. Statt nun dem Menschen ein für allemal feste Grundlagen zur Beruhigung seines Gewissens zu geben, wiesest Du ihm alles zu, was es Ungewöhnliches, Rätselhaftes und Unbestimmtes gibt, alles, was über die Kraft der Menschen hinausging, und handeltest somit, als ob Du sie überhaupt nicht liebtest, Du, der Du doch gekommen warst, um das eigene Leben für sie hinzugeben! Statt die Freiheit der Menschen in Deine Gewalt zu bringen, hast Du sie noch vermehrt und das Seelenleben des Menschen für allezeit mit ihren Qualen belastet.« Der Mensch, »schwört« der Großinquisitor Jesus, »ist schwächer und niedriger, als Du von ihm geglaubt hast. Kann er denn, frage ich, kann er denn das überhaupt ausführen, was Du ausgeführt hast?« Er kann es nicht, und so baut der Großinquisitor das Gehäuse einer Kirche, in der alle Menschen – und nicht nur die Auserwählten – Frieden, Ruhe und Sicherheit finden sollen, auf Kosten des Verlusts ihrer Freiheit und Selbstbestimmung. Es gebe drei Mächte, »nur drei Mächte auf der Erde, die imstande sind, das Gewissen dieser schwächlichen Rebellen für allezeit zu ihrem Glücke zu besiegen und zu fesseln; diese drei Mächte sind: das Wunder, das Geheimnis und die Autorität. Du hast das Erste und das Zweite und das Dritte verschmäht …«[751a] Schmitt hat die drei Mächte nicht verschmäht, sondern sie hochgehalten und sie auch mit den Wörtern des Großinquisitors benannt: Wunder (Ausnahmezustand), Geheimnis (Arcanum) und Autorität (Souveränität). Gefährliche Mächte, wie Schmitt wusste, aber, so gab er in »Römischer Katholizismus und politische Form« zu bedenken: »Im Rahmen des Zeitlichen ist die

Versuchung zum Bösen, die in jeder Macht liegt, gewiss ewig, und nur in Gott ist der Gegensatz von Macht und Güte restlos aufgehoben; dem Gegensatz aber durch die Ablehnung jeder irdischen Macht entgehen zu wollen, wäre die schlimmste Unmenschlichkeit.«[752] Das Programm des Dostoevskijschen Großinquisitors war auch das Programm Carl Schmitts: »die Wirkung Christi im sozialen und politischen Bereich unschädlich machen; das Christentum ent-anarchisieren, ihm aber im Hintergrunde eine gewisse legitimierende Wirkung zu belassen und jedenfalls nicht darauf zu verzichten.«[753]

Dass Schmitt als gnostischer Dualist und Marcionit nach 1945 innerlich Verbindungen zwischen der Feindschaft, die die Gnostiker auf sich gezogen haben – bis zur Vernichtung aller ihrer schriftlichen Zeugnisse durch die katholische Amtskirche –, und der Feindschaft, die er seiner Freund–Feind-Theorie verdankte, hergestellt hat, kann man aus den Tagebuchaufzeichnungen des Buches »Glossarium. Aufzeichnungen der Jahre 1947–1951« schließen, wenn er vermutete, man wolle ihn sogar aus dem deutschen Geistesleben verbannen. Zu dieser Vermutung hatte er in der Nachkriegszeit manchen Anlass: Bei der Neugründung der »Vereinigung der Deutschen Staatsrechtslehrer« 1949 war Carl Schmitt als Mitglied unerwünscht. »Der Antrag auf Annahme war gestellt«, berichtet Wolfgang Abendroth (»geboren 2. Mai 1906 in Elberfeld, Politikwissenschaftler«), »wurde aber zurückgezogen, nachdem die Kollegen in Einzelgesprächen vorsichtig darauf hingewiesen worden waren, dass, wenn sie für den Antrag stimmten, man möglicherweise ihre eigenen Schriften aus der Zeit des ›Dritten Reiches‹ nachlesen und zitieren würde. Dieses Argument reichte aus, um die Kollegen zu überzeugen.«[754] Als 1952 in der Zeitschrift MERKUR Schmitts Aufsatz »Die Einheit der Welt« erschien, protestierten achtzig Mitarbeiter und kündigten für den Fall weiterer Veröffentlichungen Schmitts im MERKUR das Ende ihrer Mitarbeit an. Als 1953 der Leiter der Evangelischen Akademie in Bad Herrenalb, Hans Schomerus, Schmitt einlud, bei einer Tagung den Schlussvortrag zum Thema »Der Antichrist und was ihn aufhält« zu halten, intervenierte der damalige Staatssekretär im Bundesjustizministerium, Walter Strauß, beim Badischen Landesbischof – mit Kopie an den damaligen Bundestagspräsidenten Hermann Ehlers – und drohte »weittragende Folgen« für die Akademie im Fall eines Auftritts von Schmitt an; Schomerus musste ihn wieder ausladen. In der Hamburger Wochenzeitung Die Zeit kam es 1954 wegen Schmitt zu einer heftigen Auseinandersetzung zwischen dem damaligen Chefredakteur Richard Tüngel und Marion Gräfin Dönhoff, die den politischen Teil leitete. Tüngel hatte während eines Urlaubs der Gräfin von Schmitt einen Text mit dem Titel »Im Vorraum der Macht« ins Blatt gerückt und groß aufgemacht. Gräfin Dönhoff protestierte: »Soll man ehemalige führende Nazis (oder sagen wir es neutraler: im damaligen ›Geistes‹-leben oder dem damaligen Apparat verantwortliche nationalsozialistische Persönlichkeiten) in der Zeit schreiben lassen oder nicht? Ich verneine diese Frage. Sie dagegen sagen: ja, man soll es. [...] Wer [aber] den Geist des Nationalsozialismus gepredigt hat oder die Sprachregelung der Presse gelenkt hat, soll für alle Zeiten an der Mitarbeit an einer politischen Zeitung wie der unseren ausgeschlossen werden. [...] Ich weigere mich zuzugeben, dass wir Deutschland einen Dienst erweisen, wenn wir den Verrätern am Geist und Nihilisten mit Bügelfalten wieder die Möglichkeit geben, politische Betrachtungen anzustellen.«[755] Tüngel musste bald darauf gehen. »Es hat bei mir geklingelt«, meinte Gräfin Dönhoff, »wenn ein Mann in der Zeit schreibt, der immer wieder dem bürgerlich-rationalen Rechtsstaat die Theorien vom Mythos und von der arteigenen Einheit des Volkes entgegenstellt.«[756] Ein Feuilletonredakteur der Zeit, Paul Hühnerfeld, drohte 1954 auf der Frankfurter Buchmesse sogar den Stand des kleinen Neske-Verlags zu zerschlagen, weil er eine Schmitt-Novität ausgestellt hatte. Es hat noch weit in die sechziger und siebziger Jahre hinein bei vielen »geklingelt«, wenn der Name Schmitt fiel. Sogar noch in den achtziger Jahren, 1987, zwei Jahre nach Schmitts Tod, malte der Soziologe René König Schmitt an die

Wand als »wohl charakterlosesten und geistig unredlichsten Vertreter des orientierungslosen Bürgertums der zwanziger Jahre«[757]. Provokativ für das Selbstverständnis des bundesrepublikanischen Verfassungsstaates, fasste Jürgen Habermas die Vorwürfe zusammen, sei nicht der vordergründige Streit über den auf Freund–Feind-Verhältnisse reduzierten Begriff des Politischen gewesen, vielmehr jene politische Theologie, »die einen säkularisierten Begriff von Politik und damit das demokratische Verfahren als Legitimationsgrundlage des Rechts ablehnt, die eine ihres deliberativen Kerns beraubte Demokratie zur bloßen Akklamation formierter Massen entstellt, den Mythos der geborenen nationalen Einheit dem gesellschaftlichen Pluralismus entgegensetzt und den Universalismus der Menschenrechte und der Menschheitsmoral als verbrecherische Heuchelei denunziert«[758]. Seine nationalsozialistische Vergangenheit und den Ruf, einen offenen Zivilisationsbruch begangen zu haben, hat Schmitt nie abschütteln können. Auch stand die Entwicklung der deutschen Nachkriegsgesellschaft zur »liberalsten Demokratie« den Ideen eines Mannes entgegen, der als »das geheime Schlüsselwort« seiner geistigen und publizistischen Existenz das »Ringen um die katholische Verschärfung« genannt hat, »gegen die Neutralisierer, die ästhetischen Schlaraffen, gegen Fruchtabtreiber, Leichenverbrenner und Pazifisten.«[759]

»Solche Leute«, findet der Oberstaatsanwalt, »haben keinen Anspruch auf Pensionszahlungen durch den Staat.«

Abb. Die Familie von Carl Schmitt bei der Goldenen Hochzeit der Eltern, 1937.

Das Ende von Etwas

»Wann haben Sie dem Teufel abgeschworen?«, fragte Robert Kempner Schmitt in Nürnberg.

»1936.«

»Schämen Sie sich nicht, damals derartige Dinge geschrieben zu haben, wie zum Beispiel, dass die Rechtsprechung nationalsozialistisch sein soll?«

»Ich habe das 1933 geschrieben.«

»Stellt Ihnen das ein gutes oder schlechtes Zeugnis aus?«

»Es war eine These. Der NS-Juristenbund riss es mir gewissermaßen aus der Zunge heraus. Es war damals eine Diktatur, die ich nicht kannte.«

»Sie kannten keine Diktatur?«

»Nein. Diese totale Diktatur war in der Tat etwas Neues. Die Methode Hitlers war neu. Es gab nur eine Parallele, das war die bolschewistische Diktatur von Lenin.«

»Schämen Sie sich, dass Sie damals derartige Dinge geschrieben haben?«

»Heute selbstverständlich. Ich finde es nicht richtig, in dieser Blamage, die wir da erlitten haben, noch herumzuwühlen.«

»Ich will nicht herumwühlen.«

»Es ist schauerlich, sicherlich. Es gibt kein Wort darüber zu reden.«[760]

Vor den Amerikanern griffen Ende April 1945 die Russen Schmitt in Berlin auf, wussten allerdings nicht, wen sie da vor sich hatten. Ein Student hatte Schmitt nach der Sperrstunde aufgesucht, war gestellt worden und gab Schmitt als Zeugen für seinen Aufenthalt an. Schmitt vermutete aber, man wolle ihn wegen seiner nationalsozialistischen Vergangenheit verhören, und legte gleich mit einer großen Verteidigung los. Es gibt mehrere Versionen dieses Verhörs. Eine hat der mit Schmitt befreundete Philosoph Josef Pieper erzählt: »Vor der russischen Kommission behauptet Carl Schmitt, man müsse eine angeblich nationalsozialistische Vergangenheit nach dem Muster des Experiments von Pettenkofer verstehen. Der Untersuchungsoffizier [...] hat natürlich keine Ahnung, wovon die Rede ist. Max von Pettenkofer, ein deutscher Naturwissenschaftler, vertrat zu Anfang des Jahrhunderts die These, Infektionskrankheiten würden nicht durch den Bazillus allein verursacht; entscheidend sei vielmehr die Krankheitsbereitschaft des Menschen selbst. Und um diese These zu beweisen, trank er vor den Studenten in einem Glas Wasser eine ganze Kultur Cholerabazillen — und blieb in der Tat gesund. Und nun die Konklusion von Carl Schmitt: ›Sehen Sie, genau dasselbe habe ich gemacht: Ich habe den NS-Bazillus getrunken, aber er hat mich nicht infiziert.‹ Was ja, wenn es stimmte, sein Verhalten erst recht unentschuldbar machen würde«, kommentierte Pieper. »Aber man lacht bewundernd und verfügt seine Entlassung.«[761]

Die nächsten Monate konnte Schmitt ungestört an seinem Buch »Der Nomos der Erde« arbeiten. Im Tagebuch seiner Frau Duschka dann am 26. September 1945 die Notiz: »Carl abgeholt.« Die Amerikaner waren mittlerweile in Berlin einmarschiert, stuften Schmitt als »politische Gefahr« ein und sperrten ihn in das Internierungslager Berlin-Lichterfelde Süd, später ins Lager Berlin-Wannsee. Duschka Schmitt war in großer Sorge. »Lieber Carl, heute sind es drei Wochen, dass Sie [...] bei den Amerikanern sind«, schrieb sie ihm am 17. Oktober 1945 ins Gefangenenlager. »Ich mache mir oft Sorgen, wie es mit Ihrem Leiden Ischias und mit der Verletzung der Wirbelsäule wird bei dieser Kälte. Ich tröste mich, wenn Sie krank würden, dass Sie auch einen Arzt bekommen. Auch hoffe ich, dass Sie bald nach Hause kommen. [...] Ich schicke Ihnen morgen ein

Paket. Das gewünschte Nähzeug, ein paar graue Wollstrümpfe und ein Hemd mit Kragen. Zum Essen schicke ich ein geröstetes Weißbrot, 20 Äpfel, eine Dose Wurst, 125 g Margarine, Zwiebeln und 30 Pellkartoffeln.«[762] Duschka ermunterte Schmitt, so gut es ging, versorgte ihn nicht nur mit Lebensmitteln und Wäsche (»Haben Sie die warmen Pantoffel bekommen aus Lammfell?«[763]), sondern auch mit Nachrichten über Freunde und Bekannte. »Oft lese ich in Ihren Schriften mit großer Freude und meine dabei, Ihre Stimme zu hören«, schrieb sie. »Ich mache mir keine Illusionen über unsere Situation, aber trotzdem bin ich vor nichts und niemandem bange und habe den besten Schutz, den ein Mensch haben kann: unser reines Gewissen. Wir haben Gott für vieles zu danken und wollen immer an unseren Leitsatz denken: ›Tout ce que arrive est adorable.‹«[764] »Wir sind gesund und halten uns tapfer«, versicherte

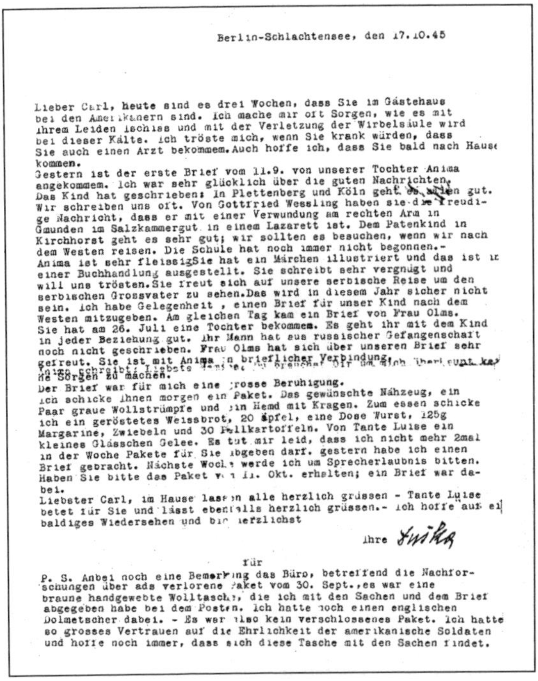

Berlin-Schlachtensee, den 17.10.45

Lieber Carl, heute sind es drei Wochen, dass Sie im Gästehaus bei den Amerikanern sind. Ich mache mir oft Sorgen, wie es mit Ihrem Leiden Ischias und mit der Verletzung der Wirbelsäule wird bei dieser Kälte. Ich tröste mich, wenn Sie krank würden, dass Sie auch einen Arzt bekommem. Auch hoffe ich, dass Sie bald nach Hause kommen.
Gestern ist der erste Brief vom 11.9. von unserer Tochter Anima angekommem. Ich war sehr glücklich über die guten Nachrichten. Das Kind hat geschrieben: In Plettenberg und Köln geht es allen gut. Wir schreiben uns oft. Von Gottfried Wessling haben sie die freudige Nachricht, dass er mit einer Verwundung am rechten Arm in Gmunden im Salzkammergut in einem Lazarett ist. Dem Patenkind in Kirchhorst geht es sehr gut; wir sollten es besuchen, wenn wir nach dem Westen reisen. Die Schule hat noch immer nicht begonnen.-
Anima ist sehr fleissigSie hat ein Märchen illustriert und das ist in einer Buchhandlung ausgestellt. Sie schreibt sehr vergnügt und will uns trösten. Sie freut sich auf unsere serbische Reise um den serbischen Grossvater zu sehen. Das wird in diesem Jahr sicher nicht sein. Ich habe Gelegenheit, einen Brief für unser Kind nach dem Westen mitzugeben. Am gleichen Tag kam ein Brief von Frau Olms. Sie hat am 26. Juli eine Tochter bekommem. Es geht ihr mit dem Kind in jeder Beziehung gut. Ihr Mann hat aus russischer Gefangenschaft noch nicht geschrieben. Frau Olms hat sich über unseren Brief sehr gefreut. Sie ist mit Anima in brieflicher Verbindung.
Anima schreibt: Liebste [illegible], Du brauchst Dir um mich überhaupt keine Sorgen zu machen.
Der Brief war für mich eine grosse Beruhigung.
Ich schicke Ihnen morgen ein Paket. Das gewünschte Nähzeug, ein Paar graue Wollstrümpfe und ein Hemd mit Kragen. Zum essen schicke ich ein geröstetes Weissbrot, 20 Äpfel, eine Dose Wurst, 125g Margarine, Zwiebeln und 30 Pellkartoffeln. Von Tante Luise ein kleines Glässchen Gelee. Es tut mir leid, dass ich nicht mehr 2mal in der Woche Pakete für Sie abgeben darf. gestern habe ich einen Brief gebracht. Nächste Woche werde ich um Sprecherlaubnis bitten. Haben Sie bitte das Paket vom 11. Okt. erhalten; ein Brief war dabei.
Liebster Carl, im Hause lassen alle herzlich grüssen - Tante Luise betet für Sie und lässt ebenfalls herzlich grüssen.- Ich hoffe auf ein baldiges Wiedersehen und bin herzlichst

Ihre Duschka

P. S. Anbei noch eine Bemerkung für das Büro, betreffend die Nachforschungen über ads verlorene Paket vom 30. Sept., es war eine braune handgewebte Wolltasche, die ich mit den Sachen und dem Brief abgegeben habe bei dem Posten. Ich hatte noch einen englischen Dolmetscher dabei. - Es war also kein verschlossenes Paket. Ich hatte so grosses Vertrauen auf die Ehrlichkeit der amerikanische Soldaten und hoffe noch immer, dass sich diese Tasche mit den Sachen findet.

Abb. Brief Duschka Schmitt an Carl Schmitt, vom 17. Oktober 1945.

sie immer wieder. »Aus meinem alten serbischen Geschlecht habe ich ein Erbe an Urkraft mitbekommen, mit dem sich das irdische Kreuz im Namen Christi mit einer gewissen Freude und Stolz ertragen lässt.«[765] »Gott beschütze Sie, liebster Carl, und bewahre Sie vor Schwäche und Ungeduld.«[766]

Immer wieder musste Duschka ihrem Mann auch traurige Nachrichten melden, so den Tod von Schmitts Vater. 15. November 1945: »Mein liebster Carl, heute kam ein Brief aus Plettenberg mit der traurigen Nachricht, dass unser lieber Vater am 6. November um 12/2 Uhr morgens gestorben ist. Die Beerdigung hat am Sonnabend, den 10. November stattgefunden. Üssi schreibt: er ist ohne Todeskampf friedlich in die Ewigkeit eingegangen. Es tut mir so leid, dass wir ihn vor seinem Tode nicht mehr sehen konnten. [...] Nach Ihrer Freilassung wollen wir die Gräber besuchen.

Abb. Die Eltern von Carl Schmitt bei ihrer Goldenen Hochzeit 1937.

Ihre beiden Schwestern, Üssi und Ännchen, schreiben, wir sollten bald kommen. [...] Mein liebster Carl, ich wollte Ihnen noch sagen, dass ich gerne mit Ihnen nach Plettenberg gehen würde, um unseren Lebensabend dort zu beginnen; vielleicht schon im Frühjahr. [...] Vielleicht wären Ihre Heimat und die lieben Gräber die besten Helfer, um die schrecklichen Erlebnisse des letzten Krieges zu überwinden.«[767]

Obwohl Carl Schmitt im Gefangenenlager striktes Schreibverbot hatte, konnte er auf Rezeptblöcken, die ihm ein amerikanischer Arzt zusteckte, Notizen und Briefe schreiben, die er herausschmuggelte. Im Februar 1946 schrieb er seiner Frau Duschka mit der Bitte, den Empfang des Briefes nicht zu bestätigen und ihn auch gegenüber näheren Bekannten nicht zu erwähnen: »Sie können sich keine Vorstellung von dem Seelenzustand der Lagerinsassen machen, die meistens schnell der Stacheldrahtpsychose verfallen und Tag und Nacht Kombinationen schmieden, wobei die Ich-Besessenheit der Deutschen in fantastischen Dimensionen zu Tage tritt. Ich will Sie auch nicht mit meinen hilflosen Sorgen und Befürchtungen bange machen. [...] Niemand kennt die Dauer meiner Haft. Die lügenhaften Versicherungen baldiger Entlassung sind mir widerwärtig geworden. Das alles gibt nur Enttäuschungen und verlorene Zeit, torture par l'espérance. Ich sitze in einer automatischen Schlinge und es tut mir weh, zu denken, dass Sie sich so viele vergebliche Mühe um mich gegeben haben, während unsichtbare Hände, an die Sie gar nicht herankommen, diesen Automatismus handhaben. Glauben Sie mir, liebe Duschka, dass dies das Schlimmste meiner Leiden ist. Die Zeit vergeht schnell und unsere Mittel und Reserven sind klein. Der Leviathan, in dessen Fängen ich jetzt sitze, ist ein herzloses, gnadenloses Tier. Seien Sie deshalb nicht traurig. Auch wenn Sie keine Sprecherlaubnis bekommen [...], wollen wir nicht traurig sein. [...] Im Ganzen bin ich gut durchgekommen. Die Ischias ist nach 8 Tagen vorübergegangen. 4 Monate aus dem Blechnapf essen, auf dem Strohsack schlafen, am Stacheldraht entlang spazieren, im Schmutz mit fremden Menschen leben, das ist für einen 58jährigen anstrengend und zermürbend; aber hier sind 78jährige Männer, die es aushalten, und so will ich lieber schweigen, solange es nicht schlimmer wird. [...] Ihrer Wäsche muss ich heute noch ein besonderes Loblied singen. Ein Glück, dass es Ihnen gelungen ist, mir reine Wäsche zu besorgen. Die Freude an der frischen, in unserem Haushalt besorgten Wäsche ist in meinem gegenwärtigen Zustand ganz unbeschreiblich. Sie kennen die schöne Stelle aus dem Lustspiel von Shakespeare: ›Wenn je zur Kirche Glocken euch geläutet, / Wenn je ihr saßt bei guter Menschen Mahl‹ usw. — heute würde ich auch die saubere, in einem Haushalt gereinigte Wäsche zu solchen guten Dingen rechnen, die Zeichen und Ausdruck eines menschenwürdigen Lebens sind. Von Einzelheiten will ich noch erwähnen: den herrlichen Kuchen, die wunderbaren Zwiebeln von der Tante Üssi, den schönen Kaffee. Die Kost ist jetzt nicht mehr so reichlich; schicken Sie also im nächsten Paket noch etwas geröstetes Brot, liebe Duschka, nicht so viel Wäsche [...], die schönen Lammfellpantoffeln, die ganz fabelhafte Flanellbinde, die schönen warmen Strümpfe, das Kopfkissen, die Kamelhaardecke, alles hat mir gut über die schlimmste Zeit hinweg geholfen. [...] Meine Schuhe sind noch gut, dank der Schuhwichse, Sie sehen, ich bin noch nicht verwahrlost. [...] Ihre Nachrichten über die allmählich wieder auftauchenden Freunde sind für mich trostreich, weil heute jeder Freund dreifachen Wert besitzt. [...] Seien Sie nicht traurig um mich, schreiben Sie mir oft und seien Sie von ganzem Herzen innigst geküsst.«[768] Vier Monate später heißt es in einem Brief: »Hoffentlich kommt der Brief in Ihre lieben Hände und lesen Ihre Augen diese Zeilen, gute, liebe Duschka. [...] Gott hat mich bisher beschützt, und an Ernst Jüngers Lieblingsvers: ›Ihr werdet auf Schlangen und Skorpionen treten, ohne dass es Euch schadet‹, habe ich oft denken müssen. Seien Sie also ohne Sorgen um mich. Die Gefahr der Entseelung ist groß, aber Sie sind meine Seele, liebe Duschka. [...] Ob wir noch einmal nach Plettenberg kommen werden? [...] Aber trotz allem, liebste Duschka, bin ich nicht entseelt. Wehrlos, doch in nichts vernichtet, wie Konrad Weiß sagt. Ich bin durch meine Gedankenarbeit von 1910 bis 1945 auf meine geistige Lage so wunderbar vorbereitet, dass ich immer von neuem über die Fügungen Gottes staunen kann. Alles hatte seinen Sinn als geistige Rüstung.«[769] Wie es wirklich in Schmitt aussah, verriet er am 7. Oktober 1947 in Plettenberg seinem Tagebuch: »Ende August 1946 habe ich in der Verzweiflung des Camps morgens, als die ersten Sonnenstrahlen auf meine Pritsche fielen, laut die Sonne angesprochen und ihr gesagt: Du Betrügerin. Das war schrecklich, so wie der Ausspruch, den der Vater von Kierkegaard mit Bezug auf Gott getan hat. Seit dieser Zeit geht es mir äußerlich besser und haben die schlimmsten Misshandlungen aufgehört. Ist das nun alles Betrug? Verzweifelte Verstrickung in das Labyrinth der Negativität. Tödlicher Rückschlag dieses grässlichen Wurfgesteins auf einen selbst. […] Ich stehe als Gespenst und schreie ohne Kehle.«[770]

Einige der in den amerikanischen Gefangenenlagern geschriebenen und herausgeschmuggelten Notizen veröffentlichte Schmitt 1950 in dem kleinen Band »Ex captivitate salus«, seinem persönlichsten Buch. Er nannte sich darin – in der Antwort auf Eduard Sprangers Frage, wer er sei – einen »christlichen Epimetheus«[771]. Dieses Bild ist ihm aber von den meisten nicht abgenommen worden. Epimetheus war der Bruder von Prometheus, der sich von den Göttern breitschlagen ließ, Pandora zu sich zu nehmen, die von Zeus zum Unheil der Menschen geschickte Frau, die das Fass öffnete, aus dem alle Übel herauskrochen. Als Selbststilisierung, schrieb ein Kritiker, müsse die Überhöhung des Geschehens für viele, die darunter zu leiden gehabt hätten, so kultiviert wie fragwürdig bleiben. Wer, so wurde gefragt, hätte Carl Schmitt überredet? Der christliche Gott?

- 6 -

Man soll nicht zuviel von seinen Freunden sprechen. Jeder dieser beiden ist mein Freund, so verschieden sie im übrigen sein mögen, so fromm und abergläubisch der eine, so desillusioniert und aufklärerisch der andere. Ich lasse es mir auch nicht verwehren, für ihre Seele zu beten. Jean Bodin, der selber soviel und inständig gebetet hat, wird das selbstverständlich finden. Er würde sich verwundern, wenn ich es nicht täte. Aber auch Thomas Hobbes wird es mir nicht verdenken. Er hat darauf verzichtet, von solchen Dingen zu sprechen aber er war für das Beten, wenn es nur wirklich zum Frieden führt. Der von Theologen und Sektierern geschürte Bürgerkrieg hat ihn zur Verzweiflung getrieben. Trotzdem ist er kein Aufklärer im Stil des 18. oder gar des 19. Jahrhunderts geworden. Sein Aufklärertum ist noch nicht überheblich. Es ist eine bittere, in Furcht und Sorge gepflückte Frucht, die Frucht eines Zeitalters konfessioneller Bürgerkriege und mörderischer Rechthaberei.

5.

Manchmal befällt uns in der tiefsten Erniedrigung der Stolz unserer göttlichen Herkunft. Das ist ein glückseliger Moment. Nicht Traum oder Kindheitserinnerung und kein Paradies, wohl aber ein Bild der intensivsten Gleichzeitigkeit von Jahrhunderten geschichtlicher Mühen, in denen wir selbst mit unserer armen Lebensarbeit stehen. Wir hören den Inhalt der Diskussionen einer ganzen Epoche in einfachen deutlichen Worten und sehen unsere eigene Wirklichkeit in einem Augenblick konkreter Verortung und Angulierung. Eine einzige Sekunde belehrt uns darüber, wo wir eigentlich sind, woher wir kommen und wohin unser Leidensweg geht. Ich will versuchen, von einem solchen Augenblick zu sprechen, obwohl ich weiss, das ich das Bild der sekundenhaften Gleichzeitigkeit nicht wiedergeben kann. Ich muss es in geistesgeschichtliche und wissenssoziologische Linien diskursiv auseinanderlegen und seine Worte in eine ganz andere Sprache übersetzen als die einer unmittelbaren Simultaneität.

Wir sind uns der Rechtswissenschaft als einer spezifisch europäischen Erscheinung bewusst. Sie ist nicht nur praktische Klugheit und nicht nur Handwerk. Sie ist in das Abenteuer des occidentalen Rationalismus tief verstrickt. Sie stammt als Geist von edlen Eltern. Ihr Vater ist das wiedergeborene römische Recht, ihre Mutter die römische Kirche. Die Trennung von der Mutter wurde nach mehreren Jahrhunderten schwieriger Auseinandersetzungen im Zeitalter des konfessionellen Bürgerkrieges endlich vollzogen. Das Kind hielt sich an seinen Vater, das römische Recht, und verliess die Wohnung der Mutter. Es suchte ein neues Haus und fand es im Staat. Die neue Wohnung war fürstlich, ein Palast der Renaissance oder des Barock. Die Juristen fühlten sich stolz und den Theologen weit überlegen.

So entstand aus den konfessionellen Bürgerkriegen des 16. und 17. Jahrhunderts das jus publicum Europaeum. An seinem Anfang steht eine Theologen-feindliche Parole, eine Aufforderung zum Schweigen, die ein Begründer des modernen Völkerrechts an die Theologen richtete: Silete theologi in munere alieno! Das hat ihnen Albertus Gentilis entgegengerufen, und zwar im Zusammenhang der Erörterung des gerechten Krieges. Ich höre ihn heute noch rufen.

Abb. Manuskriptseite von Carl Schmitts »Ex captivitate salus«.

Unkosten

In dem Buch »Ex captivitate salus« begann Schmitt, seinen Nachkriegsmythos aufzubauen. Er sei – trotz Quincy Wright – der einzige Rechtslehrer dieser Erde, der das Problem des gerechten Krieges einschließlich des Bürgerkrieges in all seinen Tiefen und Gründen erfasst und erfahren habe, der letzte, bewusste Vertreter des europäischen Völkerrechts, des jus publicum Europaeum, sein letzter Lehrer und Forscher in einem existentiellen Sinne, der sein Ende so erfahre, wie Benito Cereno (in Herman Melvilles gleichnamiger, 1855 erschienener Erzählung) die Fahrt des Sklavenschiffs »San Dominick« erfahren habe — der von der schwarzen Besatzung in einer Meuterei abgesetzte, dann terrorisierte und nur wegen seines Wissens gebrauchte spanische Kapitän Cereno wird am Ende gerettet, den Meuterern wird der Prozess gemacht, und sie werden gehängt; doch Cereno hat nur karge Aussagen beim Prozess gemacht und sich anschließend ins Schweigen zurückgezogen. Anfang der vierziger Jahre hatte Schmitt seine Situation als »Benito Cereno« zum ersten Mal gegenüber Ernst Jünger erwähnt und seine Haltung begründet mit einem Satz aus Macrobius' »Saturnalien« (den er später auch im Nürnberger Verhör zitierte): »Non possum scribere contra eum qui potest proscribere« (man kann nicht schreiben gegen den, der die Macht hat, einen zu beseitigen). Auch gegenüber dem jungen Nicolaus Sombart probierte Schmitt Anfang der vierziger Jahre die Wirkung der Benito Cereno-Parabel aus, und Sombart war verblüfft und konnte sich auch später keine tiefsinnigere Interpretation des Schmittschen Lebens vorstellen als Melvilles Erzählung, zumal als Sombart sie später las und darin auf folgende Stelle stieß: »Wenn es vorkam, dass des Spaniers Trübsinn bei manchen Gesprächsgegenständen zu völligem Verstummen führte, so gab es auch andere Punkte, zu denen er überhaupt nie sprach. Hier schien seine (frühere) Zurückhaltung (noch) ganz ungebrochen. Vom Schlimmsten wollen wir nicht reden; nur der besseren Aufklärung halber sei der eine oder andere Punkt erwähnt. Das Gewand, jenes sorgfältige und kostbare Gewand, das er an dem Tag der hier berichteten Ereignisse getragen hat, war nicht freiwillig von ihm angelegt worden. Auch der silberbeschlagene Degen, dieses vermeintliche Symbol seiner schrankenlosen Herrschaft, war in Wirklichkeit kein Degen, nur das Gespenst einer Waffe. Die Scheide, künstlich gesteift, war leer.« »Es gibt kein besseres Bild«, kommentierte Sombart Jahrzehnte später, »um begreiflich zu machen, was es mit dem säbelrasselnden diktatorischen Dezisionismus Carl Schmitts für eine Bewandtnis hatte.«[772] Schmitt hat mit dem Benito Cereno-Mythos auch nach 1945 gespielt und sogar behauptet, er habe sein 1938 erschienenes »Leviathan«-Buch unter dem Pseudonym Benito Cereno geschrieben. Da ließ er nämlich einen so genannten Waschzettel für das Buch kursieren, der datiert ist auf den 11. Juli 1938 (auch das Datum des Vorworts, Schmitts 50. Geburtstag), aber vermutlich entstand der hintergründig gemeinte, aber auf offenkundige Wirkung hin geschriebene (Anti-) Werbetext erst nach 1945. »Vorsicht!«, heißt es darin, »Hast Du vielleicht schon einmal etwas von dem großen ›Leviathan‹ gehört und drängt es Dich, in diesem Buch zu lesen? Vorsicht, mein Lieber! Dieses ist ein durch und durch esoterisches Buch, und seine immanente Esoterik steigert sich in demselben Maße, in dem Du in das Buch eindringst. Leg es wieder zurück, an seine Stelle! Fass es nicht wieder an, mit Deinen Fingern, mögen sie nun gewaschen und gepflegt oder zeitgemäß blutig und gefärbt sein! Warte ab, ob dieses Buch Dir wieder begegnet und ob Du zu jenen gehörst, denen sich seine Esoterik öffnet! Die Fata libellorum und die Fata ihrer Leser gehören auf eine geheimnisvolle Weise zusammen. Ich sage Dir das in aller Freundschaft. Dräng Dich nicht in Arcana, sondern warte, bis Du in gehöriger Form eingeführt und zugelassen wirst. Du könntest sonst einen Deiner Gesundheit schädlichen Wutanfall bekommen und versuchen, etwas zu vernichten, was jenseits aller Vernichtbarkeit steht. Das wäre nicht gut für Dich. Lass also Deine Hände davon und leg das Buch an seine Stelle zurück! Aufrichtig Dein guter Freund Benito Cereno.«[773] Ein weiterer Versuch Schmitts, dem Buch eine verborgene Tiefe zu geben und abzulenken von den antijüdischen Hasstiraden, die darin zu finden sind. Geschrieben – 1938, nach seiner Entmachtung durch die SS – vielleicht zu seiner Selbstverteidigung, aber aus seinem – auch nach 1945 aufrechterhaltenen – Gesamtkonzept fielen diese Äußerungen keineswegs heraus. Immerhin blieb die Rolle des »Benito Cereno« eines der eindrucksvollsten unter den vielen mythischen Bildern, mit denen Schmitt sich nach 1945 zu schmücken und zu tarnen versuchte – wenn auch die meisten Kritiker die Parabel, nach der Hitler und die Nationalsozialisten die Meuterer und Piraten waren, die den Kapitän, in diesem Fall Carl Schmitt, wegen seines technischen Wissens brauchten, ihm aber immer mit dem Dolch an der Gurgel drohten, sofort als mythische Verklärung erkannt und verstanden und das Bild zurückgewiesen haben. Im Übrigen hat Carl Schmitt entgegen seiner Ankündigung in Nürnberg, auch er werde in die Sicherheit des Schweigens gehen, nach Ende des Zweiten Weltkriegs geschwiegen nur in Bezug auf seine Verstrickungen mit den nationalsozialistischen Machthabern und ein Wort der Reue nie gefunden. »Ich verstehe den Propheten Jona, der sich weigerte, dem Gebot des Herrn zu folgen, nach Ninive zu gehen, um dort den Menschen zu predigen. Das möchte ich auch nicht tun, jetzt Buße predigen; ich möchte auch nicht nach Ninive gehen«[774], notierte Schmitt am 3. September 1947 im Tagebuch. Kein Wort der Reue? Kein Wort, bestätigt Ernst Hüsmert. Schmitt habe diese Zeit als sein unveränderliches Schicksal akzeptiert und gemeint, seine Schuld sei durch den Angriff der SS auch getilgt worden. Sprach man ihn privat auf seine Rolle gegen Ende der Weimarer Republik an und nannte ihn ihren »Totengräber«, pflegte er zu antworten, dass, erstens, eine Leiche da gewesen sein müsse, er, zweitens, kein Mörder sei und, drittens, »Totengräber« ein anständiger Beruf sei. Ansonsten arbeitete er einfach weiter, verstand sich nun als Privatgelehrter und vervollständigte seine politische Theorie mit Büchern wie »Der Nomos der Erde«, 1950 erschienen, aber schon 1945 weitgehend fertig gestellt, der 1963 erschienenen »Theorie des Partisanen. Eine Zwischenbemerkung zum Begriff des Politischen«, der 1970 veröffentlichten »Politische Theologie II« sowie mit kleineren Essays wie über »Clausewitz als politischer Denker« oder über die »legale Weltrevolution«, seine letzte, als 90 jähriger geschriebene Veröffentlichung, in der er noch einmal auf die Weimarer Republik zurückblickte und meinte, dieses Modell »Weimar« sei »prädestiniert« gewesen, ein »Opfer der legalen Revolution Hitlers zu werden«[775]. Das »Ungeheuer« lebte im Brockhauser Weg 10 in Plettenberg und später in Pasel äußerst diszipliniert, wie seine Haushälterin Anni Stand erzählt hat: »Er stand morgens vor 8 Uhr auf und nahm ein kaltes Bad. Anschließend Frühstück. Dann ging er für kurze Zeit in den Garten hinter dem Haus, machte dort Freiübungen und leichte Turnübungen an der Teppichstange. Er kam ins Haus zurück, verschwand im Musikzimmer seiner Schwester, das er gern als Arbeitszimmer benutzte, um zuerst die Korrespondenz zu erledigen. Wenn das Wetter es erlaubte, brachte er vormittags seine Briefe selber zur Post und kehrte dann ins Arbeitszimmer zurück. Wenn wir ihn gegen Mittag Klavier spielen hörten, wussten wir, jetzt kann gleich gegessen werden. Nach dem Mittagessen gingen wir grundsätzlich ein bis eineinhalb Stunden im Saley spazieren. Das ist der Berg, an dessen Fuß das Haus der Schmitts lag. Danach Bettruhe bis zum Kaffeetrinken und dann bis zum Abend arbeitete er wieder. Wenn wir ihn wieder Klavier spielen hörten, wussten wir, dass er die Arbeit beendet hatte und gleich in den Keller geht, um den Wein zum Abendessen zu holen. Die Abendmahlzeit war begleitet von Gesprächen. Gäste waren immer willkommen. Das ging oft bis in die Nacht hinein.«[776] Das klingt ein wenig nach friedlicher Idylle. Die Tagebücher sprechen eine andere Sprache. In ihnen hat Schmitt seine Einsamkeit herausgeschrien:

16. Dezember 1947: »Ich verliere meine Zeit und gewinne meinen Raum. Aber kaum habe ich das gesagt, so ertönt Radio-Geklimpere von nebenan und belehrt mich darüber, dass ein von fremden Tonwellen durchzogener Raum als eigener Raum zerstört ist. Die unhörbaren Wellen, die meinen Raum durchkreisen, sind mir zwar nicht als gehört bewusst, wohl aber unhörbar bewusst. Es ist, als ginge ich in einem Hagel von unsichtbaren Geschossen und empfinde das als Ruhe und als meinen Raum. Unser Bewusstsein ist auf solches Wissen nicht eingerichtet. Auf das neue Bewusstsein aber können wir uns nicht einrichten, ohne uns selbst zu zerstören.«[777] 10. Februar 1948: »Ich müsste diese Zeit ausnutzen, um mir über diese humanistischen Neutralisierungen noch viel klarer zu werden. [...] Was hält mich zurück? Wie habe ich es selbst [am 21. Juli 1914 im Tagebuch] gegenüber der klar durchbrechenden Erkenntnis des Betrogenseins formuliert und niedergeschrieben: ›Das ist das Gefühl des Unabänderlichen. Es kommt, und wer klug ist, sagt nichts und wehrt sich nicht.‹ So wörtlich vor 33 Jahren. Immer wieder bin ich dem Betrug erlegen; immer wieder bin ich ihm entgangen. Immer wieder die Erkenntnis ›bei der ich still halte, wie wenn ich einem Schicksal gegenüberstände, in das ich mich gefunden habe, wie ein Mensch, der am anderen Tag hingerichtet wird und gefasst der schrecklichen Stunde entgegensieht, ohne eigentlich die Schrecklichkeit zu empfinden.‹ So wörtlich am 21. Juli 1914 notiert. Das ist das Gefühl des Unabänderlichen; beides ein Teil des Todes, der ja auch das Unabänderliche ist, oder richtiger: ein Teil oder nur ein Ausdruck, ein Fall des Unabänderlichen. Las die Tagebuchnotiz vom 12. Oktober 1913: ›Sie können sich das leisten‹, meinte der Geheimrat. Rührend das heute zu lesen. Es ist auch eine Formel für mein Leben. Ich konnte mir vieles leisten und habe mir vieles geleistet; se payer quelque chose, kann man es übersetzen, dann klingt es illusionsloser und lässt auch die Unkosten nicht ganz außer Betracht...«[778] 1. Juli 1948: »Ich

habe seit 1936 Schweres erlebt und bin mehrmals von dem Leviathan verschlungen worden, der das Objekt meiner wissenschaftlichen Beobachtungen und Forschungen war und es dadurch noch mehr wurde. Die Jagd, deren Wild ich seit Jahren bin, hat mich etwas ermüdet. Doch bin ich noch im Stande, Recht und Unrecht zu unterscheiden, was meine Verfolger anscheinend nicht mehr können. Ich bin auch noch im Stande, meine Jäger begrifflich zu klassifizieren. Der arge Betrug des ersten Eheversuchs; hat er eine Parallele mit der Selbsttäuschung, die in der Zusammenarbeit mit Frank enthalten war? Oder war der Betrug nur eine Begleiterscheinung eines geheimen Willens zur Selbsttäuschung?«[779]

Drei Tage vor seinem 60. Geburtstag, am 8. Juli 1948, notierte er im Tagebuch den »Gesang des 60jährigen«:

»Ich habe die Eskavessaden des Schicksals erfahren,
Siege und Niederlagen, Revolutionen und Restaurationen,
Inflationen und Deflationen, Ausbombungen und
Diffamierungen, Regimewechsel und Rohrbrüche,
Hunger und Kälte, Lager und Einzelhaft.
Durch das alles bin ich hindurchgegangen,
und alles ist durch mich hindurchgegangen.
Ich kenne die vielen Arten des Terrors,
den Terror von oben und Terror von unten,
Terror auf dem Land und Terror aus der Luft,
Terror legal und außerlegal,
brauner, roter und gescheckter Terror,
und den schlimmsten, den keiner zu nennen wagt.
Ich kenne sie alle und weiß ihren Handgriff.
Ich kenne die Sprechchöre der Macht und des Rechts,
die Lautverstärker und Sinnverfälscher der Regime,
die schwarzen Listen mit vielen Namen
und die Kartotheken der Verfolger.
Was soll ich nun singen? Den Hymnus Placebo?
Soll ich problemlos werden und Pflanzen und Tiere beneiden?
Panisch erbeben im Kreis der Panisken?

Im Glück der Mücke, die nach innen hüpft?
Dreimal saß ich im Bauche des Fisches.
Dem Freitod durch Henkershand sah ich ins Auge.
Doch schützend umfing mich das Wort sibyllinischer Dichter,
und rettend öffnet die Tore ein Heiliger mir aus dem Osten.
Sohn dieser Weihe, Du sollst nicht erbeben!
Horche und Leide.«[780]

Dieses Gedicht im gebändigten Walt Whitman-Ton kann man lesen als Ausdruck des besonderen Problems Carl Schmitts: Er war wie Ernst Jünger oder Gottfried Benn ein großer Schriftsteller – und für manche ein bedeutenderer Tagebuchschreiber als Jünger –, aber ihm stand nicht wie diesen beiden die poetische Möglichkeit zur Verfügung, seine Person fiktiv oder im Klartext der Autobiographie auszustellen und seine Bücher als direkte Verlängerungen seines Ichs auszugeben. Solche Selbstentblößung lag ihm nicht. »Ein Jurist, der sich selbst und viele andere zur Objektivität erzogen hat, geht psychologischen Selbstbespiegelungen aus dem Wege. Die Neigung zu literarischen Beichten und Bekenntnissen ist mir durch hässliche Beispiele wie Jean-Jacques Rousseau und den armen August Strindberg verleidet. [...] Wer beichten will, gehe hin und zeige sich dem Priester«[781], schrieb er in »Ex captivitate salus«. Er brauchte als Material die großen weltgeschichtlichen Mythen, die ihn kleideten und ihm sein Seinsgewicht gaben, indem er diese Mythen zu durchschauen vorgab; andererseits, weil auf keine Memoiren aus, führte er in seinen Tagebüchern die Rohmaterialien eines Buches vor, das »noch nicht Geformte«, »Fotokopien der Palimpseste«[782] statt vollendete Tagebuch-Editionen. In seiner zurückgezogenen autobiographischen Position hatte Schmitt aber einen genauen, entlarvenden Blick für die Maskenspiele von Leuten wie Ernst Jünger, und Jünger wird tief verletzt gewesen sein, als er nach Schmitts Tod in dem Band »Glossarium. Aufzeichnungen der Jahre 1947–1951« vom »westfälischen Dickkopf mit römischer Prägnanz« manche bösartige, dekuvrierende Äußerung über sich lesen musste. 27. Januar 1949: »Ernst Jünger wird reifer und reifer. Jetzt ist er bald reif für den Nobelpreis. Mit diesem Lorbeer geschmückt wird er dann Arm in Arm mit André Gide und T. S. Eliot im Jardin des plantes promenieren. Und Ernst Robert Curtius wird einen Aufsatz über ihn schreiben, obwohl der berühmte Professor sonst grundsätzlich nur über Staatsangehörige von Siegerstaaten Aufsätze schreibt. Die neue Elite.«[783] 22. August 1949: »Inzwischen wird die Figur des Scaeva, die Figur des Bürgerkriegssoldaten, entscheidend, allein entscheidend. Was ergibt sich aus Ernst Jüngers ›Strahlungen‹? Dass er den pour le mérite des Staatenkrieges trägt, aber nicht den des Bürgerkriegs, der keinen pour le mérite zu vergeben hat. Die Helden des 20. Juli 1944 waren keine Partisanen. Ernst Jünger ist kein Scaeva. Er trug die Schnalle zum Eisernen Kreuz. Was hebt ihn über die Biedenhörner? Sein Problembewusstsein? Er sagt von mir: Kronjurist ohne Krone; ich erwidere: Staatssoldat ohne Staat, oder noch schlimmer Staatssoldat in einem Ein-Parteien-Staat. Wohin zieht er sich zurück? Zu den Gärtnern und Botanikern? Wohin ziehe ich mich zurück? Vergleiche meinen Vitoria-Aufsatz mit Ernst Jüngers ›Strahlungen‹! Die Frage ist nur: Wo sind denn heute die Scaevas? Ich hatte ja gedacht, Malraux gehöre dazu und hatte das Jünger gesagt: Malraux sei der Ernst Jünger des Bürgerkriegs, worauf Jünger mir etwas eifersüchtig erwiderte: den Posten habe er sich selber vorbehalten. Aber den pour le mérite-Träger des Bürgerkriegs gibt es eben nicht. Den Bürgerkrieg entscheidet nur der Typ des Scaeva: minor vobis causae vestrae amor quam mihi mortis. Den amor mortis gab es nur in Spanien, und deshalb hat bisher nur Spanien den Bürgerkrieg bestanden. Amor mortis? Früher einmal im Schützengraben, heute in der Etappe Paris heißt das bei Jünger: ›Ich nehme doch gern am Menschenleben teil‹, Paris 10. Mai 1943. Jünger ist Privatier, aber leider kein Privateer geworden.«[784] 16. September 1949: »Exul in patria sua, das ist (komparatistisch) mehr als privilegiert in patria sua. Der Unterschied von Ernst Jünger und mir: er lebt noch vom pour le mérite; er lebt vom Verdienst; vom opus operatum. Mein opus operatum ist mir als Habe verloren, in die Zeit miteingegangen. (Inzwischen hat Jünger sich selbst den pour le mérite für den Kampf gegen Hitler verliehen.)«[785] »Ernst Jünger hat für meine Lage als outlaw weder Gefühl noch Verstand noch einen Blick«, notierte Schmitt am 6. November 1949. »Entsetzliche Sparsamkeit der ihre Einfälle restlos verwertenden Vollmonade. Weder ein Fenster noch eine Tür zum Mitmenschen. Die kümmerliche Stimme Ernst Jüngers. [...] Die ärmste, engste Stimme, die ich in meinem Leben gehört habe.«[786] 16. November 1949: »Ernst Jünger erscheint mir heute als sein eigener Vater (der er in den ›Strahlungen‹ in Paris geworden ist); als Strandgut des Wilhelminismus; ebenso Thomas Mann. Was man für Restauration hält, ist gerettetes Strandgut, mehr nicht. Wer rettet, wer plündert? Gott segne unseren Strand, beten die Verfolgten von gestern und Verfolger von heute.«[787] 25. November 1949: »Es ist mit Ernst Jünger wie mit vielen berühmten Figuren, die auf der Bühne der literarischen oder künstlerischen Öffentlichkeit stehen. Sie konzentrieren alle ihre Kräfte auf ihr öffentliches Auftreten. Das nennen sie ihre Arbeit. Sie sammeln sich für Momente ihres öffentlichen Berufes, auch wenn das die Momente am Schreibtisch sind. Sie vergeuden sich nicht im Privaten, in keinem Gespräch und keiner nicht unmittelbar verwertbaren Unterhaltung. Sie treiben eine wohlüberlegte Ökonomie ihrer Kräfte und Strahlungen und lassen nichts verkommen. Sie sind Verwerter alles irgendwie Verwertbaren, ohne sich zu entäußern. Infolgedessen liegt ihre Präsenz restlos in ihrem öffentlichen Werk. Ihre Existenz geht in der Öffentlichkeit restlos auf. Man soll sie auf der Bühne sehen oder ihre Bücher lesen. Es hat wenig Sinn, außerhalb dieses Rahmens mit ihnen zu tun zu haben. Man wird von ihnen ›behandelt‹ und nach den Methoden der Verwertung des Irgendwie-Verwertbaren erfasst und eingesetzt. Sie sind abwesend, wenn sie nicht vor ihrem Publikum auftreten oder für ihr Publikum arbeiten. Wahrhaftig, echte Arbeiter des publizistischen Betriebs, nichts als Arbeiter. Der Rest ist nicht einmal Schweigen, sondern Null. Bei dieser restlosen Verwertung des Irgendwie-Verwertbaren bleibt überhaupt kein Rest.«[788] 1. März 1951: »Arbeiter ist, wer das Recht auf einen von der zuständigen Organisation zuzuweisenden Arbeitsplatz hat; Arbeit und Arbeitsrecht, das ist es. Das neue Recht der Massen-Diskriminierung. Jeder sollte sich schämen, der vom Arbeiter geschwärmt hat und 1945 erkennen musste, um was es sich in Wirklichkeit handelt. Wer heute arbeitslos ist, ist der Arbeit näher als dieser gesetzlich privilegierte Arbeitsplatzinhaber mit seinem Arbeitsschutz und Arbeitsrecht. Darüber hätte Jünger ein Buch schreiben sollen statt über Lucius und seine hochgebildeten Parsen. Vieles kann man mir sagen. Man kann mich als Kronjuristen beschimpfen. Aber auf den Mythos von der Arbeit bin ich nicht hereingefallen. Ein Buch ›Der Arbeiter‹ habe ich nicht geschrieben und einen renten- und versorgungssüchtigen Angestellten für einen ›imperialen Typ‹ zu halten, das habe ich auch nicht gemacht.«[789] Die Rechtfertigungen hörten nicht auf. 3. Oktober 1947: »Wie kommt es, dass alle [meine Feinde] nicht sehen, dass ihre Entrüstung über mich geistig identisch ist mit der Wut Hitlers über die entartete Kunst?«[790] 15. Januar 1948: »Das ungeheuerlichste Dokument der Abgründigkeit des deutschen Idealismus: ›Wenn aber die geistige Zufälligkeit, die Willkür, bis zum Bösen fortgeht, so ist dies selbst noch ein unendlich Höheres als (alle Natur, höher als) das gesetzmäßige Wandeln der Gestirne oder die Unschuld der Pflanzen; denn was sich so verirrt, ist noch Geist‹, sagt Hegel, Enzyklopädie [der philosophischen Wissenschaften II], §248. Das ist doch hinreißend. Die böseste, niedrigste Bosheit des menschlichen Geistes ist noch mehr als der gestirnte Himmel und die schönsten Blumen. Denn was sich so verirrt, ist doch noch Geist. Welch ein großes Wort zu dieser Situation von uns Deutschen 1944!«[791] 23. Februar 1948: »Ich habe alle Freibriefe und Exemtscheine des Weltgeistes, und wer mir das nicht ohne weiteres zubilligt, kann nicht mein Freund sein.«[792] 21. September 1948: »Es stößt mich tiefer in die Depressionen der Machtlosigkeit, wenn ich in meiner Ohnmacht erkenne: wer keine Macht hat, braucht viele Süßigkeiten. Dagegen umfängt mich schützend der Satz von der stärkenden Ohnmacht: meine Ohnmacht ist ja nur Nichtbeteiligtsein an der Machthaberei des Terrors; was unter dem Blickpunkt dieser Nichtbeteiligung als Machtlosigkeit erscheint, ist vom Jenseits gesehen gegenmächtige Exemption vom Terror der Diesseitigkeit, Vermehrung meines Rechts in der Geschichte.«[793] 10. Juni 1948: »Wehe den Diagnostikern! Die Wut auf Ernst Jüngers ›Arbeiter‹ und vielleicht noch mehr meinen ›Begriff des Politischen‹ ist die Wut des Kurhausdirektors auf den Arzt, der im Kurort einen Pestfall diagnostiziert. Ich habe alle Kurdirektoren zu Feinden, eine ebenso menschenfreundliche wie bösartige Gesellschaft. Ich störe das Vergnügen von tausend harmlosen Menschen; das Herzleiden einiger Fabrikanten hat sich verschlimmert, als ihnen das Gerücht von dem Pestfall zu Ohren kam. Die Diabetes einiger Bankiers wurde besorgniserregend. Die Blüte mit reizenden langersehnten Rendezvous im kultiviertesten Marianne von Willemer-Stil ist ruchlos zertreten; also verantworte Dich, elender Verbrecher am menschlichen Glück. Neuer krimineller Tatbestand: wer menschliches Glücksgefühl auf eine herzlose (bestialische) Weise vernichtet, vergreift sich an den Grundrechten der sozialen Ordnung und wird als Feind der Menschheit geächtet.«[794] 24. April 1949: »Ich kenne die moderne Philosophie und lese bei Heidegger: Der Mensch ist der Hirte (des Seins). Ich kenne aber auch die Mangelwirtschaft des Menschen und der Humanität; sie ist mir schon seit Jahren geläufig. Mir wird bei diesem neuen Hirten alles mangeln, selbst ein Stück Brot, wenn der Mensch mein Hirte sein wird. Ja wo erhält der Schwache Brot? Lieber die Feindschaft Adolf Hitlers als die Freundschaft dieser zurückkehrenden Emigranten und Humanitären. [...] Haus, Hirt, Lichtung, das sind die Wesensworte dieses Heidegger. Das ist seine Echtheit, ein Klumpen Gold im Mülleimer der Polemik und ein Klumpen philosophischer Butter in der Wortmelkerei der deutschen Sprache.«[795] 25. April 1949: »Armer, guter, braver Weizsäcker. Du botest den anderen einen Landesverrat an, der Dir schwerer wurde als einer anständigen Mutter aus guter Familie, die ein Selbstangebot macht, um ihre Tochter vor der Vergewaltigung zu retten. Jetzt wirst Du, nachdem die Vergewaltigung vollzogen ist, vom Vergewaltiger wegen Kuppelei angeklagt und verurteilt. Armer, anständiger Weizsäcker! Von diesen Menschen zu Gefängnis verurteilt zu werden, ist noch nicht einmal eine Ehre.«[796] 20. August 1949: »Ich bin wirklich ein Hirte des Seins. Dass Ernst Jünger heute Léon Bloy in sich aufnehmen kann, ist zum Beispiel eine Auswirkung meines Pastorentums. Dass Theodor Haecker zum Katholizismus übertrat, ist nicht ohne mich als Hüter geschehen. Ich bin ein Hirte des Seins. Ich trage auch das Hirten-Schicksal. [...] Was soll ich tun? [...] Ich werde zum Träger des Mioritza-Schicksals. Vielen Mördern bin ich entgangen. Immer war ich weiter als dort, wohin sie schossen. Im Augenblick ihrer Aktivität haben sie mich nicht einmal bemerkt. Gott hat mich unsichtbar, unscheinbar gemacht. Der Hirte des Seins ist unscheinbar.«[797] 7. November 1949: »Wie groß war der Reichtum unserer Einfälle, die Fülle unserer Aperçus, die Verschwendung unserer Gespräche! Ich freue mich meiner Verschwendung, wenn ich diese heutigen Allesverwerter sehe, diese filzigen Kleinkapitalisten, diese Geizkragen ihrer Einfälle, diese Dosierer ihrer Bonmots. Ich bin der einzige, der diesen geputzten Sparsinn zu beurteilen vermag.«[798] 3. Juni 1950: »Im Übrigen ist die Frage, wer legitimiert ist, mich aus dem Reich des deutschen Geistes zu verbannen, durch diesen Artikel von [Walter] Lewald [in der Neuen Juristischen Wochenschrift] in erfreulicher Weise geklärt. Abgesehen von diesem positiven Resultat ist der Artikel nur noch ein kulturgeschichtliches Dokument, das in dieselbe Kategorie gehört wie die Jurisprudenz zur Hexenverfolgung, und das mich veranlasst hat, mit großem Gewinn wieder einmal in der ›Cautio criminalis‹ des Grafen Spee von Langenfeld von 1631 zu lesen. Wer von mir, dem Autor der ›Politischen Theologie‹, in einer juristischen Zeitschrift behauptet, ich hätte den ›Anti-Christ‹ vergöttert, hat sich selbst in jene kulturgeschichtliche Kategorie eingestuft. Ich habe niemals jemand oder etwas vergöttert, höchstens, eine Zeitlang, meine Frau Duschka, und die hatte es auch verdient.«[799] 22. April 1951: »Wichtiger noch als die Fragebogenfragen sind die großen Kernfragen, vor die man (d.h. Roosevelt und Stalin als eine

koalierte Einheit!!) den Deutschen 1945 gestellt hat. Beantworten Sie also zum Beispiel die Frage: Halten Sie Thomas Mann oder Heinrich Mann für den größten deutschen Dichter? Halten Sie Heinrich Heine oder Zuckmayer für den echten Wortführer Ihrer Generation? Halten Sie Robert Kempner oder Erich Kaufmann für die wahren Repräsentanten deutschen Rechtsempfindens? Auf alle solche Fragen antworte ich mit einem entschiedenen: ohne mich!«[800]
5. August 1951: »Soll ich mit der Parabola des Francis Bacon schließen? Die Parabel lautet: ›Fons turbatus pede et vena corrupta est justus cadens coram impio‹. Ich bin in der Lage des justus cadens coram impio. Ich bin die Quelle, in die ein Schuft hineingetreten hat. Die Explicatio, die Bacon zu dieser Parabel gibt, ist besonders aktuell; er sagt: Die Quelle ist vergiftet, wenn das Unrecht justizförmig geschieht. Postquam enim Tribunal [Nürnberg] cesserit in partes injustitiae, status rerum vertitur tamquam in latrocinium publicum: fitque plane ut homo homini lupus. Die Quelle ist zertreten, wenn einem Rechtslehrer von der Gesamtheit der anderen Rechtslehrer seines Landes Unrecht geschieht.«[801]

»Wie bewerten Sie solchen Wahn?«, fragt der Oberstaatsanwalt in der Ruinenlandschaft des Schwarzenbergs den Zeugen Paul Noack (»geboren am 28. September 1925 in Hagen, Beruf: Publizist«). »Was an dem ›Glossarium‹ unangenehm auffällt, ist die Verkürzung der Schmittschen Existenz vor und nach 1945 vor allem auf Rechtsverhältnisse, ist die Tatsache, dass er, der sonst geradezu ›riecht‹, was die Stunde geschlagen hat, nicht fähig ist einzusehen, dass seine Wut auf die neue Zeit nichts anderes ist als die Wut dessen, der seinen Rang nicht über die Zeitenwende hinwegretten konnte. […] Schmitt, der – wie gewohnt – genialische Geistesblitze niederschreibt, bleibt mit seiner moralischen Argumentation einfach deshalb stecken, weil die Massenmorde des Nationalsozialismus, eine der Quellen der Welt-Entrüstung, von ihm als quantité négliable behandelt beziehungsweise überhaupt nicht erwähnt werden. Er fragt sich nicht einmal, ob er geirrt habe und warum dies so war. Und wenn er es tut, dann zieht er sich auf eine Art ›übergesetzlichen Notstand‹ zurück. Seine juristische Position wird nicht durch eine ethische Dimension erweitert. [...] Der Gedanke, man könne sich selbst treu bleiben gerade dadurch, dass man seine Irrtümer in die eigene Vita aufnimmt und dass man sich selbst fremd werden kann, falls man sie sich nicht eingesteht, ist ihm [...] nicht gekommen.«[802]

»Danke, Herr Zeuge«, sagt Oberstaatsanwaltschaft Siegfried Bewerunge. »Ich beantrage, Frau Vorsitzende, das gemäß Paragraph 131 gestellte Gesuch des Professor Schmitt auf Pensionszahlung abzulehnen.«

»Und Sie wiederholen noch einmal Ihren Antrag, dem Gesuch stattzugeben, Herr Berger«, fragt Richterin Gisa Brunkow und schaut ihn an mit einem Blick, der sagt, dass es nun genug ist. Da meldet sich noch eine Frau. »Sie heißen?«, fragt die Richterin dann doch etwas neugierig, denn ihr ist in der Männergesellschaft die Frau schon seit einiger Zeit als Zuhörerin aufgefallen.

»Cornelia Popitz, ich bin die Ehefrau von Johannes Popitz.« Auch Hans Berger schaut sie nun erwartungsvoll an. »Mein Mann hielt Carl Schmitt für einen Menschen, der im tiefsten ohne politischen Instinkt ist und realpolitischen Fragen daher immer fremd gegenüberstehen würde, der aber vor allem aus moralischen Gründen das damalige System auf jeden Fall ablehnte. In Carl Schmitts Haus wurde daher völlig offen über alle politischen Fragen gesprochen, und Carl Schmitt äußerte sich ganz klar über die Notwendigkeit einer Änderung, wenn er auch seiner Art nach keinen aktiven Weg sah. Nach der Verhaftung meines Mannes zeigte sich Professor Schmitt als echter Freund trotz eigener Gefährdung. Er unterstützte meinen Mann regelmäßig mit Lebensmitteln und half mir bei allen Schwierigkeiten im Hause. Auch die Arbeit an der Festschrift zum 60. Geburtstag meines Mannes, deren Initiator Schmitt war, wurde nach seiner Verhaftung nicht unterbrochen.«[803]

»Ich kann diese Unerschrockenheit Schmitts bestätigen«, ruft Hans Peter Ipsen, auch einer der nicht geladenen Zeugen, aus der Ruinenkulisse der alten Burg auf dem Schwarzenberg. »Ich war dabei, als Schmitt im August 1943 im Speisesaal des Berliner ›Hotel Bristol‹ sich so offen und deutlich und laut über die Zustände und das Regime äußerte, dass sich seine Gesprächspartner, Ministerialdirektor Dr. Segelken aus dem Reichsjustizministerium und ich als zuständiger Abteilungsleiter im Ministerium für Verwaltungsgerichtsbarkeit verstohlen nach ungeeigneten Mithörern umsahen.«[804]

»Ich habe Schmitt zwar in diesen Jahren persönlich nicht erlebt«, meldet sich noch einmal der Zeuge Wolfgang Abendroth zu Wort, »aber es ist mir erzählt worden, dass Schmitt der einzige war, der 1943/44 manchen seiner Kollegen klarzumachen versuchte, dass der Krieg verloren war und es deshalb darauf ankäme, sich vorsichtig umzuorientieren. Es gelang ihm nicht, die anderen zu überzeugen; nicht einmal jene, die Anhänger seiner eigenen Schule waren, konnte er auf seine Seite bringen. Sie meinten offensichtlich, dass Schmitt sich irre.«[805]

»Danke, Herr Zeuge«, sagt Hans Berger. »Von mir aus können wir die Befragungen beenden.« Er schaut sich in der Ruinenlandschaft um, überrascht, wer sich alles unaufgefordert eingefunden hat. Eine Gerichtsverhandlung als Spektakel. »Ich heiße Edgar Salin«, ruft einer der Zuschauer in die Verhandlung hinein. »Der Soziologe und Nationalökonom aus Basel«, flüstert Hans Berger der ratlos blickenden Vorsitzenden Richterin zu. »Schmitt war der böse Dämon von Universität und Politik in jenen Nazijahren«, ruft Salin. »Er ist verdientermaßen heute verfemt, denn geistige Missetaten wie die seinen wiegen mindestens so schwer wie die Morde geborener Verbrecher. Aber geziemt es sich nicht für uns, dass wir dessen gedenken, wie oft wir uns an seinen geschliffenen Reden erfreuten, wie gern wir mit ihm diskutierten, wie er uns als einer der ganz Wenigen erschien, dessen politische Bildung und dessen juristische Schärfe jedes Gespräch bereicherte und würzte? Ich stehe gewiss nicht im Verdacht, dass ich etwas zugunsten des Halbirren sage, der 1936 die deutsche Rechtswissenschaft zerstörte, oder zugunsten des eitlen Monomanen, der den großen Bodin als seinen

›Bruder im Geiste‹ bezeichnete, der wilde Antisemit. [...] Aber gab es nach dem allzu frühen Tod von Karl Rothenbücher einen Staatsrechtslehrer vom Rang und von der Intensität dieses politischen Chamäleons, und hatten lautere Charakter wie Gerhard Anschütz oder Gustav Radbruch das gleiche Gespür für den Umbruch der Welt? Wir haben uns zeitweise in den Schlingen des Dämons verfangen, aber es gebührt sich, dass wir auch zu unseren Schwächen stehen.«[806]

Schweigen. Da meldet sich im Hintergrund ein weiterer Zuschauer. »Das ist Professor Helmut Schelsky«, sagt Hans Berger schnell zu der Vorsitzenden Richterin.

»Carl Schmitt hat mir einmal in sehr persönlichen und universitären Lebensfragen geholfen«, erzählt Schelsky. »Während er gegenüber den etablierten wissenschaftlichen Autoritäten seiner Zeit von geradezu verachtender Arroganz sein konnte, hat er jüngere Wissenschaftler, auch wenn sie seinen wissenschaftlichen Thesen widersprachen, intellektuell und persönlich gefördert, wofür ich keineswegs das einzige Beispiel bin. Wichtiger erscheint mir zu sehen, dass Hobbes nicht nur wissenschaftlich-akademisch der Lieblingsautor Schmitts war, sondern dass er dessen intellektuelles und persönliches Schicksal im Verhältnis zur Staatsmacht teilte: Indem er die Absolutheit des jeweiligen Souveräns stützte, ihn aber zugleich normativen, rechtlichen und philosophischen Regelungen seiner Machtausübung unterwerfen wollte, wurde er als eine Art wissenschaftlicher Winkelried zum herausgestellten Gegner der intellektuellen Opposition und fiel gleichzeitig den angeblich unterstützten Herrschenden durch seine normative Folgerichtigkeit auf die Nerven.«[807] Die Vorsitzende Richterin will Schelsky unterbrechen, doch der redet einfach weiter: »Heute gilt Schmitt in der politischen und fachwissenschaftlichen Betrachtung als der gewichtigste rechtswissenschaftliche Helfer des Nazi-Regimes; als solcher sollte er im Nürnberger Kriegsverbrecherprozess angeklagt werden, wurde dort längere Zeit in Haft genommen und dann durch einen der Chefankläger, Kempner, der zunächst wissenschaftsgeschichtlichen Ruhm durch eine spektakuläre Juristenanklage zu gewinnen hoffte, dann aber nicht nur immer mehr Sympathie gegenüber Schmitt entwickelte, sondern auch sah, dass wissenschaftliche Gedanken nicht als verbrecherisch anzuklagen sind, wenn nicht darauf beruhende politische Handlungen als Verbrechen bewiesen werden können ...«[808]

Hans Berger sieht die wachsende Ungeduld der Vorsitzenden Richterin und ihrer Beisitzer, unterbricht, obwohl er neugierig ist auf die »sehr persönlichen Lebensfragen«, bei denen Schmitt Schelsky geholfen habe, bedankt sich bei Schelsky und beendet die Zeugenbefragungen: »Ich beantrage hiermit noch einmal formell die Gewährung einer Pension für Professor Dr. Carl Schmitt.«

»Die Verhandlung ist geschlossen«, stellt die Vorsitzende Richterin Gisa Brunkow fest. »Die Entscheidung wird in vier Wochen verkündet.«

Abb. »Ins Unbekannte geht die Fahrt«, schrieb Carl Schmitt unter dieses Foto von 1967.

Der Bahnhof von Finnentrop

Die Pension wurde Carl Schmitt zugesprochen; ohne sie hätte er schwerlich überlebt, denn mit seinem Werk nahm er nicht an den offiziellen Nachkriegsdiskussionen teil; seine Bücher blieben eingesperrt in Giftschränken. »Es verschlägt einem die Sprache«, kommentierte noch zwei Jahre nach Schmitts Tod ein deutscher Rechtsprofessor, Uwe Wesel, diese Pensionszahlung, »wenn man daran denkt, dass er nach dem Krieg noch vierzig Jahre lang eine hohe Pension bezogen und hochbezahlte Gutachten für die Industrie geschrieben hat, hoch geachtet von seinen Kollegen, die bis zu seinem Tod nach Plettenberg pilgerten. Ein brillanter Formulierer ist er gewesen, frei für Inhalte jeglicher Art. Ein Mann der zeitgemäßen Strömung, wie ihn Hans Mayer genannt hat.«[809] »Ein Talent, doch kein Charakter«[810], hatte Gustav Radbruch, Justizminister in der Weimarer Republik, mit einem Heinrich Heine-Zitat Schmitt benannt. Er sei zwar ein »geistvoller und gelehrter Mann«, meldete sich aus New York die Emigrantenzeitung AUFBAU zu Wort, aber Schmitt habe »sein reiches Wissen und seine blendende Kunst der Beweisführung in den Dienst der Feinde der Demokratie gestellt und, einem Charlatan gleich, gerechtfertigt, was in Deutschland von Staatswegen gegen Recht und Menschlichkeit verübt wurde.«[811] Ernst Niekisch, der von Ernst Jünger Anfang der dreißiger Jahre in Schmitts Bekanntenkreis eingeführte Nationalbolschewist, 1937 von den Nationalsozialisten verhaftet und 1939 zu lebenslangem Gefängnis verurteilt, meldete sich nach 1945, inzwischen Mitglied der KPD/SED und Professor an der Ostberliner

Humboldt-Universität geworden (bis er 1954 seine Ämter niederlegte und auch aus der SED ausschied), aus der sowjetisch besetzten Zone zu Wort und höhnte, als Katholik sei Schmitt für »das sacrificium intellectus vorbereitet« gewesen, »und die überstaatlichen Mächte, Jude, Freimaurer und Jesuit, waren nur die Absurditäten, die dem völkischen Glauben ähnlich eigentümlich sind wie Jungfrauengeburt, Himmelfahrt und die päpstliche Unfehlbarkeit dem christlich-katholischen.«[812] Als 1951 der erste Bundespräsident, Theodor Heuss, persönlich in die Auseinandersetzung eingriff – er kannte Schmitt seit 1924, war als damaliger Studienleiter an der Berliner Hochschule für Politik mit einer möglichen Berufung Schmitts an die Hochschule befasst, zu der es, wie Heuss später in seinen Erinnerungen schrieb, wegen Schmitts »unerfüllbaren Forderungen [...] zu seinem und unserem Glück«[813] nicht gekommen ist – und er ihn ins Abseits stellte, nützte es Schmitt nicht, auf Theodor Heuss' erwähnte eigene Rolle als »Ermächtiger Hitlers« hinzuweisen. »Vor einigen Jahrzehnten«, erklärte Heuss in diesem Jahr 1951, »ist das ›Wesen des Politischen‹ von Carl Schmitt in den dürftigen Formalismus des ›Freund–Feind‹-Verhältnisses gepresst worden. Die unendliche Vielfalt der Wechselbeziehungen und Wechselwirkung des politischen Lebens war damit abgedrosselt, indem die dynamische Spannung, die auch dazu gehören kann, isoliert und im Akzent überhöht wurde, jene unendliche Vielfalt, die nicht bloß auf das Freund–Feind-Verhältnis blickt, sondern dorthin schaut, wo über das Formal-Logische hinaus inhaltliche Substanz des öffentlichen Lebens gesehen wird, die Werte trägt und von Werten getragen wird, die ihrem Wesen nach transzendent sind.«[814] Schmitt war tief betroffen, zumal Heuss es bei diesem einen Angriff nicht beließ. Am Buß- und Bettag im November 1960 setzte Schmitt sich hin und entwarf einen Brief an Freunde. Nicht weniger als dreimal habe der Bundespräsident seine streng wissenschaftliche Abhandlung über den Begriff des Politischen in der ihm zur Verfügung stehenden großen Öffentlichkeit angegriffen und herabgesetzt: am 8. Februar 1951 in der Universität Tübingen, anlässlich der Verleihung eines Ehrendoktors der Evangelisch-Theologischen Fakultät; am 10. Dezember 1958 im Plenarsaal des Bundestages in Bonn anlässlich der Feier des 10. Jahrestages der Erklärung der Menschenrechte; und am 28. Oktober 1960 in der Freien Universität Berlin, anlässlich der Feier des 100. Geburtstages von Hugo Preuß. Beim letzten Anlass habe Heuss ihn, mit Namensnennung, als eine »jener peinlichen Figuren« bezeichnet, die dem Unrecht, je nach Tagesbedarf der Macht, juristische Formeln lieferten. Das Stichwort »peinlich«, erinnerte Schmitt, habe schon die SS in ihrem Angriff gegen ihn verwendet. »Ich bin in meinem mehr als 70jährigen Leben in mehrere sehr verschiedene Regime hineingeraten und habe sie schlecht und recht überlebt. Aber keinen Augenblick habe ich meine Abhandlung über den Begriff des Politischen oder die Hugo Preuß-Rede vom Januar 1930 verleugnet. Ich richte

Abb. Carl Schmitt bei einer Fotoaufnahme für den Spiegel, 1956.

an alle etwaigen Interessenten die dringende Bitte, beides sorgfältig zu lesen, ehe sie sich ein Urteil darüber erlauben. Jede der beiden Schriften ist Satz für Satz durchdacht. Es ist ein schweres Unrecht am Geist der wissenschaftlichen Forschung, Formulierungen, im strengsten Rahmen einer methodisch-klaren Erörterung gefunden, auf die Straße zu werfen und in Tagesmythen und Massen-Slogans zu verwandeln«[815], schrieb Schmitt und verwahrte sich gegen die »öffentliche Herabsetzung meiner Gedanken und meiner Person« mit der »Klage eines alten Mannes im Sauerland«:

»Ich bin fürwahr ein alter Mann,
Mich spucken Präsidenten an,
Alt-Bundes-Präsidenten.
Und nicht nur in dem alten Bund,
Nein, auch im Aller-Neusten-Bund
Bin ich nur noch ein toter Hund
Für alle Prominenten.
Ich darf fürwahr nicht länger ruhn,
Ich muss wahrhaftig mal was tun
Und mich ein bisschen wehren.
Drum wend ich von Professor Heuss
Mich an den Weltenvater Zeus
Und singe ihm ein Klagelied,
Das leise durchs Gemüte zieht —
Altvater Zeus zu Ehren.«[816]

Das Klagelied geht so:

»Zeus, Du Allmächtiger,
Höre mich an!
Heuss, der Ermächtiger
Gibt bei uns an!
Immer noch kleinlicher
Geht es hier zu,
Erdenrest, peinlicher,
Wird zum Atout.

Damals Ermächtiger,
Heute Entmächtiger,
Setzt er mir zu.
Hilf mir, Allmächtiger,
denn den Ermächtiger
und den Entmächtiger
Schützt ein Tabu —
Retten, Allmächtiger,
Könntest nur Du.«[817]

Nach Heuss' Verdikt, von höchster politischer Nachkriegsposition aus gesprochen, war klar, dass Schmitt geschnitten werden musste, wollte man nicht selber unter Verdacht geraten. So saß Schmitt nach Rückkehr aus Nürnberg 1947 in keinen Rundfunkstudios und an keinen Podiumstischen und veröffentlichte weder in der ZEIT noch in der FRANKFURTER ALLGEMEINEN. Die wenigen öffentlichen Auftritte Anfang der fünfziger Jahre arrangierte der Verein »Academia moralis«, an Orten, wo man den berühmten Professor des Staats- und Völkerrechts und ehemaligen Preußischen Staatsrat nie vermutet hätte, zum Beispiel in Hinterzimmern eines Restaurants in der Venloerstraße in Köln in der Nähe des Westbahnhofs – »der Vortragssaal wird der Akademie vom Restaurateur gegen die Zusicherung eines bestimmten Mindestumsatzes überlassen. Es werden daher vor Beginn der Veranstaltung Gutscheine im Wert von 2,00 DM ausgegeben werden, welche vom Restaurateur in Zahlung genommen werden«[818], heißt es in einer Einladung der »Academia moralis« zum 28. Juli 1951, 17 Uhr, mit der Ankündigung eines Vortrags »von Professor Dr. Carl Schmitt, Plettenberg i. W., über das Thema ›Eindrücke einer Spanien-Reise‹«[819] — gut fünfzig Leute folgten damals der Einladung, einige hatte Schmitt aus der sauerländischen Heimat mit nach Köln gebracht, den Journalisten Sepp Schelz aus Lüdenscheid, den Bildhauer Heinz Holthaus aus Plettenberg und ebenfalls aus Plettenberg den Fabrikanten Herbert Budde und Emil Langenbach, Syndikus des Arbeitgeberverbandes und Vorsitzender der Abteilung Plettenberg des Sauerländischen Gebirgsvereins (dessen Mitglied Schmitt selbstverständlich auch war). Am 11. Juli 1953, Schmitts 65. Geburtstag, lud die »Academia moralis« in die Düsseldorfer Rheinterrassen ein und überreichte dem Jubilar vor diesmal hundertfünfzig Gästen neben einer von Piet Tommissen erstellten und gedruckten Bibliographie seiner Arbeiten eine Festschrift, deren Drucklegung aus finanziellen Gründen später erfolgen sollte; die Manuskripte und Skizzen waren deshalb vorläufig auf besonderes Papier geschrieben worden und wurden, »mit einem repräsentativen Ledereinband versehen«[820], Schmitt überreicht. Selbstverständlich wurde auch diese Geburtstagsfeier umrahmt von Klopstocks Ode »Die frühen Gräber«, in der Vertonung von Gluck, gesungen von der Düsseldorfer Sängerin Otti Lewinski-Dollhausen. »Die Feier gestaltete sich zu einer eindrucksvollen Ehrung des Jubilars«[821], verzeichnet die Chronik der »Academia moralis«. Die Feier mit Reden und Gesang an diesem 11. Juli 1953 wird die innere Panik des Jubilars Professor Dr. Carl Schmitt allerdings nicht vollends übertönt haben. Schmitts ehemaliger Schüler Ernst Forsthoff, Staats- und Verwaltungsrechtler an der Universität Tübingen, richtete 1957 Ferienkurse in Ebrach ein, um Schmitt, dem eine Universitätslehre nach 1945 – im Gegensatz zu Heidegger – nicht mehr möglich war, wenigstens mit Kollegen wie Arnold Gehlen, Pascual Jordan oder Werner Conze sowie mit interessierten Studenten in Kontakt zu bringen; auch der Münsteraner Philosoph Joachim Ritter lud Schmitt in die Seminare des von ihm gegründeten »Collegium Philosophicum« ein, in dem Schmitt Leuten wie Hermann Lübbe, Robert Spaemann oder Odo Marquard begegnete. Der damals junge Philosoph Günter Rohrmoser, 1955 mit einer Arbeit über Shakespeare promoviert, hat Schmitt in Ebrach wie in Münster erlebt. In Ebrach sollte Rohrmoser Shakespeares Werk auf den Zusammenhang von Tragödie und Utopie untersuchen. Schmitt saß während des Vortrags neben ihm, hat sich Rohrmoser später erinnert, »und tat das, was er immer zu tun pflegte: er hatte einen Zettel vor sich, auf den er merkwürdige Zeichen malte, die für einen Außenstehenden nur schwer verständlich waren. Aber seine Unruhe wurde während des Referats immer größer und zu seinem Ende verließ er eilig und hochroten Kopfes den Raum und stürzte ins Freie. Ich war tief erschrocken, denn ich war mir keines Vergehens bewusst.«[822] Rohrmoser eilte ihm nach und fand Schmitt draußen »schwer atmend« vor. »Es kam zu einem längeren Gespräch über Shakespeare. Damals wusste ich noch nicht, dass Carl Schmitt sich wiederholt mit Shakespeare, vor allen Dingen in der Schrift ›Hamlet oder Hekuba‹, beschäftigt hatte. Er malte auf einem größeren Blatt eine Zuordnung von Zeichen und Strichen, von denen ich mich nur erinnere, dass am Ende stand: Papst Paul V. = Hamlet, und die letzte Zeile: Europa = Hamlet? Hier wurde eine der faszinierenden Fähigkeiten Carl Schmitts sichtbar, nämlich der, in größeren Zusammenhängen nicht nur denken zu können, sondern Verbindungen herzustellen, an die ein normalbegabter Geist weder denken kann noch zu denken wagt. Wer wäre heute angesichts unserer Bemühungen um Europa nicht geneigt, diese Beziehung zu Hamlet als einen Blick in die innere geistige Lage Europas zu verstehen?«[823]

Diesem ersten Gespräch folgten weitere, privat in den Mittagspausen geführt. Klar, dass Rohrmoser Schmitt fragte, warum er den Aufsatz »Der Führer schützt das Recht« geschrieben habe. Schmitts bekannte Antwort: Er habe Hitler in Hinsicht auf die außerhalb der Röhm-Affäre begangenen Morde wieder unter Recht stellen wollen; im Übrigen sei der Röhm-Putsch als »normales Ereignis« zu verstehen, insofern, »dass nach einer Revolution […] der siegreiche Staatsmann sich gezwungen sieht, seine treueste Prätorianergarde umzubringen«[824]. Mehr interessierte sich Rohrmoser für Schmitts starke Sympathie für den italienischen Faschismus und für Mussolini. »Es hat mich damals tief beeindruckt, als er von seinem Besuch in Rom bei Mussolini erzählte, und ich gebe zu, dass mein Weltbild nicht unerheblich erschüttert wurde, als er von einem längeren tiefgründigen Gespräch mit Mussolini über Hegel gesprochen hatte und er deutlich machte, dass die Gemeinsamkeiten oder die Sympathie, die er offensichtlich für den Faschismus gehegt hat, zusammenhing mit der Stellung, die der Staat im Faschismus und im Unterschied zum Nationalsozialismus innehatte.«[825]

Wer schreibt die Geschichte? Natürlich schreibt der Sieger die Geschichte. Diese alte Feststellung hatte Schmitt als Junge in Joseph Annegarns »Allgemeine Weltgeschichte für die katholische Jugend« gelesen. Er aber fühlte sich als Besiegter, wie Tocqueville ein Besiegter war, dem Schmitt sich verwandt wähnte und auf den er sich in den Gesprächen mit Rohrmoser bezog. Es ging um die Frage, wie sich die Geschichte aus der Sicht der Besiegten darstellt und welche Erkenntnisse den Besiegten zu verdanken sind. »Aber bei aller Nähe und Faszination durch Tocqueville ist die Einschränkung nicht zu vergessen, die Schmitt hinsichtlich der Bedeutung des Werkes von Tocqueville darin sah, dass dieser keine Katechon-Macht entdeckt hatte«[826], kommentierte Rohrmoser später. »Nun hat zwar Schmitt immer wieder nach dem Katechon gesucht, aber je länger wir uns zeitlich von ihm entfernen, umso fraglicher wird es doch, ob er einen Katechon im 20. Jahrhundert gefunden und

Abb. Carl Schmitt bei einem Vortrag an der Universität Madrid, 1962.

entdeckt hat. Er teilt damit das Grundleiden aller Konservativen im 20. Jahrhundert, die sich ja mit keiner substantiellen Kraft in der Geschichte mehr identifizieren können, aber dennoch nicht davon ablassen, immer wieder von neuem die Geschichte auf ihre tiefen Strömungen hin zu dechiffrieren und – wenn auch verzweifelt, aber nicht ohne Hoffnung – mit dem Erscheinen eines solchen Katechon rechnen.«[827] In den damaligen Gesprächen in Ebrach wie in Münster stellte sich Schmitt Rohrmoser gegenüber eindeutig als jemanden dar, der eine schwere Niederlage hatte hinnehmen müssen, »sich andererseits um den Nachweis bemühte, dass er Recht behalten habe beziehungsweise doch noch durch die Geschichte Recht bekommen werde. Sieht man die geschichtliche Entwicklung der letzten Jahre aufs Ganze und bezieht auch die innere Situation des Staates und der Demokratie in Deutschland mit ein, dann dürfte es schwer sein, der Überzeugung Schmitts zu widersprechen, dass die Geschichte ihn bereits endgültig falsifiziert hätte. Ganz im Gegenteil: die Zeichen nehmen ebenso bedrohlich wie dramatisch zu, die für eine Wiederkehr des Schmitt-Problems sprechen.«[828] »Was mich an Carl Schmitt fasziniert hat«, resümierte Rohrmoser, »war weniger das, was er gedacht, sondern das, was er gesehen hat. Vielleicht hängt mit dieser Kraft der geistigen Wahrnehmung auch das Rätsel zusammen, das sein Werk immer wieder von neuem aufgibt: wir finden auf der einen Seite Sätze und Begriffe von seltener Prägnanz und Luzidität, und wir stehen andererseits vor dem Enigmatischen seines Gesamtwerkes, das sich in der Unzahl der Interpretationen beginnt zu zerbröseln und aufzulösen. [...] Ich habe Carl Schmitt in den Begegnungen als einen warmherzigen und ungewöhnlich geistreichen Menschen kennen gelernt, der – wie alle – sicher auch seine Fehler hatte, zu denen unübersehbar eine gewisse Eitelkeit gehörte. Aber schon wenige Minuten des Gesprächs reichten aus, um diesen allzu irdischen Erbteil vergessen zu lassen. Dann konnte man nur fasziniert sein von den so nie zuvor gesehenen und geahnten Zusammenhängen, die mehrere Jahrtausende überspannten, mit denen er uns immer wieder überraschte.«[829]

Die maßgeblichen Gespräche fanden aber nicht in Münster oder Ebrach statt, sondern in Schmitts Plettenberger Umgebung, wohin sich ab Mitte der fünfziger Jahre immer mehr Leute auf den Weg machten, um das »Ungeheuer« leibhaftig zu sehen, und sie erlebten Schmitt privat, im Esszimmer des Hauses Brockhauser Weg 10, später des Hauses Pasel 11c, sozusagen in verschwörerischer Gemeinschaft — als habe sich hier eine subversive Unterströmung der politischen Geistesgeschichte der Bundesrepublik ausgebildet, so Jürgen Habermas, der Schmitts Wirkung als »brillanter Geist in der selbststilisierten Rolle des Verfemten«[830] darauf zurückführte, dass Schmitt (wie Heidegger) in seinem »Trotz des selbstbewussten Besiegten«[831] die Ursachen der Niederlage begreiflich zu machen und die Kontinuität einer in Frage gestellten deutschen Überlieferung überzeugend zu repräsentieren wusste. In der frühen Bundesrepublik habe keine Abwicklung der NS-Zeit, kein Elitewechsel stattgefunden, meinte Habermas. »In deren sozialpsychologischem Haushalt bildete deshalb Carl Schmitt – als der Gegentypus, auf den die Rehabilitierten und die Mitläufer produktiv ihre eigene Biographie abladen konnten – eine funktional notwendige Ergänzung zur still-

Abb. Carl Schmitt mit Johannes Gross in Pasel, 1970er Jahre.

schweigenden Integration der alten Trägerschichten. Auf der anderen Seite war Carl Schmitt dadurch den bevorzugten Kollegen in einer weniger beachteten Hinsicht auch überlegen — und unter diesem Aspekt kann seine enorme Wirkungsgeschichte und seine erneute Aktualität seit 1989 verständlich werden: Carl Schmitt, der sich nicht hatte entnazifizieren lassen, brauchte auch nicht wie die anderen zu schweigen; er durfte die deutschen Kontinuitäten zur Sprache bringen, mit denen die anderen wortlos weiterlebten.«[832]
Einer der wenigen öffentlichen Orte in Deutschland, wo man Schmitt erleben konnte, war der Bahnhof von Finnentrop, in den fünfziger und sechziger, auch noch in den siebziger Jahren einer der Zugknotenpunkte im märkischen Sauerland und einziger Haltebahnhof für D-Züge weit und breit. Zum Bahnhof nach Finnentrop begleitete er die Besucher, wenn er sie nach durchdiskutierter Nacht am andern Mittag verabschiedete. Es gibt ein Foto, das Carl Schmitt auf dem Bahnhof von Finnentrop zeigt, in der Mitte zwischen, links, Ernst Hüsmert sowie, rechts, Anni Stand und dem serbischen Rechtsphilosophen Sava Kličković. Stumm schauen die

Abb. Auf dem Bahnhof von Finnentrop (von links): Ernst Hüsmert, Carl Schmitt, Anni Stand, Sava Kličković.

vier in die Kamera, die der amerikanische Schmitt-Schüler Georg Schwab hält. Danach wird die Diskussion bis zum Eintreffen des Zuges aber sofort weitergegangen sein, wie an jenem Tag Anfang der fünfziger Jahre, als Schmitt die Studenten Rüdiger Altmann und Johannes Gross nach Finnentrop zum Bahnhof brachte. Johannes Gross griff das nächtliche Gespräch noch einmal auf:

»Es ist zwar beruhigend, dass die Macht als eine objektive Größe stärker sein soll als alle Bosheit der Menschen, die Macht ausüben; aber es bleibt andererseits doch unbefriedigend, dass sie auch stärker sein soll als die Güte der Menschen. Das ist mir nicht positiv genug. Hoffentlich sind Sie kein Machiavellist.«

»Das bin ich bestimmt nicht«, antwortete Schmitt. »Übrigens war Machiavelli selbst auch kein Machiavellist.«

»Das ist mir zu paradox«, sagte Johannes Gross.

»Ich finde es sehr einfach. Wenn Machiavelli ein Machiavellist gewesen wäre, dann hätte er bestimmt keine Bücher geschrieben, die ihn in ein schlechtes Licht gesetzt hätten. Er hätte fromme und erbauliche Bücher veröffentlicht, am besten einen Anti-Machiavell.«

Abb. Auf dem Bahnhof von Finnentrop (von links): Carl Schmitt, Georg Schwab, Sava Kličković, Anni Stand.

»Das wäre natürlich schlauer gewesen«, meinte Rüdiger Altmann. »Aber es muss doch praktische Nutzanwendungen Ihrer Auffassung geben. Was sollen wir denn nun eigentlich tun? Da muss es doch einige Beispiele praktischer Nutzanwendung geben.«

»Es gibt unendlich viele, sowohl für den, der die Macht hat, wie für den, der keine hat. Es wäre nämlich schon ein großer Erfolg, wenn man es erreichen könnte, dass die wirkliche Macht öffentlich und sichtbar auf der politischen Bühne erscheint. Dem Machthaber würde ich zum Beispiel empfehlen, niemals ohne ministerielle oder entsprechende Bekleidungsstücke in der Öffentlichkeit zu erscheinen. Einem Machtlosen würde ich sagen: Glaube nicht, dass du schon deshalb gut bist, weil du keine Macht hast. Und wenn er darunter leidet, dass er keine Macht hat, würde ich ihn daran erinnern, dass der Wille zur Macht ebenso selbstzerstörend ist wie der Wille zur Lust oder zu andern Dingen, die nach Mehr schmecken. Den Mitgliedern einer verfassungsgebenden oder verfassungsberatenden Versammlung würde ich das Problem des Zugangs zur Spitze ans Herz legen, damit sie nicht meinen, sie könnten die Regierung ihres Landes nach irgendeinem Schema wie einen längst-

Abb. Auf dem Bahnhof von Finnentrop: Carl Schmitt und Anni Stand.

bekannten Job organisieren. Kurz, Sie sehen, es gibt sehr viele praktische Nutzanwendungen.«

»Aber der Mensch! Wo bleibt der Mensch?«, rief Altmann.

»Alles, was ein Mensch – mit oder ohne Macht – denkt oder tut, geht über den Korridor des menschlichen Bewusstseins und anderer menschlich-individueller Vermögen.«

»Dann ist also der Mensch dem Menschen ein Mensch.«

»Das ist er auch. Allerdings immer nur ganz konkret. Das bedeutet zum Beispiel: der Mensch Stalin ist dem Menschen Trockij ein Stalin, und der Mensch Trockij ist dem Menschen Stalin ein Trockij.«

»Soll das Ihr letztes Wort sein?«

»Nein. Ich wollte Ihnen damit nur sagen, dass die schöne Formel: Der Mensch ist dem Menschen ein Mensch, keine Lösung, sondern erst der Anfang unserer Problematik ist. Ich meine das kritisch, aber durchaus bejahend, im Sinne des großartigen Verses ›Doch Mensch zu sein, bleibt trotzdem ein Entschluss.‹ Das soll mein letztes Wort sein.«[833]

Carl Schmitt gewann seit Mitte der fünfziger Jahre viele neue Freunde, mit denen er große Korrespondenzen führte, mit dem französischen Politologen Julien Freund etwa oder mit Hans Blumenberg. Der kleine Kommentar Schmitts im Nachwort der »Politischen Theologie II« zu Blumenbergs Buch »Die Legitimität der Neuzeit« hatte Blumenberg derart an- und aufgeregt, dass er Schmitt einen ersten Brief schrieb. »Seit Sie in ›Politische Theologie II‹ einen Dialog zwischen uns eröffnet haben«, gestand Blumenberg, »lässt sich für mich manches nicht mehr so schreiben, wie ich es zuvor geschrieben hätte.«[834] Schmitt hatte ihm daraufhin seine kleine Studie »Drei Stufen historischer Sinngebung« geschickt mit der darin entwickelten Frage, »ob eschatologischer Glaube und Geschichtsbewusstsein miteinander möglich sind«[835]. Während die meisten diese Frage verneinten, sah Schmitt die »Möglichkeit einer Brücke«, die in der Vorstellung einer Kraft liege, die das Ende und die ihm vorgelagerte böse Macht niederhalte — Schmitts alte Vorstellung vom Katechon. Aufmerksam hatte Blumenberg Schmitts Hinweis auf den zweiten Brief an die Thessalonicher gelesen, in dem der Katechon, was Blumenberg wichtig erschien, sowohl personal als auch neutral vorkomme. »Ist nun diese mysteriöse Vorstellung vom Aufhalter der Endereignisse und Niederhalten ihrer Mächte selbst eine eschatologische Vorstellung?«, fragte Blumenberg. »Oder ist die schon eine Deutung und Rechtfertigung für das Ausbleiben des Endes und seiner Verheißungen?« Blumenberg gab auch gleich die Antwort: »Der wichtigste Übergang ist doch dieser, dass die Vorzeichen der Ereignisse des Endes der Welt in dem Maße negativer werden, als die Erwartungen auf dieses Ende sich enttäuscht sehen; und schon wird es zum Verdienst einer geheimnisvollen Macht, das Ende aufzuschieben und niederzuhalten. Ich habe wiederholt darauf hingewiesen, dass sowohl die Theologie des Paulus als auch die des Johannes in verschiedener Weise das Ausbleiben des Endes theologisch auffangen, indem sie die Heilsgüter dieses Endes als schon verwirklicht verkünden: die Rechtfertigung (den Freispruch im Gericht) und das Leben. Es dauert nicht mehr lange, und die Christen beten statt um das Kommen des Herrn für den Aufschub des Endes, um sich schließlich selbst als die Macht darzustellen, die das Römische Reich dadurch erhält, dass sie Gott ständig in den Arm fällt. Mit der Reichsmacht identisch geworden, ist es die schiere Konsequenz, dass sich in dieser Macht auch der und das ›katechon‹ darstellt. Aber alles dies sind Formen nicht der Gleichzeitigkeit von Geschichte und Eschatologie, sondern der Umkehrung der eschatologischen Verheißung in die Verheißung des Aufschubs der Eschata.«[836] So war Blumenberg zwar darauf aus, im Briefwechsel mit Schmitt ihre Differenzen auszuloten, indem er für ausgeschlossen hielt, »dass eine Gleichzeitigkeit von Geschichtsbewusstsein und genuiner Eschatologie möglich wären«[837]. Aber der alte Herr in Pasel wird tief zufrieden gewesen sein – und seine Markierungen im Blumenberg-Brief sprechen für diese Annahme –, als er las, dass einer der Gründe für diese Auffassung Blumenbergs darin zu sehen sei, »dass jede Eschatologie ihrem Wesen nach gnostisch ist, denn sie setzt einen Dualismus zwischen dem Schöpfer und dem Richter voraus — es kann, wie Marcion gesehen hat, keine Identität zwischen dem Gott des Alten Testaments und dem des Neuen Testaments geben, weil die Schrecken des Endes die Diskriminierungen des Anfangs implizieren.«[838] So signalisierte Blumenberg Schmitt, der von seinem »Alterspessimismus« gesprochen hatte, die Bitte und den Wunsch, »wie dringend es mir erschiene, dass Sie auf Ihrer Deutung und Heraushebung von ›katechon‹ insistieren. Es käme mir schon darauf an zu erproben, ›was ich aushalten kann‹ — denn, verzeihen Sie, ein ›Gegner‹ dieser Dignität ist es, was sich ein Denkender über alle Zustimmung hinaus wünschen muss. Ich bin anmaßend genug, diesen Wunsch zu haben und zu äußern.«[839]

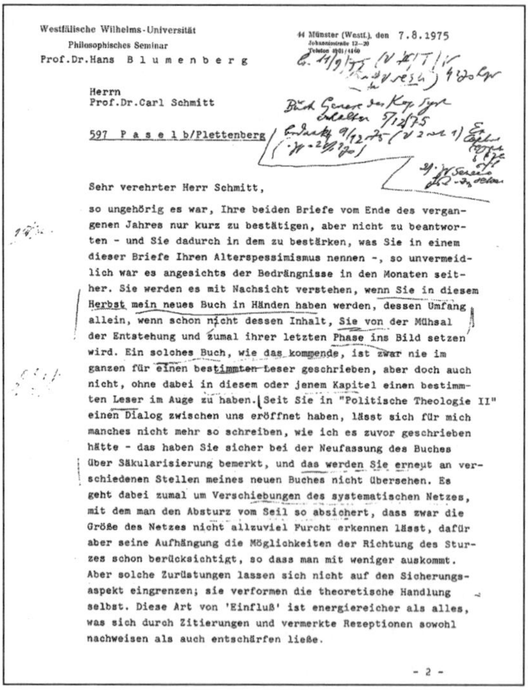

Westfälische Wilhelms-Universität
Philosophisches Seminar
Prof.Dr.Hans Blumenberg

44 Münster (Westf.), den 7.8.1975
Johannisstraße 12–20
Telefon 4901/4460

Herrn
Prof.Dr.Carl Schmitt

597 Pasel b/Plettenberg

Sehr verehrter Herr Schmitt,

so ungehörig es war, Ihre beiden Briefe vom Ende des vergangenen Jahres nur kurz zu bestätigen, aber nicht zu beantworten - und Sie dadurch in dem zu bestärken, was Sie in einem dieser Briefe Ihren Alterspessimismus nennen -, so unvermeidlich war es angesichts der Bedrängnisse in den Monaten seither. Sie werden es mit Nachsicht verstehen, wenn Sie in diesem Herbst mein neues Buch in Händen haben werden, dessen Umfang allein, wenn schon nicht dessen Inhalt, Sie von der Mühsal der Entstehung und zumal ihrer letzten Phase ins Bild setzen wird. Ein solches Buch, wie das kommende, ist zwar nie im ganzen für einen bestimmten Leser geschrieben, aber doch auch nicht, ohne dabei in diesem oder jenem Kapitel einen bestimmten Leser im Auge zu haben. Seit Sie in "Politische Theologie II" einen Dialog zwischen uns eröffnet haben, lässt sich für mich manches nicht mehr so schreiben, wie ich es zuvor geschrieben hätte - das haben Sie sicher bei der Neufassung des Buches über Säkularisierung bemerkt, und das werden Sie erneut an verschiedenen Stellen meines neuen Buches nicht übersehen. Es geht dabei zumal um Verschiebungen des systematischen Netzes, mit dem man den Absturz vom Seil so absichert, dass zwar die Größe des Netzes nicht allzuviel Furcht erkennen lässt, dafür aber seine Aufhängung die Möglichkeiten der Richtung des Sturzes schon berücksichtigt, so dass man mit weniger auskommt. Aber solche Zurüstungen lassen sich nicht auf den Sicherungsaspekt eingrenzen; sie verformen die theoretische Handlung selbst. Diese Art von 'Einfluß' ist energiereicher als alles, was sich durch Zitierungen und vermerkte Rezeptionen sowohl nachweisen als auch entschärfen ließe.

- 2 -

Abb. Brief Hans Blumenberg an Carl Schmitt, vom 7. August 1975, mit handschriftlichen Bemerkungen von Carl Schmitt.

Ein weiterer wichtiger Korrespondenzpartner und Freund war der russisch-französische Hegel-Forscher Alexandre Kojève. Kojève besuchte 1967 eine Tagung in Berlin und der jüdische Philosoph Jacob Taubes hatte sich um Kojève zu kümmern. Dieser war umgeben von den »studentischen Häuptern der Rebellion, Dutschke & Co«, denen er unter anderem sagte, »was jetzt für sie, die Studentenführer, zu tun sei, wäre [...] griechisch zu lernen. Die Häupter des SDS standen verdutzt da. Alles, nur nicht ein solches Ansinnen hatten sie sich erwartet. Kojève also, um den ich mich kümmerte«, erinnerte sich Taubes später, »fuhr bald von Berlin weg. Ich fragte ihn, wohin von Berlin aus die Reise nun gehe (er war zu uns direkt aus Peking gekommen)? Seine Antwort: ›Nach Plettenberg.‹ Ich schaute verwundert drein«, erzählte Taubes, »obwohl ich von Kojève einiges an Überraschungen gewohnt war. Kojève fuhr fort: ›Wohin denn soll man in Deutschland fahren? Carl Schmitt ist doch der einzige, mit dem zu reden sich lohnt.‹ Das gab mir einen Stich«, bekannte Taubes, »denn ich hatte es mir versagt, Carl Schmitt zu besuchen und neidete [...] Alexandre Kojève seine Unbefangenheit, mit Carl Schmitt zu verkehren. Aber schließlich, Kojève war Russe, ursprünglich Koževnikov, bei Jaspers in Heidelberg promoviert über Vladimir Solov'ëv, den ›russischen Hegel‹ und Freund Dostoevskijs, also Glied einer apokalyptischen Nation – wie Carl Schmitt Glied des Deutschen Reiches mit Heilsansprüchen war – ich aber Sohn des wirklich von Gott auserwählten Volkes, das den Neid just der apokalyptischen Nationen erregt, ein Neid, der Phantasmagorien in die Welt setzt und das Lebensrecht des wirklich auserwählten Volkes bestreitet. Es ist für mich keine Frage, dass das Judenproblem Carl Schmitt lebenslang verfolgte, dass 1936 für ihn nur ein Anlass war, ›zeitgemäß‹ zu einem Problem Stellung zu nehmen, das für ihn ganz andere Tiefen besaß. Er war Christ aus den Völkern, der mit Hass und Neid auf jene blickte, ›die da sind von Israel, welchem gehört die Kindschaft und die Herrlichkeit und der Bund und das Gesetz und der Gottesdienst und die Verheißungen; welchem auch sind die Väter und welchem Christus herkommt nach dem Fleische‹ (Röm. 9,4–5, in der Luther-Übersetzung). Christentum war für Schmitt ›Judentum für die Allgemeinheit‹, gegen dessen Macht aufzustehen er immer begehrte. Aber Schmitt sah immer tiefer ein, wie ohnmächtig solch ein ›Protest‹ gegen Gott und die Geschichte sei.«[840]

Erst spät, nach seinen eigenen Worten »sehr spät, viel zu spät«[841] entschloss sich Taubes, Kojèves Erfahrung nachzuholen und nach Plettenberg zu fahren: Dort habe er in Schmitts Haus die stürmischsten Gespräche in deutscher Sprache geführt, berichtete er, Historiographie in nuce, gedrängt ins mythische Bild. »Es ist das Vorurteil der Zunft, dass mythische Bilder oder mystische Termini vage Orakel seien, biegsam und jedem Willen gehorsam, während die wissenschaftliche Sprache des Positivismus die Wahrheit gepachtet habe«, schrieb Taubes. »Nichts kann ferner von den wirklichen Verhältnissen sein als dies historische Vorurteil. Im Kampf gegen den Historismus wusste sich Schmitt einig mit Walter Benjamin oder genauer: wusste Benjamin sich einig mit Schmitt.«[842] Zwar eines »der dunkelsten Kapitel der Geschichte der linken Intelligenzija«, fand Taubes, »aber ganz sicher« auch »eine der vielversprechendsten Konstellationen der Weimarer Republik«[843]. Wobei Benjamin überhaupt – nach einem Hinweis Gershom Scholems, den Taubes zitiert – als historischer Materialist sich intensiv nur mit so genannten reaktionären Autoren – mit der einzigen Ausnahme Bertolt Brecht – beschäftigt habe, mit Marcel Proust, Julien Green, Marcel Jouhandeau, Charles Baudelaire und Stefan George.

Ob er jemals mit Schmitt über seinen Antisemitismus gesprochen habe, wurde Taubes oft gefragt. »Wir haben nur darüber gesprochen«[845], antwortete er. Taubes hat versucht Schmitts Antisemitismus aus einem »konstitutiven Antijudaismus der katholischen Kirche« zu verstehen, gemäß dem Hinweis des Theologen (und Schmitts Freund–Feind) Erik Peterson, dass es »die Kirche nur gibt unter der Voraussetzung, dass die Juden als das von Gott erwählte Volk nicht an den Herrn gläubig geworden sind«[844]. Taubes gab einmal indirekt eines dieser Gespräche mit Schmitt wieder: »Ja, sagte er, ›was wollen Sie von mir, halten Sie sich an Peterson. [...] Die Kirche ist bewusst ambivalent, ich bin Christ, es geht gar nicht anders, das Christsein, als mit einem Schuss Antisemitismus. Aber, und das gehört zum heißen Eisen, wissen Sie, im Gymnasium, da hatte ich die Wahl der Sprache, da wusste ich nicht, ob Griechisch, Latein, und dann war eben offen, ob Französisch oder Englisch, und dann war da Hebräisch. Und da habe ich eben die Weltsprache Hebräisch gewählt.‹«[846] »In seinem Kopf«, kommentierte Taubes aus seiner jüdischen Sicht, »war Weltjudentum und Heilsgeschichte, das war eine Mischung aus Heils- und Volksgeschichte. Wir kamen dann auf einen sehr heiklen Punkt, auf seine äußerst miese Analyse von Friedrich Julius Stahl. Der war ja erzkonservativ und von dem vermutete er, dass das kein Konservativer sei, sondern ein Jude. Und das habe ich dann mit Gershom Scholem besprochen. Und er hat Recht, natürlich war das eine doppeldeutige Existenz, dieser Friedrich Julius Stahl. Von uns aus gesehen gibt es nämlich auch ein Problem. Was sind solche Gestalten der Emanzipation wie Heine? Heine zeichnete seine Artikel in der Augsburger ALLGEMEINEN ZEITUNG mit einem Davidstern und das ist nicht später vom Drucker hinzugefügt worden. Das sind Geheimzeichen von Heine, um zu sagen, ich bin weder français noch allemand, und ich gehöre nicht nur in einen franco-allemand-Dialog, sondern ich bin juif. Dieser Komplex, die ganze Emanzipation, sieht auch von uns aus viel komplexer aus, die Rechnung der Emanzipation ist keine eindeutige; den einzelnen Juden zu emanzipieren, dass er wählen darf etc. Für uns ist interessant, was geschieht mit unserer Identität, und da sind wir von der liberalen Seite [...] schlecht bedient worden. Es wurde gesagt, ja als Mensch bist du gleichwertig, aber als Jude musst du dich aufgeben. Und deshalb sage ich, als einer, der es weiß, ein Deutscher ist ein Deutscher, ein Jude ist ein Jude, und nicht einfach ein Deutscher mosaischer Konfession, dieser widerliche, unwürdige Blödsinn, den sich das 19. Jahrhundert ausgedacht hat.«[847]

Schmitt war für Taubes sowohl »legitimer katholischer Antisemit« als auch Anti-Bolschewist. »Wenn ich sein Werk überhaupt verstehen will, so ist er der einzige, der konstatiert hat, was los ist, nämlich dass ein Weltbürgerkrieg im Gange ist. Schon nach dem Ersten Weltkrieg. Er hätte Leninist werden können, aber er hat das Zeug gehabt zu dem einzig relevanten Anti-Leninisten. Dass das alles dann in dem Hitlerbrei untergegangen ist, ist die fatalste, aber nicht die einzige Konsequenz. Das heißt die Geschichte der Weimarer Republik trimmen auf ein Ende hin. Das hat einen finalistischen Charakter. Das war eine, und es ist die schlechteste der Möglichkeiten. Also, ich bin wahrlich nicht berufen, deutsche Geschichte zu lehren oder gar zu verteidigen, aber zu sagen, dass die deutsche Geschichte – sei's von Luther her, sei's von Bismarck her, sei es von Karl dem Großen her, sei es von Schmitt her – auf Hitler zuläuft, an so was glaube ich nicht. Diese Genealogien sind billig und kosten nichts, kann man sich leicht aufbauen. Wär's in Frankreich passiert, hätte ich Ihnen das mit Mauras bis Gobineau vorführen können. Es ist überhaupt keine Kunst, Genealogien kosten nichts, nur Bibliothekszeit. Das ist nicht so, das waren offene Möglichkeiten, die dann verschüttet wurden.«[848]

Sogar Schmitt als politischen Kopf konnte Taubes als »Erzjude« von dieser Position aus verstehen. Schmitt habe 1932 gewarnt und ein Präsidialregime nach Artikel 48 installieren wollen, um Kommunisten und Nationalsozialisten von der Macht fernzuhalten. »Wissen Sie«, sagte Taubes, »wenn ich zwischen Demokratie und der Regierung mit dem § 48, um die Nazis zu verhindern, zu wählen hätte, da wär ich mir nicht im Zweifel gewesen.«[849] Allerdings: »Es ist eines, Theologe zu sein, ein zweites Philosoph, und es ist ein Drittes, Jurist zu sein. Das – habe ich im Leben erfahren – ist eine ganz andere Weise, die Welt zu begreifen. Der Jurist muss die Welt, wie sie ist, legitimieren. Das liegt in der ganzen Ausbildung, in der ganzen Vorstellung des Amtes des Juristen. Er ist ein Clerc, und er versteht seine Aufgabe nicht darin, Recht zu setzen, sondern Recht zu interpretieren. Das Interesse von Schmitt war nur eines: dass die

Partei, dass das Chaos nicht nach oben kommt, dass Staat bleibt. Um welchen Preis auch immer. Das ist für Theologen und Philosophen schwer nachzuvollziehen; für den Juristen aber gilt: solange auch nur eine juristische Form gefunden werden kann, mit welcher Spitzfindigkeit auch immer, ist es unbedingt zu tun, sonst regiert das Chaos. Das ist das, was er später das Katechon nennt: Der Aufhalter, der das Chaos, das von unten drängt, niederhält. Das ist nicht meine Weltanschauung, das ist nicht meine Erfahrung. Ich kann mir vorstellen als Apokalyptiker: soll sie zugrunde gehen. I have no spiritual investment in the world as it is. Aber ich verstehe, dass ein anderer in diese Welt investiert und in der Apokalypse, in welcher Form auch immer, die Gegnerschaft sieht und alles tut, um das unterjocht und unterdrückt zu halten, weil von dort her Kräfte loskommen können, die zu bewältigen wir nicht in der Lage sind. Sie merken [...], was ich will von Schmitt — ihm zeigen, dass die Gewaltentrennung zwischen weltlich und geistlich absolut notwendig ist, diese Grenzziehung, wenn die nicht gemacht wird, geht uns der Atem aus. Das wollte ich ihm gegen seinen totalitären Begriff zu Gemüte führen.«[850]

Aus dieser Haltung schrieb Jacob Taubes, wieder nach einem langen Gespräch mit Schmitt in Plettenberg, am 18. September 1979 in einem Brief: »Verehrter Herr Schmitt, lassen Sie mich nochmals Dank sagen für Ihre freundliche, ja freundschaftliche Aufnahme, für Ihre Geduld und für Ihre Offenheit, mit der Sie auch von den Fehlschlägen im langen Leben eines Legisten sprachen. Auch in seinen Fehlschlägen, so darf ich ein Wort variieren, das mir noch aus Studentenzeiten im Ohr klingt, ›ein unvergleichlicher politischer Lehrer‹. Just als Erzjude weiß ich zu zögern den Stab zu brechen. Weil in all dem unaussprechlichen Grauen wir vor einem bewahrt blieben. Wir hatten keine Wahl: Hitler hat uns zum absoluten Feind erkoren. Wo aber keine Wahl besteht, auch kein Urteil, schon gar nicht über andere. Was nicht heißt, dass es mich nicht umtreibt zu verstehen, was ›eigentlich‹ (gar nicht im historischen Sinn, sondern eher im eschatologischen des Ernstfalls) geschehen ist — wo die Weichen in die Katastrophe (unsere und die Ihrige) gestellt wurden.«[851]

Dieses »Keine-Wahl-haben« erläuterte Taubes noch einmal 1986 in einem Pariser Streitgespräch: »Wer keine Wahl hat, das heißt ich war gar nicht gegen Hitler, sondern Hitler war gegen mich, [...] ist auch im Urteil eingeschränkt, das heißt, er kann nicht beurteilen, was die Faszination anderer ist, die stolpern, die rutschen, die wollen, die fasziniert sind. Jedenfalls wird es für ihn ein Problem der Faszination. Es fasziniert mich, zu verstehen. Und da ich mir die Mühe gemacht habe, wie man das so nennt im Zuhälterjargon der Philosophiegeschichte, existentiell zu verstehen, was nun dieses Phänomen Nationalsozialismus ist, was es an sich hat, und ich von der Zeitgeschichte und der Geschichtswissenschaft überhaupt keine Hinweise darauf bekam, was mich daran interessierte, bin ich ganz einfach von etwas ausgegangen, was mich nachdenklich stimmte. Es schien mir, als junger Mann schon [...] ohne Zweifel, dass Martin Heidegger der bedeutendste Exponent der Philosophie in Deutschland war, und es schien mir ohne Zweifel, dass Carl Schmitt mit Hans Kelsen die bedeutendsten politischen Theoretiker der zwanziger und dreißiger Jahre waren. Und nun kommt es für mich doch überraschend, dass beide, Martin Heidegger und Carl Schmitt, eine Liaison mit dem Nationalsozialismus eingegangen sind, die zu verschleiern [...] überhaupt keinen Sinn ergibt. Da gab es [...] den Freiburger Nationalsozialismus und es gab die Variante Schmitt, darüber gibt es überhaupt keinen Zweifel. Die Frage ist nun, was ist der Nationalsozialismus, dass er Leute wie Heidegger und Schmitt anziehen kann. Nun kann man sagen, das sind beides böse Menschen, dumme Menschen, oder individuell, die Frau Heidegger hat ihn (ihren Mann) in die Partei gebracht, oder (das wird geschrieben) man kann sich ausdenken, Schmitt ist ein hemmungsloser (Mensch) [...], das ist er auch sicher gewesen, aber erklärt das ein Phänomen von der Gewalt? Was ist da los? Irgendetwas verstehe ich von dem Nationalsozialismus nicht, wenn ich nicht verstehen kann, wieso Schmitt und Heidegger von ihm überhaupt angezogen werden. Was bedeutet er ihnen, oder anders gesprochen, was haben andere vergessen, unterdrückt, verdrängt, dass es in dieser schrecklichsten aller Formen an den Tag kommen konnte und anziehen konnte? Wer Ernst Blochs ›Erbschaft dieser Zeit‹ sich mal vor Augen geführt hat, wird überhaupt den Versuch bemerken, der sonst in der Linken gefehlt hat, zu verstehen versuchen, was die Faszination ausmachte, was das Talmi ist.«[852]

Natürlich sei Schmitt kein Demokrat gewesen, resümierte Taubes. Schmitt habe vielmehr entdeckt, »dass Demokratie und Caesarismus keine Gegensätze sind. Er war antiliberal, aber Demokratie ist doch kein Gegensatz zum Caesarismus. Die Hochstellung, die Anbetung der Demokratie, also dass die Mehrheit per se sozusagen einen Schutz gegen Caesarismus biete, das wissen wir doch aus dem ›Achtzehnten Brumaire‹ von Karl Marx, neben anderen Situationen und Konfigurationen, dass dem nicht so ist, und das hätte man auch in der späteren Zeit wissen sollen. Demokratie und Diktatur sind keine Gegensätze, in der Tat. Und Schmitt ist also für die Diktatur als Demokratie ...«[853] Im Übrigen, fügte Taubes hinzu, sei auch er natürlich gerne liberal, aber »die Welt ist nicht so, dass man liberal sein kann. Das geht auf Kosten anderer; die Frage ist, wer zahlt das; und die dritte und vierte Welt, die fünfte und sechste Welt, die auf uns zukommt, die werden also gar nicht liberal sein, sondern da werden brutale Forderungen sein. Die Frage ist, wie geht man damit um? [...] Wenn man sich nur auf dieser liberalen Ebene der Demokratie bewegt, bemerkt man nicht, was in der Geschichte passiert.«[854] Schmitt, fasste Taubes dessen theologisch-philosophische Denkleistung zusammen, habe verstanden, was vor ihm noch nie so deutlich ausgesprochen worden sei: dass »Geschichte ein Fristendenken« und jede »Zeit eine Frist ist«.[855] Dabei Schmitt seinen Dezisionismus vorzuwerfen und ihn mit der Kritik der Immoral zu überziehen, vergesse etwas grundlegend Menschliches: dass der Mensch, was immer er sage und tue, es in der Zeit tue. »Man kann doch nicht diskutieren und diskutieren, endlos«, kommentierte Taubes, »irgendwann kommt doch, dass man handelt. Das heißt, das Problem der Zeit ist ein moralisches Problem, und Dezisionismus heißt zu sagen, es geht nicht unendlich lange. Irgendwann muss dieser Prozess im Parlament (nicht in Parlamentsberatungen), vollkommen egal, ob sich der Fürst mit seinen Geheimräten oder ob das Parlament sich unterhält, sich unterhalten in der Zeit, und irgendwann mal müssen sie handeln. Und wer das leugnet, ist unmoralisch, versteht nämlich die menschliche Situation nicht, die endlich ist und, weil endlich, scheiden muss, das heißt entscheiden muss.«[856] Schmitt, ergänzte Taubes, hätte es dabei weit von sich gewiesen, ein Politologe zu sein, und zwar aus einem sehr prinzipiellen Grund: »Politik ist kein Gebiet für Schmitt, sondern eine Intensität, alles kann politisch werden. Eine religiöse Debatte über die Trinität klingt theologisch, wenn man aber in Konstantinopel auf die Straße geht und kämpft um die Formel, [...] ist es dann politisch [...] politisch heißt ein Gebiet, das man nicht nach dem ABC-Register durchgehen kann, sondern jede menschliche Weise kann politisch werden, indem es um Leben und Tod geht, indem der Ernstfall in den Horizont kommt. Deshalb ist Schmitt nicht Politologe, sondern Geschichtsphilosoph oder Jurist, oder vielmehr beides in einem.«[857]

Ein anderer Besucher, der französische Schriftsteller Jean-Pierre Faye, der seine »Langages totalitaires«[858], eine Einführung in die totalitären Sprachen, wesentlich auf der – sehr kritischen – Lektüre der Bücher Carl Schmitts aufgebaut hat, erlebte ihn als einen Mann mit leutseligem Gesicht, das gern ein Lachen aufsetzte. Für den Begriff »konservative Revolution« habe Schmitt wirklich nur ein Lachen übrig gehabt, erzählte Faye, ebenso für die Vorstellung, es könnte zwischen Ernst Jünger und Martin Heidegger einen Dialog geben — Heidegger sei der »Melker der Sprache«, »Milcher des Sinns«, und zwischen den beiden könnten nur einige Tropfen von dieser Milch abfallen. Aber bei all den eingeübten Attitüden, ein Lachen aufzusetzen und sich leutselig zu geben, litt Schmitt weiter und fühlte sich diskriminiert. Wir können uns in der Fantasie wahrscheinlich gar nicht ausmalen, was es für Schmitt mit seinem unbestrittenen Rang als Jahrhundertfigur, von dem er wusste, bedeutet hat, so lange von der Öffentlichkeit als Unperson und Dämon bezeichnet zu werden. Überlebt und neunzig Jahre, denkt er nun an diesem Morgen seines Geburtstages am 11. Juli 1978, kurz vor halb elf. Der alte Herr klappt die Tagebücher zu. Ernst Hüsmert ist gekommen, um Schmitt, Tochter Anima und Anni Stand zum Geburtstagsempfang im Berghotel »Tanneneck« zu fahren, quer über den Schwarzenberg, auf einem Schleichweg durch den Wald. Alle Freunde sind gekommen, Carl Schmitt gibt sich vergnügt. Einige sprechen ihn mit »Herr Staatsrat« an, das freut ihn auch, denn auf den Titel ist er stolz und sagt jedem, der es hören will, er sei dankbar, Preußischer Staatsrat und nicht Nobelpreisträger geworden zu sein. Ernst Jünger zieht ihn in ein langes Gespräch, und da Jünger

Abb. Carl Schmitt an seinem 90. Geburtstag am 11. Juli 1978.

nicht weiß, was Schmitt in seinen Tagebüchern über ihn notiert hat, wendet sich Jünger unbelastet nun an den Jubilar und die Geburtstagsschar im Berghotel »Tanneneck«:

»Lieber Carl Schmitt: Es hieße Eulen nach Athen tragen, wollte ich den Würdigungen Ihres Werkes etwas hinzufügen. Erlauben Sie mir indessen einige persönliche Anklänge. Besonders liegt mir am Herzen, heute Ihrer lieben Frau Duschka zu gedenken, die seit langem nicht mehr unter uns weilt. Ich entsinne mich dabei der vielen heiteren Stunden, die wir zusammen in Ihrem Steglitzer Hause verbracht haben — oft zu viert mit meiner Frau Gretha oder in größerem Kreis. Diese Begegnungen reichten bis in den Krieg, wenn ich in Berlin zu tun hatte, und über ihn hinaus. [...] Dass Sie, lieber Carl Schmitt, nicht nur in Ihrem Fach hervorragen, sondern auch privatim höchst anregend wirken, ist Ihren Freunden bekannt. Sie besitzen einen großen Überblick, auch hinsichtlich der schönen Künste und der Randgebiete des Wissens wie der Graphologie und der Astrologie. Mich hat besonders die unerwartete Wendung angesprochen, die Sie dem Gespräch zu geben verstehen. Das gibt der Unterhaltung einen eigentümlichen und für Sie typischen Reiz.

Abb. Carl Schmitt und Ernst Jünger am 11. Juli 1978.

Um ein Beispiel zu nennen: Ich hatte einmal anlässlich einer der Unannehmlichkeiten, die Sie in Ihrer Eigenschaft als Staatsrechtler betroffen hatte, bemerkt: ›Das sind so Missgeschicke des Berufs.‹ Sie hatten davon gehört und geäußert: ›Dazu muss man die Bedeutung kennen, die der Vokal i für Ernst Jünger besitzt.‹ Wer Liebhaber guter und scharfer Differenzierungen ist, kommt bei Ihnen auf seine Rechnung — sowohl in Ihrem Werk wie im Gespräch. Mir schien zuweilen, dass Fähigkeit und Neigung zur unerwarteten Wendung sich auch Ihrem Umkreis mitteilten. Sie fielen mir auch an Ihrer Tochter Anima auf, die heute von fernher zu uns gekommen ist. Als Sie einmal an einer schmerzhaften Ischias litten, stand das Kind nachdenklich an Ihrem Bett und sagte: ›Das kommt sicher daher, weil du meinen Osterhasen aufgegessen hast.‹ Ich will mich nicht in diese Erinnerungen vertiefen. Es liegt mir vielmehr daran, Ihnen für die Stunden zu danken, die wir in Berlin und Paris, in Plettenberg, Kirchhorst und Wilfingen miteinander verbracht haben — oft beim Wein bis in die späte Nacht. In unseren

Abb. Die Gäste zu Carl Schmitts 90. Geburtstag am 11. Juli 1978.

Tagen sind gute Partner selten — ich denke dabei etwa an Vico und Galiani in Neapel oder an Machiavelli in Florenz, und verstehe es durchaus nicht im Sinne der Einstimmigkeit. Diese wird vielmehr im ideologischen und speziell im politischen Engagement erstrebt und macht die Unterhaltung entweder flach oder trüb. Man findet, was man erwartet, und nicht, wie bei Ihnen, das Unerwartete. Das gilt auch für Ihre Briefe und Ihre Existenz überhaupt. Wir danken Ihnen dafür. Ich erhebe mit Ihren Freunden das Glas. Wir trinken auf Ihre Gesundheit und Ihr Wohl.«[859]

»Ein Land voller Geheimnisse. Es sind Geheimnisse von Verbrechen«

Es ist Zeit, von dem alten Herrn auf dem Gipfel des Schwarzenbergs Abschied zu nehmen. »Ich sterbe nicht«, schmunzelt er, «denn mein Feind lebt noch.«[860] — »Wohin werden Sie nun im Sauerland weiter gehen?«, fragt er. »Nach Herscheid.« »Ich kenne Herscheid gut«, sagt er, »man kann dort wunderbar spazieren gehen. Überall im Sauerland diese Stimmung des Wartens, Abwartens und Erwartens. Adventistisch hat mein Freund Konrad Weiß diese Stimmung genannt. Lesen Sie unbedingt sein Buch ›Deutschlands Morgenspiegel‹, Sie finden darin eine wunderbare Charakterisierung des Sauerlands«, und der alte Herr zitiert auswendig: »Wie die Häuser, einzeln und bis in die größeren Taldörfer, zunächst für den Fremden ein ziemlich ähnliches Aussehen haben und in ihrer klaren sowie doch zurückhaltenden Ordnung stehen, so ist auch das mit seinen Höhenzügen gehobene Land nicht idyllisch oder malerisch, sondern man kann es episch nennen. Offenheit und Verschlossenheit scheinen sich miteinander zu messen. Und in Wahrheit, während man die Merkmale altertümlicher Echtheit der Häuser zusehends erkannt hat, macht die Betrachtung der Landschaft den Blick noch besinnlicher. [...] Es ist, indem man sich solche Merkmale eines Landes klarmacht, als ob man damit auch eines menschlichen Wesens Grundzüge schildere. [...] Der Fremde bemerkt [...], dass ein einerseits schweigendes, andererseits offenes Wesen den Menschen hier eigen ist...«[861]

Carl Schmitt hat diesen Befund unterschrieben. Aber er wäre nicht Carl Schmitt gewesen, wenn er hinter diesem »festen Land«

nicht auch den Abgrund erkannt hätte. Am 11. Juli 1963, seinem 75. Geburtstag, unternahm er einen langen Spaziergang. Seine Beschreibung findet sich allerdings nicht in den Tagebüchern, sondern nur im Gedächtnis Ernst Hüsmerts. Einige der Verfolger Schmitts hatten sich kurz vorher erneut gemeldet, und weil er in seiner Niedergeschlagenheit den Geburtstag nicht groß feiern und den Gratulanten ausweichen wollte, besuchte Schmitt Hüsmert in dessen wenige Kilometer von Plettenberg entfernten Wohnort Herscheid. Man kann in der Umgebung von Herscheid wirklich wunderbar spazieren gehen, wie Schmitt angekündigt hatte, herrliche Ausblicke. Wäre der Buchtitel nicht schon vergeben, könnte man ihn in der Umgebung Herscheids erfinden: »Abgelegene Gehöfte«. Kleine Ansiedlungen mit zwei, drei, vier Häusern und schönen fremden Namen: Gasmert, Reblin, Stöpplin, Stottmert, Stillebeul, Katerlöh, Rärin, Warbollen, Bulmecke, Elsen, Vogelsang, Schönebecke, Neuemühle, Wermecke, Brenscheid, Serrin. Ernst Hüsmert und Carl Schmitt wanderten an seinem Geburtstag in Richtung des Weilers Oberstuberg. »Es war ein Tag wie heute, und trotz verhangenen Himmels bot sich plötzlich oberhalb eines Holzabtriebes eine wunderbare Aussicht über das Land. Es war genau an dieser Stelle, die

Abb. Der Autor und Ernst Hüsmert (rechts) in Betrachtung des Sauerlands.

ich Ihnen zeigen wollte«, erzählt Hüsmert und bleibt stehen, so wie Schmitt damals an dieser Stelle stehen blieb und sagte: »Sehen Sie sich das an! Eine Parklandschaft. Nichts ist ursprüngliche Natur mehr, keine Spur von Unterholz. Und beachten Sie die Grenzen, wie sie an den Rändern von Feldern und Wäldern scheinbar willkürlich verlaufen. Dahinter verbergen sich unendlich viele Geschichten. Lauter Kriminalgeschichten von versetzten Grenzsteinen, gefälschten und verschwundenen Testamenten, von Betrug und Mord und Totschlag. Dieses Land steckt voller Geheimnisse. Es sind Geheimnisse von Verbrechen.«

»Darauf muss man erst einmal kommen«, sage ich und erkläre mir die Schmittsche Beobachtung mit seiner Stimmung an diesem Tag. »Natürlich hätte Schmitt in besserer Stimmung ebenso gut vom Nehmen, Teilen und Weiden als Nomos der Erde spre-

Abb. Ernst Hüsmert (*1928).

chen können«, sagt Ernst Hüsmert, als wir später in Oberstuberg im Garten des Gasthofs »Zur Linde« sitzen. »Obwohl es eine typische Beobachtung Schmitts war: Im kultivierten Land sah er noch das Antlitz des wölfischen Menschen.« Später Nachmittag, einige Wanderer machen letzte Rast vor der Heimkehr nach Herscheid. Natürlich ist für Ernst Hüsmert die Begegnung mit Carl Schmitt ein zentrales Ereignis in seinem inneren wie äußeren Leben gewesen. Noch zwanzig Jahre nach Schmitts Tod geht er täglich mit ihm um, indem er die Herausgabe der Tagebücher betreut, die in Schmitts Nachlass gefunden wurden. »Noch ein Pils?«, fragt der »Linden«-Wirt. »Noch zwei Pils«, antwortet Hüsmert, »bevor der Himmel wieder Lust hat zu regnen.«

Zwei Jahre vor Carl Schmitt starb seine Tochter Anima nach langer Krebskrankheit. Anni Stand und Ernst Hüsmert teilten Schmitt den Tod behutsam mit. »Die Nachricht nahm er gefasst auf«, erzählt Hüsmert, »obwohl sie ihn überraschen musste, denn wir hatten ihm den hoffnungslosen Zustand der Kranken verschwiegen. Schmitt sagte: ›Ich habe es geahnt‹, und ging wortlos ins Schlafzimmer, wo das Bild des 12jährigen Mädchens hing, aus jenen Tagen,

Abb. Carl Schmitt zu Besuch bei Tochter Anima in Spanien, 1970er Jahre.

in denen er ihr sein schönstes Buch ›Land und Meer‹ erzählt und gewidmet hatte. Als er zurückkam, mochte er über sein Kind nicht reden.« Dieser Tod habe den alten Mann endgültig gebrochen, meint Ernst Hüsmert. Noch sei Schmitts Bewusstseinslage aber ruhig gewesen. Das Kapitel »Carl Schmitt und die Nazis« sei für ihn selber abgeschlossen gewesen, wenn gelegentlich auch noch einmal Erinnerungen heranwehten. So las er 1983 in der Zeitung zufällig von der Vergewaltigung und Ermordung einer über 80jährigen Frau, die ausgerechnet die Ehefrau des SS-Sturmbannführers und Juristenkollegen Professor Reinhard Höhn war, der 1936 die SS-Kampagne gegen Schmitt losgetreten hatte. Monatelang bekam Schmitt diese Pressenotiz nicht aus dem Kopf, erzählt Hüsmert: »Er suchte die tiefere Bedeutung, und als er sie nicht finden konnte, obwohl er immer wieder nach den Hintergründen der Untat fragte, blieben Scherz und Satire, und seine Ironie gibt nachträglich einen Begriff vom Rest persönlicher Feindschaft, den er noch in sich trug.« »Stellen Sie sich vor«, sagte Schmitt zu Hüsmert, »eine über 80jährige Frau, vergewaltigt und ermordet. In Köln hätte man früher gesagt: Man kann et ooch üverdriewe.«

Auch sein masochistischer Hass auf die Juden war am Ende in ihm versickert, wenn er auch bis weit in die siebziger Jahre gelegentlich noch aus ihm herausbrach. Einmal, nächtlich in Pasel, ging es wieder einmal um die Judenfrage. Rüdiger Altmann und Johannes Gross waren neben Ernst Hüsmert dabei. Da scherte Altmann aus: »Herr Professor, ich beteilige mich nicht mehr an dieser Diskussion. Sie haben Ihre ›Verfassungslehre‹ Ihrem jüdischen Freund Fritz Eisler gewidmet, der im Ersten Weltkrieg für Deutschland gefallen ist, und das verbietet Ihnen eigentlich, sich hier derart zu äußern.« »Schmitt verstummte«, erinnert sich Ernst Hüsmert. Seit damals habe Schmitt aber letztlich seinen Frieden mit den Juden gemacht, erzählt Hüsmert weiter, denn seit sie »Land unter die Füße bekommen hatten und ihren eigenen Staat besaßen, reagierten sie wie jede andere Nation«. Was stand hinter Schmitts Hassliebe auf die Juden, die aus vielen seiner Texte, vor allem Tagebuchnotizen, hervorquillt? Hat er, der mit so vielen Juden, nicht nur mit Eisler, eng befreundet war, in dieser Hassliebe davon geträumt, selber ein Jude zu sein? Als er sich Mitte der dreißiger Jahre in seiner Familie einmal mehr zu einer heftigen antisemitischen Äußerung hinreißen ließ, unterbrach ihn sein Bruder Joseph: »Du bist doch selber ein Jude.« Auch damals schon verstummte Carl Schmitt.

Im Sommer 1984 brach die Krankheit vollends aus. Zerebralsklerose, verbunden mit Wahnvorstellungen. »Es waren aber niemals Personen und Ereignisse der Vergangenheit«, erzählt Ernst Hüsmert, »die dem Kranken Tage und Nächte zur Hölle machten. Der Feind, der ihn quälte, blieb dunklen Ursprungs, wie real er ihm auch immer erscheinen mochte und wie konkret auch immer das Leid war, das er ihm zufügte. [...] Schallwellen drangen von allen Seiten ins Haus. Strahlen aus allen möglichen elektrischen Geräten vermittelten Stimmen von größter Klarheit über hunderte Kilometer Entfernung. Überall im Haus waren elektronische Wanzen versteckt. Seine Feinde holten zum letzten entscheidenden Schlag gegen ihn aus. Nichts blieb ihnen verborgen, sie mischten sich in die intimsten Angelegenheiten. Sie waren primitiv, aber technisch versiert und unerhört gefährlich. Es waren weder Nazis noch Emigranten noch Angehörige einer etablierten Partei. Sie verurteilten ihn zum Tode. Er erwartete seine Hinrichtung. Aber die Füsiliere erschienen nicht. Er war verurteilt und gleichzeitig begnadigt worden. Das ging monatelang so. Schmitt erlebte 1984 sein Orwellsches ›1984‹. [...] Dann wieder formierte sich der Job auf der Straße vor dem Haus, veranstaltete einen Höllenlärm, verteilte Flugblätter mit wüsten Beschimpfungen, mit Reimen, wie sie Pennäler in Bierzeitungen machen. Sie flatterten ins Haus und verschwanden auf geheimnisvolle Weise. Natürlich waren sie mittels eines besonderen Druckverfahrens hergestellt, bei dem der Druck nach einer bestimmten Zeit automatisch verschwand. Auch das gehörte zur Infamie seiner nichtidentifizierbaren Feinde. Sie drangen über Nacht ins Haus, tranken seinen Wein, vergnügten sich in seiner Bibliothek, nahmen mit, was sie an Wertvollem entdeckten, stahlen seine Werke und Manuskripte.«

Anführer dieser »nichtidentifizierbaren Feinde« war ein »großer starker Kerl mit brüllendem Organ«, den Schmitt »Kra« nannte; dieser »Kra« organisierte den Terror zwar, war aber selber nur »ausführendes Organ mächtiger Dunkelmänner«. Eines Tages stellte Schmitt »Kra«, ohne dessen wahren Namen herauszubekommen. Ernst Hüsmert glaubte damals, in dem Geschrei »Kras« und seiner Leute das Ra-Drama aus Theodor Däublers »Nordlicht« zu erkennen. »Wie es darin ununterbrochen ra-ra-ra-rat und wie das Geschrei der tobenden Masse in 27 Reimen auf den Ra-Verkünder Chuenaten durchdringend und schrecklich ertönt. Kraft und Krach — alles in einem. Das war der Kra, der jetzt Gestalt bekam und den Schmitt ein Leben lang mit der Kraft seines Geistes in Frage gestellt hatte.« Ra war, wie Schmitt aus Däublers Darstellung im »Nordlicht« herausgelesen hatte, als ägyptischer Sonnengott und »erste, noch ganz wilde und ungezügelte Offenbarung« der Sonnenkraft der »männliche, gewaltsame Herrscher, der seinen Staat auf die brutale Kraft gründet und schließlich sich in seinem eigenen Brande verzehrt. Sein Diener, König und Priester Chuenaten, der Verächter aller Weiblichkeit, der tobende Fanatiker des Ra-Kultus«, steckt – nachdem die »sinnlose Kraft des von keinem geistigen Ziel geleiteten Sonnenlebens in den schrecklichen Entmannungsorgien auf dem ›Fest der Kastraten‹ sich erschöpft« hat – seine Hauptstadt Theben in Brand, richtet »in der ganzen Konsequenz dieses Wahnsinns seine Wut gegen sich selbst und lässt sich von den Ammonspriestern den Bauch aufschlitzen«[862]. »Sein Schrei, während die Priester ihn schlachten und in seinen Eingeweiden wühlen«, wusste Schmitt seit 1916, »ist furchtbar«[863], und er hatte damals Däubler zitiert mit den Versen:

»Und die Menschheit hör ich schrein:
›Ra‹
Als ein Echo ohne Ende
Hat der Schrei nun fortgegellt.
Wenn die ganze Welt verschwände,
Dieser Schrei blieb als die Welt!«

Gespräche mit Schmitt waren nur noch mühsam möglich, nicht zuletzt wegen seiner Schwerhörigkeit. Er sei fast taub und blind, schrieb er Ernst Jünger in einem seiner letzten Briefe, und er tröstete sich mit Versen von Konrad Weiß, die er gern zitiert hatte:

»Auf dunkler Spur mit unhörbaren Schritten
gewinnt die Zeit ihr Licht.«

Mitunter verfiel er aber noch in Monologe, so als Hüsmert ihn am Heiligen Abend 1984 besuchte. Der Anlass des Besuches sei Schmitt nicht mehr zu Bewusstsein gekommen, erzählt Hüsmert, darum sei er verblüfft gewesen, als Schmitt plötzlich mit großer Bewusstheit, laut und deutlich erklärte: »Nach dem Ersten Weltkrieg

Abb. Carl Schmitt und Ernst Jünger, Anfang 1980er Jahre.

habe ich gesagt: ›Souverän ist, wer über den Ausnahmezustand entscheidet.‹ Nach dem Zweiten Weltkrieg, angesichts meines Todes, sage ich jetzt: ›Souverän ist, wer über die Wellen des Raumes verfügt.‹« Hüsmert versuchte, noch eine Diskussion über diese Ansicht in Gang zu bringen; vergeblich. Schmitts letzter Satz an diesem Heiligen Abend: »Meine letzten Tage sind sehr traurig. Ich leide darunter, dass man meinetwegen meine Tochter schlecht behandelt. Das arme Kind« — Anima war zu dem Zeitpunkt schon gut eineinhalb Jahre tot. »Dann verabschiedete sich Schmitt sehr förmlich von mir«, erzählt Hüsmert, »indem er sich damit entschuldigte, dass er müde sei, erhob sich mühsam vom Sofa und ging Schrittchen für Schrittchen in sein Schlafzimmer.«

Ein paar Tage später, am frühen Silvesterabend, stürzte Schmitt in seinem Zimmer und brach Oberschenkel und Becken. Nachmittags hatte Ernst Hüsmert ihn noch besucht. Auch Werner Böckenförde war gekommen, der Limburger Domkapitular, der mit seinem Bruder Ernst-Wolfgang Böckenförde, dem Verfassungsrichter, zum engsten Freundeskreis gehörte; den Brüdern war der zweite Weihnachtstag stets als Besuchstag reserviert. Werner Böckenförde – der Schmitt später katholisch beerdigte – überreichte an diesem Silvesternachmittag einen von ihm herausgegebenen, soeben erschienenen Nachlassband des seit den Bonner Zeiten mit Schmitt befreundeten Kirchenrechtlers Hans Barion, mit einem Vorwort, das Schmitt gewidmet war. »Zu spät«, erinnert sich Ernst Hüsmert, »er nahm es nicht mehr zur Kenntnis. Da wird nun jemand fast hundert Jahre alt und stirbt immer noch zu früh.« Hüsmert fiel an diesem Silvesternachmittag ein Sonett August von Platens auf den alten Goethe ein, über das er oft mit Schmitt gesprochen hatte und das dieser für eines der schönsten Gedichte der deutschen Sprache hielt:

»Wer wußte je das Leben recht zu fassen,
Wer hat die Hälfte nicht davon verloren,
Im Traum, im Fieber, im Gespräch mit Toren,
In Liebesqual, im leeren Zeitverprassen?

Ja, der sogar, der ruhig und gelassen,
Mit dem Bewußtsein, was er soll, geboren,
Frühzeitig einen Lebensgang erkoren,
Muß vor des Lebens Widerspruch erblassen.

Denn jeder hofft doch, dass das Glück ihm lache,
Allein das Glück, wenn's wirklich kommt, ertragen,
Ist keines Menschen, wäre Gottes Sache.

Auch kommt es nie, wir wünschen bloß und wagen:
Dem Schläfer fällt es nimmermehr vom Dache,
Und auch der Läufer wird es nicht erjagen.«

Seit dem Silvestersturz ans Bett gefesselt, ohne seinen Zustand begreifen zu können, entschloss sich Carl Schmitt zu sterben, erzählt Ernst Hüsmert. Er verweigerte die Nahrungsaufnahme und fiel in eine Agonie, wachte dann aber doch wieder auf, ohne allerdings Besucher noch zu erkennen, auch nicht mehr den langjährigen Freund Ernst Hüsmert. Einmal hielt er ihn für den Krebsforscher Professor Karl-Heinrich Bauer, der 1950 Schmitts Frau

Abb. Carl Schmitt mit Schwester Auguste, »Üssi«, 1980er Jahre.

Duschka in Heidelberg operiert hatte. Bei einem anderen Besuch wurde Hüsmert sich nicht klar, für wen er ihn hielt. Schmitt fragte ihn, ob er jemals Ernst Jünger kennen gelernt habe – dem Hüsmert natürlich oft in Gegenwart Schmitts begegnet war –, und sagte über Jünger: »Man kommt nicht leicht an ihn heran. Er hat seine Aura. Aber er ist ein echter Freund« — diese letzten Worte haben Jünger, nach den Verletzungen, die Schmitt ihm in seinen »Glossarium. Aufzeichnungen der Jahre 1947–1951« zugefügt hatte, wieder versöhnt. Einen Tag vor seinem Tod am Ostersonntag 1985 hat Hüsmert Schmitt das letzte Mal im Evangelischen Krankenhaus in Plettenberg besucht. Als er die Station betrat, auf der Schmitts Krankenzimmer lag, hörte er ihn schon von weitem laut stöhnen und schreien. Ein 96, fast 97 Jahre alter Mann schreit das halbe Kran-

Abb. Carl Schmitt, 1983.

kenhaus zusammen. Unglaublich. Als Hüsmert das Zimmer betrat, bot sich ihm ein entsetzlicher Anblick. Er ging sofort zum behandelnden Arzt und verlangte, dass man Schmitt eine Beruhigungsspritze gab. Das Krankenzimmer hat er anschließend nicht mehr betreten. Eine schlimme Erinnerung, sagt Ernst Hüsmert. Die Todesschreie des 96jährigen habe er noch lange gehört. Er habe den Eindruck gehabt, »dass der dialektische Gegensatz, der sein ganzes Denken beherrschte, auch in seinem Körper steckte und bis zum Schluss in ihm wirkte.« »Man kann wohl nicht sagen«, fasst Ernst Hüsmert seinen Eindruck zusammen, »dass Carl Schmitt im Glauben an eine Erlösung gestorben ist.«[864]

Abb. Grabstätte Carl Schmitt.

»kai nomon egno«

Sonntagmorgen, ruhiges Frühstück im Hotel »Herscheider Mühle«, draußen Nebel im Tal der »Schwarzen Ahe«, da zitiert das Gedächtnis Gedichtzeilen eines rheinischen Freundes herbei: »Wir müssen, komm, über die Friedhöfe gehen; die Erde ist feucht, vorüber der Krieg.« Der katholische Friedhof in Plettenberg-Eiringhausen liegt sehr schön. Der Grabstein für Carl Schmitt ist ein kleines Kunstwerk, hergestellt aus Eifelbasalt – weil die Familie Schmitt ursprünglich aus der Eifel stammte –, ein vulkanisches Gestein, das, wie Ernst Hüsmert weiß, »unregelmäßig pentagonal erstarrt«. Der Stein hat deshalb nicht vier, sondern fünf Seiten, und die Zahl Fünf stand in der mittelalterlichen Zahlensymbolik für die Bedeutung des Erdkreises. Auf der Grabstätte liegt neben Carl Schmitt und seiner Frau Duschka noch Schmitts Schwester Auguste; in seinen Jugendbriefen hat Schmitt ihr ein Denkmal gesetzt. »Die Urne von Schmitts Haushälterin Anni Stand wurde versehentlich zu Füßen der ungeliebten Schwester ›Üssi‹ beigesetzt und nicht zu Füßen des Chefs, wie das bei Karl Marx mit ›Lenchen‹ Demuth auf dem Friedhof in London geschah«, weiß Ernst Hüsmert. Ein Gedenkstein erinnert auch an Schmitts Tochter Anima, die in Spanien beerdigt liegt; der Erinnerungstext wurde dem Spruch des Gedenksteins für August von Goethe auf dem deutschen Friedhof in Rom nachempfunden. Während das orthodoxe Kreuz auf dem Grabstein an das religiöse Bekenntnis von Duschka Schmitt erinnert, steht für Schmitts Leben und Denken im Stein eingeschrieben der griechische Spruch: »kai nomon egno« — er kannte den Nomos, er kannte das Gesetz. Schmitt selber hatte 1946, als er fast vierzig Jahre vor seinem Tod über sein späteres Grab fantasierte, einen anderen Spruch im Sinn, wieder Verse seines Freundes Konrad Weiß, die seinen Glauben an Schicksal und Vorsehung bekräftigten:

»So wird der Sinn, je mehr er sich selber sucht,
Aus dunkler Haft die Seele geführt zur Welt.
Vollbringe, was du musst, es ist schon
Immer vollbracht und du tust nur Antwort.«

Ernst Hüsmert folgt meinem Blick zur kleinen Friedhofskapelle und erzählt eine merkwürdige Geschichte. Am Tag der Beerdigung erschien frühmorgens ein Mann, der sich für einen potentiellen Sohn Carl Schmitts hielt, weil seine Mutter mit Schmitt im Berlin der dreißiger Jahre ein heimliches Verhältnis hatte. Offiziell war er der Sohn von Hans Frank, von 1939 bis 1945 Herr über das, nach einem Wort Ralph Giordanos, »größte Menschenschlachthaus, das es je gegeben hat«, das polnische »Generalgouvernement«; Hans Frank wurde in Nürnberg zum Tode verurteilt. Der Sohn Niklas Frank ließ sich am Beerdigungstag Carl Schmitts, lange bevor die Trauergäste eintrafen, in der Friedhofskapelle den Sarg noch einmal öffnen. In seinem Buch »Der Vater. Eine Abrechnung« hat er die Szene beschrieben: »Ich hatte Angst vor der ersten Begegnung mit dem Mann, der den Willen des Führers zum Gesetz stilisierte […], da lag Gerhard Hauptmann, jedenfalls sah er so aus, mein Vater, […] elfenweißes Haar, vom langen Krankenhausliegen rote offene Hauttöpfe im Gesicht, ineinander verrenkt die Finger, blutleer alabastern über der Brust, […] die Finger so weiß, dass die Grenzen der einzelnen schon ineinander verschwammen, wie zwei Schwimmhäute sahen die Hände aus, er roch nicht, […] und ich dachte: Nie hab ich ihn gesehen, lebend nicht, jetzt will ich ihn wenigstens einmal berühren […], ich lege die ersten beiden Glieder von Zeige- und Mittelfinger meiner Rechten auf seine Stirn. Der Kopf wackelt ein ›Nein‹, leicht wie eine Feder, schon längst ist er jenseits der Leichenstarre, der […] 96jährige Herr.«[865]

Nachwort

»Sei ruhig! Es war nur gedacht«, liebte Carl Schmitt Goethes »Faust« zu zitieren. Nur gedacht und spielerisch inszeniert sind neben der Begegnung auf dem »Engelbertstuhl« auch die Gerichtsverhandlung in der Ruinenlandschaft auf dem Schwarzenberg sowie die Gespräche in den fünfziger Jahren zwischen Carl Schmitt, Johannes Gross und Rüdiger Altmann im Brockhauser Weg 10 in Plettenberg und auf dem Bahnhof von Finnentrop. Ich wollte nicht den zehntausendundeinsten Kommentar über Schmitts Bücher legen und mich an der Zerredung seines Werkes beteiligen, sondern habe versucht, den Blick wieder frei zu machen auf die Texte, indem ich einige Leitideen herausgelöst und durch – natürlich von meiner persönlichen Lesart geprägte – Überblendungen so wieder zusammengefügt habe, dass Zusammenhänge von Schmitts Denken, Schreiben und Leben aus sich selbst heraus erscheinen und erkennbar wird, aus welchen verborgenen Motiven heraus er seine Ansichten in die Welt projiziert hat. Abgesehen von dreihundert, dreihundertundfünfzig, vielleicht vierhundert Sätzen, die an fehlenden Fußnotenhinweisen zu erkennen sind, beruhen alle anderen Zitate Schmitts sowie die Zeugenaussagen in der imaginären Gerichtsverhandlung auf authentischem Material. Wer wissen will, wie es arrangiert wurde, mag sich an den Anmerkungsapparat halten. Allen anderen empfehle ich, sich der unsichtbaren, magischen Hand zu überlassen, die nach Carl Schmitt unseren Griff nach Büchern lenkt.

Einen ersten Bericht von meiner Reise ins Carl Schmitt Land hat Freddy Langer ins Reiseblatt der Frankfurter Allgemeinen gerückt, den ersten, knapp vierzigseitigen erzählerischen Ursprungsessay Frank Berberich in Lettre International gedruckt. Ohne die freundschaftliche Reisebegleitung Ernst Hüsmerts wäre mir manche trouvaille entgangen. Unterwegs auf kleinen Landstraßen und Feld-, Wiesen- und Waldwegen zwischen Plettenberg, Pasel und Finnentrop, Neuenrade, Affeln und Attendorn, Sorpesee, Öster- und Versetalsperre, Ebbe- und Lennegebirge hat Ernst Hüsmert nicht nur für kräftige geistige Nahrung gesorgt, sondern auch Wert darauf gelegt, dass ich herausfand, wo es zum Beispiel den besten westfälischen Pfefferpotthast zu essen gibt. So habe ich mich im märkischen Sauerland, das ich nach dem Abitur vor knapp vierzig Jahren verlassen hatte und in meiner Erinnerung ein wenig versunken war, nach all der Zeit sofort wohl gefühlt und mich vor dem Hintergrund dieser, wie Carl Schmitt empfand, »ernsten, in sich gekehrten Landschaft« auch wieder erkannt. Orientierung im Land nicht nur der tausend Berge, sondern auch der tausend Quellen bot darüber hinaus ein weiteres Lieblingszitat Carl Schmitts, Verse seines Freundes Theodor Däubler:

»Der Ozean ist frei und freier noch sind Quellen.«

Zerkall | Eifel, 28. Oktober 2007
Christian Linder

Anhang

Bibliographie

Carl Schmitt (Auswahl):

Über Schuld und Schuldarten. Eine terminologische Untersuchung, Breslau: Schletter'sche Buchhandlung (Franck & Weigert), 1910.

Über Tatbestandsmäßigkeit und Rechtswidrigkeit des kunstgerechten operativen Eingriffs. In: Zeitschrift für die gesamte Strafrechtswissenschaft, 31 (1911), S. 467–478.

Gesetz und Urteil. Eine Untersuchung zum Problem der Rechtspraxis, Berlin: Liebmann, 1912.

Der Spiegel. In: Die Rheinlande. Monatsschrift für deutsche Kunst und Dichtung, 22, 1912, S. 61 f.

»Kritik der Zeit«. In: Die Rheinlande, 22, 1912, S. 324 f. (Rezension zu Walther Rathenau, Kritik der Zeit, Berlin: Fischer, 1912.)

Don Quijote und das Publikum. In: Die Rheinlande, 22, 1912, S. 348–350.

Richard Wagner und eine neue »Lehre vom Wahn«. In: Bayreuther Blätter. Deutsche Zeitschrift im Geiste Richard Wagners, 35 (1912) 7–9, S. 239–241.

Schattenrisse, Leipzig: Skiamacheten-Verlag, 1913. (Unter dem Pseudonym Johannes Negelinus, in Zusammenarbeit mit Fritz Eisler.)

Juristische Fiktionen. In: Deutsche Juristen-Zeitung, 18 (1913), Sp. 804–806.

Schopenhauers Rechtsphilosophie außerhalb seines philosophischen Systems. In: Monatsschrift für Kriminalpsychologie und Strafrechtsreform, 10 (1913) 1 (April), S. 27–31.

Der Wert des Staates und die Bedeutung des Einzelnen, Tübingen: Mohr, 1914; Hellerau: Hegner, 1917.

Theodor Däublers »Nordlicht«. Drei Studien über die Elemente, den Geist und die Aktualität des Werkes, München: Müller, 1916.

Diktatur und Belagerungszustand. Eine staatsrechtliche Studie. In: Zeitschrift für die gesamte Strafrechtswissenschaft, 38 (1916), S. 138–162.

Die Einwirkungen des Kriegszustandes auf das ordentliche strafprozessuale Verfahren. In: Zeitschrift für die gesamte Strafrechtswissenschaft, 38 (1916), S. 783–797.

Recht und Macht. In: Summa. Eine Vierteljahresschrift, hrsg. von Franz Blei und Jacob Hegner, Hellerau: Hegner, 1 (1917–18) 1, S. 37–52.

Die Sichtbarkeit der Kirche. Eine scholastische Erwägung. In: Summa, 1 (1917–18) 2, S. 71–80.

Die Buribunken. In: Summa, 1 (1917–18) 4, S. 89–106.

Politische Romantik, München / Leipzig: Duncker & Humblot, 1919. (Unter Carl Schmitt-Dorotić.)

Die Diktatur. Von den Anfängen des modernen Souveränitätsgedankens bis zum proletarischen Klassenkampf, München / Leipzig: Duncker & Humblot, 1921. (Unter Carl Schmitt-Dorotić.)

Politische Theorie und Romantik. In: Historische Zeitschrift, 123, 1921, S. 377–397.

Politische Theologie. Vier Kapitel zur Lehre von der Souveränität, München / Leipzig: Duncker & Humblot, 1922.

Die geistesgeschichtliche Lage des heutigen Parlamentarismus, München / Leipzig: Duncker & Humblot, 1923.

Römischer Katholizismus und politische Form, Hellerau: Hegner, 1923.

Der Begriff der modernen Demokratie in seinem Verhältnis zum Staatsbegriff. In: Archiv für Sozialwissenschaft und Sozialpolitik, 51 (1924) 3, S. 817–823.

Die Kernfrage des Völkerbundes. In: Schmollers Jahrbuch für Gesetzgebung, Verwaltung und Volkswirtschaft im Deutschen Reiche; Bd. 48, Berlin: Duncker & Humblot, 1924, S. 753–778; Berlin: F. Dümmlers Verlagshaus, 1926.

Die Rheinlande als Objekt internationaler Politik, [Flugschriften zum Rheinproblem; Heft 4], Köln: Verlag der Rheinischen Zentrums-Partei, 1925.

Der Status quo und der Friede. In: Hochland. Monatschrift für alle Gebiete des Wissens, der Literatur und Kunst, 23 (1925) 1, S. 1–9.

Illyrien. Notizen von einer dalmatinischen Reise. In: Hochland, 23 (1925) 3, S. 293–298.

Zu Friedrich Meineckes »Idee der Staatsräson«. In: Archiv für Sozialwissenschaft und Sozialpolitik, 56 (1926) 1, S. 226–234.

Volksentscheid und Volksbegehren. Ein Beitrag zur Auslegung der Weimarer Verfassung und zur Lehre von der unmittelbaren Demokratie, Berlin / Leipzig: W. de Gruyter & Co., 1927.

Der Begriff des Politischen. In: Archiv für Sozialwissenschaft und Sozialpolitik, 58, 1927, S. 1–33; auch in: Probleme der Demokratie, Bd. 1, Berlin: Rothschild, 1928, S. 3–34; separat: München / Leipzig: Duncker & Humblot, 1932.

Machiavelli. In: Kölnische Volkszeitung, vom 21. Juni 1927.

Verfassungslehre, München/Leipzig: Duncker & Humblot, 1928.

Der bürgerliche Rechtsstaat. In: Abendland. Deutsche Monatshefte für europäische Kultur, Politik und Wirtschaft, 3 (1928) 7, S. 201–203.

Der Hüter der Verfassung. In: Archiv des öffentlichen Rechts, 55 (Neue Folge, 16), 1929, S. 161–237; separat: Tübingen: Mohr, 1931.

Das Reichsgericht als Hüter der Verfassung. In: Die Reichsgerichtspraxis im deutschen Rechtsleben, hrsg. von Otto Schreiber, Bd. 1, Berlin/Leipzig: Walter de Gruyter, 1929, S. 154–178.

»Wesen und Werden des faschistischen Staates«. In: Schmollers Jahrbuch für Gesetzgebung, Verwaltung und Volkswirtschaft im Deutschen Reiche, 53 (1929) 1, S. 107–113. (Rezension zu Erwin von Beckerath, Wesen und Werden des faschistischen Staates, Berlin: Springer, 1927.)

Hugo Preuß. Sein Staatsbegriff und seine Stellung in der deutschen Rechtslehre, Tübingen: Mohr, 1930.

Der Völkerbund und das politische Problem der Friedenssicherung, Leipzig: Teubner, 1930.

Zur politischen Situation in Deutschland. In: Der Kunstwart, 4, 1930, S. 253–256.

Presse und öffentliche Meinung. In: Schriften der deutschen Gesellschaft für Soziologie, 7, 1930, S. 56–59.

Das Problem der innerpolitischen Neutralität des Staates. In: Mitteilungen der Industrie und Handelskammer zu Berlin, 28 (1930) 9, S. 471–477.

Staatsethik und pluralistischer Staat. In Kant-Studien, 35 (1930), S. 28–42; separat: Berlin: Pan-Verlag Kurt Metzner, 1930.

Franz Blei. In: Frankfurter Zeitung, vom 22. März 1931.

Legalität und Legitimität, München/Leipzig: Duncker & Humblot, 1932.

Das Reichsstatthaltergesetz, [Das Recht der nationalen Revolution; 3], Berlin: Heymann, 1933.

Staat, Bewegung, Volk. Die Dreigliederung der politischen Einheit, Hamburg: Hanseatische Verlagsanstalt, 1933.

Völkerrechtliche Formen des modernen Imperialismus. In: Königsberger Auslandsstudien, 8, 1933.

Machtpositionen des modernen Staates. In: Deutsches Volkstum, 25, 1933, S. 225–230.

Weiterentwicklung des totalen Staates in Deutschland. In: Europäische Revue, 9 (1933) 2, S. 65–70.

Die deutschen Intellektuellen. In: Westdeutscher Beobachter, vom 31. März 1933.

Frieden oder Pazifismus? In: Berliner Börsen Zeitung, vom 11. November 1933.

Über die drei Arten des rechtswissenschaftlichen Denkens, Hamburg: Hanseatische Verlagsanstalt, 1934.

Staatsgefüge und Zusammenbruch des zweiten Reiches. Der Sieg des Bürgers über den Soldaten, Hamburg: Hanseatische Verlagsanstalt, 1934.

Nationalsozialismus und Völkerrecht, [Vortrag, gehalten am 18. Juli 1934 auf dem Lehrstuhl der Akademie für Deutsches Recht an der Deutschen Hochschule für Politik], Berlin: Junker und Dünnhaupt, 1934.

Nationalsozialismus und Rechtsstaat. In: Kritische Wochenzeitschrift, 63, 1934, S. 713–718.

Der Führer schützt das Recht. Zur Reichstagsrede Adolf Hitlers vom 3. Juli 1934. In: Deutsche Juristen-Zeitung, vom 1. August 1934, Sp. 945–950.

Unsere geistige Gesamtlage und unsere juristische Aufgabe. In: Zeitschrift der Akademie für Deutsches Recht, 1, 1934, S. 11 f.

Die deutsche Rechtswissenschaft im Kampf gegen den jüdischen Geist. In: Deutsche Juristen-Zeitung, 41, 1936, Sp. 15–21.

Überblick über die Entwicklung der gesetzgeberischen Ermächtigungen. In: Zeitschrift für ausländisches öffentliches Recht und Völkerrecht, 6, 1936, S. 252–268.

Über die neuen Aufgaben der Verfassungsgeschichte. In: Jahrbuch der Akademie für Deutsches Recht, 3, 1936, S. 10–15.

Der Staat als Mechanismus bei Hobbes und Descartes. In: Archiv für Rechts- und Sozialphilosophie, 30, 1937, S. 622–633.

Totaler Feind, totaler Krieg, totaler Staat. In: Völkerbund und Völkerrecht, 4, 1937/38, S. 139–145.

Der Begriff der Piraterie. In: Völkerbund und Völkerrecht, 4, 1937/38, S. 351–354.

Das neue Vae Neutris! In: Völkerbund und Völkerrecht, 4, 1937/38, S. 633–638.

Der Leviathan in der Staatslehre des Thomas Hobbes. Sinn und Fehlschlag eines politischen Symbols, Hamburg: Hanseatische Verlagsanstalt, 1938.

Die Wendung zum diskriminierenden Kriegsbegriff, München: Duncker & Humblot, 1938.

Völkerrechtliche Neutralität und völkische Totalität. In: Monatshefte für Auswärtige Politik, 5, 1938, S. 613–618.

Völkerrechtliche Großraumordnung mit Interventionsverbot für raumfremde Mächte. Ein Beitrag zum Reichsbegriff im Völkerrecht, Berlin / Wien / Leipzig: Deutscher Rechtsverlag, 1939.

Großraum gegen Universalismus. Der völkerrechtliche Kampf um die Monroedoktrin. In: Zeitschrift der Akademie für Deutsches Recht, 6, 1939, S. 333–337.

Inter pacem et bellum nihil medium. In: Zeitschrift der Akademie für Deutsches Recht, 6, 1939, S. 594f.

Neutralität und Neutralisierungen. In: Deutsche Rechtswissenschaft. Vierteljahresschrift der Akademie für Deutsches Recht, 4, 1939, S. 341–344.

Der Reichsbegriff in Völkerrecht. In: Deutsches Recht, 9, 1939, S. 342–344.

Positionen und Begriffe im Kampf mit Weimar, Genf, Versailles 1923–1939, Hamburg: Hamburgische Verlagsanstalt, 1940.

Raum und Großraum im Völkerrecht. In: Zeitschrift für Völkerrecht, 24, 1940, S. 145–179.

Reich und Raum. Elemente eines neuen Völkerrechts. In: Zeitschrift der Akademie für Deutsches Recht, 7, 1940, S. 201–203.

Staatliche Souveränität und freies Meer. Über den Gegensatz von Land und See im Völkerrecht der Neuzeit. In: Das Reich und Europa, hrsg. von Fritz Hartung u.a., Leipzig: Koehler & Amelang, 1941, S. 91–117.

Land und Meer. Eine weltgeschichtliche Betrachtung, Leipzig: Reclam, 1942.

Beschleuniger wider Willen oder: Die Problematik der westlichen Hemisphäre. In: Das Reich, vom 19. April 1942.

Die Formung des französischen Geistes durch den Legisten. In: Deutschland – Frankreich. Vierteljahresschrift des deutschen Instituts in Paris, 1 (1942) 2, S. 1–30.

Francisco de Vitoria und die Geschichte seines Ruhmes. In: Die neue Ordnung, 3, 1949, S. 289–313.

Ex captivitate salus, Köln: Greven, 1950.

Donoso Cortés in gesamteuropäischer Interpretation, Köln: Greven, 1950.

Der Nomos der Erde im Völkerrecht des jus publicum Europaeum, Köln: Greven, 1950.

Die Lage der europäischen Rechtswissenschaft, Tübingen: Internationaler Universitäts-Verlag, 1950.

Drei Stufen historischer Sinngebung. In: Universitas, 5, 1950, S. 927–931.

Dreihundert Jahre Leviathan. In: Universitas, 7, 1952, S. 179–181.

Die Einheit der Welt. In: Merkur, 6, 1952, S. 1–11.

Nehmen / Teilen / Weiden. Ein Versuch, die Grundfragen jeder Sozial- und Wirtschaftsordnung vom nomos her richtig zu stellen. In: Gemeinschaft und Politik, 1 (1953) 3, S. 18–27.

Gespräch über die Macht und den Zugang zum Machthaber, Pfullingen: Neske, 1954 (auch unter dem Titel: Gespräche über die Macht und den Zugang zum Machthaber / Gespräch über den neuen Raum, Berlin: Akademie, 1994).

Die geschichtliche Struktur des heutigen Welt-Gegensatzes von Ost und West. In: Armin Mohler (Hg.), Freundschaftliche Begegnungen. Festschrift für Ernst Jünger zum 60. Geburtstag. Frankfurt am Main: Klostermann 1955, S. 136–167.

Die Sub-stanz und das Sub-jekt. Eine Ballade vom reinen Sein. In: Civis. Zeitschrift für christlich-demokratische Politik, 2 (1955) 9, S. 20–30 (Unter Pseudonym Erich Strauss.)

Hamlet oder Hekuba. Der Einbruch der Zeit in das Spiel, Düsseldorf/Köln: Diederichs, 1956.

Die andere Hegel-Linie. Hans Freyer zum 70. Geburtstag. In: Christ und Welt, vom 25. Juli 1957.

Verfassungsrechtliche Aufsätze aus den Jahren 1924–1954. Materialien zu einer Verfassungslehre, Berlin: Duncker & Humblot, 1958.

Gespräch über den neuen Raum. In: Estudios de derecho internacional. Homenaje al Profesor Camilo Barcia Trelles, Santiago de Compostela: Universidad, 1958, S. 263–282.

Nomos – Nahme – Name. In: Siegfried Behn (Hg.), Der beständige Aufbruch. Festschrift für Erich Przywara, Nürnberg: Glock und Lutz, 1959, S. 92–105.

Die Tyrannei der Werte. Überlegungen eines Juristen zur Wertphilosophie, Stuttgart: Kohlhammer, 1960.

Theorie des Partisanen. Zwischenbemerkung zum Begriff des Politischen, Berlin: Duncker & Humblot, 1963.

El orden del mundo después de la segunda guerre mundial. In: Revista de Estudios Politicos, 122, 1964, S. 19–36.

Futurologie. In: Politica. Politik. Hochschule, Kultur, 2 (1964) 5, S. 4.

Die vollendete Reformation. Bemerkungen und Hinweise zu neuen Leviathan-Interpretationen. In: Der Staat. Zeitschrift für Staatslehre, öffentliches Recht und Verfassungsgeschichte, 4, 1965, S. 51–69.

Clausewitz als politischer Denker. Bemerkungen und Hinweise. In: Der Staat, 6, 1967, S. 479–502.

Gespräch über den Partisanen. In: Joachim Schickel (Hg.), Guerrilleros, Partisanen. Theorie und Praxis, München: Hanser, 1970, S. 9–29.

Politische Theologie II. Die Legende von der Erledigung jeder Politischen Theologie, Berlin: Duncker & Humblot, 1970.

Von der TV-Demokratie. Die Aggressivität des Fortschritts. In: Deutsches Allgemeines Sonntagsblatt, vom 28. Juni 1970, S. 8.

Die legale Weltrevolution. Politischer Mehrwert als Prämie auf juristische Legalität und Superlegalität. In: Der Staat, 17, 1978, S. 321–329.

Glossarium. Aufzeichnungen der Jahre 1947–1951, hrsg. von Eberhard von Medem, Berlin: Duncker & Humblot, 1991.

Staat, Großraum, Nomos. Arbeiten aus den Jahren 1916–1969, hrsg. von Günter Maschke, Berlin: Duncker & Humblot, 1995.

Briefwechsel mit einem seiner Schüler, hrsg. von Armin Mohler, in Zusammenarbeit mit Irmgard Huhn und Piet Tommissen, Berlin: Akademie, 1995.

Ernst Jünger / Carl Schmitt, Briefe 1930–1983, hrsg. von Helmuth Kiesel, Stuttgart: Klett-Cotta, 1999.

Antworten in Nürnberg, hrsg. von Helmut Quaritsch, Berlin: Duncker & Humblot, 2000.

Jugendbriefe. Briefschaften an seine Schwester Auguste 1905–1913, hrsg. von Ernst Hüsmert, Berlin: Akademie, 2000.

Tagebücher. Oktober 1912 bis Februar 1915, hrsg. von Ernst Hüsmert, Berlin: Akademie, 2003.

Carl Schmitt / Álvaro d'Ors. Briefwechsel, hrsg. von Montserrat Herrero, Berlin: Duncker & Humblot, 2004.

Die Militärzeit 1915 bis 1919. Tagebuch Februar bis Dezember 1915. Aufsätze und Materialien, hrsg. von Ernst Hüsmert und Gerd Giesler, Berlin: Akademie, 2005.

Frieden oder Pazifismus? Arbeiten zum Völkerrecht und zur internationalen Politik, 1924–1978, hrsg. von Günter Maschke, Berlin: Duncker & Humblot, 2005.

Über Carl Schmitt (Auswahl)

Hartmuth Becker, Die Parlamentarismuskritik bei Carl Schmitt und Jürgen Habermas, Berlin: Duncker & Humblot, 1994.

Werner Becker, Briefe an Carl Schmitt, hrsg. von Piet Tommissen, Berlin: Duncker & Humblot, 1998.

Joseph W. Bendersky, Carl Schmitt, theorist for the Reich, Princeton: Princeton University Press, 1983.

José Mariá Beneyto, Politische Theologie als politische Theorie. Eine Untersuchung zur Rechts- und Staatstheorie Carl Schmitts und zu ihrer Wirkungsgeschichte in Spanien, Berlin: Duncker & Humblot, 1983.

Lutz-Arwed Bentin, Johannes Popitz und Carl Schmitt. Zur wirtschaftlichen Theorie des totalen Staates in Deutschland, München: Beck, 1972.

Lutz Berthold, Carl Schmitt und der Staatsnotstandsplan am Ende der Weimarer Republik, Berlin: Duncker & Humblot, 1999.

Heiner Bielefeldt, Kampf und Entscheidung. Politischer Existentialismus bei Carl Schmitt, Helmuth Plessner und Karl Jaspers, Würzburg: Königshausen und Neumann, 1994.

Dirk Blasius, Carl Schmitt: preußischer Staatsrat in Hitlers Reich, Göttingen: Vandenhoeck & Ruprecht, 2001.

Manfred Dahlheimer, Carl Schmitt und der deutsche Katholizismus, 1888–1936, Paderborn: Schöningh, 1998.

Jacques Derrida, Politik der Freundschaft, aus dem Französischen von Stefan Lorenzer, Frankfurt am Main: Suhrkamp, 2000.

Mathias Eichhorn, Es wird regiert! Der Staat im Denken Karl Barths und Carl Schmitts in den Jahren 1919 bis 1938, Berlin: Duncker & Humblot, 1994.

Jean-Pierre Faye, Theorie der Erzählung. Einführung in die »totalitären Sprachen«. Kritik der narrativen Vernunft, Ökonomie, Frankfurt am Main: Suhrkamp, 1977.

Jürgen Fijalkowski, Die Wendung zum Führerstaat. Ideologische Komponenten in der politischen Philosophie Carl Schmitts, Köln / Opladen: Westdeutscher Verlag, 1958.

Klaus Fritzsche, Politische Romantik und Gegenrevolution. Fluchtwege in der Krise der bürgerlichen Gesellschaft: das Beispiel des »Tat«-Kreises, Frankfurt am Main: Suhrkamp, 1976.

Ruth Groh, Arbeit an der Heillosigkeit der Welt. Zur politisch-theologischen Mythologie und Anthropologie Carl Schmitts, Frankfurt am Main: Suhrkamp, 1998.

Raphael Gross, Carl Schmitt und die Juden. Eine deutsche Rechtslehre, Frankfurt am Main: Suhrkamp, 2000.

Felix Grossheutschi, Carl Schmitt und die Lehre vom Katechon, Berlin: Duncker & Humblot, 1996.

Klaus Hansen / Hans Lietzmann (Hg.), Carl Schmitt und die Liberalismuskritik, Opladen: Leske + Budrich, 1988.

Susanne Heil, Gefährliche Beziehungen. Walter Benjamin und Carl Schmitt, Stuttgart / Weimar: Metzler, 1996.

José Rafael Hernández Arias, Donoso Cortés und Carl Schmitt. Eine Untersuchung über die staats- und rechtsphilosophische Bedeutung von Donoso Cortés im Werk Carl Schmitts, Paderborn: Schöningh, 1998.

Hasso Hofmann, Legitimität gegen Legalität. Der Weg der politischen Philosophie Carl Schmitts, Neuwied / Berlin: Luchterhand, 1964.

Vilmos Holczhauser, Konsens und Konflikt. Die Begriffe des Politischen bei Carl Schmitt, Berlin: Duncker & Humblot, 1990.

Ernst Jünger, Siebzig verweht. Tagebücher, Stuttgart: Klett-Cotta, Bd. 1: 1980, Bd. 2: 1981, Bd. 3: 1993, Bd. 4: 1995, Bd. 5: 1997.

Rüdiger Kramme, Helmuth Plessner und Carl Schmitt. Eine historische Fallstudie zum Verhältnis von Anthropologie und Politik in der deutschen Philosophie der zwanziger Jahre, Berlin: Duncker & Humblot, 1989.

Jean-François Kervégan, Hegel, Carl Schmitt. Le politique entre spéculation et positivité, Paris: Presses universitaires de France, 1992.

Klaus-Michael Kodalle, Politik als Macht und Mythos. Carl Schmitts »Politische Theologie«, Stuttgart: Kohlhammer, 1973.

Christian Graf von Krockow, Die Entscheidung. Eine Untersuchung über Ernst Jünger, Carl Schmitt, Martin Heidegger, Stuttgart: Enke, 1958.

Dirk van Laak, Gespräche in der Sicherheit des Schweigens. Carl Schmitt in der politischen Geistesgeschichte der frühen Bundesrepublik, Berlin: Akademie, 1993.

Günter Maschke, Der Tod des Carl Schmitt. Apologie und Polemik, Wien: Karolinger, 1987.

Reinhard Mehring, Pathetisches Denken. Carl Schmitts Denkweg am Leitfaden Hegels: Katholische Grundstellung und antimarxistische Hegelstrategie, Berlin: Duncker & Humblot, 1989.

Heinrich Meier, Carl Schmitt, Leo Strauss und »Der Begriff des Politischen«. Zu einem Dialog unter Abwesenden, Stuttgart: Metzlersche Verlagsbuchhandlung, 1988. (Enthält Leo Strauss, Anmerkungen zu Carl Schmitt, der Begriff des Politischen, 1932.)

—, Die Lehre Carl Schmitts. Vier Kapitel zur Untersuchung politischer Theologie und politischer Philosophie, Stuttgart/Weimar: Metzler 1994.

Günter Meuter, Der Katechon. Zu Carl Schmitts fundamentalistischer Kritik der Zeit, Berlin: Duncker & Humblot, 1994.

Volker Neumann, Der Staat im Bürgerkrieg. Kontinuität und Wandlung des Staatsbegriffs in der politischen Theorie Carl Schmitts, Frankfurt am Main/ New York: Campus, 1980.

Paul Noack, Carl Schmitt. Eine Biographie, Berlin/Frankfurt am Main: Propyläen, 1993.

Helmut Quaritsch (Hg.), Complexio oppositorum. Über Carl Schmitt. Vorträge und Diskussionsbeiträge des 28. Sonderseminars 1986 der Hochschule für Verwaltungswissenschaften Speyer, Berlin: Duncker & Humblot, 1988.

Helmut Rumpf, Carl Schmitt und Thomas Hobbes. Ideelle Beziehungen und aktuelle Bedeutung, mit einer Abhandlung über: Die Frühschriften Carl Schmitts, Berlin: Duncker & Humblot, 1972.

Bernd Rüthers, Carl Schmitt im Dritten Reich. Wissenschaft als Zeitgeist-Verstärkung?, München: Beck, 1989.

William E. Scheuerman, Carl Schmitt: The End of Law, Lanham/Oxford: Rowman & Littlefield, 1999.

Joachim Schickel, Gespräche mit Carl Schmitt, Berlin: Merve, 1993.

George Schwab, The Challenge of the Exception. An Introduction to the Political Ideas of Carl Schmitt between 1921 and 1936, Berlin: Duncker & Humblot, 1970.

Gabriel Seiberth, Anwalt des Reiches. Carl Schmitt und der Prozeß »Preußen contra Reich« vor dem Staatsgerichtshof, Berlin: Duncker & Humblot, 2001.

Nicolaus Sombart, Jugend in Berlin: 1933–1943. Ein Bericht, München / Wien: Hanser, 1984.

—, Die deutschen Männer und ihre Feinde. Carl Schmitt – ein deutsches Schicksal zwischen Männerbund und Matriarchatsmythos, München: Hanser, 1991.

Ilse Staff, Staatsdenken im Italien des 20. Jahrhunderts. Ein Beitrag zur Carl Schmitt-Rezeption, Baden-Baden: Nomos, 1991.

Jacob Taubes (Hg.), Religionstheorie und politische Theologie. Bd. 1: Der Fürst dieser Welt. Carl Schmitt und die Folgen, München: Fink / Paderborn: Schöningh, 1985.

—, Ad Carl Schmitt. Gegenstrebige Fügung, Berlin: Merve, 1987.

Schmittiana I–VIII. Beiträge zu Leben und Werk Carl Schmitts, hrsg. von Piet Tommissen, Berlin: Duncker & Humblot, Bd. 1: 1988, Bd. 2: 1990, Bd. 3: 1991, Bd. 4: 1994, Bd. 5: 1996, Bd. 6: 1998, Bd. 7: 2001, Bd. 8: 2003.

Hansjörg Viesel (Hg.), Jawohl, *der* Schmitt. Zehn Briefe aus Plettenberg, Berlin: Support Edition Gabler & Lutz, 1988.

Ingeborg Villinger, Carl Schmitts Kulturkritik der Moderne. Texte, Kommentare und Analyse der »Schattenrisse« des Johannes Negelinus, Berlin: Akademie, 1995.

Bernd Wacker (Hg.), Die eigentlich katholische Verschärfung … Konfession, Theologie und Politik im Werk Carl Schmitts, München: Fink, 1994.

Anmerkungen

1 Brief Carl Schmitt an Ernst Jünger, vom 7. Juni 1947. In: Ernst Jünger / Carl Schmitt, Briefe 1930–1983, hrsg. von Helmuth Kiesel, Stuttgart: Klett-Cotta, 1999, S. 201 f.

2 Carl Schmitt, Tagebücher. Oktober 1912 bis Februar 1915, hrsg. von Ernst Hüsmert, Berlin: Akademie, 2003, S. 26.

3 Martin Heidegger, Der Feldweg. In: Martin Heidegger zum 80. Geburtstag von seiner Heimstadt Meßkirch, Frankfurt am Main: Klostermann, 1969, S. 13.

4 Heidegger, ebenda.

5 Martin Heidegger, Gelassenheit. In: Martin Heidegger zum 80. Geburtstag von seiner Heimstadt Meßkirch, S. 23.

6 Heidegger, ebenda, S. 19.

7 Heidegger, ebenda, S. 21.

8 Heidegger, ebenda, S. 28.

9 Heidegger, ebenda, S. 28 f.

10 Carl Schmitt, Römischer Katholizismus und politische Form, Neuausgabe der 1925 im Theatiner-Verlag erschienenen 2. Auflage, Stuttgart: Klett-Cotta, [2]2002, S. 57.

11 Schmitt, ebenda.

12 Schmitt, ebenda, S. 57 f.

13 Schmitt, ebenda, S. 56.

14 Carl Schmitt, Die Sichtbarkeit der Kirche. Eine scholastische Erwägung. In: Summa. Eine Vierteljahresschrift, hrsg. von Franz Blei und Jacob Hegner, Hellerau: Hegner, 1 (1917–18) 2, S. 71 ff.

15 Schmitt, ebenda.

16 Schmitt, ebenda.

17 Carl Schmitt, Ex captivitate salus, Köln: Greven, S. 74.

18 Schmitt, ebenda.

19 Schmitt, ebenda.

20 Jürgen Habermas, Carl Schmitt in der politischen Geistesgeschichte der Bundesrepublik. In: Ders., Die Normalität einer Berliner Republik, Frankfurt am Main: Suhrkamp, 1995, S. 113.

21 Carl Schmitt, Die letzte globale Linie. In: Egmont Zechlin (Hg.), Völker und Meere. Aufsätze und Vorträge, Leipzig: Otto Harrassowitz, 1944, S. 342.

22 Carl Schmitt, Glossarium. Aufzeichnungen der Jahre 1947–1951, hrsg. von Eberhard von Medem, Berlin: Duncker & Humblot, 1991, S. 199.

23 Das Verhör Carl Schmitts durch Robert Kempner wurde an verschiedenen Orten veröffentlicht, unter anderem in: Carl Schmitt, Antworten in Nürnberg, hrsg. von Helmut Quaritsch, Berlin: Duncker & Humblot, 2000, S. 52ff.

24 Mitteilung von Schmitts Haushälterin Anni Stand.

25 Carl Schmitt, Völkerrechtliche Großraumordnung mit Interventionsverbot für raumfremde Mächte. Ein Beitrag zum Reichsbegriff im Völkerrecht (1939), hier zit. nach: Ders., Staat, Großraum, Nomos. Arbeiten aus den Jahren 1916–1969, hrsg. von Günter Maschke, Berlin: Duncker & Humblot, 1995, S. 270ff.

26 Carl Schmitt, Der Begriff des Politischen. Text von 1932 mit einem Vorwort und 3 Corollarien, Berlin: Duncker & Humblot, [2]1979, S. 26.

27 Schmitt, ebenda, S, 67.

28 Carl Schmitt, Politische Theologie. Vier Kapitel zur Lehre von der Souveränität, unveränderter Nachdruck der 1934 erschienenen 2. Auflage, Berlin: Duncker & Humblot, 1979, S. 11.

29 Carl Schmitt, Über die drei Arten des rechtswissenschaftlichen Denkens, Hamburg: Hanseatische Verlagsanstalt, 1934, S. 28.

30 Vgl. »magnus ab integro saeclorum nascitur ordo« (Vergil, Eklogen 4,5). Schmitt, Der Begriff des Politischen, S. 95.

31 Carl Schmitt, Politische Romantik, Berlin: Duncker & Humblot, [3]1968, S. 3.

32 Carl Schmitt, Theodor Däublers »Nordlicht«. Drei Studien über die Elemente, den Geist und die Aktualität des Werkes, unveränderte Ausgabe der 1916 bei Georg Müller in München erschienenen Erstauflage, Berlin: Duncker & Humblot, 1991, S. 36.

33 Schmitt, Politische Romantik, S. 10.

34 Schmitt, ebenda.

35 Schmitt, ebenda, S. 10f.

36 Schmitt, ebenda, S. 21.

37 Schmitt, ebenda, S. 22.

38 Schmitt, ebenda.

39 Schmitt, ebenda.

40 Schmitt, ebenda, S. 23.

41 Schmitt, ebenda, S. 25.

42 Schmitt, ebenda, S. 172.

43 Schmitt, ebenda.

44 Schmitt, Theodor Däublers »Nordlicht«, S. 12.

45 Schmitt, Politische Romantik, S. 27.

46 Schmitt, ebenda.

47 Carl Schmitt, Die geistesgeschichtliche Lage des heutigen Parlamentarismus, unveränderter Nachdruck der 1926 erschienenen 2. Auflage, Berlin: Duncker & Humblot, [5]1979, S. 12.

48 Schmitt, Politische Theologie, S. 80.
49 Schmitt, ebenda, S. 70.
50 Schmitt, ebenda, S. 71. Vgl. »Tout institution qui ne suppose pas le peuple bon et le magistrat corruptible est vicieuse.« (Maximilien Robespierre, Déclaration des droits de l'homme et du citoyen, Art. 19, 21. April 1793). »Wenn heute Anarchisten in der auf väterlicher Gewalt und Monogamie beruhenden Familie den eigentlichen Sündenzustand sehen und die Rückkehr zum Matriarchat, dem angeblichen paradiesischen Urzustande, predigen, so äussert sich darin ein stärkeres Bewusstsein der tiefsten Zusammenhänge als [...] bei Proudhon, der [...] ein moralistischer Kleinbürger war.« (S. 76)
51 Schmitt, ebenda, S. 72.
52 Schmitt, ebenda.
53 Juan Donoso Cortés, Rede über die Diktatur. In: Ders., Drei Reden. Über die Diktatur, über Europa, über die Lage Spaniens, übertragen von Johannes Langenegger, Zürich: Thomas, 1948, S. 47 ff.
54 Schmitt, Antworten in Nürnberg, S. 65 f.
55 Friedrich Meinecke, (Rezension von Carl Schmitt, Politische Romantik). In: Historische Zeitschrift, 1, 1919, S. 292–296.
56 Georg Lukács, in: Archiv für die Geschichte des Sozialismus und der Arbeiterbewegung, 13 (1928), S. 307 f.
57 Josef Isensee, zit. in: Helmut Quaritsch (Hg.), Complexio oppositorum. Über Carl Schmitt. Vorträge und Diskussionsbeiträge des 28. Sonderseminars 1986 der Hochschule für Verwaltungswissenschaften Speyer, Berlin: Duncker & Humblot, 1988, S. 173.
58 Schmitt, Glossarium, S. 107.
59 Schmitt, ebenda.
60 Hans Barion, zit in: Piet Tommissen, Carl Schmitt – metajuristisch betrachtet. Seine Sonderstellung im katholischen Renouveau des Deutschlands der zwanziger Jahre. In: Criticón, 30, 1975 (Juli/August), S. 177–184.
61 Brief Ernst Robert Curtius an Carl Schmitt, vom 13. Januar 1922. In: Rolf Nagel (Hg.), Briefe von E. R. Curtius und Carl Schmitt, 1921–1922, Archiv für das Studium der neueren Sprachen und Literatur, 133 (1981), 218 (1. Halbjahresband), S. 1–15, hier S. 9.
62 Curtius, ebenda.
63 Curtius, ebenda.
64 Curtius, ebenda.
65 Curtius, ebenda.
66 Hugo Ball, Carl Schmitts »Politische Theologie«. In: Hochland. Monatsschrift für alle Gebiete des Wissens, der Literatur und Kunst, 21 (1924) 2 (April–September), S. 261–286, hier zit. nach: Jacob Taubes (Hg.), Religionstheorie und politische Theologie, Bd. 1: Der Fürst dieser Welt. Carl Schmitt und die Folgen, München: Fink / Paderborn: Schöningh, 1985, S. 100.
67 Ball, ebenda.
68 Ball, ebenda, S. 101 f.

69 Ball, ebenda, S. 101.
70 Ball, ebenda.
71 Schmitt, Römischer Katholizismus und politische Form, S. 6.
72 Schmitt, ebenda, S. 22.
73 Schmitt, ebenda, S. 23f.
74 Ball, Carl Schmitts »Politische Theologie«, S. 101.
75 Ball, ebenda, S. 102.
76 Ball, ebenda.
77 Ball, ebenda.
78 Ball, ebenda.
79 Ball, ebenda.
80 Ball, ebenda, S. 105.
81 Ball, ebenda, S. 106.
82 Schmitt, Römischer Katholizismus und politische Form, S. 54.
83 Schmitt, Politische Theologie, S. 22.
84 Schmitt, ebenda.
85 Giorgio Agamben, Ausnahmezustand, aus dem Italienischen von Ulrich Müller-Schöll, Frankfurt am Main: Suhrkamp, 2004, S. 10.
86 Agamben, ebenda, S. 11.
87 Agamben, ebenda, S. 8.
88 Ball, Carl Schmitts »Politische Theologie«, S. 109f.
89 Carl Schmitt, Der Nomos der Erde im Völkerrecht des Jus Publicum Europaeum, Köln: Greven, 1950, S. 29. Das Katechon (ό Κατέχων, τό Κατέχον) kann in 2. Thess. 2,6–7 als Aufhalter des Antichrist gedeutet werden: »Und jetzt wisst ihr, was zurückhält, damit er zu seiner Zeit offenbart wird. Denn schon ist das Geheimnis der Gesetzlosigkeit wirksam; nur [offenbart es sich nicht], bis der, welcher jetzt zurückhält, aus dem Weg ist«. Die Vulgata löst das Katechon ebenfalls in Nebensätze auf: »Et nunc quid detineat, scitis, ut reveletur in suo tempore. Nam mysterium iam operatur iniquitatis: tantum ut, qui tenet nunc, teneat, donec de medio fiat.« In der politischen Theologie des Frühchristentums wurde dieser Begriff auf das Römische Reich bezogen, welches den Antichristen aufhalte, so z.B. bei Tertullian: »›Tantum, qui nunc tenet, teneat, donec de medio fiat.‹ Quis nisi Romanus status, cuius abscessio in decem reges dispersa Antichristum superducet?« (Liber de resurrectione carnis, 24, 18). Für das Mittelalter wurde die Interpretation des paulinischen Katechon als Aufhalter des Antichristen prägend durch die »Translatio imperii«, die Übertragung der Reichsidee vom untergegangenen Römischen Reich auf seine karolingischen, ottonischen und staufischen Nachfolger. Ein wichtiger Vertreter dieser Deutung ist neben Hieronymus aus der karolingischen Zeit Haimo von Halberstadt: »ut discedent omnia regna a regno et imperio Romanorum« (Patrologiae cursus completus, ed. Migne, 117, 779 D). Haimo wiederum hat stark auf das Werk »De ortu et tempore Antichristi« des Abtes Adso gewirkt, das dieser 954 der fränkischen Königin Gerberga gewidmet hatte. Im Zuge der Renaissance des Reichsbegriffes bei der protestantischen »Konserva-

tiven Revolution« in den dreißiger Jahren des 20. Jahrhunderts wird der Begriff des Katechon u.a. durch Wilhelm Stapel aufgegriffen: »Das Wesen ›des Reiches‹ aber ist nichts anderes als eben die apokalyptische Verantwortlichkeit (2. Thess. 2,7). Jeder Staat hat den Zweck, für Ordnung und Frieden zu sorgen, ›das Reich‹ aber hat diesen Zweck in besonderem Sinne.« (Wilhelm Stapel, Das Reich. Ein Schlußwort. In: DEUTSCHES VOLKSTUM, 15 (1933), S. 183).
90 Schmitt, Glossarium, S. 63.
91 Schmitt, ebenda, S. 113.
92 Schmitt, ebenda, S. 113f.
93 Schmitt, ebenda, S. 114.
94 Schmitt, ebenda, S. 118.
95 Schmitt, Politische Theologie, S. 78.
96 Schmitt, Theodor Däublers »Nordlicht«, S. 61f.
97 Schmitt, ebenda, S. 66f.
98 Schmitt, ebenda, S. 60f.
99 Schmitt, ebenda, S. 63f.
100 Schmitt, Römischer Katholizismus und politische Form, S. 22.
101 Schmitt, Politische Theologie, S. 82f.
102 Schmitt, ebenda, S. 83.
103 Carl Schmitt, Die Diktatur. Von den Anfängen der modernen Souveränitätsgedankens bis zum proletarischen Klassenkampf, unveränderter Nachdruck der 1928 erschienenen 2. Auflage, Berlin: Duncker & Humblot, [4]1978, S. 23.
104 Carl Schmitt, Der Wert des Staates und die Bedeutung des Einzelnen, Berlin: Duncker & Humblot, [2]2004, S. 42.
105 Schmitt, ebenda, S. 36.
106 Schmitt, ebenda, S. 85.
107 Schmitt, ebenda, S. 106.
108 Schmitt, ebenda, S. 101.
109 Schmitt, ebenda, S. 99.
110 Schmitt, ebenda, S. 93.
111 Schmitt, ebenda, S. 85f.
112 Schmitt, ebenda, S. 86.
113 Schmitt, ebenda.
114 Schmitt, ebenda, S. 90f.
115 Schmitt, ebenda, S. 94.
116 Schmitt, ebenda, S. 107.
117 Schmitt, ebenda.
118 Schmitt, ebenda, S. 107f.
119 Schmitt, Zur geistesgeschichtlichen Lage des heutigen Parlamentarismus, S. 70.
120 Schmitt, ebenda, S. 37.
121 Schmitt, ebenda, S. 70.
122 Schmitt, ebenda.
123 Schmitt, ebenda, S. 70f.
124 Schmitt, ebenda, S. 89.

125 Schmitt, ebenda, S. 72.
126 Schmitt, ebenda.
127 Schmitt, ebenda, S. 77.
128 Schmitt, ebenda, S. 81.
129 Schmitt, ebenda, S. 81 f.
130 Schmitt, Der Begriff des Politischen, S. 20.
131 Schmitt, Politische Theologie, S. 12.
132 Schmitt, Der Begriff des Politischen, S. 27.
133 Schmitt, ebenda, S. 33.
134 Schmitt, Glossarium, S. 243.
135 Schmitt, ebenda.
136 Schmitt, Der Begriff des Politischen, S. 8.
137 Schmitt, ebenda, S. 37.
138 Schmitt, ebenda, S. 8.
139 Schmitt, ebenda, S. 35.
140 Schmitt, Römischer Katholizismus und politische Form, S. 59.
141 Schmitt, Der Begriff des Politischen, S. 79 ff.
142 Schmitt, ebenda, S. 49.
143 Schmitt, ebenda, S. 59.
144 Schmitt, ebenda.
145 Schmitt, ebenda, S. 35 f.
146 Schmitt, ebenda, S. 89 f.
147 Schmitt, ebenda, S. 90.
148 Schmitt, ebenda, S. 94 f.
149 Vgl. Carl Schmitt, Der Begriff des Politischen. In: ARCHIV FÜR SOZIALWISSENSCHAFT UND SOZIALPOLITIK, 58, 1927, S. 1–33; auch in: Probleme der Demokratie, Bd. 1, Berlin: Rothschild, 1928, S. 3–34; separat: München / Leipzig: Duncker & Humblot, 1932.
150 Brief Hermann Heller an Carl Schmitt, zit. nach: Paul Noack, Carl Schmitt. Eine Biographie, Berlin / Frankfurt am Main: Propyläen, 1993, S. 118 ff. Der Briefwechsel Hermann Heller / Carl Schmitt befindet sich im Nachlass Carl Schmitts im Nordrhein-Westfälischen Hauptstaatsarchiv Düsseldorf.
151 Brief Carl Schmitt an Hermann Heller, vom 18. Dezember 1928, zit. nach: Noack, ebenda.
152 Brief Hermann Heller an Carl Schmitt, vom 21. Dezember 1928, zit. nach: Noack, ebenda.
153 Brief Carl Schmitt an Hermann Heller, vom 22. Dezember 1928, zit. nach: Noack, ebenda.
154 Jacques Derrida, Politik der Freundschaft, aus dem Französischen von Stefan Lorenzer, Frankfurt am Main: Suhrkamp, 2000, S. 124.
155 Derrida, ebenda.
156 Derrida, ebenda, S. 124 f.
157 Brief Ernst Jünger an Carl Schmitt, vom 14. Oktober 1930. In: Ernst Jünger / Carl Schmitt, Briefe 1930–1983, S. 7.

158 Der Brief Walter Benjamins findet sich im Nachlass Carl Schmitts im Nordrhein-Westfälischen Hauptstaatsarchiv Düsseldorf, RW 265-1228.

159 Jacob Taubes, Ad Carl Schmitt. Gegenstrebige Fügung, Berlin: Merve, 1987, S. 27.

160 Vgl. Giorgio Agamben, Homo sacer. Die souveräne Macht und das nackte Leben, aus dem Italienischen von Hubert Thüring, Frankfurt am Main: Suhrkamp, 2002.

161 Vgl. Agamben, Ausnahmezustand (Homo sacer 2, 1).

162 Walter Benjamin, Zur Kritik der Gewalt. In: Ders., Gesammelte Schriften, hrsg. von Rolf Tiedemann und Hermann Schweppenhäuser, Bd. II, 1, Frankfurt am Main: Suhrkamp, 1980, S. 189.

163 Walter Benjamin, Über den Begriff des Geschichte. In: Ders., Gesammelte Schriften, Bd I, 2, S. 697.

164 Hansjörg Viesel (Hg.), Jawohl, *der* Schmitt. Zehn Briefe aus Plettenberg, Berlin: Support Edition Gabler & Lutz, 1988, S. 14.

165 Carl Schmitt, Positionen und Begriffe im Kampf mit Weimar, Genf, Versailles 1923–1939, unveränderter Nachdruck der Ausgabe Hamburg 1940, Berlin: Duncker & Humblot, 1988, S. 187.

166 Schmitt, ebenda, S. 186

167 Schmitt, Der Wert des Staates und die Bedeutung des Einzelnen, S. 84.

168 Schmitt, Antworten in Nürnberg, S. 55.

169 Schmitt, Völkerrechtliche Großraumordnung mit Interventionsverbot für raumfremde Mächte, S. 297.

170 Die Weltwoche, vom 6. Dezember 1940.

171 Carl Schmitt, Der Leviathan in der Staatslehre des Thomas Hobbes. Sinn und Fehlschlag eines politischen Symbols, mit einem Anhang sowie einem Nachwort des Herausgebers [Günter Maschke], Köln: Hohenheim, 1982, S. 9.

172 Schmitt, ebenda, S. 10.

173 Schmitt, ebenda, S. 80.

174 Schmitt, ebenda, S. 56f.

175 Schmitt, ebenda, S. 93f.

176 Schmitt, ebenda, S. 84f.

177 Schmitt, ebenda, S. 85f.

178 Schmitt, ebenda, S. 86.

179 Schmitt, ebenda, S. 94.

180 Schmitt, ebenda, S. 118.

181 Schmitt, ebenda, S. 106.

182 Schmitt, ebenda, S. 126.

183 Schmitt, ebenda, S. 86.

184 Schmitt, ebenda, S. 107f.

185 Schmitt, ebenda, S. 124f.

186 Schmitt, ebenda, S. 128f.

187 Schmitt, ebenda, S. 129f.

188 Schmitt, ebenda.

189 Schmitt, ebenda, S. 130.

190 Schmitt, ebenda.

191 Schmitt, Völkerrechtliche Großraumordnung mit Interventionsverbot für raumfremde Mächte, S. 315. Das Zitat von Friedrich Ratzel findet sich in: Der Lebensraum. Eine biogeographische Studie, Tübingen: Laupp, 1901, S. 67.

192 Schmitt, ebenda, S. 316.

193 Schmitt, Glossarium, S. 79.

194 Schmitt, Völkerrechtliche Großraumordnung mit Interventionsverbot für raumfremde Mächte, S. 318.

195 Schmitt, ebenda, S. 319.

196 Schmitt, Der Begriff des Politischen, S. 10.

197 Schmitt, Völkerrechtliche Großraumordnung mit Interventionsverbot für raumfremde Mächte, S. 315.

198 Schmitt, ebenda.

199 Nicolaus Sombart, Jugend in Berlin: 1933–1943. Ein Bericht, München/Wien: Hanser, 1984, S. 266 ff.

200 Vgl. Schmitt, Glossarium, S. 317.

201 Vgl. Carl Schmitt, Raum und Rom. Zur Phonetik des Wortes Raum. In: Ders., Staat, Großraum, Nomos, S. 491 f.

202 Schmitt, ebenda, S. 492 f.

203 Carl Schmitt, Land und Meer. Eine weltgeschichtliche Betrachtung, neue durchgesehene Auflage, Stuttgart: Reclam, 1954, S. 33.

204 Schmitt, ebenda, S. 34.

205 Schmitt, ebenda. »Indus gelidum potat Araxen, / Albin Persae Rhenumque bibunt – / venient annis saecula seris, / quibus Oceanus vincula rerum / laxet et ingens pateat tellus / Tethysque novos detegat orbes / nec sit terris ultima Thule.« (Seneca, Medea, Actus secundus, Scaena II, 373–379).

206 Schmitt, ebenda, S. 35.

207 Schmitt, ebenda.

208 Schmitt, ebenda, S. 39.

209 Schmitt, ebenda.

210 Schmitt, ebenda, S. 41.

211 Schmitt, ebenda, S. 44. »Der Kieg führt zusammen, und Recht ist Streit, und alles Leben entsteht durch Streit und Notwendigkeit.« (Heraklit)

212 Schmitt, ebenda, S. 17.

213 Schmitt, ebenda, S. 55.

214 Schmitt, ebenda, S. 63.

215 Schmitt, ebenda. »Aber du sprachst zu mir: Auch hier sind Götter und walten, / Groß ist ihr Maß, doch es mißt gern mit der Spanne der Mensch.« (Friedrich Hölderlin, Der Wanderer)

216 Schmitt, Völkerrechtliche Großraumordnung mit Interventionsverbot für raumfremde Mächte, S. 318.

217 Schmitt, ebenda, S. 317.

218 Schmitt, ebenda.

219 Schmitt, ebenda, S. 317f.
220 Schmitt, ebenda, S. 306.
221 Schmitt, ebenda, S. 55.
222 Schmitt, Glossarium, S. 51.
223 Brief Gottfried Benn an Carl Schmitt, vom 28. März 1943, Nordrhein-Westfälisches Hauptstaatsarchiv Düsseldorf, Nachlass Carl Schmitt, RW 265-1230.
224 Schmitt, Glossarium, S. 168.
225 Carl Schmitt, Die Militärzeit 1915 bis 1919. Tagebuch Februar bis Dezember 1915. Aufsätze und Materialien, hrsg. von Ernst Hüsmert und Gerd Giesler, Berlin: Akademie, 2005, S. 42.
226 Schmitt, ebenda, S. 102.
227 Schmitt, ebenda, S. 108.
228 Schmitt, ebenda, S. 118.
229 Schmitt, ebenda, S. 120f.
230 Schmitt, ebenda, S. 125.
231 Schmitt, ebenda.
232 Schmitt, ebenda, S. 176.
233 Schmitt, ebenda.
234 Schmitt, Glossarium, S. 114.
235 Schmitt, Theodor Däublers »Nordlicht«, S. 38.
236 Schmitt, Ex captivitate salus, S. 68f.
237 Schmitt, Theodor Däublers »Nordlicht«, S. 52f.
238 Schmitt, Glossarium, S. 14.
239 Schmitt, ebenda, S. 216.
240 Schmitt, ebenda, S. 183.
241 Schmitt, ebenda.
242 Schmitt, ebenda, S. 113.
243 Schmitt, ebenda, S. 55.
244 Schmitt, ebenda, S. 60.
245 Schmitt, ebenda, S. 171.
246 Schmitt, ebenda, S. 110.
247 Schmitt, ebenda, S. 171.
248 Schmitt, ebenda, S. 88.
249 Schmitt, ebenda, S. 90.
250 Schmitt, ebenda, S. 45.
251 Schmitt, ebenda.
252 Schmitt, ebenda, S. 230.
253 Schmitt, ebenda, S. 224.
254 Schmitt, ebenda, S. 319.
255 Schmitt, ebenda, S. 278.
256 Schmitt, Theodor Däublers »Nordlicht«, S. 71.
257 Schmitt, ebenda.
258 Schmitt, ebenda, S. 43.
259 Schmitt, ebenda, S. 19.

260 Carl Schmitt, Donoso Cortés in gesamteuropäischer Interpretation, Köln: Greven, 1950, S. 11.
261 Schmitt, Glossarium, S. 251.
262 Schmitt, Theodor Däublers »Nordlicht«, S. 38.
263 Schmitt, ebenda, S. 55.
264 Schmitt, ebenda.
265 Schmitt, ebenda. Vgl. Augustinus, Confessiones, Liber Decimus, XXIX.
266 Schmitt, ebenda, S. 53.
267 Schmitt, ebenda, S. 53f.
268 Schmitt, ebenda, S. 54.
269 Ernst Niekisch, Zum Begriff des Politischen. In: DER WIDERSTAND, 8 (1933) 12 (Dezember), S. 369.
270 Ernst Bloch, zit. nach: Piet Tommissen, Bausteine zu einer wissenschaftlichen Biographie. In: Quaritsch (Hg.), Complexio oppositorum, S. 83.
271 Ludwig Feuchtwanger, zit. nach: Tommissen, ebenda.
272 Schmitt, Ex captivitate salus, S. 18.
273 Schmitt, Donoso Cortés in gesamteuropäischer Interpretation, S. 14.
274 Schmitt, ebenda, S. 100f.
275 Schmitt, ebenda, S. 11.
276 Schmitt, ebenda, S. 19.
277 Schmitt, ebenda, S. 20.
278 Schmitt, ebenda, S. 20f.
279 Schmitt, Glossarium, S. 238f.
280 Schmitt, Theodor Däublers »Nordlicht«, S. 13.
281 Schmitt, ebenda, S. 14.
282 Schmitt, ebenda, S. 25.
283 Schmitt, ebenda.
284 Carl Schmitt, Eine Tischrede (1938). In: Schmittiana. Beiträge zu Leben und Werk Carl Schmitts, Bd. V, hrsg. von Piet Tommissen, Berlin: Duncker & Humblot, 1996, S. 9f.
285 Schmitt, ebenda.
286 Schmitt, ebenda.
287 Schmitt, ebenda, S. 11.
288 Schmitt, ebenda.
289 Carl Schmitt / Veit Rosskopf, Ein Rundfunkgespräch [im Berliner Rundfunk] vom 1. Februar 1933. In: Piet Tommissen (Hg.), Over en in Zake Carl Schmitt, ECLECTICA, 5 (1975) 2, Brüssel: Economische Hogeschool Sint-Aloysius, S. 114.
290 Schmitt, Politische Theologie, S. 19.
291 Schmitt, ebenda, S. 19f.
292 Schmitt, ebenda, S. 37.
293 Schmitt, Ex captivitate salus, S. 52.
294 Schmitt, ebenda.
295 Schmitt, ebenda, S. 199.

296 Schmitt, ebenda, S. 11f.
297 Schmitt, Glossarium, S. 158.
298 Schmitt, ebenda, S. 158.
299 Schmitt, ebenda, S. 80f.
300 Schmitt, ebenda, S. 265.
301 Vgl. Michel Foucault, Die Ordnung der Dinge. Eine Archäologie der Humanwissenschaften, aus dem Französischen von Ulrich Köppen, Frankfurt am Main: Suhrkamp, 1974.
302 Schmitt, Glossarium, S. 99.
303 Gottfried Benn, Weinhaus Wolf. In: Ders., Gesammelte Werke in acht Bänden, Bd. 5: Prosa, hrsg. von Dieter Wellershoff, München: Deutscher Taschenbuch Verlag, 1975, S. 319.
304 Benn, ebenda, S. 317.
305 Carl Schmitt, Welt großartigster Spannung. In: MERIAN, 7 (1954) 9, S. 6.
306 Schmitt, Tagebücher. Oktober 1912 bis Februar 1915, S. 185.
307 Schmitt, Ex captivitate salus, S. 83f.
308 Schmitt, Welt großartigster Spannung, S. 4f.
309 Schmitt, ebenda, S. 6.
310 Schmitt, ebenda.
311 Schmitt, Glossarium, S. 68.
312 Schmitt, ebenda, S. 102.
313 Schmitt, ebenda, S. 140.
314 Schmitt, ebenda, S. 11.
315 Schmitt, ebenda.
316 Schmitt, ebenda, S. 18.
317 Schmitt, ebenda.
318 Schmitt, ebenda, S. 19f.
319 Schmitt, Antworten in Nürnberg, S. 53f.
320 Carl Schmitt, Die deutsche Rechtswissenschaft im Kampf gegen den jüdischen Geist. In: DEUTSCHE JURISTEN-ZEITUNG, vom 15. Oktober 1936, Sp. 1193–1199 (auch in: Das Judentum in der deutschen Rechtswissenschaft. Ansprachen, Vorträge und Ergebnisse der Tagung der Reichsgruppe Hochschullehrer im NRSB am 3. und 4. Oktober 1936, Heft 1, Berlin: Deutscher Rechtsverlag, 1936, S. 14–17).
321 Schmitt, ebenda, Sp. 1193f.
322 Schmitt, ebenda, Sp. 1197.
323 Schmitt, ebenda.
324 Schmitt, ebenda.
325 Carl Schmitt, Neue Leitsätze für die Rechtspraxis. In: JURISTISCHE WOCHENSCHRIFT, Nr. 50, vom 16. Dezember 1933, Sp. 2793f.
326 Schmitt, ebenda.
327 Carl Schmitt, Staat, Bewegung, Volk. Die Dreigliederung der politischen Einheit, Hamburg: Hanseatische Verlagsanstalt, 1933, S. 35.
328 Schmitt, ebenda, S. 44.

329 Schmitt, ebenda, S. 35.

330 Schmitt, ebenda.

331 Carl Schmitt, Die Verfassung der Freiheit. In: DEUTSCHE JURISTEN-ZEITUNG, Nr. 19, vom 1. Oktober 1935, Sp. 1133–1135.

332 Die Rede Schmitts ist abgedruckt in: Schmitt, Positionen und Begriffe im Kampf mit Weimar, Genf, Versailles 1923–1939, S. 204–210.

333 Carl Schmitt, Der Missbrauch der Legalität. In: TÄGLICHE RUNDSCHAU, vom 19. Juli 1932.

334 Schmitt, ebenda.

335 Schmitt, ebenda.

336 Carl Schmitt, Legalität und Legitimität, unveränderter Nachdruck der 1932 erschienenen 1. Auflage, Berlin: Duncker & Humblot, [2]1968, S. 46.

337 Schmitt, ebenda.

338 Schmitt, ebenda, S. 36f.

339 Günter Krauss, Erinnerungen an Carl Schmitt. In: Schmittiana. Beiträge zu Leben und Werk Carl Schmitts, Bd. II, hrsg. von Piet Tommissen, Berlin: Duncker & Humblot, 1990, S. 101.

340 Gerhard Nebel, »Alles Gefühl ist leiblich«. Ein Stück Autobiographie, hrsg. von Nicolai Riedel, Marbach: Deutsche Schillergesellschaft, 2003, S. 136f.

341 Jean-Pierre Faye, Theorie der Erzählung. Einführung in die »totalitären Sprachen«. Kritik der narrativen Vernunft, Ökonomie, Frankfurt am Main: Suhrkamp, 1977, S. 161.

342 Faye, ebenda, S. 162.

343 Schmitt, Theodor Däublers »Nordlicht«, S. 15.

344 DAS SCHWARZE KORPS, vom 10. Dezember 1936.

345 Ebenda.

345a Brief Carl Schmitt an Heinrich Himmler, vom 2. Dezember 1936. Vgl. Max Mikorey, Das Judentum in der Kriminalpsychologie. In: Das Judentum in der Rechtswissenschaft, Vol. 3: Judentun und Verbrechen, Berlin: Deutscher Rechts-Verlag, 1936, S. 61–82.

346 Carl Schmitt, Die deutschen Intellektuellen. In: WESTDEUTSCHER BEOBACHTER, vom 31. Mai 1933, S. 1.

347 Der Brief Himmlers findet sich auch in der SD-Akte.

348 Hermann Göring, zit. nach: Verortung des Politischen. Carl Schmitt in Plettenberg, hrsg. von der Stadt Plettenberg mit Unterstützung des Nordrhein-Westfälischen Hauptstaatsarchivs Düsseldorf, bearbeitet von Ingeborg Villinger, Hagen: v. d. Linnepe, 1990, S. 34.

349 Brief Heinrich Himmler an Hans Frank, vom 5. Januar 1937, zit. in: Günter Maschkes Nachwort zu: Schmitt, Der Leviathan in der Staatslehre des Thomas Hobbes, Köln: Hohenheim, 1982, S.

350 Bundesarchiv R 61/78, Blatt 42, zit. auch in: Hans-Rainer Pichinot, Die Akademie für Deutsches Recht. Aufbau und Entwicklung einer öffentlich-rechtlichen Körperschaft des Dritten Reiches, Diss., Kiel 1981, S. 101.

351 »Mitteilungen Zur weltanschaulichen Lage« des »Beauftragten des Führers für die Überwachung der gesamten geistigen und weltanschaulichen Erziehung der NSDAP« (= »Amt Rosenberg«), Nr. 1, 3. Jahr, vom 8. Januar 1937, abgedruckt mit Anmerkungen und Kommentar von Günther Maschke in: ZWEITE ETAPPE, Bonn, Oktober 1988, S. 96–111.
352 Schmitt, Staat, Bewegung, Volk, S. 17.
353 Schmitt, ebenda.
354 Schmitt, Antworten in Nürnberg, S. 73.
355 Schmitt, ebenda, S. 71.
356 Schmitt, ebenda, S. 85.
357 Schmitt, ebenda.
358 Schmitt, ebenda.
359 Schmitt, ebenda, S. 85f.
360 Carl Schmitt, Die legale Weltrevolution. Politischer Mehrwert als Prämie auf juristische Legalität und Superlegalität. In: DER STAAT, 17, 1978, S. 334.
361 Schmitt, ebenda.
362 Schmitt, ebenda.
363 Schmitt, ebenda.
364 Schmitt, ebenda.
365 Schmitt, Glossarium, S. 267.
366 Schmitt, ebenda, S. 149.
367 Schmitt, ebenda, S. 151.
368 Schmitt, ebenda, S. 191.
369 Schmitt, ebenda, S. 223f.
370 Schmitt, Die legale Weltrevolution, S. 332.
371 Schmitt, ebenda, S. 333.
372 Schmitt, ebenda, S. 333f.
373 Schmitt, Glossarium, S. 261.
374 Schmitt, ebenda, S. 287.
375 Schmitt, ebenda.
376 Schmitt, ebenda, S. 268.
377 Schmitt, ebenda.
378 Schmitt, ebenda, S. 181f.
379 Schmitt, ebenda, S. 16.
380 Schmitt, ebenda, S. 17.
381 Schmitt, ebenda, S. 319.
382 Werner Maser, Nürnberg: Tribunal der Sieger, Düsseldorf/Wien: Econ, 1977, S. 11f.
383 Unveröffentlicht; zit. nach einer Abschrift.
384 Brief Carl Schmitt an Duschka Schmitt, vom 6. April 1947; zit. nach: Schmitt, Antworten in Nürnberg, S. 34.
385 Schmitt, Ex captivitate salus, S. 79f.
386 Schmitt, ebenda, S. 81.
387 Schmitt, ebenda.

388 Schmitt, ebenda, S. 82.
389 Schmitt, ebenda, S. 87.
390 Schmitt, ebenda.
391 Schmitt, ebenda, S. 88.
392 Schmitt, ebenda.
393 Schmitt, ebenda, S. 88 f.
394 Schmitt, ebenda, S. 65 f.
395 Schmitt, ebenda, S. 66 f.
396 Schmitt, ebenda, S. 77 f.
397 Schmitt, ebenda, S. 41.
398 Schmitt, ebenda, S 43.
399 Schmitt, ebenda, S. 45.
400 Schmitt, ebenda, S. 46.
401 Schmitt, ebenda, S. 47.
402 Schmitt, ebenda, S. 49.
403 Schmitt, ebenda, S. 49 ff.
404 Schmitt, ebenda, S. 10.
405 Schmitt, ebenda, S. 12.
406 Schmitt, ebenda, S. 89.
407 Schmitt, ebenda, S. 89 f.
408 Schmitt, ebenda, S. 90.
409 Schmitt, ebenda.
410 Schmitt, ebenda.
411 Schmitt, ebenda.
412 Schmitt, ebenda.
413 Schmitt, Antworten in Nürnberg, S. 83.
414 Schmitt, ebenda, S. 84.
415 Schmitt, ebenda.
416 Schmitt, ebenda.
417 Schmitt, ebenda, S. 84.
418 Schmitt, ebenda, S. 69 f.
419 Schmitt, ebenda, S. 77 f.
420 Schmitt, ebenda, S. 78.
421 Schmitt, ebenda, S. 88 f.
422 Schmitt, ebenda, S. 60.
423 Robert Kempner, zit. nach: Claus-Dietrich Wieland, Carl Schmitt in Nürnberg. In: ZEITSCHRIFT FÜR SOZIALGESCHICHTE, Nr. 1, 1987, S. 105.
424 Der Dialog wurde nicht mehr protokolliert. Er ist Legende.
425 Schmitt, Antworten in Nürnberg, S. 67.
426 Carl Schmitt, Jugendbriefe. Briefschaften an seine Schwester Auguste 1905–1913, hrsg. von Ernst Hüsmert, Berlin: Akademie, 2000, S. 171.
427 Schmitt, Glossarium, S. 91 f.
428 Schmitt, ebenda, S. 29.
430 Christel Hoberg-Heese, Vortrag am 6. November 2004 auf einem Treffen in der Nachfolge des »Siedlinghauser Kreises«, zit. nach dem Manuskript. Der

»Siedlinghauser Kreis« wurde vom Landarzt Dr. Franz Schranz (1894–1961) im kleinen Dorf Siedlinghausen bei Winterberg initiiert. Dabei handelte es sich um eine Art Privatzirkel der einen gewissen Einfluss auf die gesellschaftswissenschaftliche Diskussion in ganz Deutschland hatte. Der maßgeblich von Carl Schmitt beeinflusste Zirkel, zu dem bekannte Juristen, Maler, Musiker, Schriftsteller, Philosophen und Kommunalpolitiker gehörten, begrüßte 1933 mehrheitlich den Untergang der Weimarer Republik und setzte die Hoffnung auf einen autoritär geführten christlichen Staat. Mit fortschreitender Dauer der Diktatur nahmen auch die Spannungen in dem »Kreis« untereinander zu, aber man blieb bis zum Ende des Zweiten Weltkriegs und danach bis 1961, dem Tod von Dr. Franz Schranz, zusammen. Zum »Kreis« gehörten neben Schmitt u.a. der Schriftsteller Konrad Weiß, der Historiker Albert Mirgeler, der Germanist Jost Trier, der Philosoph Josef Pieper und Musiker, wie August Wenzinger und Fritz Neumeyer.

431 Hoberg-Heese, ebenda.

432 Hoberg-Heese, ebenda.

433 Schmitt, Glossarium, S. 79f.

434 Schmitt, ebenda.

435 Schmitt, ebenda, S. 80. Über das Leben Severins von Noricum, * um 410; † 8. Januar 482, berichtet die »Vita Sancti Severini« des Eugippius.

436 Schmitt, ebenda.

437 Schmitt, ebenda.

438 Gretha von Jeinsen [d.i. Gretha Jünger], Silhouetten. Eigenwillige Betrachtungen, Pfullingen: Neske, 1955, S. 48.

439 Hoberg-Heese, a.a.O.

440 Schmitt, Glossarium, S. 4.

441 Schmitt, ebenda, S. 7.

442 Schmitt, ebenda, S. 143.

443 Schmitt, ebenda, S. 281.

444 Carl Schmitt, Amnestie oder die Kraft des Vergessens. In: Schmitt, Staat, Großraum, Nomos, S. 219.

445 Schmitt, ebenda.

446 Schmitt, ebenda.

447 Schmitt, ebenda.

448 Schmitt, Glossarium, S. 242.

449 Schmitt, ebenda, S. 256.

450 Schmitt, ebenda, S. 257.

451 Schmitt, ebenda, S. 310.

452 Schmitt, ebenda, S. 30.

453 Schmitt, ebenda, S. 281.

454 Schmitt, ebenda, S. 96.

455 Schmitt, ebenda, S. 96f.

456 Schmitt, ebenda.

457 Schmitt, ebenda, S. 102.

458 Schmitt, ebenda, S. 23.
459 Schmitt, ebenda, S. 97.
460 Schmitt, ebenda, S. 125f.
461 Schmitt, ebenda, S. 126.
462 Schmitt, ebenda, S. 126.
463 Schmitt, ebenda, S. 126f.
464 Schmitt, ebenda, S. 127.
465 Schmitt, ebenda, S. 30.
466 Schmitt, ebenda, S. 30f.
467 Schmitt, ebenda, S. 97.
468 Schmitt, ebenda, S. 275.
469 Schmitt, ebenda, S. 186.
470 Schmitt, ebenda, S. 279.
471 Schmitt, ebenda, S. 283.
472 Schmitt, ebenda, S. 18.
473 Schmitt, ebenda.
474 Schmitt, ebenda.
475 Schmitt, Ex captivitate salus, S. 21.
476 Schmitt, ebenda, S. 22.
477 Schmitt, ebenda, S. 22f.
478 Schmitt, ebenda, S. 20f.
479 Schmitt, Glossarium, S. 314.
480 Schmitt, ebenda, S. 232.
481 Schmitt, ebenda, S. 308f.
482 Schmitt, ebenda, S. 312.
483 Schmitt, ebenda, S. 179.
484 Schmitt, ebenda, S. 69.
485 Carl Schmitt, zit. nach: Ernst Hüsmert, Zwei wenig bekannte Seiten von Carl Schmitt. In: Schmittiana. Beiträge zu Leben und Werk Carl Schmitts, Bd. VI, hrsg. von Piet Tommissen, Berlin: Duncker & Humblot, 1998, S. 289ff.
486 Carl Schmitt, zit. in: Piet Tommissen, Bausteine zu einer wissenschaftlichen Biographie. In: Quaritsch (Hg.), Complexio oppositorum, S. 79.
487 Carl Schmitt, Illyrien. Notizen von einer dalmatinischen Reise. In: HOCHLAND, 23 (1925) 3 (Dezember), S. 293–298, hier zit. nach: Ders., Staat, Großraum, Nomos, S. 483–490.
488 Schmitt, ebenda.
489 Schmitt, ebenda.
490 Schmitt, ebenda.
491 Schmitt, ebenda.
492 Schmitt, ebenda.
493 Schmitt, ebenda.
494 Schmitt, ebenda.
495 Schmitt, ebenda.
496 Schmitt, ebenda.

497 Schmitt, ebenda.
498 Schmitt, ebenda.
499 Schmitt, Glossarium, S. 55.
500 Schmitt, ebenda, S. 209.
501 Schmitt, ebenda, S. 260. Vgl. Walter Haustein (alias Carl Schmitt), Grundfragen der Verfassung. In: EISENBAHNERZEITUNG. Fachschrift für Unterricht und Ausbildung, 2 (1949) 3, S. 65f., und Ders., Das Grundgesetz der Bundesrepublik Deutschland. In: EISENBAHNERZEITUNG, 2 (1949) 3.
502 Schmitt, ebenda, S. 128.
503 Schmitt, ebenda, S. 275.
504 Carl Schmitt, Gespräche über die Macht und den Zugang zum Machthaber, Berlin: Akademie, 1994, S. 11ff.
505 Schmitt, ebenda, S. 16ff.
506 Schmitt, ebenda, S. 23ff.
507 Erich Strauss (alias Carl Schmitt), Sedanstag (nach der Suez-Krise), hier zit. nach: Rüdiger Altmann / Johannes Gross, Die neue Gesellschaft. Bemerkungen zum Zeitbewußtsein, Stuttgart: Vorwerk, 1958, S. 60.
508 Strauss, ebenda, S. 68.
509 Strauss, ebenda, S. 86ff.
510 Schmitt, Glossarium, S. 275.
511 Erich Strauss (alias Carl Schmitt), Die Sub-stanz und das Sub-jekt, hier zit. nach: Altmann / Gross, Die neue Gesellschaft, S. 112ff.
512 Carl Schmitt im Gespräch mit Dieter Groh und Klaus Figge, Südwestfunk, 6. Februar 1972. Abgedruckt in: Tommissen (Hg.), Over en in Zake Carl Schmitt, S. 92f.
513 Carl Schmitt, zit. in: Piet Tommissen, Bausteine zu einer wissenschaftlichen Biographie. In: Quaritsch (Hg.), Complexio oppositorum, S. 153.
514 Schmitt, Jugendbriefe, S. 61.
515 Schmitt, ebenda, S. 58.
516 Carl Schmitt im Gespräch mit Dieter Groh und Klaus Figge, S. 93.
517 Schmitt, ebenda. Vgl. auch: Ernst Sommer, Gesundheit, Muskelkraft, Formenschönheit durch klassische Leibesübung. Neue Wege zu obigen Leibesidealen, Elberfeld: Lebensheimer Volkserziehungsverlag, 1902.
518 Wiederabgedruckt in: Schmitt, Jugendbriefe, S. 186.
519 Carl Schmitt im Gespräch mit Dieter Groh und Klaus Figge, S. 94f.
520 Carl Schmitt, 1907 Berlin. In: Schmittiana. Beiträge zu Leben und Werk Carl Schmitts, Bd. I, hrsg. von Piet Tommissen, Berlin: Duncker & Humblot, 1988, S. 11–21.
521 Schmitt, ebenda.
522 Schmitt, ebenda.
523 Schmitt, ebenda. Vgl. Ernst Landsberg / Josef Kohler, Fausts Pakt mit Mephistopheles in juristischer Beleuchtung. In: Goethe-Jahrbuch 24 (1903), S. 113–131.
524 Schmitt, ebenda.

525 Schmitt, ebenda.
526 Schmitt, ebenda.
527 Schmitt, ebenda.
528 Schmitt, ebenda.
529 Schmitt, Glossarium, S. 103.
530 Vgl. Schmitt, ebenda, S. 222.
531 Brief Carl Schmitt an Álvaro d'Ors, in: Carl Schmitt / Álvaro d'Ors. Briefwechsel, hrsg. von Montserrat Herrero, Berlin: Duncker & Humblot, 2004, S. 120.
532 Schmitt, ebenda.
533 Schmitt, Theodor Däublers »Nordlicht«, S. 56.
534 Schmitt, ebenda.
535 Schmitt, ebenda.
536 Schmitt, ebenda, S. 56f.
537 Schmitt, Glossarium, S. 250.
538 Diskussionsbeitrag von Wilhelm Hennis auf dem Symposium »Complexio oppositorum«. In: Quaritsch (Hg.), Complexio oppositorum, S. 223.
539 Hennis, ebenda.
540 Schmitt, Der Leviathan in der Staatslehre von Thomas Hobbes, S. 123.
541 Schmitt, ebenda, S. 13.
542 Schmitt, Glossarium, S. 182. Vgl. Ludwig van Beethoven, 33 Veränderungen über einen Walzer von Diabelli, op. 120.
543 Schmitt, ebenda.
544 Schmitt, Römischer Katholizismus und politische Form, S. 9.
545 Ruth Groh, Arbeit an der Heillosigkeit der Welt. Zur politisch-theologischen Mythologie und Anthropologie Carl Schmitts, Frankfurt am Main: Suhrkamp, 1998, S. 152.
546 Schmitt, Antworten in Nürnberg, S. 59.
547 Schmitt, ebenda.
548 Schmitt, Tagebücher. Oktober 1912 bis Februar 1915, S. 297.
549 Schmitt, Jugendbriefe, S. 171.
550 Schmitt, ebenda, S. 164.
551 Schmitt, ebenda, S. 171.
552 Schmitt, ebenda, S. 130.
553 Schmitt, ebenda, S. 132.
554 Schmitt, ebenda, S. 99.
555 Schmitt, ebenda, S. 69f.
556 Schmitt, ebenda, S. 244.
557 Schmitt, ebenda, S. 149.
558 Schmitt, ebenda.
559 Schmitt, ebenda, S. 151.
560 Schmitt, ebenda.
561 Schmitt, ebenda, S. 176.
562 Schmitt, ebenda, S. 22
563 Schmitt, ebenda.

564 Schmitt, ebenda, S. 96.
565 Schmitt, ebenda, S. 99.
566 Schmitt, ebenda, S. 102.
567 Schmitt, ebenda, S. 117.
568 Schmitt, ebenda, S. 138.
569 Schmitt, ebenda, S. 235.
570 Schmitt, ebenda, S. 281.
571 Schmitt, ebenda, S. 285.
572 Schmitt, ebenda, S. 311.
573 Schmitt, ebenda, S. 31.
574 Schmitt, Jugendbriefe«, S. 177 f.
575 Schmitt, Tagebücher. Oktober 1912 bis Februar 1915, S. 312.
576 Schmitt, ebenda, S. 47.
577 Schmitt, ebenda, S. 205.
578 Schmitt, ebenda.
579 Schmitt, ebenda, S. 208.
580 Schmitt, Die Militärzeit 1915 bis 1919, S. 123.
581 Schmitt, ebenda.
582 Schmitt, Tagebücher. Oktober 1912 bis Februar 1915, S. 205.
583 Schmitt, ebenda.
584 Schmitt, ebenda, S. 262
585 Schmitt, ebenda, S. 263.
586 Schmitt, ebenda, S. 214.
587 Schmitt, ebenda, S. 310.
588 Schmitt, ebenda, S. 307.
589 Schmitt, ebenda, S. 164.
590 Schmitt, ebenda, S. 64.
591 Schmitt, ebenda, S. 160.
592 Schmitt, ebenda, S. 161.
593 Schmitt, ebenda, S. 197.
594 Schmitt, ebenda, S. 219.
595 Schmitt, ebenda, S. 220.
596 Schmitt, ebenda, S. 226.
597 Schmitt, ebenda, S. 231 f.
598 Schmitt, ebenda, S. 233.
599 Schmitt, ebenda, S. 242.
600 Schmitt, ebenda, S. 114.
601 Schmitt, ebenda, S. 137.
602 Schmitt, ebenda, S. 245.
603 Schmitt, ebenda, S. 293.
604 Schmitt, ebenda, S. 293.
605 Schmitt, ebenda, S. 293 f.
606 Schmitt, ebenda, S. 267.
607 Schmitt, ebenda, S. 261.
608 Schmitt, ebenda, S. 285.

609 Schmitt, ebenda, S. 153.
610 Schmitt, ebenda, S. 153f.
611 Brief Carl Schmitt an Walter Rathenau, vom 12. April 1912, zit. nach: Ernst Schulin, Rückblick auf Rathenau und seine Briefe. In: MITTEILUNGEN DER WALTER RATHENAU-GESELLSCHAFT, Nr. 15, Berlin, Juni 2005, S. 23.
612 Schmitt, ebenda, S. 24f.
613 Schmitt, ebenda, S. 25.
614 Brief Carl Schmitt an Walter Rathenau, vom 24. April 1912, zit. nach: Schulin, Rückblick auf Rathenau und seine Briefe, S. 25.
615 Schmitt, ebenda, S. 26.
616 Schmitt, ebenda.
617 Schmitt, Tagebücher. Oktober 1912 bis Februar 1915, S. 244.
618 Schmitt, ebenda, S. 237.
619 Schmitt, ebenda, S. 239.
620 Schmitt, ebenda, 207.
621 Schmitt, ebenda, S. 208.
622 Schmitt, ebenda.
623 Schmitt, ebenda, S. 36.
624 Schmitt, ebenda, S. 26.
625 Schmitt, ebenda, S. 35.
626 Schmitt, ebenda, S. 36f.
627 Schmitt, ebenda, S. 42.
628 Schmitt, ebenda, S. 157f.
629 Schmitt, ebenda, S. 162.
630 Schmitt, ebenda, S. 218.
631 Schmitt, ebenda, S. 220f.
632 Schmitt, ebenda, S. 222.
633 Søren Kierkegaard, Der Begriff der Angst, zit. nach: Schmitt, ebenda, S. 385.
634 Schmitt, ebenda, S. 235.
635 Schmitt, ebenda, S. 295.
636 Schmitt, ebenda, S. 159.
637 Schmitt, Politische Romantik, S. 114.
638 Schmitt, ebenda, S. 173.
639 Carl Schmitt, in: Joachim Schickel, Gespräche mit Carl Schmitt, Berlin: Merve, S. 16f.
640 Schmitt, Ex captivitate salus, S. 10. Vgl. Decimus Magnus Ausonius, Mosella, Vers 22 (ca. 369).
641 Carl Schmitt im Gespräch mit Dieter Groh und Klaus Figge, S, 94.
642 Nicolaus Sombart, Spaziergänge mit Carl Schmitt. In: Ders., Jugend in Berlin, S. 278.
643 Carl Schmitt im Gespräch mit Dieter Groh und Klaus Figge, S. 96f.
644 Ernst Rudolf Huber, Carl Schmitt in der Reichskrise der Weimarer Endzeit. In: Quaritsch (Hg.), Complexio oppositorum, S. 40.
645 Huber, ebenda.

646 Helmut Quaritsch, Positionen und Begriffe Carl Schmitts, Berlin: Duncker & Humblot, [3]1995, S. 113.
647 Carl Schmitt, zit. nach: Noack, Carl Schmitt, S. 156.
648 Schmitt, ebenda, S. 157.
649 Schmitt, ebenda.
650 Schmitt, ebenda, S. 158.
651 Schmitt, ebenda, S. 159.
652 Schmitt, ebenda, S. 162.
653 Schmitt, ebenda, S. 160.
654 Schmitt, ebenda, S. 162f.
655 Schmitt, ebenda, S. 160f.
656 Schmitt, Staat, Bewegung, Volk, S. 33ff.
657 Carl Schmitt, zit. nach: Noack, Carl Schmitt, S. 161.
658 Carl Schmitt, zit. nach: Frankfurter Allgemeine Zeitung, vom 24. Mai 2006.
659 Carl Schmitt im Gespräch mit Dieter Groh und Klaus Figge, S. 103f.
660 Schmitt, ebenda, S. 104f.
661 Schmitt, ebenda, S. 107.
662 Carl Schmitt, zit. nach: Noack, Carl Schmitt, S. 170.
663 Schmitt, ebenda, S. 171.
664 Schmitt, ebenda.
665 Schmitt, ebenda.
666 Schmitt, ebenda.
667 Schmitt, ebenda.
668 Schmitt, ebenda, S. 173f.
669 Schmitt, ebenda, S. 107f.
670 Schmitt, ebenda, S. 109.
671 Schmitt, ebenda.
672 Carl Schmitt, Der Führer schützt das Recht. Zur Reichstagsrede Adolf Hitlers vom 3. Juli 1934. In: Deutsche Juristen-Zeitung, vom 1. August 1934, Sp. 945–950.
673 Ernst Jünger, Strahlungen, Tübingen: Heliopolis, 1949, S. 312.
674 Schmitt, Der Führer schützt das Recht.
675 Schmitt, ebenda.
676 Jünger, Strahlungen, S. 454f.
677 Quaritsch, Positionen und Begriffe Carl Schmitts, S. 105f.
678 Quaritsch, ebenda, S. 109f.
679 Johannes Gross, Gespräch mit dem Deutschlandfunk. In: Thomas Rotstein, Die Politik des Entweder–Oder. Kritische Fragen nach der Aktualität von Carl Schmitt, Deutschlandfunk, Köln, 21. März 1984.
680 Schmitt, Die geistesgeschichtliche Lage des heutigen Parlamentarismus, S. 80f.
681 Schmitt, ebenda, S. 89.
682 Schmitt, ebenda.

683 Schmitt, ebenda.
684 Schmitt, ebenda.
685 Schmitt, Politische Theologie, S. 83.
686 Schmitt, ebenda, S. 69.
687 Schmitt, ebenda, S. 83.
688 Christian Graf von Krockow, Gespräch mit dem Deutschlandfunk. In: Rotstein, Die Politik des Entweder–Oder.
689 Walter Gurian, zit. nach: Verortung des Politischen. Carl Schmitt in Plettenberg, S. 28.
690 Franz Blei, Der Fall Carl Schmitt – von einem, der ihn kannte. In: Der Christliche Ständestaat, vom 25. Dezember 1936, S. 212ff.
691 Sombart, Spaziergänge mit Carl Schmitt, S. 250.
692 Sombart, ebenda, S. 260f.
693 Sombart, ebenda, S. 249.
694 Sombart, ebenda, S. 263. »Christianity is Judaism for the multitude, but still it is Judaism.« (Benjamin Disraeli, Tancred, or the New Crusade, London: Colburn, 1847, Bd. 3, S. 4.)
695 Sombart, ebenda, S. 262ff.
696 Sombart, ebenda, S. 264ff.
697 Rüdiger Altmann, Gespräch mit dem Deutschlandfunk. In: Rotstein, Die Politik des Entweder–Oder.
698 Sombart, Spaziergänge mit Carl Schmitt, S, 265ff.
699 Schmitt, Tagebücher. Oktober 1912 bis Februar 1915, S. 177.
700 Paul Adams, zit. in: Tommissen (Hg.), Schmittiana, Bd. II, S. 100f.
701 Carl Schmitt, Die Rheinlande als Objekt internationaler Politik (1925). In: Carl Schmitt, Frieden oder Pazifismus? Arbeiten zum Völkerrecht und zur internationalen Politik, 1924–1978, hrsg. von Günter Maschke, Berlin: Duncker & Humblot, 2005, S. 26ff.
702 Huber, Carl Schmitt in der Reichskrise der Weimarer Endzeit, S. 34.
703 Huber, ebenda.
704 Huber, ebenda.
705 Huber, ebenda, S. 35.
706 Ernst Friesenhahn, zit. nach: Noack, Carl Schmitt, S. 135.
707 Huber, Carl Schmitt in der Reichskrise der Weimarer Endzeit, S. 36.
708 Christian Tilitzky, Carl Schmitt an der Handels-Hochschule Berlin 1928–1933. In: Schmittiana. Beiträge zu Leben und Werk Carl Schmitts, Bd. IV, hrsg. von Piet Tommissen, Berlin: Duncker & Humblot, 1994, S. 170.
709 Tilitzky, ebenda, S. 178f.
710 Tilitzky, ebenda, S. 179f.
711 Tilitzky, ebenda, S. 171.
712 Günter Krauss, zit. nach: Verortung des Politischen. Carl Schmitt in Plettenberg, S. 18ff.
713 Krauss, ebenda, S. 19ff.

714 Brief Martin Heideggers an Carl Schmitt, vom 22. August 1933, Nachlass Carl Schmitts, Nordrhein-Westfälisches Hauptstaatsarchiv Düsseldorf, RW 265-5839.

715 Schmitt, Tagebücher. Oktober 1912 bis Februar 1915, S. 222.

716 Schmitt, Glossarium, S. 131.

717 Schmitt, Land und Meer, S. 66ff.

718 Karl Löwith, Der ocassionelle Dezisionismus von Carl Schmitt. In: Ders., Zur Kritik der geschichtlichen Existenz. Gesammelte Abhandlungen, Stuttgart: Kohlhammer, 1960, S. 103 und 108.

719 Mathias Schmitz, Die Freund–Feind-Theorie Carl Schmitts. Entwurf und Entfaltung, Köln / Opladen: Westdeutscher Verlag, 1965, S. 243.

720 Walter Lewald, Carl Schmitt redivivus? In: Neue Juristische Wochenschrift, 3 (1950) 10, S. 377.

721 Wilhelm Stapel. Über die Beziehung Carl Schmitt und Wilhelm Stapel, vgl. Heinrich Keßler, Wilhelm Stapel als politischer Publizist. Ein Beitrag zur Geschichte des konservativen Nationalismus zwischen den beiden Weltkriegen, Nürnberg: Spindler, 1967, S. 148f.

722 Armin Mohler, Carl Schmitt und die ›Konservative Revolution‹. In: Quaritsch (Hg.), Complexio oppositorum, S. 146.

723 Mohler, ebenda, S. 147.

724 Günter Maschke, Die Zweideutigkeit der »Entscheidung«. Thomas Hobbes und Juan Donoso Cortés im Werk Carl Schmitts. In: Quaritsch (Hg.), Complexio oppositorum, S. 153.

725 Maschke, ebenda.

726 Maschke, ebenda, S. 154ff.

727 Brief Álvaro d'Ors an Carl Schmitt, in: Carl Schmitt / Álvaro d'Ors. Briefwechsel.

728 Brief Álvaro d'Ors an Carl Schmitt, ebenda.

729 Johannes Gross, Gespräch mit dem Deutschlandfunk. In: Thomas Rotstein, Die Politik des Entweder–Oder.

730 Schmitt, Tagebücher. Oktober 1912 bis Februar 1915, S. 166.

731 Schmitt, ebenda, S. 103.

732 Richard Seewald, Der Mann von gegenüber. Spiegelbild eines Lebens, München: List, 1963, S. 206f.

733 Vgl. Erik Peterson, Der Monotheismus als politisches Problem. Ein Beitrag zur politischen Theologie im Imperium Romanum, Leipzig: Hegner, 1935.

734 Vgl. Marianne Kestings Bericht in: Tommissen (Hg.), Schmittiana, Bd. IV, S. 100f.

735 Carl Schmitt, Politische Theologie II. Die Legende von der Erledigung jeder Politischen Theologie, Berlin: Duncker & Humblot, [4]1996, S. 92.

736 Schmitt, ebenda, S. 93.

737 Schmitt, ebenda.

738 Schmitt, ebenda, S. 93f.

739 Brief Carl Schmitt an Pierre Linn, zit. in: Andreas Koenen, Der Fall Carl Schmitt. Sein Aufstieg zum »Kronjuristen des Dritten Reiches«, Darmstadt: Wissenschaftliche Buchgesellschaft, 1995, S. 823.
740 Schmitt, Politische Theologie II, S. 96.
741 Schmitt, Glossarium, S. 139.
742 Schmitt, ebenda, S. 60.
743 Schmitt, ebenda, S. 212.
744 Schmitt, ebenda.
745 Schmitt, ebenda, S. 217.
746 Schmitt, ebenda, S. 41.
747 Schmitt, Römischer Katholizismus und politische Form, S. 12.
748 Schmitt, ebenda, S. 31.
749 Schmitt, Glossarium, S. 283.
750 Ernst Michel, Politik aus dem Glauben, Jena: Diederichs, 1926, S. 40f.
751 Taubes, Ad Carl Schmitt, S. 15.
751a Fjodor Dostojewski, Der Großinquisitor. Eine Phantasie, aus dem Russischen von Hermann Röhl, Stuttgart: Reclam, 1948, S. 25, 28, 26.
752 Schmitt, Römischer Katholizismus und Politische Form, S. 54.
753 Schmitt, Glossarium, S. 243.
754 Wolfgang Abendroth, Ein Leben in der Arbeiterbewegung. Gespräche, aufgezeichnet und hrsg. von Barbara Dietrich und Joachim Perels, Frankfurt am Main: Suhrkamp, 1976, S. 213.
755 »Ein wenig betrübt, Ihre Marion«. Marion Gräfin Dönhoff und Gerd Bucerius. Ein Briefwechsel aus fünf Jahrzehnten, hrsg. von Haug von Kuenheim und Theo Sommer, Berlin: Siedler, 2003, S. 174.
756 Brief Marion Gräfin Dönhoff an Richard Tüngel, vom Juli 1954, zit. in: Gerd Bucerius, ZEIT-Geschichte – wie sie uns in Atem hielt. In: DIE ZEIT, vom 21. Februar 1966.
757 René König, Soziologie in Deutschland. Begründer, Verächter, Verfechter, München/Wien: Hanser, 1987, S. 253.
758 Habermas, Carl Schmitt in der politischen Geistesgeschichte der Bundesrepublik, S. 116f.
759 Schmitt, Glossarium, S. 165.
760 Schmitt, Antworten in Nürnberg, S. 66ff.
761 Josef Pieper, Noch wußte es niemand. Autobiographische Aufzeichnung 1904–1945, München: Kösel, 1976.
762 Brief Duschka Schmitt an Carl Schmitt, vom 17. Oktober 1945. Nordrhein-Westfälischen Hauptstaatsarchiv Düsseldorf, Nachlass Carl Schmitt, RW 265-13773.
763 Brief Duschka Schmitt an Carl Schmitt. Ebenda, RW 265-13780.
764 Brief Duschka Schmitt an Carl Schmitt. Ebenda, RW 265-13803.
765 Brief Duschka Schmitt an Carl Schmitt. Ebenda, RW 265-13801.
766 Brief Duschka Schmitt an Carl Schmitt. Ebenda, RW 265-13803.
767 Brief Duschka Schmitt an Carl Schmitt, vom 15. November 1945. Ebenda, RW 265-13776.

768 Brief Carl Schmitt an Duschka Schmitt, vom Februar 1946. Ebenda, RW 265-13469.
769 Brief Carl Schmitt an Duschka Schmitt, vom Juni 1946. Ebenda.
770 Schmitt, Glossarium, S. 27.
771 Schmitt, Ex captivitate salus, S. 12.
772 Sombart, Jugend in Berlin: 1933–1943, S. 273f.
773 Schmitt, Der Leviathan in der Staatslehre des Thomas Hobbes, S. 243f.
774 Schmitt, Ex captivitate salus, S. 8f.
775 Schmitt, Die legale Weltrevolution, S. 321ff.
776 Anni Stand, zit. nach: Verortung des Politischen. Carl Schmitt in Plettenberg, S. 42.
777 Schmitt, Glossarium, S. 60f.
778 Schmitt, ebenda, S. 95f.
779 Schmitt, ebenda, S. 174.
780 Schmitt, ebenda, S. 177.
781 Schmitt, Ex captivitate salus, S. 77.
782 Schmitt, Glossarium, S. 130.
783 Schmitt, ebenda, S. 217.
784 Schmitt, ebenda, S. 265f.
785 Schmitt, ebenda, S. 269.
786 Schmitt, ebenda, S. 277.
787 Schmitt, ebenda, S. 278.
788 Schmitt, ebenda, S. 279f.
789 Schmitt, ebenda, S. 313.
790 Schmitt, ebenda, S. 24.
791 Schmitt, ebenda, S. 82f.
792 Schmitt, ebenda, S. 104.
793 Schmitt, ebenda, S. 199.
794 Schmitt, ebenda, S. 161.
795 Schmitt, ebenda, S. 232f.
796 Schmitt, ebenda, S. 233.
797 Schmitt, ebenda, S. 264f.
798 Schmitt, ebenda, S. 277.
799 Schmitt, ebenda, S. 304.
800 Schmitt, ebenda, S. 314.
801 Schmitt, ebenda, S. 319. Vgl. Francis Bacon, The Advancement of Learning, XXIII (6): »Here is noted, that one judicial and exemplar iniquity in the face of the world doth trouble the fountains of justice more than many particular injuries passed over by connivance.«
802 Noack, Carl Schmitt, S, 260ff.
803 Cornelia Popitz, zit. in: Quaritsch, Positionen und Begriffe Carl Schmitts, S. 89. 1923 heiratete Johannes Popitz Cornelia Slot, mit der er eine Tochter und zwei Söhne hatte.
804 Hans Peter Ipsen, zit. in: Quaritsch, ebenda, S. 113f.

805 Abendroth, Ein Leben in der Arbeiterbewegung, S. 212.
806 Brief Edgar Salin an Heinrich Oberheid, vom 31. Oktober 1964. In: Schmittiana. Beiträge zu Leben und Werk Carl Schmitts, Bd. III, hrsg. von Piet Tommissen, Berlin: Duncker & Humblot, 1991, S. 164–166.
807 Helmut Schelsky, Thomas Hobbes. Eine politische Lehre, Berlin: Duncker & Humblot, 1981, S. 5ff.
808 Schelsky, ebenda.
809 Uwe Wesel, Rechtswissenschaften. In: Wissenschaften in Berlin. Drei Begleitbände zur Ausstellung »Der Kongreß denkt«, hrsg. von Tilmann Buddensieg, Kurt Düwell, Klaus-Jürgen Sembach, Bd. 2, Berlin: Gebr. Mann, 1987, S. 22.
810 Gustav Radbruch, in: SÜDDEUTSCHE JURISTEN-ZEITUNG, 5, 1947, Sp. 224. Vgl. »Kein Talent, doch ein Charakter!« (Heinrich Heine, Atta Troll, XXIV).
811 C. M., Staatsrechtler Carl Schmitt unter Anklage. In: AUFBAU, vom 2. Mai 1947.
812 Ernst Niekisch, Das Reich der niederen Dämonen, Hamburg: Rowohlt, 1953, S. 139.
813 Theodor Heuss, Erinnerungen, 1905–1933, Tübingen: Wunderlich, 1963, S. 302.
814 Heuss, ebenda.
815 Carl Schmitt, Briefwechsel mit einem seiner Schüler, hrsg. von Armin Mohler, in Zusammenarbeit mit Irmgard Huhn und Piet Tommissen, Berlin: Akademie, 1995, S. 293f.
816 Schmitt, ebenda.
817 Schmitt, ebenda.
818 Wilhelm Schmitz, Zur Geschichte der ›Academia moralis‹. In: Tommissen (Hg.), Schmittiana, Bd. IV, S. 147.
819 Schmitz, ebenda.
820 Schmitz, ebenda, S. 137.
821 Schmitz, ebenda.
822 Günter Rohrmoser, Am 30. Januar ist Hegel gestorben. In: Tommissen (Hg.), Schmittiana, Bd. VI, S. 147ff.
823 Rohrmoser, ebenda, S.
824 Rohrmoser, ebenda.
825 Rohrmoser, ebenda.
826 Rohrmoser, ebenda, S.
827 Rohrmoser, ebenda.
828 Rohrmoser, ebenda.
829 Rohrmoser, ebenda.
830 Rohrmoser, ebenda, S. 118.
831 Habermas, Carl Schmitt in der politischen Geistesgeschichte der Bundesrepublik, S. 119.
832 Habermas, ebenda, S. 120.
833 Schmitt, Gespräche über die Macht und den Zugang zum Machthaber, S. 30ff.

834 Brief Hans Blumenberg an Carl Schmitt. Vgl. Hans Blumenberg / Carl Schmitt. Briefwechsel 1971–1978, und weitere Materialien, hrsg. von Alexander Schmitz und Marcel Lepper, Frankfurt am Main: Suhrkamp, 2007. Der Briefwechsel Carl Schmitts mit Hans Blumenberg befindet sich im Nachlass Schmitts im Nordrhein-Westfälischen Hauptstaatsarchiv Düsseldorf, RW 265-1498/1-6.
835 Carl Schmitt, Drei Stufen historischer Sinngebung. In: Universitas, 5, 1950, S. 930.
836 Brief Hans Blumenberg an Carl Schmitt.
837 Brief Hans Blumenberg an Carl Schmitt.
838 Brief Hans Blumenberg an Carl Schmitt.
839 Brief Hans Blumenberg an Carl Schmitt.
840 Taubes, Ad Carl Schmitt, S. 24f.
841 Taubes, ebenda, S. 25.
842 Taubes, ebenda, S. 25f.
843 Taubes, ebenda, S. 26.
844 Taubes, ebenda, S. 52.
845 Taubes, ebenda, S. 60.
846 Taubes, ebenda.
847 Taubes, ebenda, S. 60f.
848 Taubes, ebenda, S. 71f.
849 Taubes, ebenda, S. 72.
850 Taubes, ebenda, S. 72f.
851 Taubes, ebenda, S. 39.
852 Taubes, ebenda, S. 46f.
853 Taubes, ebenda, S. 48f.
854 Taubes, ebenda, S. 52f.
855 Taubes, ebenda, S. 61.
856 Taubes, ebenda, S. 62.
857 Taubes, ebenda, S. 62f.
858 Vgl. Jean-Pierre Faye, Theorie der Erzählung.
859 Ernst Jünger, Geburtstagsrede für Carl Schmitt. In: Ders., Siebzig verweht. Tagebücher, Bd. 3, Stuttgart: Klett-Cotta, 1993, S. 508ff.
860 Schmitt, Glossarium, S. 199.
861 Konrad Weiß, Deutschlands Morgenspiegel. Ein Reisetagebuch in 2 Teilen, München: Kösel, 1950, S. 38f.
862 Schmitt, Theodor Däublers »Nordlicht«, S. 19f.
863 Schmitt, ebenda, S. 45.
864 Vgl. Ernst Hüsmert, Die letzten Jahre von Carl Schmitt. In: Tommissen (Hg.), Schmittiana, Bd. I, S. 40ff.
865 Niklas Frank, Der Vater. Eine Abrechnung, München: Goldmann, 1993, S. 19f.

Abbildungsnachweise

Archiv Ernst Hüsmert: S. 31, 51, 69, 71, 94, 96, 101, 120, 121, 141, 146, 148, 153, 156, 157, 160, 163, 181, 196, 198, 201, 202, 217, 218, 234, 243, 244, 250, 256, 259, 266, 269, 271, 273, 277, 288, 290, 298, 315, 317, 335, 341, 342, 349, 366, 370, 388, 391, 396, 398, 401, 413, 415, 420, 424.

Archiv F. W. Ihne: © M. F. W. Ihne, Hamburg, S. 360, 364, 426, 427.

Pia Keul: S. 2, 8, 13, 90, 91, 120, 121, 132, 133, 136, 137, 416, 417, 426.

Edith Mohler: S. 347.

Nordrhein-Westfälisches Hauptstaatsarchiv Düsseldorf: S. 66, 67, 97, 130, 256, 257, 343, 365, 404.

Stadtarchiv Nürnberg: S. 20, 21, 165, 172, 173, 188, 189.

Universitätsmuseum für Kunst und Kulturgeschichte, Marburg: S. 183.

Personenverzeichnis

Erste Auflage Berlin 2008

Göhrener Straße 7, 10437 Berlin. www.matthes-seitz-berlin.de

Satz und Umschlaggestaltung: Torsten Metelka, Berlin, unter Verwendung von Fotografien mit Ernst Hüsmert, Sava Kličković, Carl Schmitt, Georg Schwab, Anni Stand auf dem Bahnhof von Finnentrop in den siebziger Jahren und eines Briefes von Carl Schmitt an Christian Linder, vom 22. November 1977.
Druck und Bindung: Pustet, Regensburg

ISBN 978-3-88221-704-9